両大戦間の日仏文化交流

REVUE FRANCO-NIPPONNE 別巻

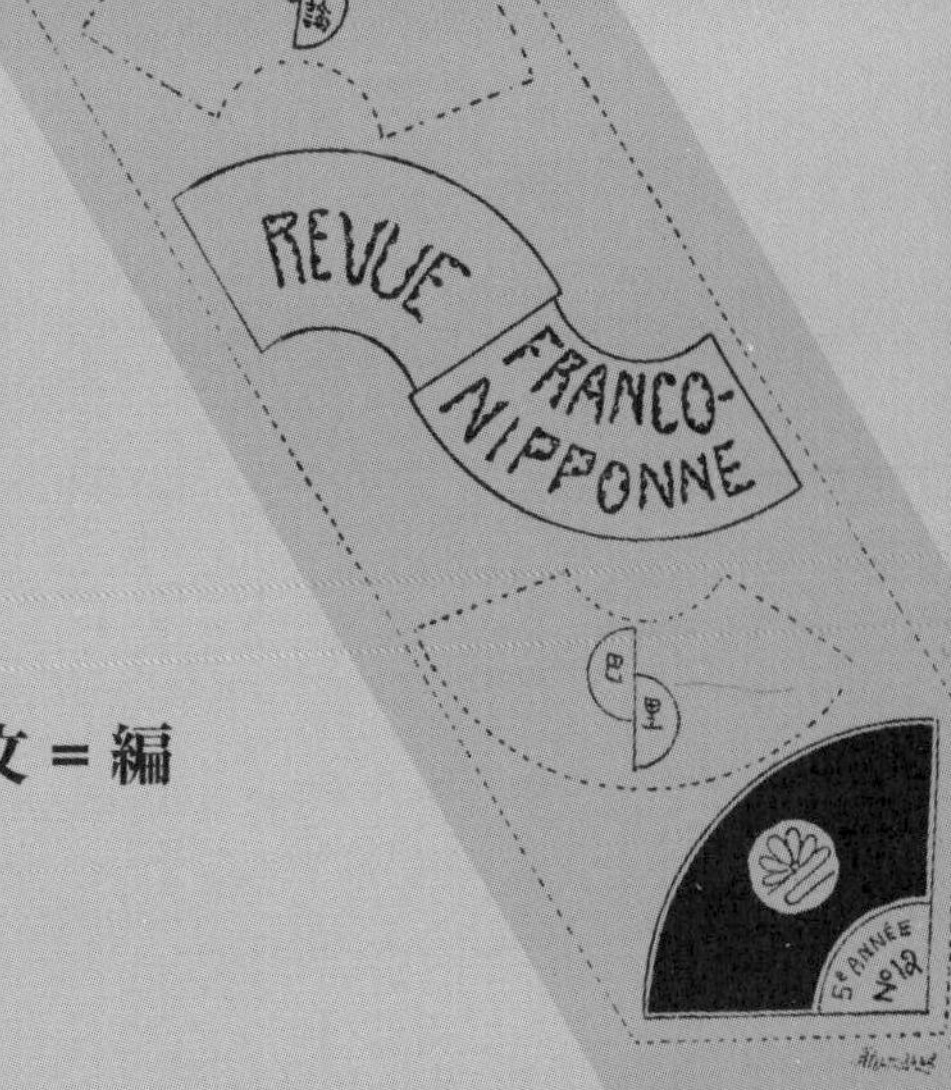

松崎碩子・和田桂子・和田博文＝編

ゆまに書房

両大戦間の日仏文化交流

REVUE FRANCO-NIPPONNE 別巻

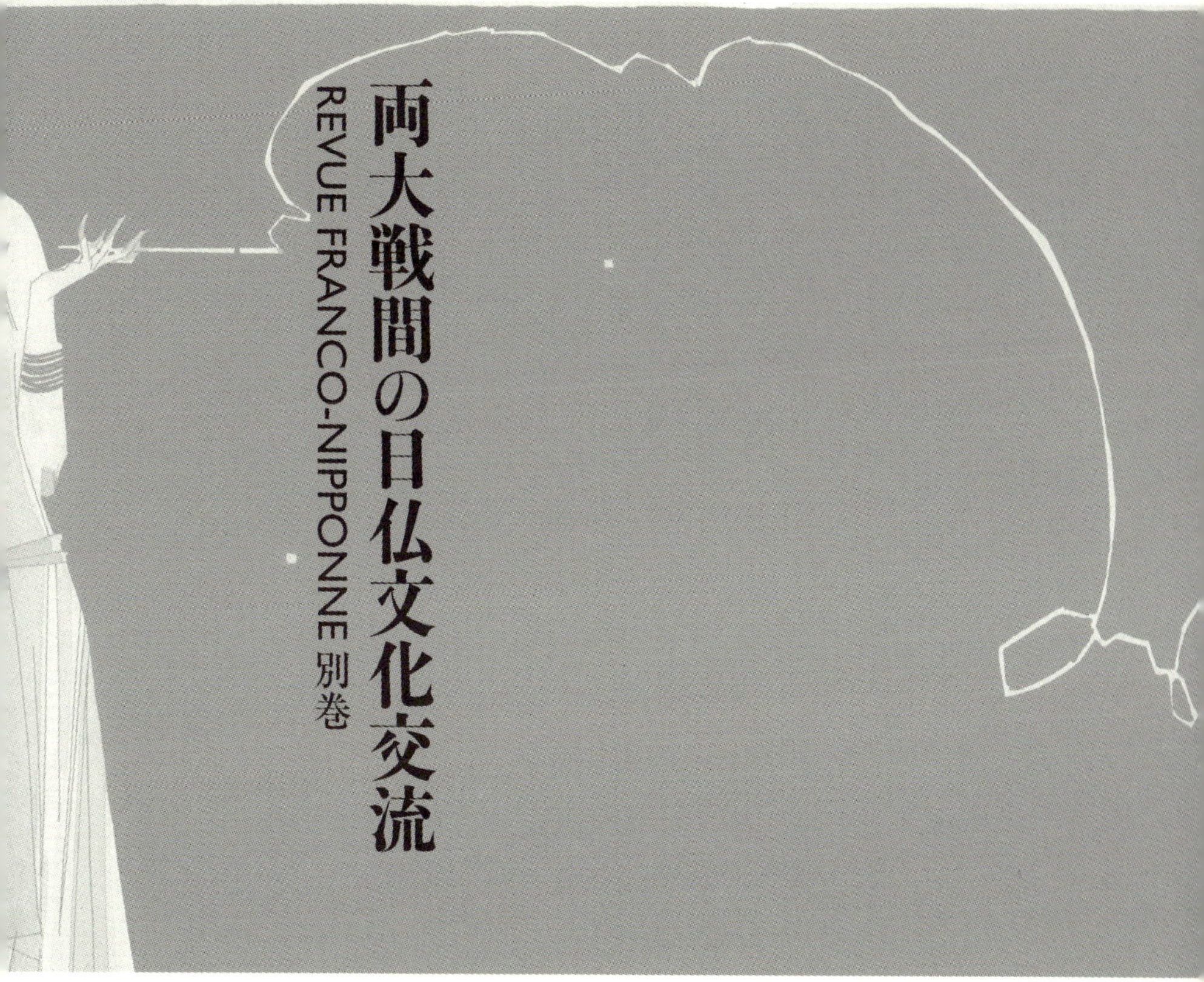

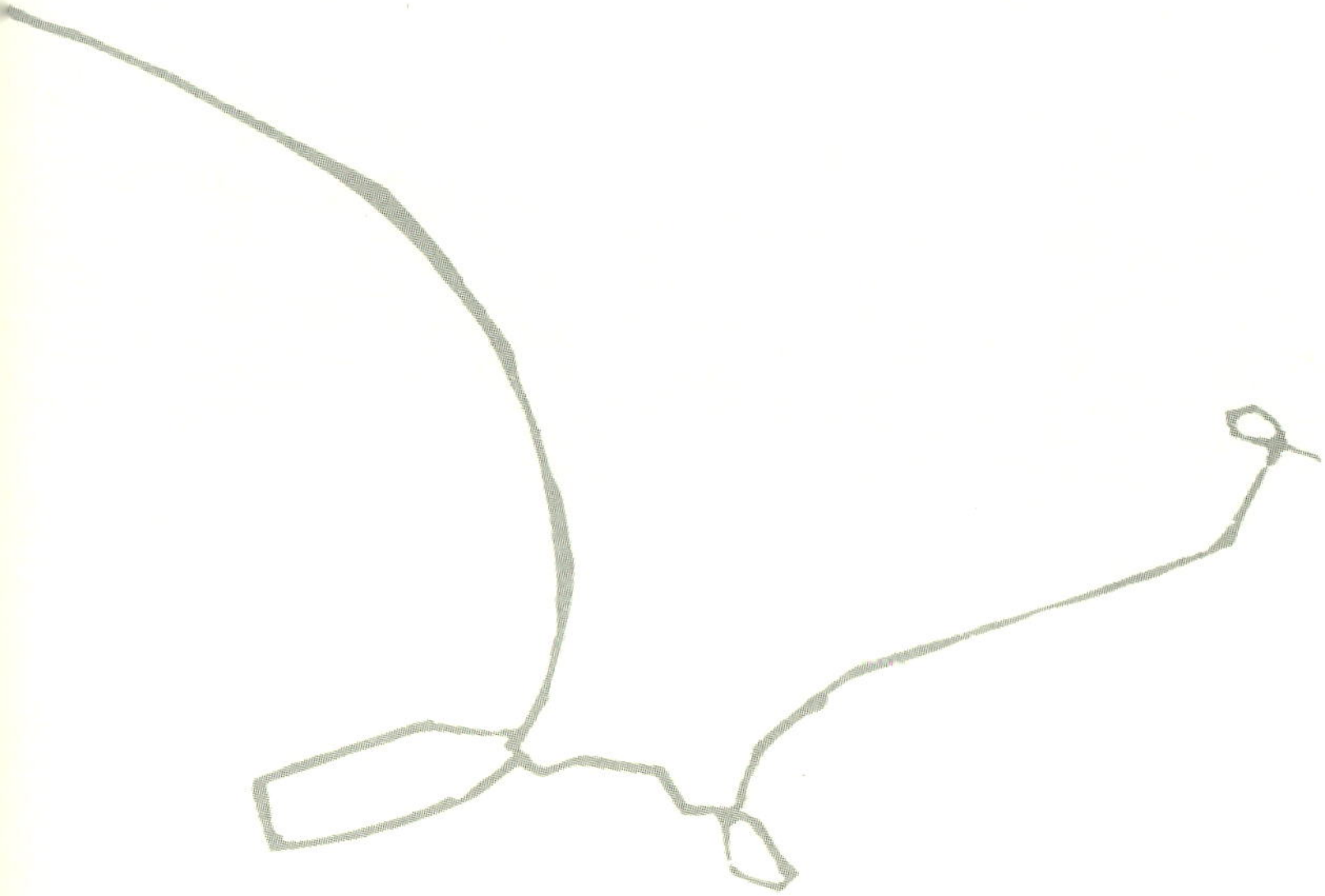

目次

座談会「両大戦間の日仏文化交流」

松崎碩子（コレージュ・ド・フランス日本学高等研究所前所長）
和田桂子（清泉女子大学文学部英語英文学科教授）
和田博文（東洋大学文学部日本文学文化学科教授）

【目次】

二〇一四年九月一九日、コレージュ・ド・フランスのカルディナル・ルモワンヌ第二教室にて。

和田（博）　一九二〇年代の後半に、パリで松尾邦之助が編集していたフランス語の日仏文化交流誌『ルヴュ・フランコ・ニッポンヌ』*Revue Franco-Nipponne* が、ゆまに書房から復刻されます。フランス国内でも日本国内でも、全冊を揃いで見ることができなかったのですが、両国に残っている雑誌を合わせて、ようやく復刻にこぎつけました。ここに至るまでの苦労話や、欠号をめぐる謎など、この雑誌の話は後で伺いたいと思います。復刻と同時に『両大戦間の日仏文化交流』という論集を、日本とフランスの研究者の、共同研究という形でまとめることになりました。今日はその巻頭に入る、編者による座談会です。

この論集が対象としている時期ですが、「両大戦間」とは一九一八年の第一次世界大戦の終結から、一九三九年の第二次世界大戦の開始までを意味します。ただ、この時代の日仏文化交流を考えるときに、前史としての第一次世界大戦以前や、第二次世界大戦中も視野に入れておく方が、両大戦間の文化交流を相対化できると思いますので、少し前の時代から話を始めさせていただきます。

1　十九世紀後半の日本研究
――レオン・ド・ロニを中心に

和田（博）　今日は全体を八つのパートに分けて話をしていく予定ですが、十九世紀後半のパリからスタートします。二〇一二年一一月にリール第三大学で講演をさせていただいたあと、ブリジット・ルフェーブルさんに案内されて、レオン・ド・ロニ文庫を見に行きました。ロニは十九世紀後半の日本学者で、現在の INALCO（国立東洋言語文化大学）の前身である、東洋語学校の日本語講座の初代教授です。旧蔵書を見せていただいたときに、その多くが中国語の書籍であることが印象に残りました。

松崎　それには、ロニの中国語の師匠であったスタニスラス・ジュリアンの蔵書も含まれていると思います。ジュリアンはコレージュ・ド・フランスの教授で、玄奘の『大唐西域記』の仏訳をしていますが、その厳密さ、正確さは驚くばかりとポール・ドミエヴィルが絶賛していて、それだけに、非常に厳しい人だったようです。ところが、どういう訳か、ロニはこの気難しいジュリアンにすっかり気に入られ、没後蔵書の寄贈を受けたそうです。ロニは自分の蔵書と一緒にジュリアンの蔵書もリール市立図書館に寄贈したそうです。

和田(博)　ロニは、今日座談会を行なっているコレージュ・ド・フランスとも所縁があり、中国語から言語研究に入っていった人物です。一八六二年に江戸幕府の最初の遣欧使節がパリを訪れたときは通訳を務め、福沢諭吉や福地桜痴に会っています。ロニが日本に短期間滞在していたとしても、実地体験は乏しかったのかもしれません。この時代はちょうど印象派の時代でもありますが、彼らのジャポニスムも、限定された日本の情報の枠の中で、日本イメージが生成していくわけです。ロニの日本観も含めて、その時代のイメージ生成のドラマを想像すると、とても興味深い感じがします。それが十九世紀後半のフランスの日本研究の環境だったわけです。松崎さんは「フランスに日本学が確立するまで」という論文をお書きになったことがありますね。

松崎　はい。書きましたけれど、結局その論文を頼んできた大学から「長すぎる」と言われてボツになったんです（笑）。一六〇〇字以内、と言われて、非常に簡単なものに縮めました。

和田(博)　そのボツになった部分も含めて、少しお話していただけますか。

松崎　この論集の中で、フリドマン日出子さんが「両大戦間の日本研究」という論文を書かれていて、その中で大体主なことが書かれていますので、まずはそこをご覧いただきたいと思います。そこに私が付け加えたいのは、クロード＝ウジェーヌ・メートルのことです。十九世紀末から二十世紀に移る頃に日本研究を始めた人で、彼は、実業家のアルベール・カーンの奨学金を得て世界旅行に出かけ、その途中で日本に立ち寄ります。

和田(桂)　ポール＝ルイ・クーシューもカーン奨学金で一九〇三年に来日していますね。メートルとクーシューは同年代なんですね。

松崎　そうです。メートルについては、長谷川正子さんが『満鉄と日仏文化交流誌『フランス・ジャポン』』（ゆまに書房、二〇一二年九月）の中で紹介していますので、ここでは簡単にお話しします。まず彼は日本の美術に惹かれて、「大和の美術」を発表し、それが彼の日本研究の出発点となりました。そして一九〇一年にÉcole française d'Extrême-Orient（フランス極東学院）の研究員になり、一九〇八年には院長に任命され、一九一四年に休暇でフランスに戻りますが、第一次世界大戦が勃発し、動員され、それ以降極東に戻ることができなくなってしまいました。そして一九二〇年にこの学院の院長を辞職し、その後ギメ博物館の副館長になります。メートルについて私が強調したいのは、日本について自ら研究しただけでなく、他の研究者の論文や著作の書評を極東学院の紀要に定期的に発表して、日本研究の情報普及に努めたことです。極東学院の紀要は季刊誌として年刊四号出ていますが、彼は一九〇二年の第二号から毎号に数点ずつ日本研究書を紹介していま す。研究に専念できなくなった院長時代もこの書評は続けていました。その中には、ジョン・バチェラーのアイヌについての研究書も入っています。これなどは七頁あまりを割いて詳しく紹介しています。他にもさまざまな書評があり、フランス語に限らず英語、ドイツ語、イタリア語、それから日本語のものも紹介しました。ですから、ハノイや東京といった極東にいながら、このような形でフランスに日本研究情報を発信した人です。なかでも、チェンバレンの俳句論の書評は大きな反響を呼んで、フランスに俳諧ブームを起こすきっかけともなりました。

和田(博)　一八七〇年代に函館に来たイギリスの宣教師で、「アイヌの父」と呼ばれたジョン・バチェラーの紹介が含まれているというのは興味深いですね。

和田(桂)　バチェラーは結局六〇年以上を日本で過ごすことになりますから、彼が東京でラジオ講演をした時の記録が一九三九年の『フランス・ジャポン』*France-Japon* にも載っています。

和田(博)　二十世紀まで含めて話が進んでしまいましたので、少し元に戻しますと、コレージュ・ド・フランスとレオン・ド・ロニの関わりを示すような史料は、ここには残っているのでしょうか。

松崎　二種類の史料が文書部に残っています。まず、ロニが「黄色人種の民族学」という連続講演をコレージュ・ド・フランスでできるよう許可を与えて欲しいという、文部省からコレージュ・ド・フランス学長に宛てた手紙で、一八七〇年三月一二日付け、文部省はロニの依頼でこの手紙を書きました。つまり、この講演は、コレージュ・ド・フランスは場所を提供しただけで、講演者の「押しかけ講演」だったのです。それからもう一つは、一八九三年に、中国学講座の教授のポストに応募した時の書類です。これは、エルヴェ・ド・サン゠ドニの後継者を決めた時のもので、六人の候補者がこのポストをめぐって争いました。ロニは日本語の教授になった後も中国学の研究を続けており、恩師ジュリアンの流れを汲む学者として非常に張り切っていたようで、中国学関係著作のリストなどは、ほかの候補者は手書きの簡単なものなのに、ロニは活字印刷の立派なパンフレットを提出しています。しかし、最終的にエドゥアール・シャヴァンヌが選ばれ、ロニはコレージュ・ド・フランスの教授にはなれませんでした。当方の研究所には、彼の日本関係の著書が何冊かありますが、彼

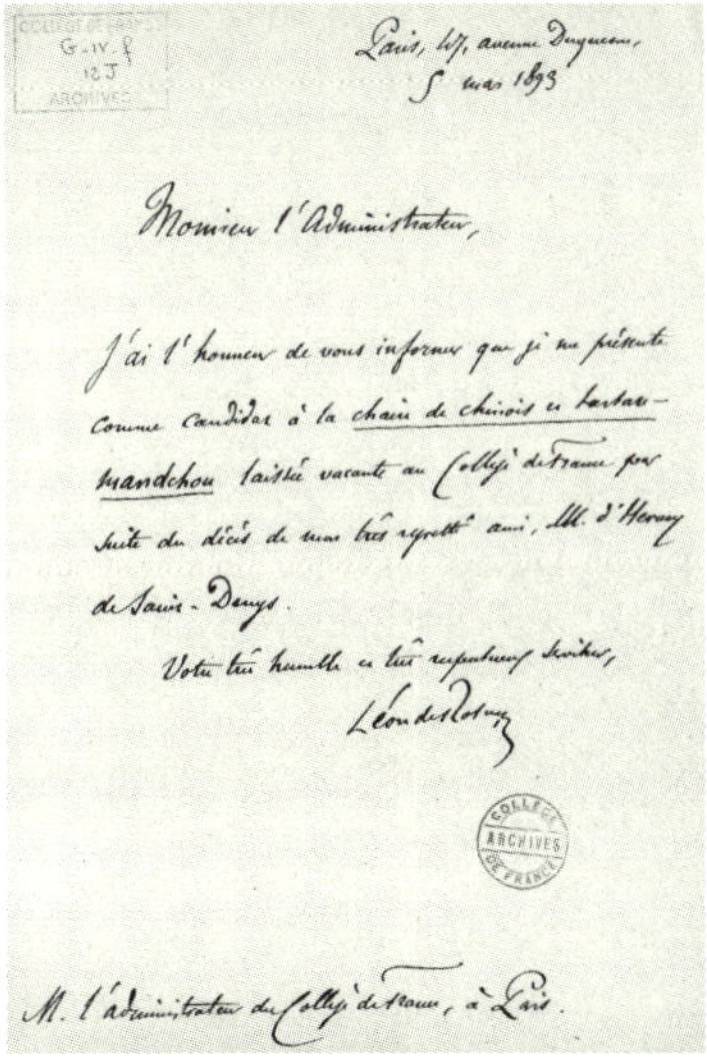
Paris, 47, avenue Duquesne,
5 mai 1893

Monsieur l'Administrateur,

J'ai l'honneur de vous informer que je me présente comme candidat à la chaire de chinois et tartare-mandchou laissée vacante au Collège de France par suite du décès de mon très regretté ami, M. d'Hervey de Saint-Denys.

Votre très humble et très respectueux serviteur,
Léon de Rosny

M. l'administrateur du Collège de France, à Paris.

Léon de Rosny自筆書簡、コレージュ・ド・フランス教授に応募する内容（Collège de France. Archives. 4 AP 278）。

が日本語の教授をしていた東洋語学校の図書館、つまり現在のビュラク（BULAC）には多くの著書が揃っていると思います。また、先ほどのお話しに出たリールの市立図書館には彼の蔵書がありますね。

和田（博）　レオン・ド・ロニについては、松尾邦之助が『フランス放浪記』（鱒書房、一九四七年四月）のなかで少し触れていて、日本文化の最初の紹介者と位置付けています。松尾は友人の依頼で、東洋語学校で文献調査を行なったことがあるようですが、ロニの関心は「語学研究の対象」としての日本で、「文化的な領域」には及んでいないという見方をしています。

松崎　彼は、好奇心旺盛の人で、言葉でも中国語や日本語だけでなく、インド諸語、タイ語など多くの言語を学び、研究発表しています。それに東洋に限らず、コロンブス以前のアメリカ大陸にも手を出したり、東欧諸国について の研究発表を行っていますし、また、「民族学会」を創設し、会長も務めました。仏教や道教についての著書も著していて、一八八六年には、フランス国立高等研究院第五部門の「極東の宗教」担当準教授に任命されています。あまりにも多くの分野に手を出したため、彼の研究は玉石混交で浅薄なものという評判が立ってしまいました。『古事記』や『日本書紀』を訳していますが、はじめの部分の抄訳で、チェンバレンの『古事記』やアストンの『日本書紀』の全訳に比べ、ちょっと物足りない気がしますね。彼の日本研究は中国語から始まっていますから、日本は中国とどこが違うのかということにも興味を持っていたと、南明日香さんが指摘されています。いずれにしても、まずは語学が基本になっていたと思います。特に初期には語学についての著作が多いです。

和田（博）　一般的なレベルでは、ヨーロッパ側から見たときに、極東に位置する日本と中国を区別することは難しかったのでしょうか。

松崎　今は区別できていると思います。若い人などは日本のマンガに興味をもっていますし、日本のテクノロジーには皆関心を持っています。中国の経済の躍進は注目の的です。現在のようにコミュニケーションがまだ発達していなかったロニの時代には、一般の人には区別がつかなかったかもしれません。大体、ロニ自身、コレージュ・ド・フランスに提出した中国学関係の著作リストに『日本書紀』の翻訳も入れて、中国と日本の区別を曖昧にしています。コレージュ・ド・フランスの中国学の教授選出のためのリストでしたので、『日本書紀』を漢文体で書かれたものとして扱い、著作の数を増やしたのかもしれませんが、今から見るとこのような態度は納得できませんね。これに反し、ジャポニスムの関係で美術愛好家やインテリなどは区別ができていたと思います。

和田(桂)　一八五一年の第一回ロンドン万博のころの展示品リストを見ますと、中国の展示品の中に数点の日本製品が混じっているという寂しいものでした。次の一八六二年のロンドン万博では日本の美術品が着目されて、日本美術熱がこのあたりから広まっていきます。ですから一八六七年の第二回パリ万博のころには幕府の出品した美術品は、きちんと日本の美術品として認識されていたようです。

和田(博)　日本に関する情報は浮世絵などの美術が中心で、それ以外の日本の情報は、中国の本から得ることもあったのでしょうね。日本語の書籍を買えなかったわけではないので、それらを入手しながら、そこに中国経由の情報も重なってくるという形でしょうか。

松崎　日本の情報については、中国経由というより、当時日本を訪れた欧米人の滞在記や旅行記が重要な役割を果たしていたと思います。一八七六年から一八七八年にかけて日本に滞在したフランス士官ルイ・クレットマンの家族宛の手紙を読むと、家族も本人もこのような旅行記を読んでいたことがわかります。この書簡集は、現在、当方の研究所で出版準備中です。また、日本語の本はかなり購入されていたようです。特に、江戸時代の絵入りの版本は、挿絵を歌磨や北斎をはじめ浮世絵画家が手掛けたものが多く、浮世絵版画と並んで、コレクターが目をつけていました。例えばフランス国立図書館には、デュレという人が日本へ行って収集した非常に立派なコレクションがあります。浮世絵と同じように、日本にはあまり残っていないような稀本もあります。当時のコレクターの多くは日本語が読めませんでしたから、収集するのは絵が中心になってしまいました。そのため挿絵なしの本はあまりないですね。

和田(博)　一八六〇年代～一八七〇年代に日本で、フランス領事やフランス語教師を務めたレオン・デュリーのことですか。

松崎　いいえ、デュリーではなく、デュレです。マネをはじめ、印象派の画家を庇護していた美術批評家のテオドール・デュレです。イタリアの政治家でフランスに亡命して、その後銀行家として財をなしたアンリ・チェルヌスキと一緒に、一八七一年から七二年にかけて世界一周旅行を企て、日本に立ち寄り、滞日中に江戸時代の多くの絵入り版本を購入しました。帰仏後も収集を続け、約三八〇点の立派なコレクションを作り上げました。このコレクションは、一九〇〇年に国立図書館に寄贈され、現在も版画部で保存されています。

和田(博)　『印象派の人々』を書いたデュレですね。明治初頭の日本の情報は必ずしも豊かでなくても、江戸時代の本はヴィジュアルなものを中心にかなり入ってきている。

松崎　そうですね。ただ、コレクターは江戸時代とか明治時代とか時代を区切らないで、内容によって収集していたと思います。その一例として挙げられるのが、現在当方の研究所で所蔵されている、イポリット・ド・カスティヨン・ド・サン＝ヴィクトール伯爵というトゥールーズ地方の大地主のコレクションです。カスティヨン伯はロニと同時代の人で、ロニの日本語の授業にも聴講生として登録していたようですが、地方在住のため、ほとんど独学で日本語を学んだようです。彼は、アジアの果樹園芸に興味を持ち、そこから日本に近づき、柿や竹の栽培をフランスに広め、生産したいと望んでいたようです。それで、彼の蔵書には、日本語習得のためのマニュアルや辞書、『和漢三才図会』など百科事典、また、江戸時代の料理の本なども含まれていますが、中心となっているのは、本草学関係の本です。彼は日本に行く機会がなかったので、万博などでこれらの本を入手したようです。また、その頃、エミール・ギメは日本へ行って、仏教関係書や仏像を持ち帰ってきます。

和田(博)　エミール・ギメが日本に行ったのは、いつ頃でしょうか。

松崎　一八七六年です。ギメ東洋美術館の創設者でもある彼は、その頃リヨンに住んでいて、父親が開発した人工顔料の製造会社の経営者で、大資産家でした。エジプト旅行をきっかけに、宗教に興味をもち、宗教博物館の創設を図りました。そこには古代エジプトやギリシャなども含まれています。日本では、京都や日光へ行き、僧侶に会い、仏教の話を直接聞き、また、多くの仏像を収集してきます。ご存じのように、日本の仏教は神仏習合のユニークな仏教ですので、日本の仏像の形は非常に豊かです。ギメはそこに目をつけて、いろいろな形の仏像を集めてきます。それらは、コレージュ・ド・フランス教授の故ベルナール・フランクがカテゴリー別に分類して、世界でもユニークな「日本仏教パンテオン」を作り上げました。現在、ギメ東洋美術館でそれを目にすることができます。展示されているのは二二二体ですが、六〇〇体くらい日本から持ち帰ったといわれています。彼が日本へ行った時は廃仏毀釈の直後でしたので、仏像が手に入りやすいという背景もありました。ギメは日本語を勉強したわけではありません。日本に興味を持ったのは、宗教を通してでした。彼の宗教博物館はまずリヨンに建てられ、それとほとんど同じ形の建物をパリに建て、博物館をパリに移しました。のちにこの博物館は国に寄贈されました。宗教一般に関わる博物館ですから、ギリシャ彫刻など西洋のものも含まれていましたが、ギメ没後、国立美術館の編成改革のため、ギメ博物館はルーヴル美術館の東洋分館になります。その際、ギメが収集したギリシャやエジプトの彫刻などはルーヴルに移されて、逆にルーヴルからは極東関係のものがギメ東洋美術館に移されてきます。

和田(博)　リール第三大学の研究者のベルランゲ河野紀子さんから、ロニの文庫についてこれから本格的な調査を行うと、二年前にうかがったことがあります。これから明らかになってくることもたくさんあるのかもしれません。

松崎　そうですね。今年二〇一四年はロニ没後百年ということで、曾孫がロニについての本を出版したところです。また、一二月には、記念講演会が催されます。

和田(博)　一八六八年で、そこを基点にすると第一次世界大戦が始まる一九一四年まで、半世紀近い時間が流れています。第一次世界大戦以前のフランスの日本研究の歴史が、その間に積み重ねられていくわけですが、今回の論集に収録される「両大戦間の日本研究」で、フリドマン日出子さんが、その間を手際よくまとめていらっしゃいます。そこに付け加えることとして、先ほどの松崎さんのクロード・メートルの話が出てくるわけですね。

松崎　そうですね。それと、先ほどお話ししましたクロード・メートルの書評には、ロニの著書も取り上げられていますが、かなり痛烈に批判しているんですね。結局ロニは独学で日本語を勉強しましたから、きちんとしたメソッドも持っていないし、そもそも本当の意味で日本語ができたのかどうか。東洋語学校で日本語の非常勤講師を務めたことのある法学者の織田万の証言によると、ロニは授業の前日日本人の講師を自宅に招待し、授業の準備をしていたそうです。そこで織田が、ある日、口実を作ってキャンセルしたところ、翌日の授業は休講になったとか。また、ロニは自分の知識を見せびらかす癖があるようです。それで、彼の論文は、余計なことをつけ加え、話が脇道にそれ、紆余曲折していて、論旨がはっきり見えない場合が度々あります。『日本書紀』の翻訳は、神代巻上、つまり全三〇巻中、一巻のみの翻訳ですが、それでも五〇〇頁を越えるもので、一〇〇頁余りの序論には、『日本書紀』についての直接の言及は少なく、参考書誌を探すのに役に立ったという尾崎雅嘉の『群書一覧』の内容構成について長々と語ったり、神代文字やハングル文字、デーバナーガリ文字について延々と論じています。そこでは古代に神代文字が実際に存在したことを疑っていながら、神代文字が日本語表音表記に最も適していると言って、『日本書紀』の本文をわざわざ神代文字とデーバナーガリ文字で表記したり、また自分の意見を述べるのに、「羅尼曰…」で始まる漢文で書いたりしています。また、『日本語口語文法書』(*Eléments de grammaire japonaise, langue parlée*, 1873) には、日本語には人称による語尾変化がないのに、ラテン語式活用表を掲載しているとユベール・マエスが指摘しています。このように、今日、我々の眼から見ると、ロニの著作には素人くさいところが見られます。

2　一九二〇年代の日本人社会
――『巴里週報』『ルヴュ・フランコ・ニッポンヌ』成立の基盤

和田(博)　第一次世界大戦が始まる一九一四年以前のパリ在住日本人数は、まだ二桁に留まっていました。ですからパリの目抜き通りを歩いても、日本人の姿を見かけることは、非常に珍しかったはずです。第一次世界大戦が終了する一九一八年以降も、一〇〇人台が続いていますが、一九二二年になると、前年の一二八人が急に四七二人に伸び、一九二五年には八三六人を記録します。これは日本大使館に在留届を出した人の数ですから、実際にはもう少し多かったのではないでしょうか。八〇〇人台というのは、第二次世界大戦以前のパリの日本人数のマックスです。つまり一九二〇年代半ばは、パリに日本人が溢れてきた時代と考えられます。

一九二五年の『巴里週報』という日本語新聞の発刊は、こういったパリの日本人社会の発展を背景にしています。松尾邦之助が社会学を勉強するためにフランスに渡ったのは一九二二年、つまり日本人数が三・七倍に膨れ上がった年に、パリに来ています。『フランス放浪記』を読むと、当時のソルボンヌでは中国研究やインド研究はかなり盛んでしたが、日本研究は進展していなかったようです。そんなある日、掲示板にミシェル・ルヴォンが講師を務める日本文学講座の貼紙を見て、「奇妙なことがあるものだ」と思ったと、松尾は回想しています。ただこれは日本側が資金を出した講座で、受講者は数人しかいなかったと書かれています。

和田（桂）　しかも受講者のレベルは相当ひどかったようです。教室の奥の片隅で水兵がどこかの女中と一緒に座っていて、ルヴォンの講義などどこ吹く風で、さかんにいちゃついたりキスしたりしていたというのです。これが日本文化の国際的地位を象徴しているのだと松尾は嘆いています。

和田（博）　ミシェル・ルヴォンに関しては、法政大学の多摩図書館にミシェル・ルヴォン文庫があります。彼はもともと法学の専門家でした。東京帝国大学や、法政大学の前身である和仏法律学校で教えたこともあり、パリ大学では葛飾北斎や華道の研究で博士号を取得し、一八九九年に帰国してソルボンヌの教授になります。ルヴォンについてもフリドマンさんが、二十世紀前半のフランスの日本研究の歴史のなかで、位置付けていらっしゃいます。ルヴォンについて何か付け加えることがあればお聞かせください。

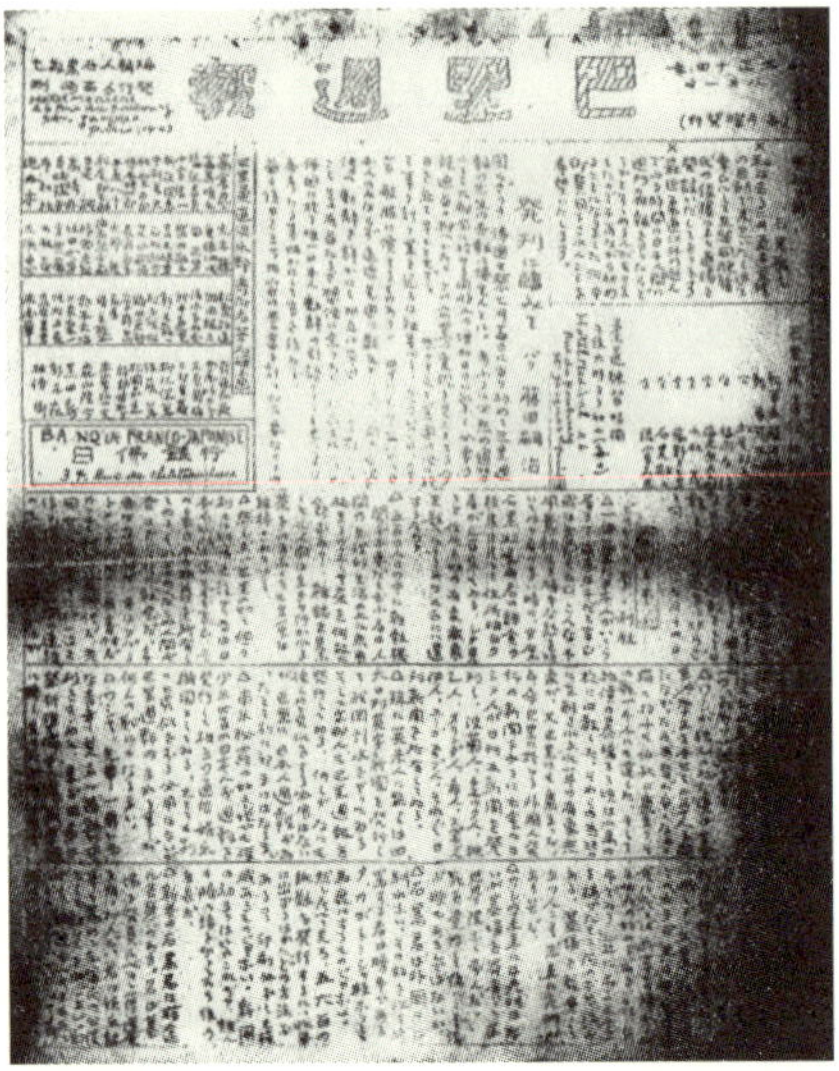

『巴里週報』第1号（1925年8月1日）。

松崎　彼はまず法学を修めて、かなり優れた論文を発表していたようです。ボアソナードという、明治期にお雇い外国人として日本に行った法学者がいますが、彼に推薦されて、後任者として日本へ行ったわけです。ところがどういうわけか、フランスに一時帰国した時に葛飾北斎や生け花についての博士論文を書いて博士号を取得します。その後フランスに帰国すると、法律は捨ててしまうのですが、一九〇四年に三井高棟が助成金を出し、ルヴォンのために日本文明講座を作るよう、パリ大学へ申し出るのです。翌年、審査の結果、彼の教授としての学問的水準につき再検討の必要あり、と保留にされてしまい、その時には講座ができず、それから一〇年以上経った第一次世界大戦後、一九二〇年に、三井高棟などからの資金で日本文明講座が創設され、ルヴォンは晴れて教授になったという経緯があります。彼が『日本文学アンソロジー』*Anthologie de la littérature japonaise*（ドグラーヴ社、一九一〇）を出版したのは、最初に教授になり損ねた後ですから、教授になるため、頑張って書き上げたのでしょう。

和田（博）　松尾邦之助は、カルチェ・ラタンの書店を覗いても、日本文学の研究書はルヴォンの『日本文学アンソロジー』一冊しかなくて、『世界文学辞典』にも、「日本には相当豊富な文学があるらしい」という記述しかなかったと述べています。ストック社が出していた『キャビネ・コスモポリット』という世界文学文庫でも日本は完全に除外されていると書いています。これが一九二〇年代初頭のフランスにおける、日本文学研究の風景ということになるのでしょう。

松崎　一九二〇年代の前半は、そのような状況にあったと思いますね。それでも、ノエル・ペリの謡曲の翻訳、吉江喬松による坪内逍遥の『役の行者』と『新曲浦島』の仏訳、若月馥次郎の『日本の昔話』、また、姉崎正治が一九一九年にコレージュ・ド・フランスで行った日本仏教についての講演がギメ博物館の叢書の一冊として一九二一年に出版されていますが、一般読者にはあまり目立った存在ではなかったのでしょう。たしかに、ルヴォンはいろいろと批判されていますが、今お話にあった『日本文学アンソロジー』は多くの人が重宝して使っていたようです。クローデルもいつも傍らに置いて読んでいたそうです。ただ、どうやら当時英語やドイツ語で出版されていた本をかなり参考にしていて、それ以上のものはつけ加えなかったようで、その点をノエル・ペリが厳しく批判しています。松尾邦之助は、『俳句』誌上の記事で、スタイニルベル＝オーベルランが日本語が分からないということから、ミシェル・ルヴォンもクーシューも決して日本語の読める学者ではなかった、と述べていますが、オーベルランやクーシューはともかくとして、何といってもルヴォンはソルボンヌの日本文明講座担当教授ですから、私は「おや？」と思いました。

和田（博）　『巴里週報』の話に戻らせていただきますと、この新聞も揃いでは見られません。発行者だった石黒敬七さんのご子息の敬章さんが、かなりの号を保存していらっしゃいますが、コンディションがかなり悪くて、一度マイクロフィルム化を試みられました。和田桂子さんや私を含めた五人で、二〇〇二年と二〇〇四年に藤原書店から『言語都市・パリ 1862-1945』と、『パリ・日本人の心象地図 1867-1945』を出していますが、二冊のための調査の際に、石黒さんからマイクロフィルムをお借りして、プリントアウトしたことがあります。しかし真っ黒な箇所も多くて、解読できない部分がかなりありました。そこで二〇〇九年から刊行を開始した『ライブラリー・日本人のフランス体験』全二一巻（柏書房）のシリーズを監修したときに、この新聞を活字化して復刻しています。

『巴里週報』が発刊されたとき、松尾邦之助はすでに三年間フランスに滞在をしています。第一号は一九二五年八月一日に発行されますが、これを見ると巴里柔道倶楽部の幹事に名前を連ねています。この倶楽部は、藤田嗣治が幹事長を務めていて、海老原喜之助や高野三三男、清水多嘉示といった美術家が幹事に含まれていますから、パリ在住の美術家を中心とするサロンに、松尾も加わったことになります。

和田(桂)　パリの日本人数が年々増えてきているにもかかわらず、日本語の新聞が発刊されていないということで、布《ぬの》利秋《としあき》という人が『巴里週報』を創刊してはどうかという提案をしました。創刊号にも書いてありますが、布は「今パリにいる外国人発行の新聞はいろいろある。ドイツ人もオランダ人もスペイン人も出している。ところが日本人はまだ出していない。これはどうしたことか」というようなことを言っています。

布について少し調べたことがあるんですが、愛媛県出身で、愛媛県立図書館だけが所蔵している本があったので取り寄せました。それによると、一九一八年の第一次世界大戦のときにフランスの戦場に視察取材をした『中央新聞』の特派員だった人です。『中央新聞』は立憲政友会の機関紙ですが、彼は代議士に随行して世界各国に取材をしたジャーナリストでした。世界の隅々で、さまざまな国籍の人が新聞や雑誌を出しているのを見てきました。そこで日本人による『巴里週報』創刊の提案をして、金銭的な援助もしたようです。『巴里週報』発刊が実現したのは布のおかげなのではないでしょうか。

布は志賀重昂に師事した人ですが、一九三二年には早稲田の先輩にあたる永井柳太郎の推薦で、外務省の文化事業部の嘱託になります。一九四〇年には松岡洋右の私設顧問になります。戦後は第一回の総選挙で衆議院議員になるという経歴の持ち主です。とにかく当時の日本人としては珍しく世界を見る目をもっていた人なので、週報の提案をしたのでしょうね。この人の提案がなければ、みんな自分たちの生活で精いっぱいですから、『巴里週報』の発刊にはこぎつけなかったのではないでしょうか。石黒敬七を説得して編集長にしたのは布です。外国で新聞や雑誌を出すのは大変なことで、発行する気概のある人物がいるか、資金があるか、という二点が重要です。『巴里週報』は幸運なことに布という人を得て刊行できたということです。

和田(博)　なるほど、布利秋の場所から『巴里週報』を読み直すと、面白いかもしれませんね。日本人数が増えて、そのつながりから様々なドラマが生まれますが、『巴里週報』の発刊によって、今日の私たちは当時の日本人の動向を知

和田博文 氏。

ることができるわけです。興味深いことの一つは、第四号が一九二五年八月二四日に出ますが、そのなかに「本紙及道場に寄付」という小さい記事があります。寄付をした四人のなかに「実業家　中西顕政氏」が含まれています。これは私が確認した範囲では、中西の名前が出てくる最初の記事ですが、中西は翌年に創刊される『ルヴュ・フランコ・ニッポンヌ』のスポンサーですね。これ以外にも『巴里週報』には、中西顕政や『ルヴュ・フランコ・ニッポンヌ』についての情報が載っています。例えば第三一号は一九二六年三月八日に発行されますが、「消息」欄には「藤田嗣治氏、中西顕政氏、松尾邦之助の三氏は数日前フランコ、ジャポネー（雑誌）の件で石井子に招かれ晩餐を共にして種々懇談された由」と記されています。「フランコ・ジャポネー」というのは『フランス・ジャポン』のことではなく、『ルヴュ・フランコ・ニッポンヌ』のことです。まだ雑誌の名前が決まっていない「日仏文化交流誌」を立ち上げる相談に、最初から藤田嗣治が加わっています。相談のための晩餐に招待した「石井子」とは、石井菊次郎のことですね。石井は一九一二年～一九一五年にフランス特命全権大使を務め、一九二〇年に再任された際には、国際連盟の日本代表になっています。「子」というのは「子爵」という意味です。そうすると、『ルヴュ・フランコ・ニッポンヌ』の立ち上げは大使館も含めた場所で議論されていたということになります。僕らが最初にこの雑誌を見たときは、小さな雑誌という印象が少しありましたが、雑誌の話題自体は、かなり広い範囲で出ていたような気がします。

松崎　私は『巴里週報』については詳しくありませんが、先日、パリ日本文化会館の図書室で見てみたところ、第二七号、大正一五年二月二〇日付けに、「日仏雑談フランコ・ニッポンヌ」という記事が出ていて、「この冬二月発刊の日仏雑誌『フランコ・ニッポンヌ』誌は、なるべく洗練したよい記事を出すように努力して、今年度は春夏秋冬四冊を出すことにいたしました。その他は臨時増刊として、その間に出版しようと思っております」という記事が載っていました。

和田（桂）　ただ、大使館の肝いりということではなかったようです。当時松尾邦之助は、日本人会の書記をしていますが、その都合で外務省や大使館の人と親しくなるということがあり、石井子爵とも親しく話をする間柄だったわけです。大使館から何がしかのお金を得て、お上のつくる雑誌にしようという気は最初からなかったと思います。

松崎　そうですね。松尾は、「中西の気まぐれのために資金に窮し、大使館に援助を頼まざるを得ず、そのために天皇陛下や在仏日本大使、勲章をたくさん胸につけた実業家の写真を掲載するはめになってしまった。」と文句を言っています。

和田（桂）　そうなんです。松尾はもともとお役所仕事というのを嫌っていましたので、大使館で話をしたのも援助のお願いではなく、一応話を通した方がいいのではないかということだったと私は思っています。

松崎　余談になりますが、松尾が公館の世話を避けていた例として、次のような逸話があります。松尾とオーベルランは、一九三二年に、ロマン・ロランの依頼で、倉田百三の『出家とその弟子』の仏訳を出版しますが、出版社は最初、ロマン・ロランの序文付きでもせいぜい三〇〇部ぐらいしか売れないだろうと出版を渋ります。当時は、前納金を出版社に納めると出版がスムースにできたそうで、松尾は、自分はそんな大金は持ち合わせない、大使館に陳情する手もあったが、お役人にすがるというのは堪え難い屈辱のように思われて、オーベルランに相談した、と言っています。結局オーベルランが四千フランを出版社に渡し、無事出版に漕ぎ着けられたそうです。契約書によると、一年間に千部売れれば、この金額は返却されることになっていましたが、一年間に何と二千部売れたそうです。

和田（博）　大使館が発刊に関わったわけではありませんが、日本人数が拡大するなかで、日本人会も拡充していきます。人間関係の広がりのなかで、『ルヴュ・フランコ・ニッポンヌ』成立の基盤ができたということでしょうか。その意味では、『巴里週報』と『ルヴュ・フランコ・ニッポンヌ』は性格の異なる雑誌と新聞ですが、両者は同じ基盤から生み出されたと言ってもいいような気がします。

3　『ルヴュ・フランコ・ニッポンヌ』の探索と複数の謎

和田（博）　一九二〇年代後半から、日仏知識人の複数の共同作業が始まります。そのなかの一つが一九二六年創刊の『ルヴュ・フランコ・ニッポンヌ』です。

和田（桂）　先ほど『巴里週報』の第四号に中西顕政から寄付があったことが記されているというお話がありました。寄付をした人の名前がただ列挙してあるところとは別に、中西の場合は「本誌の趣旨に大いに賛同され発展費として去十八日多額の寄付金をされた」という別立ての記事になっています。

『巴里週報』に中西が寄付をしたのが一九二五年八月なんですね。その半年後の一九二六年一月には『ルヴュ・フランコ・ニッポンヌ』にまた多額の寄付をしているんです。中西の実家は三重県に山を持つ資産家であったということもありますが、それ以外にどうやら南洋のゴム園でもうけた金があったようです。これについて調べてみたのですが、当時の日本の長者番付に中西の父親の名前は見当たりませんでしたし、南洋のゴム園はたくさんあって、残念ながらピンポイントで突き止めることができませんでした。藤田嗣治がパリに来るとき中西と同船だったということで、藤田からの情報でしかわかりません。

和田（博）　マレー半島のゴム園経営は、フランス文学者でパリの日本公使館に勤務したことがある、長田秋濤も行っていたことがありますね。『ルヴュ・フランコ・ニッポンヌ』は一九二六年から一九三〇年の発行、『巴里週報』は一九二五年から一九三三年の発行ですから、時期的にはだいたい重なっています。『ルヴュ・フランコ・ニッポンヌ』は長い間、全冊揃いで確認することができずにいて、幻

松尾邦之助肖像写真。1927年5月29日パリにて撮影したもの（渡部春子氏より寄贈）。同年10月22日に催された『其角の俳諧』出版記念会にもこの格好で出席。

中西顕政肖像写真（『REVUE FRANCO-NIPPONNE』臨時増刊号（1929年3月）。

の雑誌という印象がありました。『言語都市・パリ 1862-1945』や『パリ・日本人の心象地図 1867-1945』の仕事をしていたときも、この雑誌の姿がよく見えないという感覚を抱いていたことを覚えています。今から一〇年以上前になりますが、和田桂子さんはフランスの国立図書館でこの雑誌の調査を行なったことがありますね。

和田(桂)　『ルヴュ・フランコ・ニッポンヌ』の所蔵があるのを調べて行ったのですが、行って確認すると『巴里旬報』と書いてある。その下に『ルヴュ・フランコ・ニッポンヌ』と書いてある。その時にはどういうことか分からなかったんです。しかも当時はコピーをさせてもらえなかったので、私はすべてを手書きで写しました。今回初めて『ルヴュ・フランコ・ニッポンヌ』と『巴里旬報』との関わりが分かりました。

和田(博)　『ルヴュ・フランコ・ニッポンヌ』を復刻したいと長らく思っていたのは理由があって、『言語都市・パリ 1862-1945』に「松尾邦之助　日仏交流の交差点」という論を書いているのですが、そこで『ルヴュ・フランコ・ニッポンヌ』と記すべきところを『フランス・ジャポン』と間違えて記した箇所があります。その誤りは、後に他の方が作成した複数の年表に踏襲されていて、いつか機会があったら訂正したいと思ってきました。ただフランスでも日本でも『ルヴュ・フランコ・ニッポンヌ』の第一一号の所蔵がどこにもなく、なかなか訂正のチャンスがありませんでした。ところがあるとき、日月堂という古書店の目録に、第一　号が出てきて、とてもうれしかったことを今でもよく覚えています。そのおかげで今回の復刻が可能になったので、資料を回してくださった店主の佐藤真砂さんにはとても感謝しています。

松尾邦之助の『フランス放浪記』のなかに、「工場《あな》時代」という節があり、二〇頁余りにわたって『ルヴュ・フランコ・ニッポンヌ』の時代が回想されています。恐らく「工場《あな》」の回想としては、これが一番詳しいものだと思います。「工場《あな》」があるのは、パリの南にあるモンスリ公園の近くですね。

和田(桂)　アミラル・ムーシェ通り二二番地なんですが、どんなところか確かめたくてその場所に行って写真を撮ってきました（→55ページ）。通り自体はあまり洗練された通りではありませんでした。「門があってそのなかに入っていくと、倉庫のようなものがある」という記述があったのを思い出しながらその門扉の写真を撮っていたら、偶然なかから誰かが出てきたので、なかに入らせてもらいました。見るとそこに倉庫があったんです。おそらくその当時の倉庫がいまだに同じようなかたちで残っているわけですね。これが松尾邦之助が「穴」と呼んでいた印刷所だろうと思って感動しました。この印刷所のすぐ近くに松尾邦之助は住んでいたんです。その場所も写真に撮ってきましたが、どちらも労働者階級が住むような地域だといえます。

和田(博)　松尾の本には、「工場《あな》」で最初に出版したのはスタイニルベル＝オーベルランの『アジア擁護論―アンリ・マツシスへの反駁』という単行本だと書いてあります。この本を読んだアンドレ・ジッドが感激して、松尾に面会を求めてきて、知遇を得たとも書いてあります。松崎さんはこの本はご覧になりましたか。

松崎　研究所の図書館にあります。国文学研究資料館との共同研究のワークショップで和田先生が『ルヴュ・フランコ・ニッポンヌ』の紹介をされて、「これは非常に手に入りにくい雑誌なので、一号でもあればぜひ知らせてください」とおっしゃったので、研究所の図書館で早速調べたところ一号だけあったんです。それがこの「モノグラフィー」、不思議なことに、それは抜き刷りとして扱われていたのです。それを見てみると、表紙に出版社名として「Editions de la Revue Franco-Nipponne」と書かれています。それを整理した人が抜き刷りだと思ったようです。一九ページの小冊子で、松尾邦之助もどこかで「パンフレット」という言葉を使っていたような気がしますが、一冊の単行本という感じのものではないですね。

和田桂子 氏。

和田(博)　松尾邦之助がオーベルランに初めて会うのは一九二五年だと思います。これはいろいろな方が引用なさっていますが、『フランス放浪記』の中に、フランス語と日本語を相互に教え合うマーニュという年配の女性に、「ギメ博物館の茶の会」に連れていってもらい、そこでオーベルランと知り合ったと書かれています。数年前に、ギメ東洋美術館の図書室で二人の足跡を探しましたが、そのときは残念ながら見つかりませんでした。論集に書いていただいた長谷川正子さんは、ギメ東洋美術館の司書をなさっています。長谷川さんは今回、「ギメ東洋美術館とフランス東洋友の会　設立当初の会誌から」という論を書いてくださいました。ただここにも具体的な言及はないので、会誌には何も記録されていないのかもしれません。松崎さんは、エクス＝アン＝プロヴァンスのメジャンヌ図書館が所蔵するオーベルランの史料を調査なさいましたが、二人の交流について記録は出てきましたでしょうか。

松崎　何も出てきませんでした。エクスには大したものが残っていないんです。戦前のものはほとんどなくて、日本関係のものは、松尾との最後の仕事である『日本現代詩人選集』*Anthologie des poètes japonais contemporains*（一九三九）の書評だけ。あとは戦時中、戦後の友人からの手紙や、その頃彼が執筆したと思われる哲学的論考の原稿、それから意外なことに彼がアフリカで行っていた遺跡の発掘の原稿。こちらが期待していたものは無く、がっかりしました。松尾との出会いについての資料も一切ありません。

和田(博)　『ルヴュ・フランコ・ニッポンヌ』の号数を並べていくと、第一〇号が欠けているわけですが、それを今は「第一〇号の謎」と呼んでおきます。その謎に近づくためには、先ほど和田桂子さんからお話が出た『巴里旬報』の話に戻る必要があると思います。『巴里旬報』は、今回お二人が解題を書いていらっしゃいますが、何か補足すべきことがあればお願いします。

和田(桂)　第九号は、実際には第九号ではなく「臨時増刊号」と書かれていますが、これは一九二九年三月に出されているものです。そのあと、『巴里旬報』が一九二九年六月に出ています。この『巴里旬報』のなかに「第一〇号を七月一日に出す予定」と書いてあるんです。具体的な日付があって、収録するエッセイの作者名まで書かれてあるので、おそらくこの時点ではたしかに第一〇号を出す予定だったのでしょう。ところがその第一〇号が見つからないばかりか、第一一号の発行年が「一九三〇年」と書いてあるんです。これには月の記載がありません。そして第一二号が一九三〇年一月に発行されているんです。

松崎　印刷所の問題もありますね。「臨時増刊号」や第一二号は、「穴」からではなくて専門の印刷所で印刷されているんです。それに対して『巴里旬報』や第一一号は「穴」で印刷されている。おまけに、「臨時増刊号」は松尾が帰国している間に出版されています。

和田(桂)　父親が危篤状態になったための一時帰国ですね。一九二八年七月下旬に「チチキトク」の電報を受け取って、八月二八日にパリ北駅を出発しています。松尾が日本に帰っている間に、中西顕政が立派な雑誌をつくったということになるわけですね。

松崎　「臨時増刊号」と第一二号は表紙からカットまで中西が自ら担当していて、中西の色を非常に強く出しています。おまけに、フランスの詩人たちから中西に送られた献辞入りの写真も載っていて、ここまで来ると、上田眞木子さんがおっしゃるように、「中西顕政のサロンのような印象を帯びて」きます。もし第一〇号が出版されていたとしても第一一号に近い地味なものだったのではないかと思います。

和田(博)　実際に発行されたかどうかは今のところ謎のままということですよね。

松崎　そうです。本来だったらフランスで出版したものはすべて国立図書館に納本しなければならず、その制度は厳しいんです。ところが、第一〇号と第一一号は納本されていません。何か理由があるのではないかと思います。

和田(博)　他にもいくつか謎があって、たとえば『巴里旬報』を発行した「日仏文化連絡協会」も、幻のヴェールに包まれた部分がたくさんあると思います。フランス体験をもつ帰朝者が中心となって、一九三四年三月に『巴里』という雑誌が日本で創刊されています。これは後に、カタカナの『アミ・ド・パリ』、ひらがなの『あみ・ど・ぱり』と雑誌名を変え、一九四三年一二月まで続いたことが分かっています。この雑誌も全冊の確認はできなくて、私の所蔵分と国会図書館の所蔵分、それに大佛次郎記念館、徳島県立近代美術館、岡田孝子さん所蔵の各一冊を合わせて、『ライブラリー・日本人のフランス体験』で復刻しました。この雑誌には、日仏文化連絡協会の言及が少なくとも五回あります。最初は一九三五年一一月号掲載の、川路柳虹「日本よりフランスへの贈り物」というエッセイです。それから同年一一月号に「日仏文化連絡協会に就て」という記事があり、一九三六年三月号の「雑記」にも情報が出てきます。その次は一九三九年二月号の川路柳虹「巴里に於けるクニ・マツヲの活動」というエッセイ。そして最後が一九四〇年一月号の川路柳虹「仏訳された日本現代詩の反響」というエッセイです。『巴里旬報』が出た一九二九年から、帰朝者たちが『巴里』を創刊する一九三四年までの五年間は、情報が入手できていません。

和田(桂)　『巴里旬報』のなかには、「一九二九年六月八日に、松尾理事の開会の辞に次いでルネ・モーブランによる設立趣旨の説明があった」と書いてあります。ということは、この日が正式な設立の日付だと考えていいと思います。

和田(博)　今回『論集』に書いた「巴里会と武藤叟」のなかでも触れましたが、先ほどの「日仏文化連絡協会に就て」という文章には、この組織は一九二七年にパリで松尾邦之助、川路柳虹、スタイニルベル＝オーベルラン、ルネ・モーブランが設立したと書いてあります。この書き方だと四人が設立したということですね。だとすると、一九二九年六月八日には、もっと拡がりをもった組織になっているということですね。

和田(桂) そうですね。一九二九年六月八日には茶話会が催されていますが、この時にはアンリ・アロルジュやマリ＝ルイーズ・ヴィニョン、イザベル・サンディといった『ルヴュ・フランコ・ニッポンヌ』でおなじみの名前が見られます。それに『ル・ジュルナル』*Le Journal* や『コメディア』*Comoedia* といった新聞雑誌の記者たち、それから画家たちも参加していますので、かなり大がかりなものだったということがわかります。

和田(博) 一九二七年というのは恐らく意味がある年で、日仏文化連絡協会の設立の目的は「日本文芸の仏訳出版である」と書かれています。一九二七年は『其角の俳諧』（*Les haïkaï de Kikakou*）がクレス社から刊行された年でもあります。このときに四人が組織を立ち上げて、その最初の出版物が『其角の俳諧』だったと考えると、文脈としてはつながってきます。そして『其角の俳諧』以降、翻訳出版が続いていくわけです。その間に『巴里旬報』を挟むと、日仏知識人の共同作業による『ルヴュ・フランコ・ニッポンヌ』という雑誌媒体の活動と、『其角の俳諧』から始まる翻訳書の活動がリンクしてくるのではないかと思います。

和田(桂) 『巴里旬報』によると、日仏文化連絡協会は「事業部」「文芸部」「映画部」に分かれています。事業部というのは主にパリ案内を請け負うことになっていますが研究調査も含まれます。そしてそこには「日仏評論」、これは『ルヴュ・フランコ・ニッポンヌ』のことですが、「それに加えて姉妹編としてのパンフレットを発行する」と書いてあるんです。そのパンフレットとは、『ルヴュ・フランコ・ニッポンヌ』で時々言及されている『欧州評論』を指すのではないかと考えています。もしかすると『其角の俳諧』が刊行された頃に「文芸部」の構想もつくられたのかもしれません。

松崎 『あみ・ど・ぱり』一九四〇年一月号の記事の中で、川路柳虹が、松尾とオーベルランの『現代日本詩人選集』の仏誌に於ける大反響についての詳細を『日仏文化連絡協会々報』にいずれ載せるつもりである、と言っていますが、このような会報を出していたのでしょうか？この会の会報に相当すると思われる『巴里旬報』は一号しか確認されていませんが、その後、『日仏文化連絡協会々報』という誌名に変わったのでしょうか？

和田(桂) 『ルヴュ・フランコ・ニッポンヌ』が一九三〇年一月で終刊したあとも、日仏文化連絡協会自体は存続していたというわけですね。『日仏文化連絡協会々報』はどこにも所蔵が確認できていないのですが、『巴里旬報』からこれに誌名が変わった可能性はあると思います。

松崎 また、ここで気になるのが、オーベルランの日本の仏教の宗派についての本のことです。一九三〇年の暮れに出版されていますが、この本はオーベルランが日本へ行き、各宗派の主な寺院をまわり、寺院の佇まいや雰囲気に触れ、そこの住職に案内されて、教義を直接聞くという構造になっていて、半分旅行記のような形をとった仏教入門書で

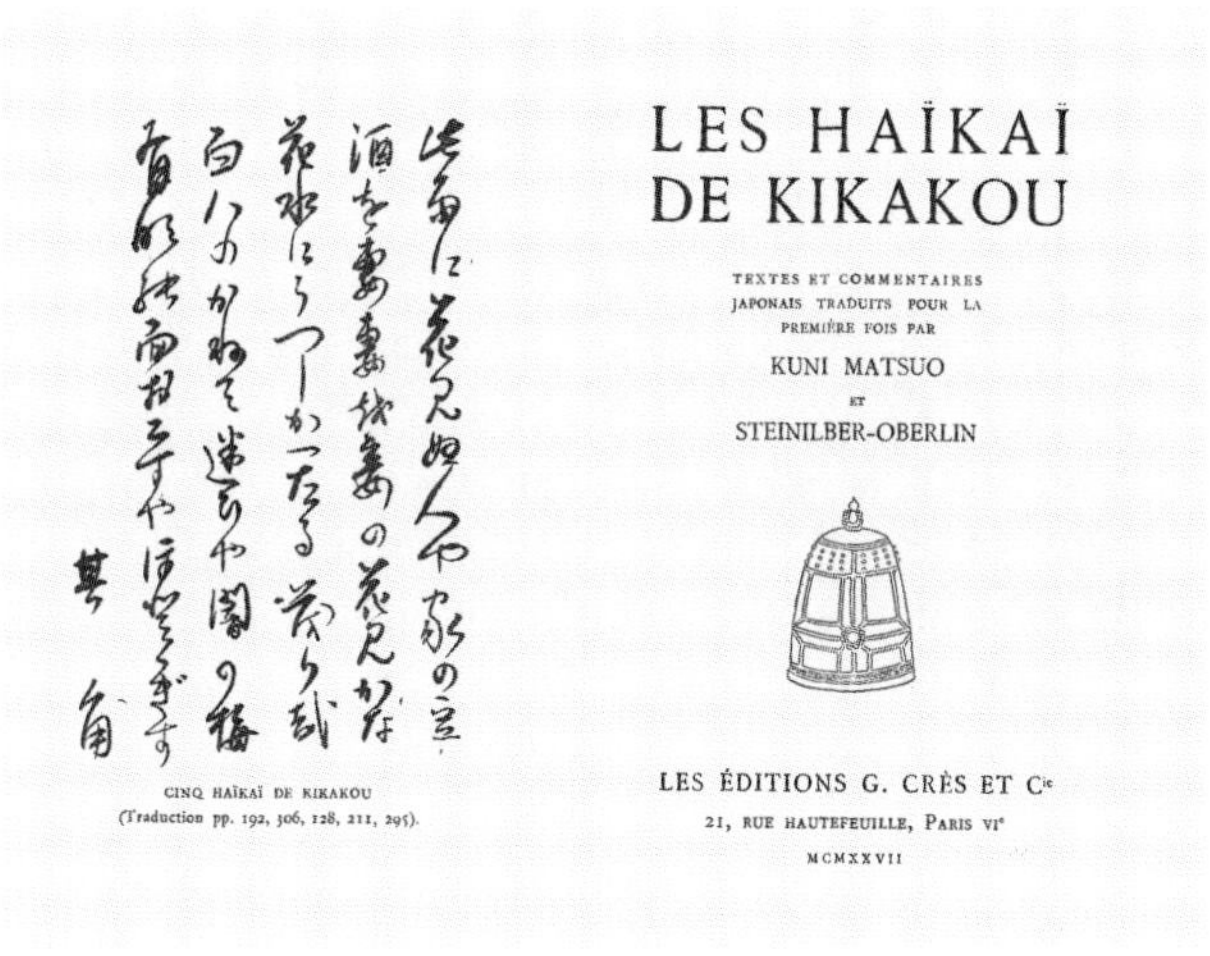

Kuni Matsuo et Steinilber-Oberlin, *Les Haïkaï de Kikakou* (Paris: Crès, 1927) 内扉。

す。ところが問題は、果たしてオーベルランは実際に日本に行ったかどうかということです。というのは、まえがきに、「日仏文化連絡協会」とも訳せるような協会から「派遣されて日本へ行った」と書いています。それがいつのことかは明記されていないので、はっきり分かりません。東京の外交史料館へ行って調べましたが、何も情報が出てこない。関東大震災のために史料紛失などがあって、この時代の史料の整理ができていないのか、いずれにしても情報は何も得られませんでした。

　それから、もう一つの謎として、この「まえがき」の中で、「忠実な協力者、日本滞在中の貴重な同伴者」松尾邦之助に感謝の辞を述べているのです。松尾邦之助が父親の危篤の報を受けて帰国した時、オーベルランから「仏教書執筆準備のための資料を持ってきてくれ」と頼まれたという記述はありますが、オーベルランと一緒にお寺めぐりをしたとは、どこにも書いていません。この「同伴者」という表現もいろんな意味にとれますね。

和田(桂)　日仏文化連絡協会の略称は「RIFN」になっていますね。Rapprochement Interculturel Franco-Nipponの頭文字です。そして住所がアミラル・ムーシェ通り二二番地、つまり「穴」なんです。

松崎　それでは、オーベルランを日本に「派遣」したの

は、恐らく日仏文化連絡協会でしょう。ただ、オーベルランは「Association」ではなく、「Société pour le Rapprochement Interculturel Franco-Nippon」と呼んでいます。

和田(桂)　この組織の名称は、日本語・フランス語ともに確定していない時期があります。おそらく同組織だと考えられます。

和田(博)　松崎さんのお話では、日仏文化連絡協会とも訳せる組織から派遣されたにも関わらず、記録が出てこなかったということでした。ただこれを、私的な小さな組織だと考えると、外務省の記録に残っていないこともありうるのではないでしょうか。実際に松尾がオーベルランのガイドをしていたとしたら、私的な旅行として日本へ行ったということがあるかもしれないですね。

松崎　オーベルランとの寺院めぐりについての記述は松尾の数冊の回想記にはどこにも見当たりません。松尾が戦前日本に帰国したのは一九二八年秋から翌年春まで、ただ一度です。オーベルランは、一〇月の寺院を描写しているので、一〇月ということになると、松尾が着いて間もなくです。父親が危篤で臥していて、松尾はお姉さんの嫁ぎ先に居候していて、思うように外出できないので、そこを「座敷牢」と呼んでいます。そんな状況下に寺院めぐりをしたとはどうしても考えられない。

和田(博)　それは依然として謎のままということですね。

和田(桂)　先ほど「穴」で『ルヴュ・フランコ・ニッポンヌ』がつくられていたという話がありました。松尾自身はこの時代がとても楽しいものだったと回想しています。故郷からの送金が途絶え、金銭的には苦しい時代でした。つけ加えると、「穴」にはいろんな日本人が訪れています。たとえば武林無想庵なども来ています。彼もだんだんとお金がなくなってきた時に、この「穴」を仕事場として選んでいますが、その時に「なぜわたしは自殺しないか」というエッセイを書いています。松尾邦之助は、「こんな所で首をくくられても困る」というようなことを思うわけですが、同じ頃には辻潤も来ています。彼も飄々としていて、パリに来たのに観光もせずにホテルに閉じこもっているような生活をして、時々「穴」を冷やかしに訪れています。貧乏暮らしをしている日本人やフランス人が集まって、どこか楽しげに印刷をしている姿が目に浮かぶようです。おそらく松尾邦之助はそのような雰囲気が好きだったんでしょう。そういった雰囲気の中で雑誌を作りたかったんだと思います。ところが、そこにだんだんと日本政府や外務省の思惑が入ってきて雑誌の性格が少し変わってしまったことがあり、松尾はそれが残念だったのではないでしょうか。

松崎　そうですね。確かに彼が張り切ってこの雑誌を作っていたのはよく分かります。私がこの雑誌を初めて見たのはフランス国立図書館のマイクロフィルムで、しかも質の悪い読みにくいものでした。それで最初は「こんなものを復刻する価値があるのかな」（笑）という印象を持ったんです。その後、BULACで一号から六号まで実物を見ました。保存状態も良く、表紙のフジタの絵がとても魅力的で、内容も張り切って編輯した息吹が伝わって来るようなものでした。もちろんくだらない記事もありますが、日仏文化交流の多くの情報を掲載していて、全体的に生き生きとした印象が感じられました。ただ、そこに中西が出てくるとちょっと鼻につくというか。

和田（桂）　お金がなくなって大使館に援助を求めますが、その時も嫌だったようですね。お上の役所仕事の臭いがついてしまうということで。

4　松尾邦之助とスタイニルベル＝オーベルランの翻訳
——テクストの再構成

和田（博）　一九二〇年代後半から松尾邦之助の、日本文学文化のフランス語への精力的な翻訳活動がスタートします。これを日本語のタイトルで順番に確認していくと、まず一九二七年に『其角の俳諧』がクレス社から刊行されます。翌一九二八年には、ストック社から清少納言『枕草子』*Les notes de l'oreiller* が出ています。三冊目は一九二九年の『能の本』*Le livre des nô* で、四冊目は同年の岡本綺堂『恋の悲劇』*Drames d'amour*。それから五冊目が一九三〇年の『日本仏教諸宗派』*Les sectes bouddhiques japonaises* という本です。六冊目は一九三二年の倉田百三『出家とその弟子』*Le Prêtre et ses disciples* で、七冊目が一九三六年の『芭蕉及びその弟子の俳諧』*Haïkaï de Bashô et de ses disciples*、八冊目は一九三九年の『日本現代詩人選集』*Anthologie des poètes japonais contemporains* です。このうち、五冊目の『日本仏教諸宗派』と七冊目の『芭蕉及びその弟子』は、別の出版社からも刊行されます。その間に、川路柳虹やアルフレッド・スムラーとの共著である『古代から一九三五年までの日本文学史』*Histoire de la littérature japonaise des temps archaïques à 1935* が一九三五年に出版されています。すでに話してきたことですが、一九二〇年代の初頭に日本文学の情報がきわめて少なかったことを考えると、一九二〇年代後半から一九三〇年代にかけて、松尾邦之助が果たした役割は非常に大きかったと思います。

松崎　そうですね。ただ、一九二〇年代半ばに近づきますと、先ほどお話したクロード・メートルが、『日本と極東』

松崎碩子 氏。

Japon et Extrême-Orient という月刊誌を一九二三年一二月から出版しています。スポンサーの都合で一年間で終刊になってしまいますが、この雑誌には毎号日本現代文学の仏訳が載っています。セルジュ・エリセーエフが中心になって、シャルル・アグノエル、堀口大学、レイモン・マルティネが、森鷗外、芥川龍之介、永井荷風、谷崎潤一郎、夏目漱石、志賀直哉などの短編を翻訳しています。また、一九二四年には、キク・ヤマタが『日本人の唇の上に』*Sur des Lèvres Japonaises* というタイトルで、古今集の仮名序から二節、和歌、俳句、昔話を取り混ぜた日本文学雑纂を、ポール・ヴァレリーの序文入りで出版しています。ヴァレリーはクローデルからキク・ヤマタを紹介された、と言っています。そのほか、『ルヴュ・フランコ・ニッポンヌ』の情報によると、谷崎潤一郎の『愛すればこそ』、有島武郎の『ある女』など、ぽつぽつと翻訳が出始めました。

和田(博) 『日本と極東』は、今回の復刻に含む構想もあったのですが、やや研究色が強い雑誌で、地味なものですから今回は復刻は見送りになりました。ただ、日本の大学の図書館で、所蔵しているところはありますよね。

和田(桂) 国際交流基金や日仏会館にも揃っていますね。

和田(博) ですから日本でも見ることは可能です。先ほど翻訳書を八冊ほど並べましたが、それを見る時に忘れてならないのはスタイニルベル＝オーベルランとの共同作業だと思います。八冊すべてにオーベルランの名前がクレジットされているわけです。オーベルランと松尾の共同作業の詳細は、なかなか確認できませんが、生きたフランス語に直す作業は、オーベルランが担当しているはずですね。

松崎 それについては松尾がはっきり述べています。まず、彼が日本語からフランス語に翻訳して、それをもとに二人で話し合い、オーベルランが「きれいな」フランス語に直したのだそうです。その時にオーベルランは、インテリや日本愛好家だけではなくて、もっと幅広く一般向きに翻訳したいと希望して、いろいろ苦心したようです。例えば、『枕草子』では、固有名詞の列記などは、フランス人の一般読者には何のことだか分からないからといって、カットしたそうです。ところが、たまたまミシェル・ルヴォンが『日本文学アンソロジー』でその部分を翻訳している場合もあり、モーブランは、「表紙に全訳と謳っているのは嘘じゃないか」と書評で叩いています。

和田（博）　今回の論集では、両大戦間の日本研究について、王朝文化、中世文化、近世文化、仏教文化、女性文化にわけて日仏の研究者の方に書いていただいています。現在はまだ六割ほどの原稿しか集まっていない段階ですが、翻訳の問題については、寺田澄江さんが「松尾・オーベルラン訳『枕草子』―変奏としての翻訳」という論を書いていて、そのなかでかなり詳しく分析をしておられます。自分たちの感性をもとに、書き足し、書き込み、テクストの再構成をしているという指摘です。私は寺田さんの論稿を読んでいてとても面白かったのですが、たとえば「火桶」が「火鉢」になっているとか、「わさび」が「からし」になっているとか、「たんす」という言葉を使用しているというような指摘があります。読解というのは、自分の経験世界に置き換えて理解するという行為です。それは、明治・大正・昭和戦前期の作品を日本人が読む場合でも同じで、作品が書かれた時には当たり前だった習俗や文化がいったん失われてしまうと、注釈をつけないと分からなくなる。読者が属している時代の、習俗や文化を前提に読むしかないわけです。それが異文化の場合になると、空間的な隔たりが出てきますから、置き換えの働きは必要です。まして異文化の古典を読む場合には、空間と時間という隔たりの二重性が生じてきますから、その困難のなかで松尾とオーベルランが、フランスの一般読者に伝えるため、どのような工夫をしたかということが、寺田さんの論には生き生きと描かれていました。私はまだ読んでいないのですが、中世の論稿も面白かったんですか。

松崎　ルフェーブルさんの論稿も興味深いですよ。私も「こういうものがあったのか」と思ってびっくりしたのですが、『ルヴュ・フランコ・ニッポンヌ』の解題をした時の発見で、『松は歌う』というタイトルで、四曲の謡曲の翻訳を収録した本があるのです。しかもそれは、日本語ができるのかできないのかわからない人が翻訳したもので、キク・ヤマタが序文を書いています。この四曲の謡曲の原作は何かと調べたのですが、タイトルからは『羽衣』以外は分かりませんでした。たまたまその本の再版を入手することが出来、読んでみると、『松は歌う』は『隅田川』でした。『月の姫君』の内容は『竹取物語』だと分かりますが、『竹取物語』を主題にした謡曲は、調べた限り、見つかりません。もう一曲の『青い娘』は元の謡曲があるのかどうか。この『松は歌う』という本は売れたようで、出版社を変えて、『月の姫君』という題で、四年後に再版されています。ルフェーブルさんによると、ここではどうやら能を、ギリシャ悲劇に倣って、再構成しているようです。日本の能だと表紙に謳っていますが、かなり形を変えてしまっています。

和田（桂）　フランスの読者にわかりやすいように「手直し」をしているということですね。『其角の俳諧』でもそうですが、なぜまず其角を翻訳しようとしたのかというと、これはオーベルランと松尾の話し合いでそうなったのですね。フランスの読者には芭蕉よりも其角の方が感情移入しやすいだろうという気持があったからです。ただ、外務省はあまりいい顔をしないんです。例えば『修善寺物語』上演の場合もそうだったのですが、もっと日本国の威光を前面に出したものを翻訳してもらいたがった。でも松尾は日本の俗謡や小唄がパリで大変な評判を呼んだことを知っています。先ほどの『枕草子』の翻訳上の工夫の話も同様で、国の宣伝のためというより、フランスの読者を第一に考えていたということがわかります。

和田（博）　翻訳はどういう系統本を使ったのかが大きな問題になります。それは寺田さんが詳しく書いていらっしゃるので繰り返しませんが、『枕草子』の場合は溝口白羊の『訳注枕の草子』のようですね。これはコレージュ・ド・フランスの書庫に所蔵されているのでしょうか。

松崎　そうです。オーベルランはいろいろと謎の人物ですが、こういうことに関してははっきりした人でした。訳本のまえがきの最後に「この翻訳に使用した原本はアジア学会の図書館に寄贈した。請求番号は〇〇だ」と書いてあります。アジア学会の図書館は、コレージュ・ド・フランスの極東研究所の中にあります。

和田（桂）　もとの本が残っていると有難いですね。『芸者の唄』*Chansons de Geishas*（クレス社、一九二六年）で仏訳された元の「うた沢」がなんだったたか、『芭蕉及びその弟子』で仏訳された元の句がなんだったか、というのを以前に調べましたが、訳者が使った原本が現存していないので、いちいち調べるのが大変でした。『其角の俳諧』は、出版社を探すのにずいぶん苦労したようですが、結局初版は三〇〇〇部売れたそうです。当時としては非常に大きな数字です。その印税の七〇〇〇フランをオーベルランがすべて松尾にあげたという話がありますね。

松崎　松尾はどこかに「八〇〇〇から九〇〇〇」と書いていましたが、すべての版の売れ部数を合わせると、ということですね。だからこれはすごい数字です。

和田（桂）　其角を最初に訳したのは正解だったわけです。

オーベルランは「お金は邪魔だから」と言ってすべて松尾にあげましたね。

松崎　ええ。オーベルランはかなりお金持ちだったようです。余談になりますが、オーベルランの家の近くで松尾が友人と飲みに行き、酒代を充分に持ち合わせていなかった時、「借金してくる」とそこに友人を残して、オーベルランの家に行ったのだそうです。オーベルランはその時風邪をひいて寝ていましたが、「隣の部屋の箪笥の引き出しに現金があるから、そこから必要な分だけ取って行きなさい」と言われて、そこを開けたらすごい量の札束があった。松尾はびっくり仰天して、そこから一枚か二枚をとりだして「これだけ借りていきます」といったところ、「たったそれだけでよいのですか」といわれたという逸話が残っています。

和田(桂)　オーベルランは結婚していませんよね。

松崎　生涯独身です。お姉さんがベルギー人と結婚してアントワープに移り住み、母親が亡くなった後、アパートを売り払ってホテル暮らしを始めます。

和田(桂)　そして冬になるとアフリカに行く。

松崎　病弱だからということで、パリは寒いから避寒に行くわけです。ところが、それもただ静養のために行っていたのではなく、遺跡の発掘をしていたのです。発掘に関する原稿がエクスに遺されています。日本と砂漠の遺跡、どのような関係があるのだろうかと、エクスでこの原稿を見つけて、正直なところ、ちょっと戸惑いました。オーベルランの謎は数多くありますが、今後の調査でいろいろ新情報が出てくる可能性はあると思います。

5　フランス・ハイカイ詩と都市モダニズム詩人
――季語・シラブル・戦争

和田(博)　ヨーロッパで日本の俳諧に対する関心が目立つようになるのは、二十世紀の初頭からです。イギリスの場合ですと、バジル・ホール・チェンバレンが一九〇二年に芭蕉論をまとめています。フランス・ハイカイ詩の起源は、一九〇五年にポール＝ルイ・クーシューがまとめた『水の流れのままに』あたりでしょうか。その二年前の一九〇三年に奨学金を貰って来日した際に、クーシューは俳句や和歌を知り、帰国後にフランス・ハイカイ詩を作るようになります。ただ、フランス・ハイカイ詩が盛んになるのは一九二〇年代だと思います。たとえば『新フランス評論』*La Nouvelle Revue Française*（ＮＲＦ）の一九二〇年九月号にハイカイのアンソロジーが掲載されています。ごく一部の人だけではなくて、広がりを見せてくるわけです。六月号ではポール・エリュアールもハイカイを作っています。

その流れの延長線上で、一九二六年に『ルヴュ・フランコ・ニッポンヌ』が登場してきます。ルネ・モーブランやジュリアン・ヴォカンスも寄稿しています。フランス・ハイカイ詩は、『ルヴュ・フランコ・ニッポンヌ』の誌面の一部にすぎませんが、重要な構成要素の一つでもあります。

松崎　第一次世界大戦中、ヴォカンスは戦場で俳句を詠んでいます。一九一六年に、その俳句をまとめて「戦争百景」としてを文芸誌に発表します。ヴォカンスは生死の境をさまよって、片目を失明しますから実際にひどい目に遭っています。そういった過酷な体験を表現するのに俳句は都合がいいというか、適していたようです。昨年、戦場でつくられた俳句のアンソロジーが出版されました。もちろんそのなかにはヴォカンスも入っていますし、モーブランも入っています。モーブランが戦場へ行ったかどうかは分かりませんが、少なくとも戦場の近くにいました。戦死した人の句も入っているんです。私はこの俳句集を読んで非常に感動したのですが、生死の境をさまよって、その時の印象や心情を俳句で表現する。どうやらヴォカンスは野戦病院で句作をしていたらしいです。

和田(桂)　『芸者の唄』はオーベルランと岩村英武の共訳で出版され、これは思いのほか大ヒットしました。まさかそんなに売れるとは思ってはいなかったのに、フランスの読者の心をつかんだということがありました。オーベルランと岩村の共同作業はこれ一つだけです。そのあとには松尾が翻訳のパートナーになりますが、何を翻訳したらいいかということになると、フランス人の松尾の知り合いが口を揃えて「俗謡をやってくれ」といいます。つまり都々逸、端唄、小唄の類です。こういう考え方は、恐らく「お上」の方からは出てこないと思うんですが、日本のごく普通の男女から自然に出てくるような歌こそを、フランス人の読者は読みたいんだということで、『ルヴュ・フランコ・ニッポンヌ』でもたくさんの俗謡を松尾が紹介しています。そのなかには、卑猥なものや下品なものもあるんですが、それをフランス語に訳すと皆がとても喜び、藤田嗣治の奥さんも「これはすごくおもしろい」とほめてくれたという記述があります。

松崎　質問ですが、『芸者の唄』の原本は「うた沢節」で、すべてを芸者がつくったわけではないですね。

和田(桂)　はい。芸者がつくった唄というわけではないです。三味線にあわせて芸者が歌った小唄を集めたものです。『芸者の唄』というのは読者の気をひくうまいタイトルだと思います。

松崎　というのも、『芸者の唄』の中の口絵に半井桃水作の歌が出ているものですから。

和田(桂)　そうですね。半井桃水の作った「松の壽」や「利根」「お月さん」「猫の恋」などが入っています。

和田(博)　フランス・ハイカイ詩は、後で取り上げる『フランス・ジャポン』にも掲載されますので、一九三〇年代も含めて考えたいと思います。フランス・ハイカイ詩との関係で気になるのは、一九三〇年代半ば以降の日本で、都市モダニズム詩人たちが俳句への関心を強めるということです。一九三四年九月には、『日本詩壇』という月刊詩誌の編集をしていた吉川則比古が、彼はモダニストというより象徴主義の詩人ですが、『鶴』という俳句誌を三号まで出しています。一九三五年一〇月から一九四四年一月まで、六五冊が出た『風流陣』という俳句誌がありますが、こちらは岩佐東一郎という詩人が編集した雑誌です。都市モダニズム詩の拠点の一つになった文藝汎論社から出ています。戦争色が濃厚になる一九四三年には吉川則比古が『鷺』を二冊出しているんです。俳諧がフランスを経由して三行詩として日本に戻ってくる。そのときに、日本の詩人がそこにモダニティを感じるという事態が起きていたのだと思います。これは和田桂子さんが『コレクション・都市モダニズム詩誌21　俳句・ハイクと詩I』で『風流陣』などの雑誌を復刻して、解題も書いていらっしゃいますね。

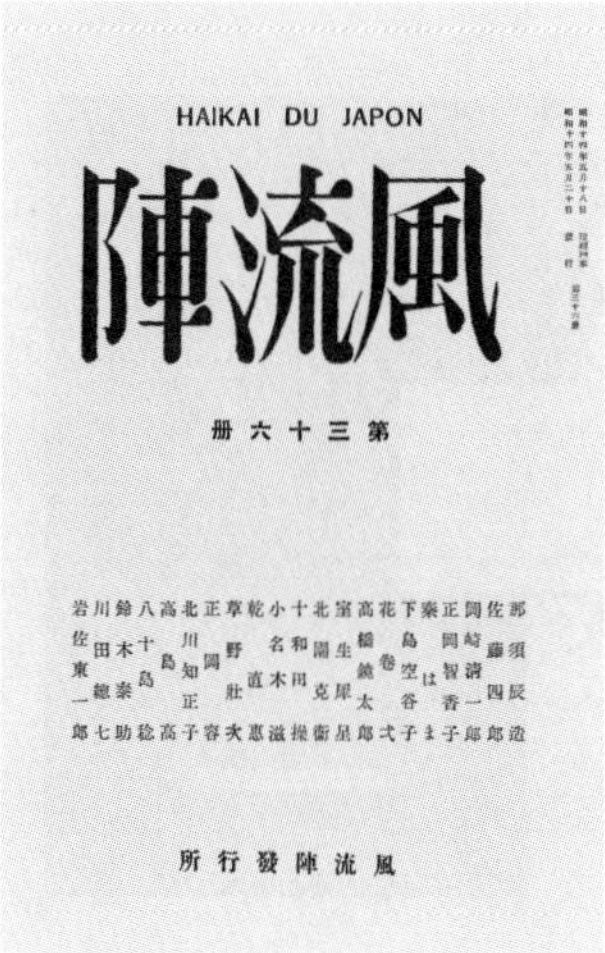

『風流陣』第36冊（1939年5月）の表紙。誌名の上にフランス語で「HAIKAI DU JAPON」とフランス語で表記してある。

和田(桂)　一番大きいのは、高浜虚子の渡仏だと思います。一九三六年に高浜虚子は、フランスで音楽の修業をしている息子の池内友次郎に会いに行っています。その際にルネ・モーブランやジュリアン・ヴォカンスとも会って俳諧について話をしています。松尾邦之助も一緒で、助手としてアルフレッド・スムラーも来ています。その際に、虚子がこれだけは譲れないといったのが、句に季節を入れるということです。虚子は俳句の大御所ですから、そんな人がはるばる日本から来たということでフランス人たちは大歓迎をするのですが、その虚子が、大切なのは四季の感覚だという。これはフランス・ハイカイ詩人たちには奇異に感じられたようです。「季節よりも、恋心をうたってもいいんじゃないか」と言うのです。のちに『ホトトギス』で、虚子は「とにかく、全人類をして四季の変遷にもう少し敏感にあらしめることは、一個の福音を伝える由縁と信ずる」と書いています。つまり、世界各国で俳句が盛んであることは大いに結構だが、四季が大事であるということは決して忘れてはいけないということを必ずいうわけです。このことに納得したフランス・ハイカイ詩人はどうやらいなかったようです。彼らにとっては、四季を入れる、季語を入れるというようなことはそれほど大事なことではなくて、心の機微といったものを素直に三行詩にまとめることができたら、それは俳句と呼んでいいのではないかというわけです。高浜虚子は、帰ってから『ホトトギス』が五〇〇号を迎えるのと同時に、『俳諧』という別の雑誌を創刊します。表紙には漢字、平仮名、フランス語表記でそれぞれ「俳諧」と記されています。『ホトトギス』のなかにも、「外国の俳句」というコーナーをつくり、そこに「外国人のための俳句講座」を設けます。まず句を日本語で書き、それをフランス語、英語、ドイツ語に訳して、そのなかに出てくる、たとえば「花むしろ」といった日本人でなければ分からない言葉について、きちんと解説をつけるということをして、俳句の真髄を全世界に広めようとしているんです。このような努力は敬服に値します。ただ、フランスのハイカイ詩人たちは「この教えを守らなければ俳句にあらず」というような考え方には少し反発を感じていたようです。季語の入っていない自由なハイカイを、それこそ私の恋心がどうこうというハイカイも続けて書いていきます。そして『風流陣』などの句誌に関係した詩人たちは、フランス・ハイカイのこの態度を、逆に非常に新鮮に感じています。斬新な俳句が詩人たちにインスピレーションを与えます。当時起こっていた「詩と俳句とはなにが違うのか」という論争においても、詩人たちが俳句というものを新たに考えるきっかけになりました。

和田(博) 今のお話で少し注釈を付けておきたいのは、高浜虚子と同時代に河東碧梧桐がいます。定型律の俳句が主流としてある一方で、自由律俳句もあります。季語の問題が出てきましたが、高浜虚子には俳句の本家本元という意識があって、「外地」にいる日本人や、パリのフランス人に対しては、「教える」という上からの目線を持っています。欧州航路の寄港地でも、日本人のグループに呼ばれて俳句について指導する。その延長線上にフランスのハイカイ詩人たちがいるという構図です。注釈を付けたいと思ったのは、都市モダニズムの詩人の場合は、自由律俳句が視野に入っています。もともと日本の都市モダニズム詩は、フランスの影響が強いので、「季語をつけなくてもよい」ということは、当たり前のように感じたのではないでしょうか。

和田(桂) ハイカイと称しながら日本の俳句の伝統的な思考

形式には拘泥しないで、近代人としての彼らの現実生活に詩的モチーフを探求していく。彼らが感動したのはそこですね。

和田(博)　もう一つうかがいたいのはシラブル（音節）についてです。俳句をフランス語で作るわけですから、五・七・五という音数には何の意味もないだろうと思います。しかしそれをフランス語でやってみようという考え方も、だんだん出てくるわけですよね。

松崎　そうです。一九二〇年の『NRF』でハイカイ特集が組まれた後、ジュール・ロマンは同年一一月、『リュマニテ』*L'Humanité* 紙にフランスのハイカイについて問題点を投げかけます。音数の問題もそのうちの一つで、各行の長さを考慮していない点を指摘しました。五・七・五の音節に則った日本の俳句の力強さに倣って、これを取り入れたらどうかと提言しています。張り切って新しい句作の冒険に挑んでいたヴォカンスなどは、このロマンの批判には戸惑いを感じたようです。だからと言って、日本の俳句の規約に従おうという考えはなかったようですが、一七音節の代わりに「三拍子のリズム」などを取り入れ、ハイカイのリズムを整えるよう努力したようです。モーブランもはじめはロマンの意見に反発しましたが、だんだん五・七・五の音節を採用するようになったようです。ダニエル・ストリューブさんが論文中で触れていますが、其角の翻訳で、最初のヴァージョンでは長い行で訳したものが、『芭蕉及びその弟子』に収録された時は訂正されて、シラブルの数をきちんと揃えているそうです。フランスの俳人たちが俳句に感心したのは、感動の瞬間をたった三行の詩の中に収めていることです。松尾とオーベルランが『其角の俳諧』を出版した時、詩人たちからはもちろんのこと、画家のピカソやハンス・アルプからも賛辞を受け取りました。アルプは、「ハイカイは、無駄なものをすべて取り払った精神と感情の象徴美で、私たちが求めている究極のものである」と絶賛したそうです。つまり、彼らの作品にも通じるところがあるのですね。

和田(博)　『ルヴュ・フランコ・ニッポンヌ』の発行は一九二〇年代後半、『フランス・ジャポン』の発行は一九三〇年代後半です。俳諧についての考え方は、もちろん個人によって差があるでしょうが、時代の違いもあるのでしょうか。

松崎　大きく変わるということはないですが、ヴォカンスはフランス詩壇の中できちんとした位置を占めたいという希望を持っていたようです。そこで彼なりに苦心して努力していたようです。

和田(桂)　高浜虚子が「俳句とはこういうものだ」というこ

とを教えようとしましたので、フランス・ハイカイ詩人たちはそれになるべく従っていこうと努力しました。『ホトトギス』にも句を送っていますが、その努力の跡がはっきり見られる時期もあります。しかしそれはやはり不自然なんですね。最終的には、やはり彼ら独自の詩のかたちに戻っていく。

和田(博)　先ほど松崎さんから、戦時下の生死の境をさまよう体験の表現に、適していたというお話がありました。日本のフランス・ハイカイ詩の受容は、まだ研究が進展していない部分もあるのですが、どういう理由なのか、第二次世界大戦開始の頃に、日本で盛り上がりを見せています。一つの例として、一九三九年八月に東京詩人クラブが編集した『戦争詩集』というアンソロジーが、昭森社から刊行されています。これは戦争詩のアンソロジーの初期の一冊ですが、編纂者の長田恒雄は「後記」で、「祖国とわが民族の文化のため」の戦いとしてこの詩集を出版すると述べています。なぜかこの詩集に、ルネ・モーブランとジュリアン・ヴォカンスの二人の詩が、堀口大学の翻訳で入っています。これは、先ほど松崎さんがおっしゃった第一次世界大戦のフランス・ハイカイ詩だと思いますが、ヴォカンスの場合は「俳体小詩」という総題のもとに、「塹壕」「機関銃」「負傷」「飛行機」「明日の命」という三行詩が五編入っていて、いずれも戦争に取材をした作品です。たとえば「負傷」という作品を見ると、「血に滲む前額《ひたひ》は天幕の布《きれ》の下／戦友彼を荷負《にな》ひて運び行く／あはれ打ちのめされし肉塊よ　母や待つらん」という三行で、最終行が示すように、家族の心情に詩を回収していきます。季語はどこにもありません。モーブランの場合は、「死」という作品が翻訳されています。これは番号を振った六つの三行詩で構成されています。最初の三行詩は、「死の弾丸は／顔の真中に当つたのだが／彼の母には――「心臓に」と知らせてやつた」と書かれています。この詩の場合、残された「僕」や、彼の母の悲しみが伝わってくる作品です。やはりここにも季語は入っていません。もともと、東京詩人クラブは都市モダニズムの詩人たちが集まって作ったクラブなので、このアンソロジーに入ること自体、フランス・ハイカイ詩を新鮮に感じた詩人たちの痕跡の証だろうと思います。一九三九年が不思議な年だと思うのは、たとえば春山行夫が繰り返しフランス・ハイカイ詩について書くのが、この年から一九四〇年にかけてで、雑誌『新領土』の一九三九年五月号に、「フランス文学に於ける日本詩歌の影響」を書き、『句帖』の同年八月号には「フランス俳諧派の俳句論」を書くわけです。『新領土』一九四〇年一月号には、春山行夫の翻訳で「フランス俳諧　ルネ・モオブ

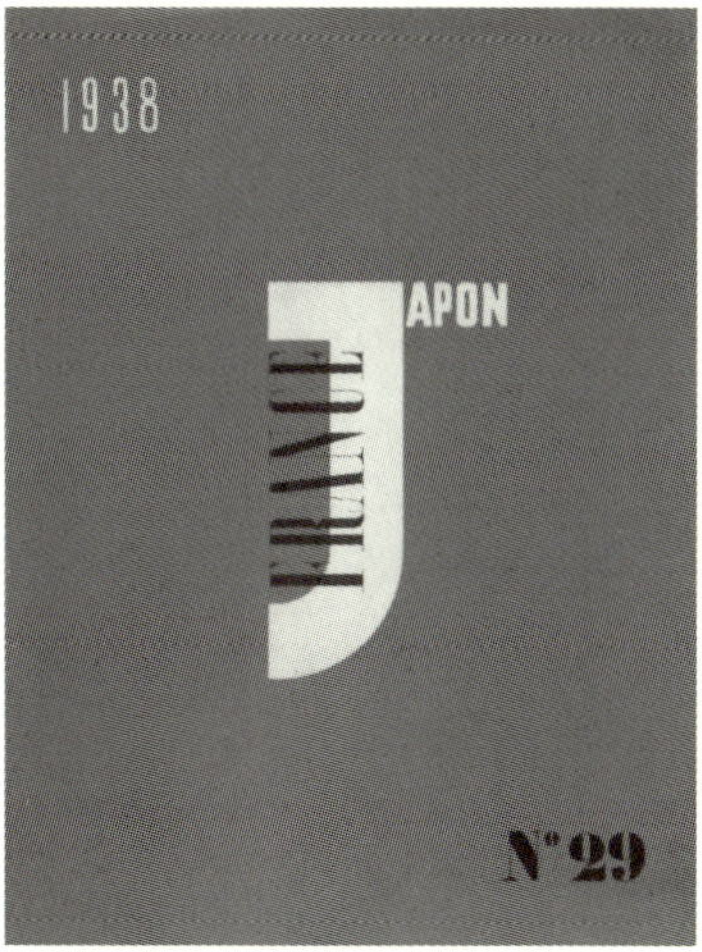

『フランス・ジャポン』第29号表紙（1938年5月）。

ランより春山行夫へ」が掲載されています。また同年一二月には、モーブランの『砂漠の息子』という童話作品を深尾須磨子が翻訳して、冨山房の百科文庫から出版されています。この本の「『沙漠の息子』について」に、松尾邦之助を介して、モーブランと版元の許諾を得て、冨山房が刊行したと、深尾は書いています。もう一つ付け加えると、西條八十が主宰していた詩誌『蠟人形』の一九三九年九月号に、オーベルランの「日本現代詩人―印象と考察―」というエッセイが載っています。川路柳虹「紹介の言葉」によると、これは『フランス・ジャポン』の七月号と八月号に発表されたエッセイで、松尾邦之助が日本語に訳して川路に送ってきたものです。フランス・ハイカイ詩関係の記事が、どうして一九三九年頃に集中して出てくるのかという疑問が以前からありましたが、『フランス・ジャポン』が日本の詩壇に与えた影響に、もう少し着目すべきではないかと考え始めています。

和田（桂）　そういえば西脇順三郎は一九三九年という年は世界中の詩人が記憶すべき年である、と書いています。といってもそれはジェイムズ・ジョイスの小説『フィネガンズ・ウェイク』が出た年だからなんですが。西脇は『フィネガンズ・ウェイク』を最高峰のシュルレアリスムの作品であると認めています。同時に西脇は芭蕉をシュルレアリスムの先駆者と見ているのですね。このあたりのつながりは今後調べてみると面白いかもしれません。話をもとにもどしますと、フランス・ハイカイ詩が逆輸入されて、日本の俳句の世界にも影響を与えます。あれだけ季語の重要性を語っていた高浜虚子も、世界各国から俳句が集まるようになると、「赤道直下の国において季語というものは意味があるのだろうか」と自問するようになってくる。そのような動きが非常に興味深いですね。

松崎　ヴォカンスは虚子に対してかなり抵抗していたようですが、二人はずっと文通を続けていたようで、松尾邦之助は、ヴォカンスが亡くなったことを虚子から訊いたのだそうです。

6　『フランス・ジャポン』と日仏知識人の交流

和田（博）　『フランス・ジャポン』は、すでに復刻版と論集が出ていて、同じことを繰り返しても仕方がないのですが、「両大戦間の日仏文化交流」という座談会で外すことは出来ないので、簡単に触れておきたいと思います。『フランス・ジャポン』が創刊されるのは一九三四年一〇月です。日本国内では一九三一年九月に満洲事変があり、翌年三月には満洲国建国宣言が出されます。そして一九三三年三月には日本が国際連盟を脱退しますから、国際的に孤立していくなかで『フランス・ジャポン』は船出しているわけです。『フランス・ジャポン』は一九三四年から一九四〇年まで刊行されますが、その間の一九三六年二月には二・二六事件が起き、一九三七年七月の日中戦争につながっていきます。つまり日本がファシズムへの道を走っていく過程と、『フランス・ジャポン』の刊行が並行していることになります。この雑誌を刊行していたのは南満洲鉄道株式会社で、満鉄にとっては『フランス・ジャポン』は対外宣伝誌としての意味を担っていることになりますね。

和田（桂）　そういうことになります。『ルヴュ・フランコ・ニッポンヌ』は、最初は草の根的なところから、松尾の理想の文化交流のかたちで出発していくんですが、だんだんと「お上」の色がついていきました。そして満洲国が建国され、日本が国連を脱退する時期になると、世界にむかってプロパガンダをする必要があると日本政府は考え、今度は最初から「お上」の主導で『フランス・ジャポン』が誕生します。満鉄の潤沢な資金でPR誌がつくられ、そこに松尾邦之助が巻き込まれていく。松尾にしてみればもっと草の根的な、俗謡の仏訳といったところから出発し、そのような雑誌を続けていきたかったのですが、日本国の威光を背負ったような雑誌をつくることになっていくわけです。ただ、松尾は『ルヴュ・フランコ・ニッポンヌ』で資金繰りに非常に苦労していますので、『フランス・ジャポン』の事務所が満鉄事務所と同じ場所に与えられたことには感謝をしていたようです。この時期にはいろんなお役所の思惑が錯綜してきます。日本のPRをどのようなかたちでするのかということについて、ひとつの決まった組織やルールがあったわけではない。たとえば対外文化組織として、一九三四年には、のちの国際交流基金となる国際文化振興会ができます。ここが、海外に行く日本の知識人に日本文化について宣伝をして来いと言う。けれど予算はあまり出さない。行くついでになにかして来いというのです。予算の問題の代表的な例が日本館です。一九二九年、パリ国際大学都市に日本館ができますが、これは外務省が出費を拒否し、薩摩治郎八が個人で全額出資したという経緯があります。対外組織は次々できるけれど、実際の運営はおぼつかない。そんなときに目をつけられたのが、フットワークの軽い松尾邦之助でした。松尾は『フランス・ジャポン』の編集長として采配を振るうわけですが、この雑誌が満鉄の御用雑誌であるとか、日本国のプロパガンダ誌であるとかいわれることに対しては非常に反発を覚えていたようです。

和田（博）　反発ということとも関わってきますが、満鉄と松尾邦之助の関係について考えると、松尾邦之助が満鉄に巻き込まれていったという図式が成立すると思いますが、満鉄自体が一枚岩ではないですよね。満鉄は、第二次世界大戦以前の日本企業としては最大の一つで、そのなかに「フランス派」のグループがいます。日本が中国の東北部を侵略する過程で、植民地支配の大きな役割を果たしますが、会社の中にもフランスに親近感を覚えていたグループが存在していて、松尾はフランス派や坂本直道と関係するなかで、反発したということになるのでしょうか。

和田（桂）　反発というのは、要するにお役所仕事のお仕着せのものを押し付けられたことへの反発であって、もともとフランスの側に日本と手を結びたいという動きはありました。日本の側にも、日本の文化を世界に発信するならばパリから発信すべきであるという思いがあった。そういう意味では松尾が利用したということにもなるわけです。

和田（博）　松尾が嫌がっていたわけでは必ずしもないわけですね。これは松崎さんにおうかがいしたいのですが、他方でフランスでは、一九三五年六月に社会党と共産党が人民戦線を結成します。そしてパリ文化擁護国際大会が開かれます。人民戦線には、日本の知識人では小松清が関わっています。一九三六年五月になると、フランスの下院選挙で人民戦線派が過半数を獲得し、第一次人民戦線内閣が成立します。つまり『フランス・ジャポン』が出る初期の頃は、日本がファシズムにひた走るのとは逆の方向にフランスは進むわけです。そうするとフランスの文化人にとって、満鉄の『フランス・ジャポン』に関わることへの抵抗感はなかったのでしょうか。

松崎　これが答えになるかどうかわかりませんが、例えばルネ・モーブランはたいへんな親日家でした。彼は当時はまだ共産党員ではなく、第二次世界大戦中に共産党員になりますが、かなり左翼的な思想の持ち主でした。だから日本の政情に対しては大きな反発を覚えていたと思いますが、松尾がいうには、モーブランは彼に対して傷つけるようなことは決していわなかったそうです。むしろ、それを避けていた。そのような話は一切せずに、松尾とはあくまで日本文化を通じての友情を保っていたそうです。ところが、ある日、「日本は、慈悲深く、寛大な宗教倫理を持ち、デリケートで人間味豊かな面がありながら、それとは相反した好戦的な軍人魂の面があって、この矛盾した両面がどう絡み合っているのか理解し難い」とこぼしたことがあるそうです。オーベルランについても同じことが言えると思います。彼はフランス社会党の父と呼ばれているジャン・ジョレスの秘書を務めたこともありますから、どちらかというと左寄りの政治観をもっていた人です。しかし彼は日本を非常に庇っていました。それは日本のファシズムを庇っていたのではなくて、日本の文化に彼の理想を見出し、「日本」全体像にまで広げ、必死でそれを擁護していたように思えます。松尾は、オーベルランの日本擁護に耐えられず、よく言い争いをしたと回想しています。また、松尾とオーベルランの『現代日本詩人選集』の出版は、日支事変のために日仏関係が悪化していたにもかかわらず、一九三九年にメルキュール・ド・フランスという大手の出版社から出版でき、好評を博しました。川路柳虹は、ここに文化は文化、文芸は文芸として日本を見る態度を認め、「文芸紹介は、即ち一国の文化宣伝であり、一国の文化宣伝は即ち政治的外交的良果を直ちに齎すということになる」と言っています。これに反し、一九二〇年代に日本へ行ったフランス人の中には、作家のピエール・ブノアのように、日本の軍国主義を目にして批判している人もいました。このブノアの批判については、『ルヴュ・フランコ・ニッポンヌ』の中で松尾が反駁しています。いずれにしても、日本の政治に対してこころよく思っていない人でも、日本文化に対する憧憬を持ち続けた人が多くいたと思います。ですから、文化の力は凄いと思います。

和田（博）　松尾邦之助はアンドレ・ジッドなど、フランスの知識人と交流がありました。その松尾の立ち位置を考えると、『フランス・ジャポン』が対外宣伝誌だと言い切ってしまうと、齟齬が生じてしまいます。松尾のフランスの知識人との関わりから見えてくるものはありますか。

和田（桂）　満鉄の御用雑誌であるということは、みなが知らないふりをしていたわけです。『フランス・ジャポン』は名目上は満鉄ではなくて「日仏同志会」が発行している雑誌です。満鉄と関わりのある雑誌だということは、読んでいけば分かりますが、日本としては大っぴらにすべきことではなかった。

和田（博）　満洲の情報がたくさん出てきますが、その情報は対外宣伝誌として見ると、非常に抑えられたものですね。

松崎　松尾がどこかで書いていましたが、最初は満洲についての記事が多かったところ、あるフランス人から「もっと日本文化について記事を載せたらいい」といわれて、そちらの方に切り替えていったそうです。

和田(博)　松尾邦之助から小松清に代わった経緯は、詳細に分かっているのでしょうか。

和田(桂)　小松清は左翼陣営にいて、日本の弾圧を避けるためにパリに来ていました。ところが、満鉄の坂本直道は「なんでも自由に書いてくれ」と彼に言います。ちょっと考えると危険ですよね。坂本直道自身も、『フランス・ジャポン』がプロパガンダ雑誌だとは思いたくなかったのですね。ただ日本の文化を世界に伝えるという理想に燃えていました。先ほど名前が挙がった、高浜虚子がフランスに来た際に通訳を務めたスムラーという人物ですが、この人もレジスタンスのメンバーなんです。そういった人物がすんなりと『フランス・ジャポン』の編集部に入ってきています。危険というか、ふしぎなことです。上層部はそういった細かい人事などは知らなかったということだと思います。坂本直道が太っ腹であるという表現をしていいのかはわかりませんが、主義信条でなく人間性を見て採用しているようです。ふしぎということでは、満鉄にしても同様です。満鉄には後半、左翼のインテリがどんどんと入ってきます。尾崎秀実や中西功が入るというのは、ふつうなら考えられないことです。なぜ入ってきたかというと、彼らは能力を買われたわけです。つまり、「満鉄」「国策会社」「プロパガンダ」と括ることのできないものが当時あったということになります。

和田(博)　そういう意味では『フランス・ジャポン』は、日本の知識人とフランスの知識人との、あるいは日本とフランスとの微妙なバランスの上に成り立っていて、曖昧な部分に謎が残っている雑誌ですね。

和田(桂)　無理に定義をしてしまうことの方がかえって危険だと思います。

松崎　そうですね。私は、「よくあれだけやった」と感心しています。満鉄のなかには当然、タカ派がいたでしょうし。

和田(桂)　それを太っ腹というべきか、いい加減というべきか、よくわからないんですけれど。

松崎　でもそこをうまく利用した、といってもいいのかもしれません。ああいう世の中で、あれだけの雑誌を出版したわけですから。

7　パリの文化交流誌と、ロンドン・ベルリンの文化交流誌

和田(博)　『巴里週報』『ルヴュ・フランコ・ニッポンヌ』

『フランス・ジャポン』はパリで発行されていましたが、ヨーロッパではロンドンやベルリンで発行されていた文化交流誌もあります。それらと比べたときに、パリの新聞・雑誌がどのような特徴を持っていたかというのは興味深い問題ではないかと思います。

ロンドンの場合は、十九世紀の終わりから『日英実業雑誌』などが出ていますが、一九二〇年代～一九三〇年代に発行されていた雑誌で、最も長く続いたのは、一九一五年一一月に創刊された『日英新誌』です。これは一九三八年九月まで、二三年間続きます。『日英新誌』の発行所は、最初はイースタン・プレスで、編集者も一九〇二年に創刊された『日英新報』と同じ中川治平です。『日英新誌』はその前の『日英実業新誌』のような実業界の雑誌と、性格が異なっているところはありますか。

和田(桂)　やはりその系統だと思います。外国で雑誌や新聞を発行する場合には二つの柱があると先にいいました。一つは気概をもった人物、そしてもう一つはお金です。ロンドンの雑誌では、『日英実業雑誌』は一八九三年の創刊で、これを編集したのが望月小太郎です。この人がどんなに苦労したかを書いているところがあって、大変だったのは活字の印刷だったようです。日本の活字がない時には一からその字を作らせなければいけないという苦労をし、そのために彼は片目を失明し、半年脳病にかかったということも書いています。この雑誌がなぜ成功したかというと、内容がビジネスに特化していたからです。機械を売りたいイギリス人と、それを買いたい日本人を取り持つというかたちで、経済的なバックグラウンドがあって長続きをしたわけです。『日英新誌』の中川治平も気概のある編集者でした。この雑誌もまた、銀行や会社、商店などの広告的援助を受けていました。廃刊の理由は、不景気になったことで商工会からの収入が見込めなくなったからです。『ルヴュ・フランコ・ニッポンヌ』も、お金がなければ続けられなかった。『ルヴュ・フランコ・ニッポンヌ』の場合は経済雑誌ではなく、あくまで文化雑誌でした。経済界と密着した雑誌であれば、経済界に力がある場合には一〇〇号にもわたって続けられるということがあると思います。

和田(博)　ロンドンとの比較でパリの新聞や雑誌の特徴を見ていくと、パリは「芸術の都」と当時は言われていましたから、日本人の美術家や文学者が頻繁に登場してきます。ロンドンのイースト・プレスという版元からは、若目田武次の『英訳古今集』や駒井権之助の英語の詩集『不二山』が出版されていて、日本文化や文学がないわけではありません。あるいは野口米次郎は、イギリスの桂冠詩人たちと交流しています。ただ在留日本人の日本文化や文学の層の

『独逸月報』第54巻表紙（1934年7月）。

厚さが、異なっているという感じはします。美術の分野でも、イギリスは水彩画の拠点なので、牧野義雄や松山忠三などの水彩画家がいますが、パリの洋画家や彫刻家の数と比べると、多勢に無勢という印象が強いですね。そういった在留日本人の性格の違いが、メディアにも反映しているような気がします。

和田(桂)　やはりそこでしょうね。産業革命以降、イギリスといえば産業で、つまり商社、銀行、会社の応援がなければ雑誌は成り立たなかったし、応援があれば長続きをしたというのが大きな特徴だと思います。

和田(博)　他方、ベルリンの日独文化交流誌は、初期には玉井喜作が一八九八年に創刊した『東亜』*Ost-Asien*というドイツ語雑誌がありますが、『ルヴュ・フランコ・ニッポンヌ』『フランス・ジャポン』と同時期ということでは、一九三〇年代に刊行されていた、月刊日本語雑誌の『独逸月報』『日独月報』という雑誌になるかと思います。この雑誌も幻の部分があって、なかなか全体像が見えませんでした。ただ、『言語都市・ベルリン 1861-1945』の刊行準備をしている時に、ケルン日本文化会館に勤めていらっしゃる蓮沼龍子さんから、当時ベルリンの日独センターにいらっしゃった桑原節子さんを紹介していただいて、桑原さんからベルリンの国立図書館が所蔵しているらしいとうかがい、和田桂子さんがベルリン側と長期間交渉して探し出してくれました。

和田(桂)　最終的には、マイクロフィルムを作っていただくということで話が落ち着きました。それを印刷物にするのにとても時間がかかったんですが、そこから見えてきたものもたくさんあります。まず『東亜』ですが、玉井喜作は気概のある編集者でした。この雑誌のタイトルの下には「日独貿易の大機関」と書いてあり、貿易に主眼がおかれているのがわかります。この雑誌は東西貿易の発展のために創刊されたわけで、貿易に携わる人の役に立ち、その人たちが買ってくれる雑誌だから長続きしたということです。『独逸月報』は田口正男という人が編集していて、これも貿易や商業に重きを置いている雑誌です。中菅商会という商社がベルリンにありましたが、ここの中西賢三が経理を担当しているんです。貿易やビジネスに特化した雑誌にして広告もたくさん掲載しています。『伯林週報』も、貿易商社関係のドイツ在住日本人を意識した記事や広告が非常に多いものです。ロンドンもベルリンも、このようにビジネスが対象だったのに対して、パリではそうではなかったというのが大きな特徴だと思います。『ルヴュ・フランコ・ニッポンヌ』にも日仏銀行や伴野商店の広告は載っていますが、『独逸月報』に見られるような強い結びつきはありませんでした。

松崎　フランスでは文化関係の記事が表に出ていたというのは、当時のパリが「狂乱の時代」といわれているように、いろいろな国の文化が入ってきて、とくに一九二〇年代は踊り狂ったというか、花が咲いていた。ジャズやサンバがフランスに入ってきたのはこの時期だと云われています。松尾邦之助の表現を借りれば「黄金時代」だったわけです。そういったことも関係しているんじゃないでしょうか。

和田(桂)　そうだと思います。

和田(博)　ただ、「狂乱の二〇年代」という言葉は、パリだけではなくて他のヨーロッパの大都市でも使われている言葉ですね。「踊り狂った」ということではベルリンも同じだったように見えます。日仏文化交流のレベルで考えると、パリに来ていた日本人は文化人が多く、それはもともと、彼らを惹き付けるものがパリにあったわけです。その頃にはモンパルナスが世界の美術の中心になっています。やはり美術が一番大きいのかなという感じはします。

松崎　才能とチャンスさえあれば、藤田のように大画家の仲間入りもできるわけですよね。それを夢見た画家もたくさんいたでしょう。

8　第二次世界大戦下でパリに留まった日本人

和田(博)　ヨーロッパの場合には、一九三九年九月一日に、ドイツ軍がポーランドに侵攻して第二次世界大戦が始まります。日本大使館が外務省に送った、パリ在留日本人数のデータによると、一九三八年の四二九人は、一九三九年には二四七人となり、およそ五八％に落ち込んでいます。フランス全体で見ても、一九三八年の五〇四人が、一九三九年には二八九人ですから、ほとんど六割に落ち込んでいます。先ほどの話とも関連することですが、小松清が坂本直道から頼まれて『フランス・ジャポン』の編集責任者になるのは、第二次世界大戦の開戦三ヵ月後の、一九三九年一二月のことです。ドイツ軍がパリにくるのは、第二次世界大戦が開始されてから九ヵ月後の、一九四〇年六月一四日です。一九四〇年のパリの日本人数は一六〇人なので、一九三八年を基点とすると三分の一に激減しています。この時期に顕著なのは、パリからの引き揚げ者が目立つことです。ドイツ軍がパリに入る前月の五月には、美術家の高野三三男や、藤田嗣治がパリを出て帰国の途につきます。六月になると満鉄を含めた日本の商社や銀行も撤退し、小松清もパリから離れることになります。最後の引き揚げ船と言われている白山丸がマルセイユ港を出港するのは、ドイツ軍パリ入城の前日の六月一三日、この船には岡本太郎や荻須高徳が乗っています。ただ、松尾邦之助は帰国をせずに、いったんボルドーまで行き、六月二二日に独仏休戦協定が結ばれたことで、またパリに戻ってきます。読売新聞社がパリ支局を閉鎖するのは一九四一年五月なので、一年近く読売新聞社のパリ支局を守ったということになります。この頃の松尾について、何かお話がありますか。

松崎　松尾は、ドイツ占領下のパリで、その後ヴィシー政権の首相を務めたピエール・ラヴァルに会っています。ラヴァルは、一九四〇年七月、フィリップ・ペタンの命令で逮捕され、追放されましたが、当時はドイツに保護されて、パリの隠れ家に身を潜めていました。ペタンと仲直りをして、首相になる前です。『風来の記』（読売新聞社、一九七〇年）にその会談記が書かれています。松尾は、ジャーナリストとして、右も左も関係なく、多くの政治家に会っていますが、一九三九年には、シャモニーでピエール・マンデス＝フランスと一緒に食事をしています。マンデス＝フランスは『フランス・ジャポン』の愛読者で、「この文化雑誌を通して、日本を再認識した」と述懐していたそうです。

和田(桂)　松尾は一九四三年にはベルリン支局に移っていましたが、急にマドリードに赴任を命じられました。その途上、ドイツ軍に占領されていたパリに二泊します。その時、ポール＝ルイ・クーシューの家に招かれます。これがクーシューと語り合った最後の機会になりました。

和田(博)　一九四〇年に最後の引き揚げ船が日本人を運んでいって、それでパリに日本人がいなくなったのかというとそんなことはないんですね。昨年の三月に、イエナにある在仏日本人会を調査して、岡本宏嗣さんという相談役の方とお会いしました。この方のお話では、現在の在仏日本人会は戦前の在仏日本人会とは切れているということでした。ただ、戦前の日本人会の資料のファイルが少し残っていて、そのなかに、日本人会が作成した在留邦人住所録がありました。「占領地帯ヲ主トス」と断っている、ガリ版刷の住所録です。「昭和一七年一月下旬調査」と書かれています。先ほど、一九四〇年に一六〇人の日本人がいたと申し上げましたが、この住所録には一二三人の個人名が記されている。このことにまず驚きました。日本大使館の中枢は、一九四〇年にはヴィシーに移転していますので、大使館の関係者の住所はどれもヴィシーになっています。ただ、

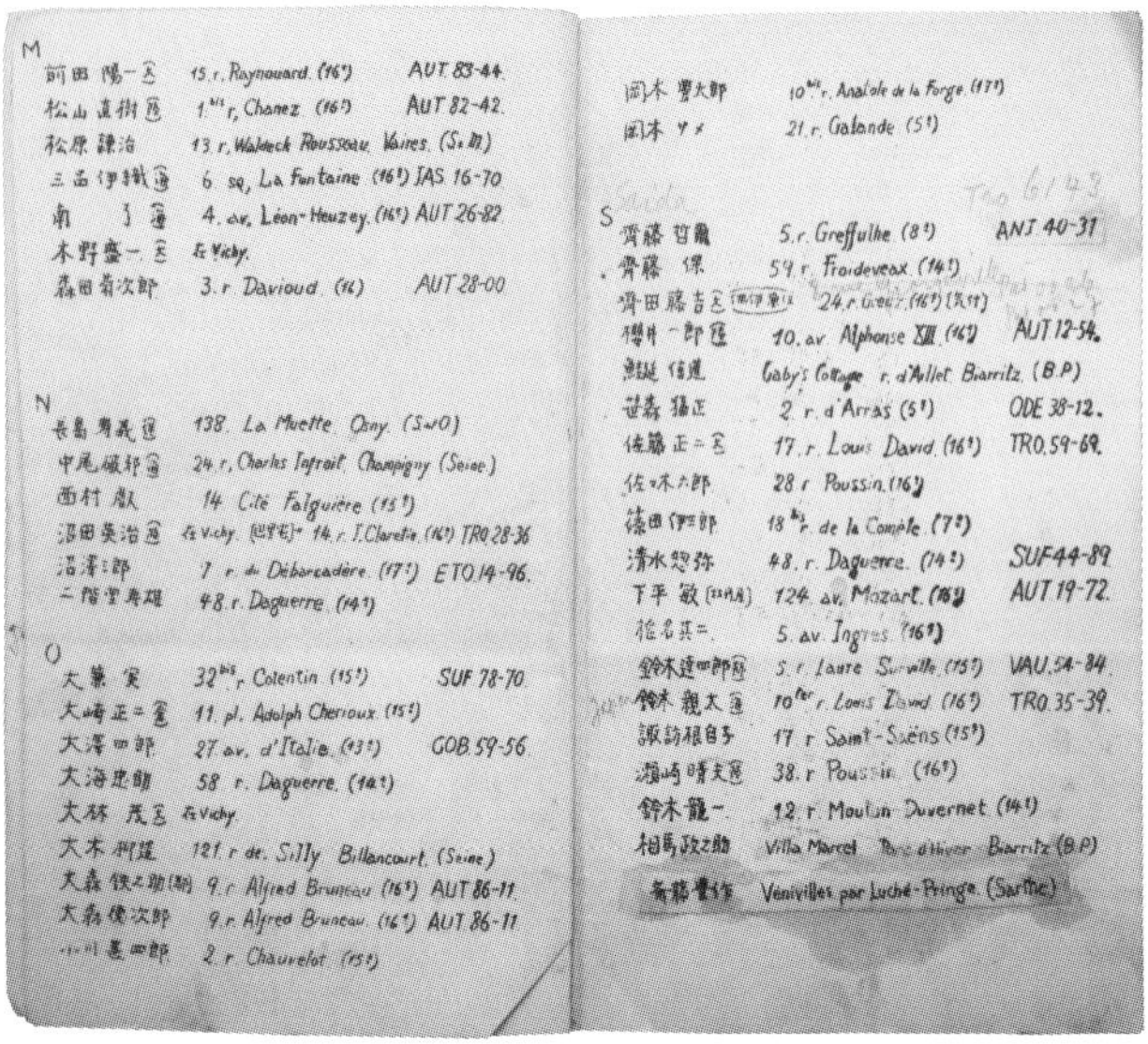

パリの在仏日本人会が保管する、1942年1月調査の「在留邦人住所録」。諏訪根自子や大海忠助の名前が記載されている。

たとえば版画家の長谷川潔の住所はパリ一四区にあります。長谷川の場合は、パリやボルドーを移り住んで、一九四五年にパリのドランシー収容所に収監されることになります。あるいは彫刻家の高田博厚は、一九四〇年のドイツ軍占領後は、『毎日新聞』の特派員になっているんですね。大使館の要請で一九四四年にベルリンに移動しますが、住所録が作成された一九四二年の段階では一五区に住んでいます。ヴァイオリニストの諏訪根自子の場合は、パリとベルリンを行き来しながら、ベルリン・フィルと共演したりしますが、やはり一五区に住んでいます。ハリウッドの映画俳優である早川雪洲、日本人会の書記を務めた椎名其二、社会評論家の淡徳三郎は、一六区に住んでいます。コレージュ・ド・フランスと関係があるのは、物理学者の湯浅年子です。彼女はフランス外務省の留学試験を通過して、一九四〇年にパリに来ます。コレージュ・ド・フランスの原子核物理研究所にフレデリック・ジョリオ＝キュリーがいて、彼のもとで中性子の研究をしています。ボルドーに避難したことはありますが、ドイツ軍が入城したあとも研究を継続し、一九四四年にベルリンに移りますが、それまでは五区に住んでいました。湯浅の記録はコレージュ・ド・フランスに残っているのでしょうか。

松崎　残っていません。コレージュ・ド・フランスの欠点で

もあるのですが、教授が退職などでいなくなると、その研究所がほかの機関に移るか消えてしまうことがあります。その際、そこにあった資料などがどこにいくのか、という問題があります。最近では、それをきちんと残すという動きがあって、歴代の教授の史料を中心に、史料の収集と整理をしているところです。ただ、現在それがどの程度整理されているかわかりません。ジョリオが所長をしていた原子核物理研究所は、戦後パリ郊外のオルセーに移りましたので、ひょっとしたらそこにあるかもしれません。

和田(博)　第二次世界大戦以前に、コレージュ・ド・フランスで聴講した日本人は数多くいますが、研究者として所属していた日本人はどのくらいいたのでしょうか。

松崎　それも記録の問題で、把握するのは難しいですね。

和田(博)　湯浅は例外的で、先駆的な日本人研究者だったのかもしれませんね。

松崎　そうですね。とくに、実験をする分野だと実験の場が必要になるので、ジョリオの研究室に毎日通っていろいろと指導してもらっていたということです。一方、授業には誰でも参加できますから記録できないんです。

和田(博)　コレージュ・ド・フランスは学生のいない研究機関で、教授には通常の大学のような授業は求められませんが、最高水準の研究成果を、市民を対象にして、年に何回か講義することが義務づけられていますね。

松崎　そうです。

和田(博)　第二次世界大戦下の日仏文化交流で、他に何かありますでしょうか。

松崎　スタイニルベル＝オーベルランは南仏に逃れ、モーブランやスムラーはレジスタンス運動に加わり、松尾は一九四一年にパリを離れ、ベルリン、トルコ、スペインと転々としました。このように、日仏文化交流に尽くした人たちも、戦時中はバラバラになり、それぞれの道を歩むことになってしまいました。先ほどお話しの出た湯浅年子がパリに着くのは一九四〇年の早春、六月のドイツ軍パリ入城直前でした。彼女は、アメリカ人経営の女子学生寮に住んでいましたが、日本軍の真珠湾攻撃の日、館長から「私達は今まで通り仲良くしていましょう。」と励まされたそうです。そして、ドイツ占領下にありながら、研究所を存続させるためやむなくドイツの条件を承諾してパリに残ったフレデリック・ジョリオ教授の指導の下、コレージュ・ド・フランスの研究所で研究を続け、一九四三年には博士論文の審査に無事合格します。敵国の留学生だからといって差別したり、隔離したりすることはありませんでした。彼女は、実験中の結果が出るまでと、大使館からの再三の勧告にも耳をかさず、パリに居残りますが、連合軍がパリを解放する一九四四年八月二五日の直前、八月一五日にドイツに向け、パリを離れます。

和田(博)　最後に、一九四二年の住所録について、ある一人の人物を紹介したいと思います。この名前を見つけて驚いたのですが、それは大海忠助です。『フランス放浪記』には、辻潤が石川三四郎に頼まれて、パリに連れてきたと書かれています。『ルヴュ・フランコ・ニッポンヌ』を印刷する「工場《あな》」で使ってほしいと辻に頼まれ、寝かせてもらうだけでいいと本人が言うので、松尾は承諾します。今日も話題になった、中西顕政が置いていった納涼台の上に、日本から持参した布団を載せて暮していたそうです。一九二八年九月一〇日に発刊された『巴里週報』の第一三八号に、一時帰国する松尾の代わりに、大海が日本人会の事務をとることになったと書かれているので、パリの日本人社会に人脈を作ることが出来たのだろうと思います。大海は、一九四二年の時点でもまだパリに留まっていて、一四区のダゲール街に住んでいたことが、この住所録から分かります。

和田(桂)　大海忠助は、『ルヴュ・フランコ・ニッポンヌ』の編集助手として名前が載っている人ですが、この人は本当はブラジルで農業をしたいという希望をもっていたんです。その彼がなぜフランスへ来たかというと、ブラジルでは農家の地主たちがフランス語を話すからだそうです。フランス語を学ばなければ、ただ畑を耕すだけの農民にしかなれない。地主たちと交渉するためには、フランス語を学んでおく必要があるということで来たそうです。結局ブラジルに行ったのかどうかは、はっきりしないのですが。

和田(博)　一九二〇年代から一九三〇年代のパリで発行された、日本語新聞の『巴里週報』と、フランス語雑誌の『ルヴュ・フランコ・ニッポンヌ』『フランス・ジャポン』を大きな軸にして、いろいろなお話をしていただきました。パリでの日本人とフランス人の文化交流の姿が、少しずつ浮かび上がってきたような気がします。そろそろ時間が来ましたので、ここで区切りとさせていただきます。どうもありがとうございました。

I

幻の日仏文化交流誌——『ルヴュ・フランコ・ニッポンヌ』

『ルヴュ・フランコ・ニッポンヌ』と松尾邦之助

和田桂子

1『ルヴュ・フランコ・ニッポンヌ』創刊まで

松尾邦之助は一八九九（明治三二）年、静岡県に生れた。東京外国語学校（現・東京外国語大学）フランス語文科を卒業した後、逓信省に就職する。しかし、お役所仕事が身に合わず、パリ遊学の希望を父親に伝えた。父はお気に入りの次男のため、なんとか留学費一切を工面してくれた。こうして一九二二（大正一一）年一一月、松尾は念願のパリの地を踏んだ。まずは日本大使館を訪ね、石井菊次郎駐仏大使に会う。東京外国語学校の恩師、鷲尾猛教授を訪問する。が、さて、その後どうするあてもない。そこで日本人会に赴き、日本で親しかった彫刻家の佐藤朝山が来ているはずだが、と住所を聞き出した。渡仏前、松尾は朝山宅で初級フランス語を教える傍ら、うわばみのような彼の酒につきあっていたのだった。ホテルに行ってみると、『東京日日新聞』記者の井沢弘もいた。松尾のフランス語は重宝され、三人はパリの享楽的な一面を堪能した。「美しいめんどり」という有名な娼館を訪れたのもこの時である。日本人旅行者が思い描くパリを十分に楽しんだはずの松尾だが、単なる旅行者では終わりたくなかった。彼にとって幸運だったのは、井沢と出会えたことであった。井沢はパリを出るとき、松尾になにか面白い記事を書いて送ってくれるよう頼んだ。この一言がきっかけとなって、松尾はジャーナリズムの道に入ることになる。

もっとも、松尾が読売新聞社に正式に入社するまでには、まだ長い年月があった。その間、松尾は人脈を広げた。ただし打算的なつきあいをしたわけではない。むしろ彼のまわりには損得を度外視した多くの人物が吸い寄せられるように集まってきた。耳を慣らすために通っていたパリ（ソルボンヌ）大学では、セシル・ランジェーというフランス娘と出会い、同棲を始めた。ソルボンヌの日本文学講座はミシェル・ルヴォンが講師を務めており、閑散たる教室で聴講していた松尾は、やがてパリ大学高等社会学院の卒業論文を彼に審査してもらうことになる。予期せぬ実家の経済的困窮により、一時帰国も考えた松尾は、たとえ貧乏生活をしてもパリに残ることを決意する。一九二五年三月ごろには、日本人会の書記の仕事を斡旋してもらう。四月に開催された現代産業装飾芸術国際博覧会の日本館の手伝いに行き、そこではじめて藤田嗣治に紹介された。五月ごろにはギメ美術館の友の会でエミール・スタイニルベル＝オーベルランとも出会った。七月には、井沢弘に送った原稿「物憂い微笑」が『東京日日新聞』に載った。

石黒敬七による『巴里週報』が創刊されたのは、この年八月一日のことだった。創刊号で布利秋《ぬのとしあき》が、当時のパリの新聞事情についてこのように書いている。「今巴里に於ける外国人発行の新聞をみるに亡命のロシア人が日刊五新聞を発刊し、波蘭人、チェック人、独乙人、オランダ人、希人、スペエン人、伊人、ユーゴスラブ人、それ〴〵日刊新聞を所有してゐる。殊に英米人に至っては四大日刊英字新聞を発行して我田引水をやってゐる。そして支那人も巴里週報を発行してゐる」（「発刊を弔ふ」、『巴里週報』第一号　一九二五年八月一日）。布の勧めで、日本人による日本人のための週報が誕生した。幹事に名を連ねた松尾は、第二号（一九二五年八月一一日）に、さっそくエッセイ「こゝの国のこと」を寄稿した。

『巴里週報』はパリ在住の日本人たちの引き立てによって発展した。寄付した日本人は名前が載る。第四号（一九二五年八月二四日）にはこんな記事が載っている。「実業家中西顕政氏は本紙の主旨に大いに賛同され発展費として去十八日多額の寄附金をされた」。金額が大きかったためか、特に独立した記事として載っている。殊勝な人もいるものだ、と松尾はその時はただ思っていた。

ある日、ポルトマイヨに近いカフェで松尾が原稿を書いていると、その中西が話しかけてきた。実は『巴里週報』とは別に、日本の文化を紹介するフランス語の雑誌を発刊できればいいと思っていると話すと大いに共感し、日仏銀行の松尾の口座に、ぽんと二万フランの大金を振り込んでくれた。半年ほど前に『巴里週報』に多額の寄付をしたはずの中西が、今度はまだ構想段階の雑誌のために再び多額の寄付をしてくれたのである。このころ中西はファラデイ通り四番地に住んでおり、松尾はさっそくここに礼状を出した。心配になって藤田嗣治に彼の素性を聞きに行ったところ、日本を出るとき藤田と同船だったこと、シンガポールで下船したこと、そこでゴム園を経営していたこと、三重県の富豪の息子であること、がわかった。中西の住んだファラデイ通りには、外交官や政府高官が住む瀟洒なアパルトマンが並んでいる。おそらく中西は実家の財産もさることながら、南洋のゴム園でも一儲けしたのだろう。

思わぬ方法で資金は確保できたものの、雑誌の経営には素人の松尾である。評論家のエドモン・ジャルーに相談すると、日本愛好家をターゲットにした高踏的でぜいたくなものにするか、逆に小さいパンフレットで赤字覚悟で細々とやるかだ、と助言された。出資者の中西を社長とし、松尾が編集長となって『ルヴュ・フランコ・ニッポンヌ』*Revue Franco-Nipponne* が創刊されたのは一九二六年二月一五日である。『巴里週報』第二七号（一九二六年二月二〇日）には、松尾の抱負が次のように述べられている。「この冬二月発刊の日仏雑誌フランコニッポンヌ誌はなるべく洗練した、いい記事を出す様に努力して本年度は春夏秋冬四冊を出すことにいたしました、其他は臨時増刊としてその間に出版の心算で居ります」。つまり、ジャルーの助言を入れて高踏的な雑誌を目指したということだ。こうして藤田嗣治の表紙画を載せた創刊号が一〇〇〇部ほど印刷された。

2　出資者、中西顕政

エドモン・ジャルーはパリのプレスが新刊の雑誌に興味を示すかどうかが試金石だと言ったが、ありがたいことに反響はあった。

まず『メルキュール・ド・フランス』誌 *Mercure de France* が、一九二六年四月一日号で『ルヴュ・フランコ・ニッポンヌ』を取り上げた。日仏の相互理解を深めたいとする創刊の辞を引用したほか、ルネ・モーブランによる「優れたフランス・ハイカイの研究」（〝une fort bonne étude sur《le haï-kaï français》〟）や、アンリ・ド・レニエの書いた「美しい詩篇」（〝de belles strophes〟）が収録されていることを伝えた。『メルキュール・ド・フランス』誌にはもともと「日本文学欄」というコーナーが設けられており、アルベール・メボンが数年前からノエル・ペリやセルジュ・エリセーエフらについての記事を連載していた。日本文学にかなり肩入れした雑誌であったらしく、一九二六年一一月一五日号、一二月一五日号でも『ルヴュ・フランコ・ニッポンヌ』に言及している。

『フィガロ』紙 *Figrao* も一九二六年八月二八日号で『ルヴュ・フランコ・ニッポンヌ』第三号を取り上げた。ここに掲載されたジャン・ブルトン、アンドレ・トゥヴネル、マルク・ド・プロド、ルネ・ドリュアールのハイカイを紹介したほか、柳沢健によるエッセイ「日本音楽を喚起させるドビュッシーの音楽」の紹介もしている。『フィガロ』紙は一九二九年三月九日の日曜文芸付録でも、第三号に載ったジョルジュ・ヘイツの記事を紹介した。また、『プレス』誌 *Press* は一九二七年一二月八日号で第六号を取り上げ、ルネ・モーブランが寄稿した「リセに於けるハイカイ」を紹介した。

『ルヴュ・フランコ・ニッポンヌ』はこうして、前途洋々の船出をしたはずだった。が、実は第三号の頃にはすでに資金繰りが苦しく、印刷屋の支払いも滞っていた。戦後日本で、発刊して三号ほどで廃刊をする雑誌をカストリ雑誌と呼んだのは、三合を飲めば酩酊するカストリ焼酎にひっかけてのことだが、『ルヴュ・フランコ・ニッポンヌ』も同じ運命をたどりつつあった。それも最初大盤振る舞いをした中西が、なかなか続いて資金を提供してくれなかったせいである。松尾が何度連絡をしても返事が来ず、やっと速達が来たと思ったら、金の代わりに自作の俳句がしたためてあった。再び速達で催促すると、鉢植えの花を送ってきた。また速達を出すと、また花が来た。とうとう松尾の机の上には「鉢植えの花が七つも八つも並んだ」（松尾邦之助『青春の反逆』春陽堂書店、一九五八年五月）。

（右）中西顕政が住んだファラデイ通り４番地。10番地には外務省の要職を務めた浅田俊介が住んでいた。（左）日本人会のあったデバルカデール通り７番地。ふたつの建物のすき間にはさまるように建っている（撮影・著者）。

　松尾の部屋は、デバルカデール通り七番地の日本人会の中にあった。日本人会といっても、堂々たるホールではない。書記という名の雑用係を務めていた松尾は、「薄ぎたない日本人会の暗い穴部屋に、虫のように寝ていた」（『青春の反逆』）のであった。サロンがあるにはあったが、「まるで女郎屋の『めんどり』どものたまり場みたいな下卑たもの」（『青春の反逆』）でしかなかった。その穴倉のような部屋の机が美しい鉢植えで一杯になったころ、松尾はとうとう中西に見切りをつけ、友人から金を借りて当座をしのいだ。

　ところがある日、ひょっこり中西が現れる。一緒にクリッシー広場のカフェに行ったが、俳句の話をするばかりで、金の話は一向に出ない。帰るときになって、人目を避けて便所に連れて行かれた。中西は「上着の内ポケットから新聞紙に包んだ厚い札束を」出し、その一部を抜き取って松尾に渡した。その金は「借金を返し、諸支払いをしても余るほどであった」（『青春の反逆』）という。

しかし雑誌の経営はその場限りではすまない。その年の暮にはまた資金に窮した。中西に催促しても、例のごとく応じず、そのうちパリからいなくなってしまった。とうとう印刷屋に訴えられ、差押え処分の執達吏がやってきた。松尾は、差押えされるべき自身の財産はなにもないということを証明する「赤貧証明」を出した。そして日本大使館の書記官、柳沢健と、官補の本野盛一、横山洋の協力によってかろうじて雑誌刊行を続けた。「大使館に援助を求めたため、我々の独自を誇つた文芸雑誌が御用雑誌化して、天皇の写真を出したのはいいにしても、安達大使の写真や、日本実業家の勲章だらけの写真まで挿入し初めた」（『フランス放浪記』鱒書房、一九四七年四月）と松尾は嘆いている。自由で自立した経営のもとに高踏的な雑誌を出そうとしていた彼は、金の力を思い知ることになる。『ルヴュ・フランコ・ニッポンヌ』は松尾の意に反して、日本国の威光を押し出したような雑誌となり、のちに中西が戻ってからは彼の個人雑誌のようになっていくのである。

一九二六年の暮に、日本にいる中西から葉書が来た。日本文字の活字をひとそろえ送る、と書いてある。一九二七年には、シベリア経由でパリに戻ってきた。松尾に「どこか独立した印刷工場を探しているとか、小さい印刷機を買ってくれるなどと」言った。そしてシベリア土産だといってアカシア細工のシガレット・ケースをくれた。そんなものより金が必要だった松尾は、「パリの下水に投げ捨てようと」したが、思い直して持ち帰った。翌日、ふたをあけると中には「千フランの札が、ギュウギュウに詰めこんで」（『青春の反逆』）あった。松尾はまたも中西に翻弄されたのである。

(右)アミラル・ムーシェ通り22番地。(左)扉をあけて中に入ると、倉庫のような建物が目に入る。おそらくこの場所が印刷工場だったのだろう（撮影・著者）。

3　アミラル・ムーシェ通り二二番地

中西が、日本文化を世界に伝えたいという松尾の考えに共感した、というのは嘘ではなかった。中西は実際に資金を出してアミラル・ムーシェ通り二二番地の空き家を借り、印刷機を入れてくれた。アミラル・ムーシェとは、アメデ・ムーシェ元帥（Amédée Mouchez, 1821-1892）のことで、死後の一八九四年に、その功績を称えて彼の名を冠した道路ができたのである。彼は海軍士官であり、パリ天文台の所長でもあった。

しかし、このあたりは決して魅力的な場所ではなく、中西が借りてくれた場所は、松尾によれば「印刷工場というよりむしろ石造りの物置穴といったほうがいい暗い小屋」で、そこに「足で踏み、印刷された紙を手で引きぬく、原始的な印刷機が一台」（『青春の反逆』）あるだけのものだった。それでも寝泊りできるだけのスペースがあるというので、まず吉田保がここに常駐して印刷係を引き受けた。次に辻潤が連れてきた大海忠助が、日本人会を出て、日本から持参したふとんを運び入れ、吉田保の助手を務めた。松尾は日本人会を出て、この印刷工場の裏手にあるアヴェニュー・レイユ一番地のアパルトマンに住んだ。

武林無想庵はホテル・ミュラーに仕事部屋を持っていたが、「金のかゝるわりに能率も上らない」ので、「クニ・マツオが、工場を拡張す

アヴェニュー・レイユ１番地。一階がレストランで、松尾は二階に住んでいた。（撮影・著者）。

るつもりで借りておいた空納屋を、月四十フランで借り、毎日そこへ通う」ことにした。「なかは全部タタキで一隅に古い壁炉《シュミネ》が一つあるだけで、ほかにはまったく何一つ」なかった。そこに「『フランコ・ジャポネーズ』から椅子とテーブルとを借りうけ、ガラスのこわれた窓の前へそれを据え、なかから鍵をかけて」仕事をした（『むさうあん物語11』無想庵の会、一九六四年一〇月）。無想庵はこの頃、ウージェーヌ・シュー著『巴里の秘密』の翻訳をしていたが、この印刷工場ばかりでなく、さまざまな場所に仕事場を求めて転々とした。それでもポール・ロワイヤル通りのアパルトマンに住居を決めたあとも、再びここに通って仕事を続けた。今度は「小山内薫の死」という原稿を書き始めた。そしてまたもやこの仕事場の不具合が気になりだす。

　アトリエにはガラス窓が一つしきゃない。そうしてストーヴの置いてある一隅は、窓とは正反対の一角なので、暖をとろうとすると、窓には遠すぎて仕事ができない、そうして窓のそばで机に向っていると、小穴だらけの窓から寒風がスウスウはいり込んで、膝から下がじき辛抱のできないほどに冷えあがる。そこでストーヴのそばへ机をうつし、蠟燭を立てて仕事することにきめる。この納屋には勿論電気も瓦斯もないからだ。併し蠟燭は十本で八フラン五十文もするから、そのうち安いランプを買って来ようと考えている。

（『むさうあん物語　44』無想庵の会、一九六九年二月）

もともと仕事部屋として作られていないのだから、不具合は当然である。石炭をしきりにたくので不経済でもある。

結局無想庵は一週間ほどでここを使うことをやめた。「なぜ自殺しないのか」などという原稿を書く鬱々とした無想庵をながめながら、松尾はこんなところで首でもくくられたらどうしようかと本気で心配していた。無想庵の訳した『巴里の秘密』は一九二九年七月、『世界大衆文学全集第十二巻』として改造社から出た。その印税は山本夏彦によると、「定価は五十銭、印税は翻訳だから七分（?）なのかもしれない。それにしても十万部で三千円」だった（山本夏彦『無想庵物語』文藝春秋、一九八九年一〇月）。暗いじめじめした印刷工場で手掛けた仕事が、無想庵の懐に大金をもたらしたのである。

4　日本文化の紹介

パリ在住の日本人の間で人気のあったものといえば、柔道である。『巴里週報』を発行した石黒敬七は堂々たる柔道家で、そもそも柔道宣伝の目的でパリに来ていた。巴里柔道倶楽部には藤田嗣治や松尾らも幹事として名を連ね、これに五〇名以上の日本男児が寄付をした。石黒は、時に松尾を引き連れて各地で柔道講習会を催した。弱々しそうに見える小柄な日本人が外国人の大男を投げとばす技は、パリっ子たちを熱狂させた。しかし、その柔道を上回るほどの吸引力を持った日本文化の粋といえば、俳句であった。一九二七年に松尾がスタイニルベル＝オーベルランとの共訳で『其角の俳諧』*Les haïkaï de Kikakou* を出版すると、パリジェンヌの中には「『其角』という二字を、装飾的な刺しゅうにし、外出着の胸にそれを飾って大通りを歩」く者もいたという（『青春の反逆』）。また、モンマルトルの「ミカド」というキャバレーの主人の依頼で、松尾は店の柱の角行燈に毛筆で其角の句をいくつか書いてやり、宣伝の手伝いをしたこともあった（『青春の反逆』）。日本人が考える以上の魅力をパリっ子は俳句に感じていたようだ。ポール＝ルイ・クーシューやミシェル・ルヴォンによって、すでに俳句はフランス知識人の間に知られていた。『新フランス評論』*La Nouvelle Revue Française*（N.R.F.）の一九二〇年九月号でハイカイ特集が組まれたことも画期的な出来事であった。しかし、生活に根ざした、いわば俗世の句が、思いのほか好評を得ることを松尾は感じ取っていた。『其角の俳諧』の前年に、オーベルランと岩村英武共訳の『芸者の唄』*Chansons de Geisha* が出版されて好評を博していたが、これは主に「うた沢」と呼ばれる小唄の類を訳したものであった。また『ルヴュ・フランコ・ニッポンヌ』第三号（一九二六年八月一五日）に「チョイトネ節」や「炭坑節」を紹介したところ、大評判となった。必ずしも高尚な詩歌を肩ひじ張って翻訳することが望まれているわけではない、と松尾は実感するのだった。

『其角の俳諧』の出版記念会が、一九二七年一〇月二二日にクレス出版社で催された。実際にはフランス語で書かれた各国の文献を紹介するO.C.L.B（中央文献史料協会）が主催する「日本の会」で、翻訳者の松尾とオーベルランだけでなく、川路柳虹や岡見富雄、小森敏、長谷川潔、ルネ・モーブラン、セルジュ・エリセーエフらも出席した。松尾が其角の句を日本語で読み上げると、コンセルヴァトワールに通うペレゴウ嬢が、フランス語に訳されたその句を、身振りを入れながら朗読する。フランスならではの詩の会は、会場いっぱいのフランス人を感動させるとともに、日本人を驚かせた。「静かに黙読して味はふ俳句の味、寂や、淋しさを詩の至境とする東洋の詩的宗教はこゝで動的な動作として外に表現される。『西は西、東は東、東西は会ふよしもなし』―キップリングの句はいまでも時々真理と感じられる」と川路は書いた（「巴里に於ける『日本』の会」、『読売新聞』一九二八年三月二六日）。日仏の理解を深めるための会で、川路や松尾がこのような感想を抱いたのは皮肉なことである。

と同時に、もっと日本の文化を伝えたいという思いが、わきおこった。「日仏文芸協会」の構想はこの時に胚胎した。川路、松尾が中心となり、フランスを皮切りにヨーロッパに日本文芸を進出させようという企てである。日本語の名称はのちに「日仏文化連絡協会」と改め、フランス語の名称は Rapprochement Interculturelle Franco-Nippon（R.I.F.N.）とした。「ジヤポンといふ名をわざ〳〵避けて『日本』の語を正しく会名に加へたことも注意してほしい」と川路は書いた（「日本文芸の欧州進出（三）」、『読売新聞』一九二八年一一月一日）。

一九二八年七月、父危篤の電報を受け取った松尾は、八月二八日にパリを発ち、日本に帰った。前年に岡本綺堂の『修善寺物語』をコメディ・デ・シャンゼリゼ劇場にかけ、成功させたというので、松尾はちょっとした文化人である。父の死後、日仏文化連絡協会の資金集めに奔走し、すぐにもパリに戻るつもりであった。ところが、いつまでもふらふらせず、身を固めて家を守るようにと家族に説教された。説得されて結婚はしたものの、日本にしばられたくない松尾は、新妻を連れて一九二九年五月、パリを再訪し、アミラル・ムーシェ通りに向かう。一九二八年にはこの印刷工場で、オーベルランによるアジア擁護論の小冊子が印刷されていた。二〇ページに満たない薄いパンフレットながら、仏文タイトルが〝Défense de l'Asie et du Bouddhisme: Réponse à M. Massis, auteur de《Défense de l'Occident》〟、和文タイトルが「亜細亜を無視せるマッシス氏への駁論」というもので、Édition de la Revue Franco-Nipponne No.1（オーシウ文庫・第一巻）となっている。『ルヴュ・フランコ・ニッポンヌ』の別冊として『オーシウ（欧州）文庫』もシリーズ化しようとしていたことがわかる。『ルヴュ・フランコ・ニッポンヌ』第七号（一九二八年五―六月）には、「日本語文字を使用した『欧州評論』を発行し、日本人に日本語でフランス文明を発信したい」（松尾邦之助「表意文字法」）と書かれているため、もともとは日本語版の『ルヴュ・オーシウ』を刊行するつもりであったと思われる。しかしそれは実現せず、代わりにフランス語版の小冊子『オーシウ文庫』を作成したようである。オーベルランの論の一部は、『ルヴュ・フランコ・ニッポンヌ』第七号にも掲載された。

松尾はオーベルランとの共訳で、一九二八年には『枕草子』*Les notes de l'oreiller*（ストック社）を、一九二九年には『能の本』*Le livre des nô* や『恋の悲劇』*Drames d'amour*（ストック社）を出版しており、『ルヴュ・フランコ・ニッポンヌ』も継続して発行したが、毎日貧乏暮らしをしていたという。見るに見かねた大使館員からお古のレインコートを譲り受けたり、オーベルランに借金したりした。「こうした赤貧時代にもかかわらず、食えなくなって、わたしのところに金を借りに来る同胞は後を断たなかった。下には下があるものだと思った」（『巴里物語』論争社、一九六〇年八月）と松尾は書く。パリには食い詰めた外国人があふれており、日本人も例外ではなかったのである。新妻はそんな苦労の中、盲腸になって入院・手術をした。金も情報もない中、助けてくれたのは、ピエール・クサルデルやルネ・モーブランであった。二人とも『ルヴュ・フランコ・ニッポンヌ』の執筆者である。

5 『ルヴュ・フランコ・ニッポンヌ』の終刊

『ルヴュ・フランコ・ニッポンヌ』第七号も第八号（一九二八年九、一〇月）も、発行所はアヴェニュー・レイユ一番地となっている。松尾の自宅住所である。しかしその後の臨時増刊号（一九二九年三月）には発行所の記載がない。松尾が一時帰国していた時期だからだろう。しかし、一〇〇ページを越えるこの号の特色は、なんといっても中西顕政の活躍である。中西の自筆原稿、イラスト、エッセイ、そして肖像写真がこの号には散りばめられている。

一九二九年六月には、サブタイトルを「ルヴュ・フランコ・ニッポンヌ」とする『巴里旬報』が日仏文化連絡協会発行の日本語小冊子として発行された。発行所はアミラル・ムーシェ通りとなっている。松尾はパリに戻ってまず、日仏文化連絡協会の正式な立ち上げに力を注いだようだ。六月八日にパリのレストランで設立の茶話会が開かれた。『巴里旬報』によると、日仏文化連絡協会の事業として「日本文の旬報」を「仏文の日仏評論」と並行して発行する予定であった。創立委員としてモーブラン、オーベルラン、メボンのほか、松尾、中西、川路、阿南正茂の名があがっている。またこの号には『ルヴュ・フランコ・ニッポンヌ』第一〇号が七月一日に発刊される、と予告されている。ところが、第一〇号は見当たらない。第一一号（一九三〇年、月不記載）の発行所はアミラル・ムーシェ通り、第一二号（一九三〇年一月）の発行所はファラデイ通り四番地となっている。中西の自宅住所である。この奇妙な発行プロセスは何を意味しているのだろうか。考えられるのは、中西と松尾の理念の乖離だ。中西はあくまでも趣味人として雑誌発行を楽しんでおり、そのために出資していたのではないだろうか。にもかかわらず、松尾は日仏文化連絡協会などというものを立ち上げ、雑誌発行を組織化しようとした。松尾にしてみれば、ひやひやしながら中西の資金をあてにしなければならない状況を変えたかったのだろう。しかし中西は、川路柳虹らと協力して雑誌を運営する気はなかったのだ。

『ルヴュ・フランコ・ニッポンヌ』第一二号は、ほとんど中西顕政の個人雑誌といえるほど彼の詩や俳句、挿絵で埋められた。そしてこれがおそらく最後の号となったのである。『メルキュール・ド・フランス』誌一九三〇年三月一五日号は、特に中西の詩「わたしのきれいなカナリア」（〝Mon Joli Canari〟）を取り上げて誉めた。中西にとっては最後によい記念ができたことになる。

中西は、決して人づきあいがよかったわけではない。日本人会のメンバーではあっても、歓迎会・送別会をはじめとする種々の会に出席することはなかった。そのあたりは『巴里週報』に出資した布と大きく違ったところである。が、彼には金があり、趣味も豊富であった。詩やイラストを手掛けただけでなく、絵筆も採った。ではパリ在住の日本人画家と交流を持ったかといえば、まったく交流していない。サロン・ドートンヌに出品したわけでもない。しかし絵は描いていた。それがわかるのは、一九三二年三月二〇日号の『ル・マタン』紙 *Le Matin* と『ル・プティ・パリジャン』紙 *Le Petit Parisien* に、ある事件の報告が載ったからだ。記事によると、モンスニ通り六二番地に住む日本人画家アキマサ・ナカニシは、パリ郊外のオルリー・ラ・ヴィルの画室で絵を描いていたが、マダム・アンステットの二人の幼い娘たちに着衣なしでポーズを取らせた。マダム・アンステットは検察局に告訴状を出し、ナカニシは「まったく芸術的な目的」（〝un but exclusivement artistique〟）であったと釈明したが、聞き入れられず逮捕されて収監された。パリでヌードを描くなどごくあたりまえのことに思えるが、幼女となると話は違ったようだ。この事件が中西の不注意によるものなのか、あるいはマダムにはめられたのか、事実は定かではない。いずれにしても中西にとっては屈辱的な経験だったことだろう。このあと彼が『ルヴュ・フランコ・ニッポンヌ』に再び携わることはなかった。

6 『ルヴュ・フランコ・ニッポンヌ』から『フランス・ジャポン』へ

松尾は、このころ時々『読売新聞』に記事を書いて送っていた。「巴里文芸特置員」という肩書で辻潤のあとを引き継いだのである。一九二八年一月から翌年一月までこの肩書でパリに来た辻潤は、一年の間に数回しか記事を書いていない。正式な社員待遇ではない代わり、パリだよりを時々書いて送ればいいという、ゆるい仕事であった。松尾はアンドレ・ジッド、アン・リネル、ジョルジュ・デュアメルのインタヴュー記事を送った。ジッドのインタビューが実現したのは、アミラル・ムーシェ通りの印刷所で印刷したオーベルランのアジア擁護論がジッドの目に留まったからであった。ジッドのアパルトマンには何度か出入りするようになったが、ある日「松尾君、もし、金に窮したら、遠慮なくいい給え、なんとかしてやるから」と言われた。松尾の靴のかかとが斜めにすり減っているのに気づいたジッドが、彼の貧乏ぶりを推し量ったからだという（『青春の反逆』）。

松尾のインタヴュー記事は、一九三一年三月から一一月の間に『読売新聞』に載った。その合間に彼は、第一回万国文芸家協会会議に出席している。五月二七日にパリで開催されたこの会議には、二二ヵ国から八〇余名の文芸家らが参加した。日本人は平林初之輔、高橋邦太郎と松尾の三人だけだった。会議では著作権や翻訳の問題などが論じられ、三〇日には外務省での午餐会のあと、国際拓殖博覧会への招待もあった。この時の率直な松尾の印象が『読売新聞』に掲載されている。「白い人達が政治的にも文化的にも、いつも指導者なんだ。有色人種は、こゝであまりに淋しい」。日本は「軍縮会議でこそ、一等国扱ひにされてゐるが、今度の会議では、三等四等、或は劣等国の代表なんだ。日本の現代文学史一冊も紹介されてゐない。紅葉も露伴も谷崎も有島も芥川も欧州の知識階級の誰が知つてゐる」（「国際文芸家連盟の成立　第一回万国文芸家協会会議に出席して（完）」、『読売新聞』一九三一年六月二四日）。

文芸特置員という肩書でパリの文学者たちと語り合い、国際会議にも出席していた松尾は、実はこのように淋しさと焦燥感を感じていたのであった。

読売新聞社の正力松太郎社長から電報が来て、正社員になってくれと要請されたのは一九三二年二月一日のことである。松尾はそのままパリ駐在特派員となった。文芸だけでなく政治関係の記事も任されたのである。一九三一年九月一八日の柳条湖事件を皮切りに満洲事変がおこり、日本をとりまく情勢は予断を許さぬものとなっていた。フランスの政治家や外交官とも親しい松尾記者は重宝された。しかし、松尾がもっとも気にかけていたのは、文学であり、『ルヴュ・フランコ・ニッポンヌ』で果たせなかった文化交流の夢であった。

二年後、松尾に思ってもいなかったパトロンが出現する。満鉄（南満洲鉄道株式会社）である。一九三二年三月一日の満洲国建国を各国から非難され、翌年国際連盟を脱退した日本政府は、有効なプロパガンダのため、フランスにいた満鉄の坂本直道に仏文雑誌『フランス・ジャポン』*France-Japon* の編集を依頼したのだ。坂本は読売新聞社特派員となっていた松尾の協力を仰いだ。こうして、貧乏暮らしに慣れきっていた松尾に、いきなり立派な事務所が与えられた。今やアミラル・ムーシェ通りなどという裏通りではなく、堂々たるシャンゼリゼ通り一三六番地の満鉄パリ事務所が彼のオフィスである。そして「金髪のパリ美女にタイプライターを打たせ、社用のデラックス黒塗りの大型車で」（松尾邦之助『風来の記―大統領から踊り子まで』読売新聞社、一九七〇年七月）彼はパリを駆け回ることになる。

『フランス・ジャポン』が生まれた経緯を知っている松尾には、この雑誌がプロパガンダ誌であるという認識がなかったわけではない。しかし彼にとっては、それ以上に日仏相互理解と親善のための雑誌であった。これまで培ってきた彼の人脈が、ここでも大きな効力を発揮した。『フランス・ジャポン』の詳細については、『満鉄と日仏文化交流誌『フランス・ジャポン』』（ゆまに書房、二〇一二年九月）を参照していただきたい。

『フランス・ジャポン』は一九三四年一〇月に創刊された。一九四〇年四月の終刊まで、『ルヴュ・フランコ・ニッポンヌ』では実現できなかったぜいたくな造りの雑誌が発行された。第三五号(一九三八年一一月一五日)に、松尾は「日本の俗謡」(〝Quelques Chansons Populaires Japonaises〟)というタイトルで、一〇年前の思い出を語った。『ルヴュ・フランコ・ニッポンヌ』にいくつかの俗謡を仏訳して載せたところ、『ソワール』紙 *Soir* ほか多くの新聞雑誌に取り上げられて驚いたことを書いたのだ。松尾にとって日仏文化交流の原点は、やはり『ルヴュ・フランコ・ニッポンヌ』だったのである。

『ルヴュ・フランコ・ニッポンヌ』とエミール・スタイニルベル＝オーベルラン

松崎碩子

わたしの恩人であり、協力者であり、わたしを永くパリに踏みとどまらせた運命の支配人ともいえる、このスタイニルベル＝オーベルランという哲人のことは、ほとんどの日本人が知らない。もし、わたしが、この哲人と逢わなかったら、わたしは、とっくに日本に帰らざるを得なかったかも知れない。〔中略〕わたしはパリを去り、日本で働く、別な運命の人間になっていたかも知れない。

（松尾邦之助『風来の記』読売新聞社、一九七〇年七月）

1　出会い

松尾邦之助がエミール・スタイニルベル＝オーベルランと出会ったのは一九二五年春、ギメ東洋美術館内で催された「東洋友の会」のお茶の会であった。スタイニルベル＝オーベルランは一八七八年の生まれであるから五三歳、松尾は一八九九年生まれ、二六歳の青年であった。この時は、お茶を飲みながら、能、ハイカイ、仏教など日本文化について歓談したが、「エビス様のような顔をした五十がらみの紳士」は、その後、当時松尾が勤務していた日本人会に訪ねて来て、日本のハイカイを共訳しようと申し出た。そして、松尾は自分より倍以上年上のオーベルランと宝井其角の句集を仏訳し、クレス社から一九二七年に上梓する。この『其角の俳諧』*Les haïkaï de Kikakou* は、当時のハイカイブームの波に乗って八千から九千部も売りつくし、フランスの文壇からだけでなく、ピカソやアルプなど多くのシュールレアリストの画家からも賛辞を受けている。これを機会に松尾・オーベルランのコンビは、清少納言『枕草子』*Les notes de l'oreiller*（ストック社、一九二八年）、岡本綺堂『恋の悲劇』*Drames d'amour*（「修善寺物語」「切支丹屋敷」「鳥辺山心中」を収録、ストック社、一九二九年）、『能の本』*Le livre des nô*（「江口」「大原」「老松」など一五曲を収録、ピアッツ社、一九二九年）、倉田百三『出家とその弟子』*Le Prêtre et ses disciples*（ロマン・ロラン序、リデル社、一九三二年）、『芭蕉とその弟子の俳諧』*Haïkaï de Bashô et de ses diciples*（Institut international de coopération intellectuelle, 1936）、『日本現代詩人選集』*Anthologie des poètes japonais contemporains*（メルキュール・ド・フランス社、一九三九年）など日本文学作品の仏訳を出版、松尾はオーベルランの著作『日本仏教諸宗派』*Les sectes bouddhiques japonaises*（クレス社、一九三〇年）に協力、オーベルランは松尾のスムラーらとの共著『古代から一九三五年までの日本文学史』*Histoire de la littérature japonaise des temps archaïques à 1935*（Société Française d'Editions Littéraires et Techniques, 1935）に序文を寄せる。そのほか、オーベルランは常に松尾の良き協力者、アドバイザーとなり、二人は、年齢の差など関係なく、約一五年間協力して日本文化をフランスに紹介、日仏文化交流に貢献するが、いやしくもむごたらしい戦争のため、この共同作業はぷっつりと糸を切られてしまうのである。

2　離別

一九三九年初夏、メルキュール・ド・フランス社より仏訳『日本現代詩人選集』を出版した松尾とオーベルランは、出版社の一室で新聞雑誌の批評家に献本の辞を書いた後、カフェで歓談して別れ、オーベルランは姉が住むベルギーへと旅立つが、これが二人の最後の別れとなってしまった。というのは、オーベルランは、一九四〇年六月、パリがドイツ軍に占拠されると、ナチに追われ、パリから脱出、南仏から松尾宛に「どんなことが起ころうと、私のあなたへの友情を信じて下さい」と便りを出した後、消息を断ってしまったのである。松尾は、戦争中、ベルリン、トルコ、スペイン、と転々とし、戦後一九四六年、焦土と化した日本に帰国するが、一九五二年に再びパリを訪れた際、オーベルランの消息をいろいろな知人に尋ねても、彼の消息を知る人はなく、東洋学者のルネ・グルッセから、多分アルジェリアに渡り、そこで客死したようだ、というニュースを耳にするのみであった。

3　オーベルランの晩年

ところが、二〇一一年暮、コレージュ・ド・フランス日本学高等研究所で、思わぬ一通の手紙のコピーを見つけた。一九八二年一二月一〇日付け、モーリス・フヴレ（一九一〇～一九八五、元エックス＝マルセイユ大学地理学研究所長、オーベルランの包括財産受遺者となった長年の親友の甥）から、コレージュ・ド・フランス教授ベルナール・フランク（一九二七～一九九六）宛の手紙で、なんと行方不明になっていたスタイニルベル＝オーベルランの晩年のことが書かれていたのである。手紙の要旨は、ゆまに書房から出版された論文集、『満鉄と日仏文化交流誌『フランス・ジャポン』』（ゆまに書房、二〇一二年九月）に「思いがけない発見―スタイニルベル＝オーベルランの晩年」として紹介したので、ここでは、中でも重要と思われる事項につき、その後、この手紙の指示に従ってエックス・アン・プロヴァンスで行った調査の結果も交えて、報告したい。

まず、手紙の冒頭に、「東洋学者エミール・スタイニルベル＝オーベルランの蔵書および資料の保存とその利用についてご連絡します。オーベルランは、一八七八年六月二〇日パリで生まれ、サン・レミ・ド・プロヴァンスで約十年間晩年を過ごした後、一九五一年一月二二日ボケールで逝去しました。」と書かれている。つまり、オーベルランはパリを逃れて北アフリカに渡り、そこで亡くなったのではなく、ずっと南仏のサン・レミ・ド・プロヴァンスで十年間も過ごし、近くのローヌ河畔の町ボケールで一九五一年一月二二日に亡くなっていたのである。これは、それまで、戦中、戦後、行方の判らなかったオーベルランの消息を語る決定的な証言であり、ずっと空白になっていたオーベルランの没年も、一九五一年とはっきり判明した。

松尾邦之助は、逃亡中のオーベルランからの便りにつき、戦後一九四七年に出版した回想記『フランス放浪記』（鱒書房、一九四七年四月）で、「或る日、一枚のハガキが南仏ブーシュ・ド・ローヌ県から届いた。オーベルランからの字体のふるえた手紙だ。オテル・ド・プロヴァンスから送ったものだ。」と言っており、また、『俳句』一九六四年八月号所収の「真珠の発見　八」では、「地中海に面した、ブーシュ・ド・ローヌ県、サン・レミイからわたしに最後の手紙をくれた」と書いているので、もし、松尾が、ブーシュ・ド・ローヌ県、サン・レミイ、オテル・ド・プロヴァンスと、あて先の住所をしたためて、オーベルランに返信を出していたら、連絡が取れていたかもしれない。というのは、前記の手紙やエックス・アン・プロヴァンスの資料によると、オーベルランは松尾にハガキを送った後もずっとサン・レミ・ド・プロヴァンスのオテル・ド・プロヴァンスに逗留していたのである。しかし、松尾はまさか、逃亡中のオーベルランが、ナチ監視下のパリに送られたハガキに書かれた住所に滞在していたとは夢にも考えなかったと思う。また、オーベルランは、病弱を理由に、寒いパリを避けて毎年アルジェリアで冬を過ごしていたという。後述のエックス・アン・プロヴァンスのオーベルラン関係資料には、非常に意外なことに、アルジェリア南部、サハラ砂漠西部の山稜地帯オガール地方にあるトゥアレグ族のティン・ヒナン女王の墓所と伝えられる陵墓の発掘に関する論文の遺稿が遺されている。オーベルランは、一九三四年に旅のノート『謎のオガール地方の中心にて。私が見たトゥアレグ族』*Au cœur du Hoggar mystérieux. Les Touareg tels que je les ai vus*（ロジェ社）を刊行しているし、このエックスの資料には、終戦直後提出したと思われる財産申告書の下書きがあり、多額の現金を所有している理由として、戦前サハラ砂漠で遺跡の発掘を行っていたため、常時現金を身につけていた、と弁明している。そこで、毎冬アルジェリア滞在中、ただ静養していただけでなく、オガール山地を訪れ、陵墓の発掘に参加していたようである。松尾がオーベルランを自宅に訪ね、借金を頼んだ時、タンスの引き出しに巨額の札束を見てびっくりしたというエピソードが『巴里物語』（論争社、一九六〇年八月）に語られているが、巨額の現金はアルジェリアの発掘費用だったようだ。それで恐らく、オーベルランはパリ脱出後、マルセイユから北アフリカに渡り、この発掘遺稿の補塡、推敲を考えていたのであろう。北アフリカ渡航説はこのような彼の意中を知っていた考古学者の友人たちの口から出た言葉と考えられる。

4　思いがけない情報

ところで、モーリス・フヴレがこの書簡を書いた目的は、オーベルランの晩年を語るというより、遺された資料を、エックス・アン・プロヴァンスのメジャンヌ図書館に委託したことを、当時のフランスの日本研究の中心的存在であったベルナール・フランクに知らせることであった。そこで、エックス・アン・プロヴァンスに出かけ、オーベルランが残した資料を閲覧した。整理用の箱四箱に収められた資料は、前記ティン・ヒナン女王陵墓関係の原稿のほか、大部分が、晩年、サン・レミ・ド・プロヴァンスで執筆されたと思われる哲学的、神秘主義的なテキストの草稿で、残念ながら、直接日本に関するものは、松尾との最後の仕事、仏訳『日本現代詩人選集』の書評三点――『ル・プチ・パリジャン』*Le Petit Parisien*（発行年月日不明）、『ル・タン』*Le Temps*（一九四〇年三月一七日付）、『メルキュール・ド・フランス』*Mercure de France*（一九四〇年五月一日号）――の切り抜きのみであった。あれほど熱心に日本文化を擁護し、紹介に努めてくれたオーベルランの晩年の資料に日本に関するものが見当たらないというのはどうしてであろうか？　確かに書物を抱えての逃避は難しい。しかし、パリの書店から取り寄せた本の請求書があっても、日本関係書はその中にない。彼が最も憎んでいたナチのドイツと日本が手を組んだからであろうか？　日本を深く愛していただけに、日本が日独伊三国同盟や日独防共協定を結んだことには大きなショックを受けていたに違いない。

そのほかの資料として、戦争中、ブリュッセルで亡くなった姉の財産相続に関する書類や、ベルギーの友人からの手紙が二〜三通残されているが、友人の手紙によると、彼はどうも歩行困難に陥っていたようである。松尾にハガキを出した時は病床にいた。それがずっと続いていたようで、このため北アフリカ行きを断念し、また東洋学関係者にも連絡できなかったのかもしれない。

また、一九四一年には、オーベルランにとって当時唯一の肉親であった姉アンナ＝フレデリックがブリュッセルで逝去している。松尾は彼女のことを「妹」と呼んでいるが、一八七六年生まれ、二歳年上の姉である。この財産相続にあたり、パリの公証人の書類があるが、それにより、思いがけないことが判明した。エミール・スタイニルベル＝オーベルランというのはペンネームで、本名は、ルイ＝ゴットフリート・スタイニルベル（Louis=Gottfried Steinhilber）といい、スタイニルベルのスペルもスタインStein の後にhが入っていて、「スタインヒルベル」とでも読むのであろうか。もともと、家族はアルザス地方ストラスブール出身なので、ゲルマン的な姓であるが、フランス語ではhを発音しないので、削除したのであろう。ペンネームの「エミール」は、父親の名「ルイ＝エミール」に由来しているのであろうか。松尾は戦前の著書では「ステイニルベル」と呼び、戦後は「スタイニルベル」と表記している。本人からある日正しい読み方をきいたのであろうか。また、彼を語る時は度々「スタイニルベル」を略してただ「オーベルラン」とのみ記していることから、直接本人には「オーベルランさん」と呼んでいたと思われる。この「オーベルラン」であるが、ストラスブール中心街の通りの名前にもなっている「オーベルラン」家からは、十八世紀に、ボージュ山脈の山村で牧師を務めながら、教育、土木工事、農業開発などを通じて、村民の生活改善に尽くした社会福祉家として著名なジャン＝フレデリック・オーベルラン（一七四〇〜一八二六）が出ている。彼は、父が高校の教師、兄ジェローム＝ジャックは哲学・考古学者と、インテリの家庭に育っている。スタイニルベル＝オーベルランは、このような家柄の出身であることを誇りに思い、エックスに遺された手書きの履歴書に、「慈善精神に溢れ、学者、形而上学者を世に送り出したアルザスのプロテスタントの家族の後裔である」と記している。なお、オーベルランは、一九二二年に『現代哲学思想論』*Essais critiques sur les idées philosophiques contemporaines*（ゴーティエ・ヴィラール社）を既にエミール・スタイニルベル＝オーベルランの名で出版しているので、かなり早くからこのペンネームを使っていたと思われる。いずれにしても、本名が判ったことは、今後、彼について調査をする場合に役に立つことと思う。

5　『ルヴュ・フランコ・ニッポンヌ』への協力

松尾は、オーベルランと知り合った翌年、一九二六年、奇怪な紳士中西顕政の融資を受け、『ルヴュ・フランコ・ニッポンヌ』を創刊する。一九二六年といえば、オーベルランは、美術評論家岩村透の甥、岩村英武と共訳で、うた沢節の歌謡集『芸者の唄』*Chansons de Geishas*（クレス社）を上梓し、大好評を博す。特に、当時の詩壇の巨星アンリ・ド・レニエから大賛辞を受けている（レニエの『フィガロ』*Figaro* 紙に掲載された書評は『ルヴュ・フランコ・ニッポンヌ』第五号に転載）。松尾によると、オーベルランは日本語が読めないので、松尾がまず、「かなり苦心して」日本語からフランス語に翻訳し、それを、二人の話し合いのもとに、オーベルランが「スティル」のある美しいフランス語に書き換えたそうである。まさに日仏共同の作業であった。また、松尾が『ルヴュ・フランコ・ニッポンヌ』発刊を決意した時、まず協力を求めた友人の一人はオーベルランであった。彼は快くそれを引き受け、第一号から記事を寄稿している。かって、下院議長や文部大臣の官房長などを務め、官界で活躍していた縁で人脈もあり、原稿執筆のみならず、何かとこの世界では駆け出しの青年松尾を応援したことと思う。

オーベルランが『ルヴュ・フランコ・ニッポンヌ』に執筆した記事の数はそれほど多くない。それらの記事は敢えて言えば、全て「書評」であり、それも、翻訳など日本文化に関するものと「アジア擁護」の二種のカテゴリーに分けられる。日本文化関係書の書評として、谷崎潤一郎『愛すればこそ』（浅田俊介、横山洋、シャルル・ジャコブ訳、エミール・ポール出版社、一九二五年）〔第一号〕、セルジュ・エリセーエフ訳『牡丹の庭』（永井荷風『牡丹の客』、新井紀一『悪日』、志賀直哉『焚火』、長谷川如是閑『或るカフェーの娘』、森田草平『名取弟子』、谷崎潤一郎『秘密』の短編小説六篇を収録。サン・パレイユ出版、一九二七年）〔第七号〕、キク・ヤマタ訳『源氏物語』（プロン書店、一九二八年）〔第一一号〕、アルベール・メボン『日本の寺院』（ボカール書店、一九二九年）〔第一一号〕が挙げられる。アジア擁護論には、サロモン・レナック『哲学史についてゾエへの手紙』（アシェット書店、一九二六年）〔第四号〕、それに、「アジア擁護論――『西欧擁護論』の著者マッシス氏への反駁」〔第七号〕および「『アジア擁護論』をめぐる論争」〔第八号〕は、アンリ・マッシスの著作が論考の出発点となっているので「書評」として扱ってもよいと思われる。

6　日本文化関係書に対する書評

オーベルランの書評には、当然のことながら、彼の日本文化に対する興味の的が強く反映されている。オーベルランは、松尾との初対面の折、「最近、わたしの興味を刺激しているのは、ハイカイ（俳諧）です。能でもハイカイでも、冗漫な説明がなく、象徴的で、暗示的で、古い伝統でつくられたその形式は、ある意味で世界に比類のない最高の芸術表現だと思っています。」と語ったという（『巴里物語』）。永井荷風の『牡丹の客』など短編六篇の翻訳を収録した日本現代文学短編集で彼が最も心惹かれたのは荷風の短編であった。この作品は、無駄のない表現、作品全体にとって必要なことのみ簡潔に描写されていると絶賛している。そこにはフランス文学、特に、モーパッサンの作品やヴェルレーヌ、マラルメ、ローデンバックなど象徴派の詩人たちの影響を見出している。男盛り、女盛りを過ぎた、倦怠期の男女が、たそがれの牡丹園を訪れると、盛期を過ぎた牡丹の花が、暗闇の中で散っていく、というこの短編自体に、ハイカイや能に通じるような「象徴的、暗示的な表現」が認められ、すっかり魅了されてしまったものと思われる。また、キク・ヤマタによる『源氏物語』の翻訳の書評には『恋愛文書の一資料』というタイトルがつけられており、光源氏の恋の遍歴のみしか理解されていないのかと当初疑われたが、オーベルランは『源氏物語』をドン＝ジュアンやカサノヴァの話とは全く異なる次元の恋愛小説と読み込んでいる。「桐壺」から「葵」まで九章の翻訳、しかもアーサー・ウェイリーの英訳からの重訳から、光源氏の人間的成長やこの作品の奥行きの深さを推し測ることは到底無理と思われるが、この作品の基調となっているのは「愛」そのものであり、そこには人間性が溢れていると評している。それに対し、『新フランス評論（N.R.F.）』*La Nouvelle Revue Française*（一八一号、一九二八年一〇月）にこの翻訳の書評を書いたルネ・モーブランは、次から次へと恋愛遍歴を続けていく光源氏が同時に異なった次元で複数の女性と関係を持つことができるのは驚異的であると言っているが、オーベルランはそこに人間性を見出そうとしている。これは、作中人物の内面に精神的なものを探り、追求しようとする態度にも繋がり、作中人物の精神性よりも、むしろ作品の背景となる社会的要素や慣習に眼を向けるモーブランとは視点を異にしている。このようなオーベルランの態度は、谷崎の戯曲『愛すればこそ』の書評にも窺える。良家の子女澄子はならず者の俳優山田を愛し、愛する故に山田から離れられない不憫で純情な澄子に心惹かれる三好と、いわば三角関係に於ける二重の献身的な愛を描いたこの戯曲にも、オーベルランは、宗教的苦悩にも通じる絶対的な愛の神秘性を見出そうとしているのである。

アルベール・メボン著『日本の寺院』*Les Temples du Japon* は「建築と彫刻」というサブタイトルが付けられており、実際に寺院を訪れ、現地でのメモをもとに、日本の寺社の建築と彫刻について考察したものである。著者は「日本仏教諸宗派の歴史を見ていくと、日本の寺社の建築と彫刻の変遷がよく解る。」とまえがきで述べているが、オーベルランは当時、同じく現地調査による『日本仏教諸宗派』の出版準備中であった。そこで、同じメソッドによるメボンの著書には非常に好意を示しているが、宗派の教義の建築への影響は部分的である、と警告している。

7　アジア擁護

『ルヴュ・フランコ・ニッポンヌ』に掲載されたオーベルランの記事の中で、当時のマスコミを賑わせたのは、何と言っても、アンリ・マッシスの『西洋擁護論』に反駁した「アジア擁護論」である。この論文は、本誌のパトロン中西顕政が購入した手動の印刷機で印刷し、一九二八年に出版した小冊子から転載したものである。原題は *Défense de l'Asie et du Bouddhisme : Réponse à M. Massis, auteur de « Défense de l'Occident »*（『亜細亜および仏教擁護論――「西欧擁護論」の著者マッシス氏への反論』）。表紙には『亜細亜を無視せるマッシス氏への駁論』と日本語タイトルを表記している。転載にあたり、「仏教擁護論」はカットされた。アンリ・マッシス（一八八六～一九七〇年）は、王党派右翼のアクション・フランセーズやその主宰者シャルル・モーラスに傾倒したカトリックの評論家であり、それまでもジッドの自由思想に対して「悪魔にとりつかれた男」などと辛らつに批判していた。そのマッシスが一九二七年に『西欧擁護論』という「危機に直面している西欧文明擁護論」を出版した。マッシスにとっての「西欧文明」とはギリシャ・ローマ時代から受け継いだ「ラテン文明」にキリスト教カトリシズムを

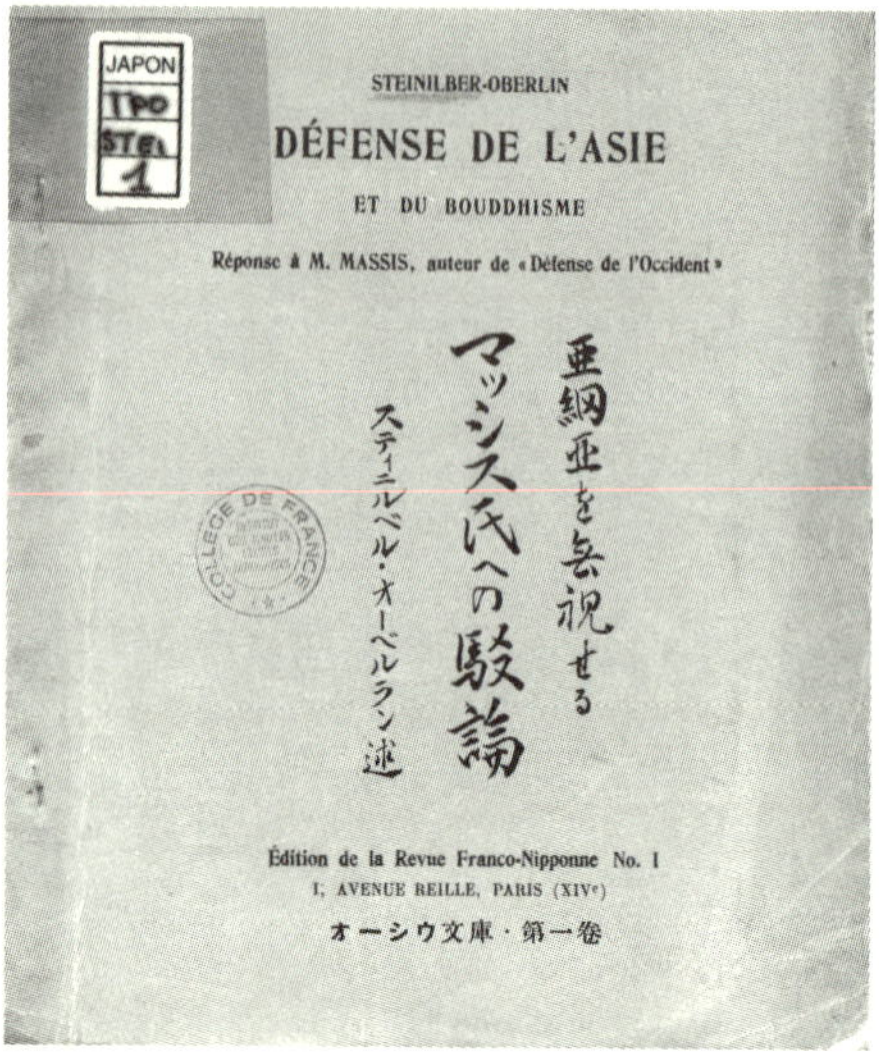

『アジア擁護論―『西欧擁護論』の著者マッシス氏への反駁』

プラスしたものであり、東方から移動して来たゲルマン民族系のドイツはこの「ラテン文明」と「アジア文明」の間を揺れ動いていたが、第一次世界大戦後、敗戦のショックを癒すため、「本能的」に東方、まず隣国ロシアに、更にはアジアに眼を向け、自らの文化を捨て、新たな精神の蘇生を計ろうとしているという。また、ロシアでも、二世紀に亙る「ヨーロッパ化」の後、革命という暴力によってヨーロッパに抵抗するようになってしまった。マッシスは、ドイツとロシアの西欧文明離反について、多くの論拠を引用して論及するが、繰り返しが多く、論旨の運び方も明晰さに欠け、冗長、緩慢である。そのためか、オーベルランの反駁は「アジア擁護」に絞られている。

マッシスは、アジアはヨーロッパの国々と同じような独立国家となることを渇望しており、独立の暁には、西欧文明を覆そうとしていると、西欧の危機を訴える。それに対し、オーベルランは、アジアの国々に独立を拒否するのは道理にかなっていない、また、他国の領土に立ち入り、自分の文化を押し付けているのはむしろ西欧人ではないか、と反駁する。アジア人は非常に穏やかな態度で西欧支配からの独立を望んでいて、長崎で開催された「亜細亜民族会議」（一九二六年八月。当会議については『ルヴュ・フランコ・ニッポンヌ』第四号掲載の報告を参照のこと）に於いても、アジア諸国の協力強化が提唱されたが、ヨーロッパに対して宣戦などしていないし、マハトマ・ガンディーの独立運動も非暴力がモットーとなっているではないか。また、アジアの宗教と哲学、つまり仏教とヒンズー思想は、ヨーロッパの精神的資産を破壊するための道具にすぎないとマッシスは言うが、仏教ほど征服欲から程遠いものはない。このように、オーベルランは、日本の軍国主義の旺盛な征服欲を考えると歯がゆくなるほど、アジアの「穏健主義」「平和主義」を擁護している。松尾も、『風来の記』の中で、「彼の日本賛美論は面映いものであり、わたしは、祖国日本の狂った軍国主義や、宗教家たちの無気力に愛想をつかしていただけに、彼の親日感情や日本論に対し、時々ブレーキをかけ反論せざるを得なかった。」と語っている。

オーベルランの『アジア擁護論』は大きな反響を呼んだようである。『ルヴュ・フランコ・ニッポンヌ』第八号には、そのうちの一つ、『エルミタージュ』*L'Ermitage* 誌上のジャック・ルスールによる批判に対するオーベルランの回答「『アジア擁護論』をめぐる論争」が掲載されている。オーベルランはルスールの批判に対し、次のように答えている。まず、このマッシスへの反駁は、ソ連支持派のグループのスポークスマンとして書かれたものではないか、という指摘に対し、これを全面的に否定し、恐らく、冒頭部分の誤解からきたものだろうと言う。確かにオーベルランは、『アジア擁護論』の冒頭で、「本論文は、日本、中国、インド人のあるグループの同意のもとに書かれたもので、私は彼らの弁護人に過ぎない」と一言断りを入れている。また、民族自決権と、日韓併合による日本の韓国領有は矛盾するのではないかと、非常に痛いところを突かれると、アジア圏内に於ける各国間の領有権については自分は論及していない。ただ、「アジアのことはアジア人に」を主張しているのだと危うくその場を躱している。最後に、ルスールがアジア人は世界制覇の意図がないと認めていることから、結局はマッシスの説を否定しているのだと満足の様子であり、このほかにも、連日、反マッシス説の反応があったと結んでいる。同号には、そのうちの一つ、『ルーヴル』*L'Œuvre* 誌上に於けるヴィクトール・スネルのマッシスの愚かな論説についての記事が紹介されている。

松尾邦之助はこの『アジア擁護論』を、マッシスの論敵アンドレ・ジッドに送ることを忘れなかった。ジッドはこの書を読み、興味を示し、松尾を自宅に招聘する。そして、これを機に、松尾は一九二八年から一九四〇年まで、七回ジッドと親しく対話する機会を得た。このジッドとの会談記は、松尾の著書『自然発生的抵抗の論理　アンドレ・ジッドとの会話』（永田書房、一九六九年一〇月）に詳しい。

8　仏教

中西顕政が購入した印刷機で印刷された小冊子では、この後、「仏教擁護」の章へと続く。『ルヴュ・フランコ・ニッポンヌ』では、この部分がカットされているが、その理由は不明である。オーベルランの仏教擁護を要約すると次のようになる。仏教の根本的な思想は、煩悩を断滅し、欲望を捨て、魂の平和と己の精神の平静を保ち、悟りの境地に達することである。そこで仏教は、物質的なものにしか目を向けない近代産業文明に於ける精神修養にはうってつけの場となり得る。西欧人は、この世をはかない仮の世とする仏教の厭世主義を批判するが、この点に関してはキリスト教も同様である。また、仏教は何世紀にも亙って東洋文明の糧となっているので、弊害を与えることはあり得ない。そして最後に、何故、世界中の宗教が手を組んで精神的真実を共に追求しないのであろうか、と問いかけている。

オーベルランは、大学で哲学を修学した後、政界、官界の道を歩んでいたが、フヴレによると「病気のため」、松尾によると「同僚にいたずらされたため」、この道を去る。また、第一次世界大戦のむごたらしさを目撃して無常を感じ、サンスクリット語を学び、仏教に興味を持ち、日本の思想・文芸にも関心を持つようになったという。つまり、オーベルランの日本への関心の出発点は仏教であった。彼は一九三〇年に松尾の協力を得て『日本仏教諸宗派』*Les Sectes bouddhiques japonaises : Histoire – Doctrines philosophiques – Textes – Les sanctuaires* をクレス社から上梓するが、当書は、序文によると、仏教哲学は難解であり、一部のエリートのみを対象にしていると見做す欧米の仏教に対する偏見を覆すために書かれたもので、日本の寺院に赴き、仏教の実態を調査した報告書であるという。調査地として日本を選んだ理由として、仏教はインドではほとんど廃れ、中国では退廃しているのに対し、日本では現在も生活の中に生き続けているからといっているが、これは、十世紀末の仏教説話集『三宝絵詞』の作者源為憲が既に指摘している点であり、十世紀を経て、フランス人によって同じ見解が述べられているのは興味深い。なお、この点については、後述の藤島了穏の著書でも言及されており、オーベルランの意見はこれに拠っていると思われる。オーベルランはそこで、現在もなお、信仰の対象となっている仏教の調査のため、「日仏文化連絡協会」(Société pour le rapprochement intellectuel franco-japonais) の派遣研究員として、また、フランス外務省からの推薦状をも携えて日本に赴いた。ところが、日本行きの年月がどこにも明記されていず、不明である。東京の外務史料館でオーベルラン来日に関する資料を探したが見つからなかった。オーベルランが実際に日本を訪れているとしたら、諸事情を考え合わせると、来日の時期は一九二九年秋ではないかと推測している。（この件については、巻頭の座談会を参照されたい。）

さて、日本仏教諸宗派については、フランスでは十九世紀末、一八八九年に藤島了穏（一八五二～一九一八）により、『日本仏教―主要十二宗の教義と歴史』*Le Bouddhisme japonais : doctrines et histoire des douze grandes sectes bouddhiques du Japon*（Ryauon Fujishima, Paris : Maisonneuve et Ch. Leclerc, 1889）が刊行されている。藤島は浄土真宗本願寺派（西本願寺）の学僧で、一八八二年から七年間、フランスとベルギーに留学した。当書は、『十二宗綱要』をもとに、自らの見解も加えて、日本十二宗派の教義の要点を解説したものである（『十二宗綱要』の英訳は、南条文雄により、一八八六年に東京で刊行されている）。オーベルランはむろん藤島の著作を参考にしているが、参考文献の項で、優れた著作であるが、内容を深く理解するには仏教についての一般的知識を必要とする、と述べている。そこで、一般読者にも親しみやすく、判りやすい日本仏教概説書を出版したいとかねがね考えていたのであろう。

それで、この「実地調査の報告書」は、堅苦しい、無味乾燥の報告書ではなく、むしろ、エッセー風の旅行記を思わせ、写真なども多く掲載されていて、読みやすい読み物となっている。また、その調査とは、日本の代表的な宗派の本山や主要寺院を訪れ、境内を歩き、その雰囲気に浸り、住職や僧侶に会って、各宗派の中心となる教義の説明を直接受けることであった。調査の対象としたのは、具舎、成実、三論、法相、華厳、天台、真言、禅、浄土、真宗、日蓮と十一宗で、前掲藤島の著書の十二宗から律宗が抜けている。また、本書には「歴史、教義、経典、聖域」という副題がつけられているように、各宗派の簡単な歴史、主要経典、教義の説明、寺院の描写が主な内容となっている。オーベルランは、訪れたどの寺院に於いても、その静寂さ、自然との調和、人々の平穏な態度に心打たれている。

本書は、ラフカディオ・ハーンの仏訳者として知られるマルク・ロジェによって英訳され、一九三八年にロンドンで刊行され、再版が一九七一年に出版されている。（*The Buddhist Sects of Japan : Their History, Philosophical Doctrines and Sanctuaires*, by E. Steinilber-Oberlin, with the collaboration of Kuni Matsuo ; translated from the French by Marc Logé, London : G. Allen & Unwin, ltd, 1938）。

エックス・アン・プロヴァンスのオーベルラン関係資料には、前記フヴレの書簡に対するベルナール・フランク教授の返信も遺されている。フランクは、オーベルランの『日本仏教諸宗派』を何度も何度も繰り返し読み、非常に興味を持ったという。そして、この本の著者はどんな人だろうかと、ずっと思い続けていた、そこで、いつかエックスに行き、ぜひ遺された資料を拝見したい、と言っている。しかし、フランクはそれが果たせないまま一九九六年に他界してしまった。教授は、日本人の信仰心を現地で探ろうと全国の寺院を訪れ、本尊などの御影が写されているお札（ふだ）を収集しているので、オーベルランの「現地調査」というメソッドには共感を抱いていたことと思う。しかし、一九八三年に再版された藤沢了穏の前記著書のあとがきで、オーベルランの著書にも触れ、寺院訪問、僧侶との対話、引用文（主に一九一九年にコレージュ・ド・フランスで行われた姉崎正治の講演から）など、具体的に話が進められ、大変読みやすいものであるが、教義に関しての説明は密度が薄いと述べている。長年仏教について専門的に深く研究したフランクは、若き日の愛読書を改めて読むと何か物足りないものを感じたのであろうか。

おわりに

仏教に心酔していたオーベルランは、松尾によると、当時パリに滞在していた石田義道禅師（鶴見総持寺）の配慮により、パリ西郊サン・ジェルマン・アン・レイのホテルの一室で、ささやかな得度式が行われ、仏教（禅）に帰依したそうである。彼は、生涯孤独を愛し、姉がベルギーに嫁ぎ、母親も亡くなると、パリのアパートも、部屋を埋めつくしていた蔵書も、フォンテーヌブロー近くの別荘も売り払い、つつましいホテルの一室で暮らし、小さなスーツケースを抱えて旅行する「行脚僧」であったと松尾は回想している。家族は資産家であったようであるが、全く私欲の無い人で、原稿料も「私には必要以上の金は邪魔物」と言って、全額松尾に渡したそうである。前述の姉の遺産相続に関する書類にも、彼は唯一の相続者であると明記されており、ほかに家族はいなかったようだ。フヴレの書簡によると、オーベルランは晩年、『ジャン・ジョレスとの対話』『パスカルについてのエッセイ』『素晴らしい人生への入門書』（神秘主義の見事な書物）の三部作を執筆したそうだが、現在エックスには『素晴らしい人生への入門書』の未刊の原稿のみが残されている。これは、恐らく、サン・レミ・ド・プロヴァンスのホテルで病気をおして書かれたものであると思われる。かって、日本の禅哲学を基調にした哲学随想を出版したいと、松尾に繰り返し漏らしていたそうであるが、これがその著作であろうか。しかし、書き込みのある三冊の本（例えばルイ・ラヴェルの『全体的現在』）やパリの書店からの請求書などエックスに遺された資料を見ると、形而上学、神秘主義的傾向が見られるが、仏教そのものの影響は直接見られない。ドイツによるフランス占領、ナチのユダヤ人虐待、連合軍ノルマンディー上陸、フランスの国土解放、また、真珠湾攻撃に始まる太平洋戦争、広島・長崎原爆投下、日本敗戦など、オーベルランはサン・レミ・ド・プロヴァンスのホテルで病気による不自由な身を癒しながら、このような大戦の情勢、前代未聞の恐るべき惨事に決して無関心ではいなかったと思う。あれほど弁護していた日本がアジア、太平洋制覇に乗り出し、破壊行為に突進していっているのを耳にし、どのような気持ちでそれを受け止めていたであろうか。『素晴らしい人生への入門書』やその他断片の形で残された遺稿を読むと、オーベルランが、戦時中、また戦後、何を考え、どのような世界を理想とし、夢見ていたか、彼の思索の道程を辿ることができるのではないかと思われる。

『ルヴュ・フランコ・ニッポンヌ』と在仏日本人

――「工場《あな》クラブ」に花開いた祝祭

朝比奈美知子

松尾邦之助は『巴里物語』（論争社、一九六〇年八月）において、『ルヴュ・フランコ・ニッポンヌ』刊行の時期は、フランスの「輝かしい黄金時代」であり、彼自身にとっても「この黄金の波に乗った最も快適な時代」であったと述懐している（「大酒を飲み遊んで仕事をす」『巴里物語』）。実際、中西顕政という怪紳士との偶然の出会いから生まれたこの日仏文化交流誌は、松尾のまわりに雑多で気紛れで幸福な祝祭の一時期をもたらした。

1　雑誌刊行の背景

フランスが第一次世界大戦の戦勝国として平和を享受し、アメリカの恐慌やヒトラーの台頭、それに続く第二次大戦の脅威からもまだ自由で、好況と文化の爛熟の中で心地よい弛緩の状態にあったその時期、日本もまた、第一次世界大戦後の好景気に沸き、国際的にも欧米の列強に肩を並べうる一流の国として認知されるようになっていた。そうした状況下で、日本からの渡仏者の数も飛躍的増加を見る。藤田嗣治も、「パリの同胞が遽かに増えたのは、〔第一次〕大戦後」であり、大戦前は大使館員五、六人、画家は七、八人ないし一〇人、全体で三、四〇人に過ぎなかったのが、「大戦後は、大使館員だけでも八〇人に増加するといふ有様で、現在ではフランスだけで、二千人の多数に上って」おり、「そのうち三百人は画家」であると述懐している（「パリの日本人」『巴里の横顔』）。読売新聞の海外文芸特置員という肩書で一九二八年に渡仏したダダイスト辻潤は、昔は洋行という言葉そのものに「神の護符」にも似た「恐ろしい価値があった」が、自分が実際に洋行する頃には「洋行をするとかえって生まれた国の時勢に遅れるような気持ちのする」ような時代になっていたとさえ言う（「えりと・えりたす」『絶望の書』）。この時期にはすでに、洋行自体に昔のような威光はなくなり、洋行者は必ずしも選ばれた人間ばかりではなくなっていたわけである。とはいえ、詩人で美術評論家の川路柳虹が渡仏後に語ったように、「現代芸術の心臓はなんと言ってもまだ巴里」で、あらゆる芸術の動向が決められ、批評が芽生え、画商が集中して巨大な富を生むこの都市は、「亜米利加も、南米も、アフリカも、近東も、極東もすべてを包含」し、世界の他の都市とは比較にならない、古代のローマに比せられる芸術の都として依然芸術家たちの憧れを集めていたのも事実である。この時期に渡仏する者においては、国を背負うという意識や、後進国が先進国に向けた憧れと自己卑下が混じった感情はかなり希薄になり、洋行や異国での滞在の動機そのものが、より個人の精神や欲求に根差すものとなっていく。中西顕政という一個人の思いつきによりひとつの雑誌が誕生したという経緯も、こうした時代状況と無縁ではないだろう。

『ルヴュ・フランコ・ニッポンヌ』の編集長となる松尾がはじめて渡仏したのは一九二二年で、二五年にパリ高等社会学院を卒業した後も、官公庁や会社の組織に入ることを嫌ってパリ残留を決めるが、定職もないので所持金もすぐに底をつく。そこで、日本人会の仕事をしたり、同じ貧乏仲間ののんき屋・石黒敬七とともに『巴里週報』という新聞を出したりしていたとき、カフェで奇妙な紳士に出会う。同紙の愛読者であるというその紳士は、いきなり俳句の話を始め、北村季吟や井原西鶴についてひとしきり語ったあと、仏文雑誌の編集をして日本文化の紹介をしてみないか、と持ちかけるのである。その場では「金があったら」と話を濁したが、その翌々日、松尾のもとに突然二万フランが送金される。不審に思った松尾は藤田嗣治に問い合わせる（松尾は、パリ国際博覧会開催時に日本館の手伝い

藤田嗣治『巴里の横顔』所収の写真、「巴里在住の邦人達（日本人クラブにて）」とある。

をした際に藤田と知り合い、懇意にしていた」。

藤田によって、件の怪紳士は中西顕政であることがわかる。中西は、藤田が日本を出るとき同じ船で来た人物で、後に松尾が刊行した『巴里物語』に依拠して付け加えれば、一八八八（明治二一）年三月、三重県熊野市木本町に生まれ、父親の中西源吉は山持ちの富豪だった。松尾とは欧州大戦の直前から別れ別れになっていたが、帰国後は静岡県伊豆の韮山で妻と暮らし、一九六一（昭和三六）年に亡くなっている。

件の雑誌に戻ると、詳しいことはわからぬものの、「面白いじゃないか」と協力を申し出た藤田に後を押された形で松尾は決心し、編集陣の整備に奔走して、一九二六年二月、創刊号が刊行された。日本側からの主な協力者としては、社長の中西、編集長の松尾、美術顧問的な役割を果たした藤田、前述の川路柳虹、辻潤のほかに、作家・永井荷風、島崎藤村、武林無想庵、画家・横山大観、岡見富雄、版画家・長谷川潔、美術批評家・柳亮、外交官・柳沢健、同じく若月馥次郎、詩人・評論家で俳句の研究者としても知られる野口米次郎、そして日本人の父とフランス人の母を持ちパリで活躍した女性作家キク・ヤマタらの名が挙げられている。

2　「工場時代《あな》」――破天荒なボエーム群像

松尾によれば「風のような怪紳士」(「〝風〟のようなスポンサー・怪紳士中西顕政」『風来の記』)中西は、雑誌の刊行作業が始まってからも全く謎の存在だった。『フランス放浪記』によれば、住所も職業も生業も明らかにせず、顔を見せるのも不規則、会う約束をするのはいつも得体の知れないバーやビストロだった。何万フランという現金をいつも持ち歩く一方、吝嗇な一面も持ち、巷で寄ってくる売笑婦に対して小出しに金を出してじらしたあげく、ポケットから厚い札束を出して仰天させる、というような面もあった。彼の思いつきに乗じて雑誌の刊行を始めたものの、出資者中西は、予測不能の行動をとる放浪者で金銭感覚にも狂気じみたところがあり、計画に従った編集や規則正しい刊行は到底無理であった。彼が突然姿を消して二ヵ月以上にもわたって居所も判明せず、支払いが滞ったため差し押さえに遭ったこともある。印刷屋の主人の訴えで警察に連行された松尾は、やむなく大使館に援助を求め、書記官を務めていた柳沢健、本野盛一、横山洋の協力を得てどうにか雑誌の刊行は続いた。そんな苦闘のさなか、突然中西から連絡が入り、シベリアをぶらつくうちに日本に来てしまい、日光にいるという。松尾は、「馬鹿々々しくて腹が立たなかった」という。フランスに戻り松尾から留守中の経緯を聞いた中西は、とぼけた話をして白樺細工の煙草入れを置いて帰っていくが、数日後それを開けてみると、そこに数千フランの金が入っていた(「金の軽業師」『フランス放浪記』)。

『ルヴュ・フランコ・ニッポンヌ』は、このように中西の気紛れに振り回されながら続いたが、その御しがたい気紛れが、この雑誌の周囲に他に類を見ない闊達な交流の場を形作ることになった。中西は、自身の不在の埋め合わせをしようとするかのように、パリの一角に家を借りて印刷機を買い自前で雑誌を印刷しようと提案する。そして、一九二七年一二月、パリ南端にあるモンスーリ公園近くのアミラル・ムーシェ通りのアパートの一階に、印刷工場が開業する。松尾の友人でモンパルナスに住んでいた画家・戸田海笛は、「フジタの向こうを張って、浪花節語り雲右衛門のような長髪に和服姿でパリの町をねり歩」いた奇人だったが、「開業を祝ふ」という裏書をした日本画一点をタクシーで運んできた（「工場クラブ」『フランス放浪記』）という。工場では印刷全般に関する協力者として吉田保が雇われ、後には辻の紹介で大海忠助も加わることになる。

その「工場の様な穴、穴の様な工場」は、日中でも明かりなしには過ごせないほど暗く、じめじめと湿気を含んだ惨めきわまりない場所だったが、足で動かす原始的な印刷機の音と、じいじいと虫のように鳴くガス燈の悲鳴と、活字工のフランス少年の歌う革命歌インターナショナルで賑やかだった。「工場《あな》」の仲間と松尾がいつも食事を摂る貧乏街のレストランには、松尾らに会計を頼ってより貧乏な仲間がたむろしていた。彼らの生活は、無秩序そのものの「全く気楽な自由なごろつき生活」（「工場クラブ」『フランス放浪記』）だった。

「工場クラブ」には、多様きわまりない個性が集まりたむろした。

川路柳虹は、一八二七年から二八年にかけてパリで東洋美術史を学び、美術評論『マチス以後　仏蘭西絵画の新世紀』（アトリヱ社、一九三〇年一〇月）、詩集『抒情小曲集　巴里詩抄』（臼井書房、一九四七年四月）などを刊行することになるが、クレス社から出版された松尾の『其角の俳諧』（一九二七年）を評価したことがきっかけで、松尾と親交を深めた。松尾に請われて同書の出版記念会に出席した川路は、ヴェルレーヌの日本語訳を朗読しフランス人に感動を与えたという。お互いに趣味の一致を確認していた両者の親交は以後も続いた。松尾が読売新聞社に入社するきっかけをつくったのも川路である（「仏文『其角の俳諧』の出版と川路柳虹」『風来の記』）。

「フランコ・ジャポネーズ」キク・ヤマタも創刊号から毎号のように評論や翻訳などを寄稿している。彼女はヴァレリー、シャルドンヌらの知遇を得て小説『マサコ』、短編随筆集『障子』などを刊行し、松尾によれば、「画家・

藤田嗣治君が巴里画壇における地位と同じように、仏文壇における日本の花形」であった。『其角』の出版記念パーティーでは、日本語は忘れてよくしゃべれないと言っていたキク・ヤマタが流暢な日本語を話し、ヴェルレーヌを朗読したという（「仏文『其角の俳諧』の出版と川路柳虹」『風来の記』）。

前述のとおり『ルヴュ・フランコ・ニッポンヌ』には、文学者や芸術家ばかりでなく、外交官もしばしば寄稿していた。詩人・評論家としても活躍した柳沢健は、当時パリの日本大使館の書記官だったが、フランス音楽論や、日本を諷刺的に描いた紀行小説『御遠足』*L'Honorable Partie de Campagne*（著者名は語呂合わせでトマ・ロオカとなっている）についての論を寄稿している。彼は、岡本綺堂作・松尾訳の『修善寺物語』のパリでの上演の際にも協力している。当時リヨン領事を務めていた若月馥次郎も、毎号のように日本文化、日仏交流関係記事を寄稿している。

「工場」仲間には、破滅型のニヒリストもいた。辻潤、武林無想庵である。無想庵は、一九二八年の春ごろから、娘のイヴォンヌ（日本人）を連れて「穴」に足繁く通うようになっていた。彼は妻の文子とともに凱旋門の近くで日本料理屋を開いていたが、経営はまったく「出鱈目」で、店はほどなく破綻し、不渡り手形を出す。そのうえ、妻の文子は情夫とモンテカルロに出奔したあげく、情痴のもつれから発砲されて傷を負う。無想庵は、文子を献身的に看病する一方、もともと妻頼みの生計が破綻して貧窮状態に陥ると、朝日新聞の特派員重徳（来助）に頼んで「無想庵飢餓に瀕す」との電報を日本に送らせ、出版社から送金させたというエピソードもある。松尾は彼について「瞑想家と云ふより頭のいい記憶の確かな秀才肌」、禅の話をよくするが、「生活行動には可なり禅とは隔離したところがあった」と回想している（「無想庵との思ひ出」『フランス放浪記』）。

一方、辻潤については松尾は、「芸術家で、万年小僧」、「透明」な人間だったと回想している（「無想庵との思ひ出」『フランス放浪記』）。彼が辻に親近感を覚えたのは、辻の中に自分と同じ「アナルコ・インデイヴイヂエ《ママ》アリスト」（同書「辻潤とアン・リネルとヂイド」）、つまり無政府あるいは個人主義的な性質を見出したからだという。辻は自分の洋行を「好事」である（「ものろぎや・そりてえる」『絶望の書』）として、なにか特別の意味に考えたくはなく、「今までの日本のあちこちを歩きまわった延長ととらえたい」（「えりと・えりたす」『絶望の書』）とも述べている。実際パリでは名所旧跡を見物しもせず、「暇で困つて」いる様子をし（「巴里の辻潤」『フランス放浪記』）、滞在先のホテルにこもって『大菩薩峠』を読みふけった（「ここが巴里」『絶望の書』）。彼のこうした生き方は、ある意味で、あらゆる思想や意味づけを拒否するダダイストとしての彼の信条を体現するものであったかもしれない。また松尾によれば辻は、パリの住居としていた「豚小屋のような部屋」で、「近頃、昼も夜もごっちゃになり、しょっちゅう夢ばかり見ている」という　夢想家肌の人間だった（「夢のファンタジイを楽しむ」『風来の記』）。

辻潤と無想庵はかねてから深い親近関係にあり、「巴里こんにゃく問答」（『絶望の書』）という対話形式の作品を残している。知性や哲学的思考の閃きを見せつつも一貫性のない言葉を連ねるうちに無為に浸食されていく精神を浮き彫りにしたこの作品には、二人の深い焦燥と無力感が漂っている。

このように、『ルヴュ・フランコ・ニッポンヌ』には、身分も職業も考え方も異なる人間たちが集まっていた。雑多さと気紛れそのものを許容する「工場《あな》」は、あらゆる社会的縛りから免れた自由の空間を出現させていた。

> 吉田さんにしても、無想庵でも私でも、みな物資的には貧しかつた…。が、我々はみな大名の様な気持で暮してゐる我まゝ者であつた。吉田君には金はむしろ束縛だつたらしい。無想庵は失恋したり、一文無しになつたりして、自殺しない彼自身に陶酔してゐた。偶然から偶然に危い橋渡りの生活をしているところに我々の生きて行く駭きがあり、刺戟があつた。停滞した水の様なブルジョア生活の平凡な幸福には堪えられぬヴァガボンである。我々はいつも流れてゐる水の様だつた。流れてゐる水だけが、その流動によつていつも新鮮さを持続してゐるのだとは我々の勝手な解釈だつた。
> （「無想庵との思ひ出」『フランス放浪記』）

貧しいながらも芸術文化の振興と日仏交流という目的を掲げた雑誌のために寝食を忘れて働き、あらゆる束縛を嫌って放浪と気紛れを志向する「工場」の日本人群像はまさに、十九世紀のパリが生んだ放浪の芸術家ボエームさながらである。祖国から離れたこの芸術の都パリで、彼らは、両大戦間の弛緩の一時期、社会の機構からも離れ、金銭の追求や人間関係のしがらみからも逃れ、何ものにもとらわれない放浪者の自由を享受したのである。『ルヴュ・フランコ・ニッポンヌ』そのものの誕生が、常識外れの放浪人中西顕政の個人的思いつきに端を発するものだったことは、その自由を考える上で無視できない。さらに中西のそうした思いつきは、パリという自由の都でなければ生まれなかっただろう。松尾は以下のように回想している。

私はよく貧乏した、が、よくマメに働いた、マメに働いてゐれば金はどうにかかなる。［中略］幸いなるかな華の都のパリにも、ルンペンがゐたし、乞食も沢山ゐた。無職だが何とかしてパンにありついてゐるごろつきも多く、特にこの「何とかして」食つてゐるごろつきは私に親しめた。金はなくても自由に生きてゐるこの何とかして生活してゐる仲間は経済学者が分類に困る幸福な呑気な明朗な階級であつた。

（「何とかして生きる…」『フランス放浪記』）

しばしば貧困により危機的状況に陥りながら、「何とかして」食いつないでいるパリのごろつき、また彼らを容認するパリという街の懐の深さの中で、松尾もまた、不思議な楽天主義を体得していく。「何とかして生きる」Je me débrouille という生き方は、『ルヴュ・フランコ・ニッポンヌ』の刊行を推し進めた松尾にとっての標語となったばかりでなく、後の松尾自身の生き方のモットーともなっていく。

「工場時代」はこのように、自由、雑多、気紛れ、闊達さが溢れた一つの幸福な時代となった。国家にも社会にも縛られないこの隠れ家のような場所で、編集長も工員も、外交官も破滅型のニヒリストも、ともにこの時代と気まぐれを享受していた。しかしながら、束の間の祝祭の時は、脅威と不安の時代を前にして、すでに仲間たちの内部に微妙な分岐の芽を孕みつつ流れていた。

3　アイデンティティの覚醒

ここであらためて、この雑誌を思いついた中西の抱いていた理念について確認しておきたい。中西は毎号のように、俳句や日本の文化や景勝地の紹介記事を寄稿しているが、結果的に最終号になった第一二号に寄せた手書きの文章において、「現代の日本においては、アングロ＝サクソン文化あるいはアメリカ的な手法がほかのどの国よりも優勢を占めている」が、「あらゆる美しいものを抑圧しようとする現代の物質主義をむこうにまわして、フランス文学がとても深いのは確か」であり、「日本でフランス文学を紹介することはきわめて興味深いこと」であるし、「何世紀にもわたり、生命と独創性に満ちているが、ヨーロッパではほとんど知られていない」日本文化を「フランス人に知ってほしい」と述べている。彼自身は前述のように破天荒な放浪者で、専門的な学者でも芸術家でもなかったが、その文章は、当時の在仏日本人に共通したいくつかの問題意識を含んでいる。つまり、物質文明に対置されるものとしての文化の必要性の認識、功利を離れた所での文学文化の享受と交流の必要性、近代におけるアングロ＝サクソン文化偏重への批判、そして自国の文化の理解や紹介の必要性ということである。

純粋に個人の思いつきで創刊された『ルヴュ・フランコ・ニッポンヌ』は、国家の威信や功利と離れた自由さを持つことができたが、この雑誌をめぐる人間たちは、それぞれ、パリという自由の都で根なし草の自由を満喫しつつも、同時に、自身の深部に根付く日本人としてのアイデンティティにどのように向き合うかという問題に直面することになる。

第八号の「アジア擁護」をめぐる論争は、そのことを端的に示した企画である。この企画は、西洋に対する東洋の浸食を警告し西洋の本源を取り戻すべきと主張したアンリ・マッシス『西欧擁護論』を批判したスタイニルベル＝オーベルランの論文「アジア擁護論」をめぐるもので、誌上にはオーベルランを批判したジャック・ルスールに対するオーベルランの反駁の文章と同時に、日仏の様々な文化人がヨーロッパと日本、東洋と西洋の関係について綴った短文も掲載されている。日本についての自問自答は、「工場」の仲間それぞれの中で異なる方向性を持って認識されていくことになる。

柳沢健は一九三三（昭和八）年に評論集『日本発見』（日本評論社）を刊行しているが、そこで「十年に亙る外国生活は、自分をして其日其日に起伏して止まぬ祖国の果てしなき動揺の渦巻から遠ざけしめて、常に本然の日本と日本人と（永遠の日本！）――この自己とを、顧みさせる余裕を与へて呉れた」と述べている。とりわけ彼は当時日本に広まりつつあった共産主義に批判的で、その運動について「動く日本は動かぬ日本にくらべて蜉蝣の生命をしか持つてゐない」と批判的な言葉を述べる（「日本に帰る」）。つまり、彼の「永遠の日本」は、ある意味で共産主義の台頭に対するアンチテーゼとして捉えられているとも言える。『日本発見』に収録された論文「東西両文明の相克」においての柳沢がマッシスの『西欧擁護論』を紹介しながら考察を加えていることもつけ加えよう。

辻潤も、エッセー「西洋から帰って」（『巴里の下駄』）において「自分が西洋へ出かけた最大収穫は、自分が日本人であるというハッキリした自覚と、自分の生まれた郷土が如何に美しいかということを今更ながら覚り得たことである」とし「皮相な西洋文明の模倣が如何に滑稽であり、無意味であるかということを自分は切実に感じさせられた」と述べているが、彼の言動は、日本人の源泉の探索や称揚とは異なる方向を指している。『ヌーヴェル・リテレール』誌 *Nouvell Litteraire* 編集者ニノ・フランクとの対談において辻は、知という観点から見て「日本は今混沌とした時代」に入っていると述べる。みずから企てた文学的試みも読者を仰天させたのみで揺り動かすには至らない。孤独と懐疑に苛まれながら彼は、みずからの文章の末尾を、「日本の若者には特筆すべきことは何もなく、あらゆる知的思弁からかけ離れたところにいるのだ」という言葉で結ぶのである。日本に対する深い失望と無力感に浸された彼は帰国後第二次大戦が終結する前に悲惨最期を遂げることになる。ある意味で彼は、日本の内部に蓄積された矛盾をその敏感なる魂の中に沈潜させ、自滅していったとも言えるだろう。

他方、藤田にとっての日本回帰は、芸術における自己確立をめざす苦闘の末に見出された生き残りの道だった。教わったとおりにしか描こうとしない者に将来の大成は望まれないと考えた彼は、パリ到着後四、五年間は「ボンヤリ遊び回つて」、「その間に日本で覚えたものを、スツカリ洗ひ落とし」、「それから初めて自分の仕事にかゝつた」という（『巴里の横顔』「パリの日本人」）。そのようにして自分独自の派を拓こうとする藤田が出した結論が、日本回帰なのだ。日本人がいくら西洋人になろうとしてもなりきれない。「自分の個性を現す時には国民性と云ふものを忘れてはならぬ」のであり、独自の派を拓こうとする際、「日本人は日本のものを多少入れなければならぬ」し、「日本人である以上は矢張り日本を尊敬しなければならぬ」（「巴里における画家の生活」『巴里の横顔』）というのである。

結論に換えて、編集長・松尾について触れておこう。『ルビュ・フランコ・ニッポンヌ』の刊行が途絶える頃、世界は第二次世界大戦という破壊への道を踏み出しつつあった。松尾は、「私は満洲事変と云ふ俗事件のおかげで、政治なるものをやらせられ、金ピカホテルの赤い絨毯の上を歩く職業になり」、「云ひたいことを如何にして黙するかを立派に修行した外交官と云ふ世にも不思議な存在」つまり「辻さんの哲学と一番関係のない、むしろ辻さんと正に正反対のポイントにゐる人間を相手に生活し初めた」（「辻潤とアン・リネルとヂイド」『フランス放浪記』）と述懐する。つまり彼は以後、夢や哲学から離れて政治という現実の領分に深く踏み込んでいくのである。が、幸福な青春の終わりを惜しみつつも松尾は、パリで体得した「何とかして生きる　Je me débrouille」という姿勢を貫き、新たに遭遇する状況にしたたかに順応していくことになる。黄金時代に花開いた祝祭はやがて終焉を迎える。「工場」仲間たちは、それぞれの感性で硬く重い現実との対峙のドラマを繰り広げていくのである。

参考文献

『ルヴュ・フランコ・ニッポンヌ』刊行時の回想については主に以下の文献を参照した。

松尾邦之助『フランス放浪記』（鱒書房、一九四七年四月）『巴里物語』（論争社、一九六〇年八月　＊復刻版、社会評論社、二〇一〇年一月）『風来の記——大統領から踊り子まで』（読売出版社、一九七〇年七月）

辻潤『辻潤全集』第二巻（五月書房、一九八二年六月）

藤田嗣治『巴里の横顔』（実業之日本社、一九二九年一二月）『腕一本』（東邦美術協会、一九三六年一二月）

川路柳虹「滞欧雑記」（『美』京都市立美術工芸絵画専門学校校友会編、一九二九年一二月号）

柳沢健『日本発見』（日本評論社、一九三三年八月）

『ルヴュ・フランコ・ニッポンヌ』とルネ・モーブラン

渋谷 豊

『ルヴュ・フランコ・ニッポンヌ』には「常連」のフランス人執筆者が何人かいる。編集長の松尾邦之助は顔の広い男だったが、とはいえ、毎回そう都合よく新たなフランス人を調達できるものではない。見込んだ相手には繰り返し寄稿してもらっていたのだろう。

「常連」の一人にルネ・モーブランがいる。

このルネ・モーブランという男、強烈な個性の持ち主でもなければ、とりたてて天賦の才に恵まれていたようにも見えないが、なかなか多能な人物で、教師、コミュニスト、児童文学作家、雑誌編集者、ハイカイ詩人、といろいろな顔を持っていた。ハイカイ詩人としてはそれなりに知られた存在でもある（ここで言う「ハイカイ」とは、俳句を模したフランス語の短詩のこと。多くは無韻の三行詩だが、そうでないものもある）。周知の通り、日本の俳句を初めて本格的にフランスに紹介したのはポール＝ルイ・クーシューだった。日本留学から帰国した彼が『レ・レットル』誌 *Les Letters* に「日本のエピグラム」を発表したのは一九〇六年。そのクーシューから「戦争百景」の作者ジュリアン・ヴォカンス辺りまでを、今、仮にフランス・ハイカイ運動の「第一世代」と呼んでおくと、第一次大戦後にこの運動に加わって、かの地にちょっとしたハイカイ・ブームを巻き起こしたのが「第二世代」。モーブランはその

「第二世代」の一員だった。『ルヴュ・フランコ・ニッポンヌ』に寄稿したのも、もっぱらハイカイおよびハイカイに関する評論である。

いったい彼はパリの日本人社会とどんな関わりを持ち、どんないきさつで『ルヴュ・フランコ・ニッポンヌ』に執筆するようになったのだろう。以下では、まずその点に留意しながら彼の前半生の歩みを簡単に辿ってみよう。その上で、彼が同誌に寄せたハイカイやハイカイ論の面白い点、気になる点を、他の媒体に発表された彼の文章も参照しつつ、幾つか指摘するとしよう。彼のハイカイ観は、日本の文芸が彼の内部でフランス文化と出会い、融合したところに生まれたものだと言えるだろうが、では、具体的には、彼はフランスのどんな書物に親しみ、どんな伝統、思潮に培われた人物だったのだろう。そこがぼんやりとでも見えてくると、『ルヴュ・フランコ・ニッポンヌ』もまた奥行きを増し、同誌復刻版の頁を繰るのが一段と楽しくなるのではないか。

今日まで、モーブランの人と作品がまともな研究の対象となることはほとんどなかった。そんな中で、金子美都子「『ル・パンプル（葡萄の枝）』誌とルネ・モーブラン——戦禍の街ランス一九二〇年代の日本の詩歌受容と「ル・グラン・ジュウ」の胎動」（『比較文學研究』八九号、九二号〈二〇〇七年五月、二〇〇八年一一月〉）は貴重な例外である。綿密な調査に裏打ちされたこの論考に筆者も多くのことを教わった。そのことは断っておきたい。

1　パリの日本人社会との関わり

モーブランはフランス・ハイカイ運動の第二世代だと言ったが、見方を変えると、祖国フランスに居ながらにして日本人社会に出入りすることのできた最初の世代の人でもある。実際、フランスに滞在する日本人の数が増加し、『巴里週報』のような日本語新聞が経営上成り立つ程度の「社会」がパリに出現したのは第一次大戦後のことで、ちょうどその頃、モーブランはどんな集まりに出かけてもまず若造扱いされずに済む年齢に達したのである。

ルネ・モーブランは一八九一年七月一七日にブルターニュ地方の港町ナントに生まれた。地元のリセ・クレマンソー（同校出身者の一人にジュール・ヴェルヌがいる）に学び、一九一一年、パリのエリート校、エコール・ノルマル・シュペリウールに入学。卒業後は哲学教師として各地の中学、高校で教壇に立った。教え子たちの証言によれば、教育熱心な良い先生だったらしい。少し先の話だが、一九二一年から二二年にかけて勤務したランスの学校では、後の文学グループ「大いなる賭け」の主要メンバー、ロジェ・ジルベール＝ルコントやロジェ・ヴァイヤンにハイカイを教え、彼らの作品を地元の文芸誌に掲載してやったりもしている。

そのモーブランが日本の俳句に出会った経緯は前述の金子論文に詳しい。第一次大戦中、ランスの隣町エペルネーに中学教師として赴いた彼は、当時、軍医補としてその地に滞在していたクーシューと知り合い、俳句の世界に導かれたのだった。

大戦後、モーブランはパリ東方の町バール・ル・デュック、アルジェ、ランス、と転勤を繰り返し、二二年の秋、エコール・ノルマル・シュペリウールの社会資料センターに古文書管理係の職を得てパリに戻る。バール・ル・デュックの学校でアンドレ・キュイズニエの同僚になったことは指摘しておこう。キュイズニエはハイカイ愛好者の一人で、作家ジュール・ロマンの古くからの友人でもあった。モーブランをジュール・ロマンに引き合わせたのはキュイズニエだったらしい。クーシューとの出会い同様、ジュール・ロマンと出会ったことも彼には大きな意味を持つはずだ（この点は後述）。

各地を転々とした慌ただしい時期に、モーブランは精力的にハイカイおよびハイカイ論を発表している。皮切りは一九一九年に故郷ナントの文芸誌『ジェルブ』*Gerbe* 六月号に寄せた「ハイカイ」。これは自作のハイカイ一七句に短いエッセーを添えたもの。翌二〇年には評論「フランスのハイカイについて」と「いくつかの例」（自作一〇句の他、キュイズニエの三句などからなるハイカイのサンプル集）を同誌一〇月号に発表。二三年には長文のエッセー「現代文学における日本的動向」を『グランド・ルヴュ』誌 *Grande Revue* 二月号と三月号に、またランスの文芸誌『ル・パンプル』*Le Pampre* 第一〇・一一号にフランス・ハイカイの現状の総括とも言うべき力作「フランスのハイカイ――書誌とアンソロジー」を寄稿する。さらに『新フランス評論』誌 *La Nouvelle Revue Française*（N.R.F.）が二〇年九月にハイカイ特集を組んだときには一一句を寄せ、二四年には個人句集『ハイカイ百句』*Cent Haïkaï* をル・ムトン・ブラン社から上梓する。まさにフランス・ハイカイ第二世代の一員として気を吐いた、と言えるだろう。「現代文学における日本的動向」は比較文学者の後藤末雄によって翻訳され、同時代の日本の読者にも紹介された（第二次『明星』一九二四年七月号、八月号）。

ところで、その「現代文学における日本的動向」の元になったのは、一九二二年三月一一日にパリのギメ東洋美術館で「東洋友の会」が主催した講演会のための原稿だった。二二年三月と言えば、モーブランはまだランスの学校に勤務していた時期だが、すでにパリに活動の場を持っていたのである。「東洋友の会」を介してパリの日本人社会と接触を持っていた可能性もある。ただし、未来の『ルヴュ・フランコ・ニッポンヌ』編集長、松尾邦之助がフランスの地を踏むのは同年の秋だから、二人はまだ出会っていない。

松尾とモーブランはいつ、どのようにして知り合ったのだろう。詳細は不明だが、出会いの時期はある程度推測がつく。後に松尾は「巴里で特に親交のあつたジャポニザン三人の思ひ出」を綴った一節にこう記している。

> 最初に私の逢つたジャポニザンは俳諧派のルネ・モオブランで、彼はフランスに於ける最高学府ノルマル・シューペリアールの出身で、リセの哲学教授をしてゐた。［中略］私が最初彼に行逢つたのは労働組合の事務所であり、当時の共産党紙『リューマニテ』には論法鋭い彼の記事が出てゐた。
>
> （『フランス放浪記』鱒書房、一九四七年四月）

松尾の言う「特に親交のあつたジャポニザン三人」の内の一人はスタイニルベル＝オーベルラン（もう一人はアルベール・メボン）。彼がオーベルランと知り合ったのは「一九二五年の春、五月ごろ」（松尾邦之助『巴里物語』論争社、一九六〇年八月）だったようだから、「最初に」逢ったジャポニザンがモーブランだというのが本当なら、当然モーブランとの出会いは二五年春より前になる。松尾が帰国を促す家族にパリで生きていく決意を告げたのは二四年の秋だったというが、例えばその頃のことだったかもしれない。なお、『リューマニテ』は社会党の指導者ジャン・ジョレスが一九〇四年に創刊した日刊紙 *L'Humanité* のこと。すでに二〇年代初頭には共産党の機関誌になっていた。モーブランが正式に共産党に入党するのは第二次大戦中のことだが、松尾の右の回想を信用するなら、二〇年代前半から党と何らかの関わりを持っていたことになる。

「日仏文化交流」を旗印に掲げて走り出そうとする松尾の目に、ハイカイ通のモーブランはさぞ頼もしい助っ人と映ったことだろう。実際、松尾は一資産家から『ルヴュ・フランコ・ニッポンヌ』発刊のための資金を提供されると、まず藤田嗣治のもとに相談に行き、ついで「友人のフランス人、ルネ・モオブラン、オーベルランにも協力を求め」（『フランス放浪記』）たのだった。その期待に応え、モーブランはパリ左岸、ノートル・ダム・デ・シャン通りにある私立の名門校エコール・アルザシエンヌで教鞭を取る傍ら、精力的に『ルヴュ・フランコ・ニッポンヌ』に寄稿する。その見返りは、パリの日本人社会と接触する機会が増えたことだった。松尾に連れられて藤田のアパルトマンを訪ね、そこでたくさんのデッサンを見せられて「恐ろしい技巧だ……。それに何と云ふ容易さで線を引く魔術師だ」と呟いた、というエピソードが伝えられているが（『フランス放浪記』）、その他にも、岡本綺堂『修禅寺物語』のパリ公演は松尾と一緒に初日に観劇し（松尾『巴里』新時代社、一九二九年五月）、松尾の訳書『其角の俳諧』の出版記念会では滞仏中の川路柳虹の面識を得る（川路柳虹『平遠随筆』岡見書房、一九三五年）、といった具合。さらに一九二九年、『ルヴュ・フランコ・ニッポンヌ』の印刷所のあったアミラル・ムーシェ通り二二番地を拠点に「日本とフランスとの文化的接近」を目的とする「日仏文化連絡協会」ができたときには、創立委員に名を連ねてもいる。同協会の機関誌『巴里旬報』第一号によれば、同年六月八日にフランス人三九名、日本人一〇名が集って「日仏文化連絡協会第一回茶話会」なるものが催されたとかで、その席上、「松尾理事」の開会の辞に続いて「協会設立の趣旨」を説明する大役（？）を務めたのもモーブランだった。クーシューなどと違って日本を訪れたことのない彼にとっては、こんな茶話会も日本人特有のものの考え方や立ち居振る舞いに親しむ良い機会になっただろう。パリを舞台に草の根的な（つまり国家主導ではない）日仏交流が盛んになった一九二〇年代の一挿話である。

2　ハイカイ――「愛」のテーマ

さて、この辺で『ルヴュ・フランコ・ニッポンヌ』の中身を覗いてみよう。まず、モーブランの署名のあるものを拾っておくと、創刊号には「フランスのハイカイ」が載っている。これは『ル・パンプル』誌に掲載された「フランスのハイカイ――書誌とアンソロジー」のいわば縮約版だ。また、第六号には「リセにおけるハイカイ」、一九二九年三月臨時増刊号には「あるハイカイ集に寄せて」が載っている。前者は中等教育にハイカイを導入する利点を論じたエッセーで、後者はもともとアンリ・ドリュアールの個人ハイカイ集『弦のつま弾き』*Pincements de cordes* (Éditions du Pampre, 1929) の序文として書かれたもの。他にアルベール・メボンの著作『今日の日本』*Le Japon d'aujourd'hui*（Flammarion, 1924）の書評（第四号）などもあるが、やはり多いのはハイカイ関連のものだ。もちろん、同誌には彼のハイカイの実作もたびたび掲載されている（第二、三、四、六、八号）。

いったいモーブランをはじめ当時のハイカイ詩人たちは、日本の俳句をフランスに移植することにどんな意味を見出していたのだろう。大づかみに言えば、十九世紀後半から二十世紀初頭にかけて、フランスの文学界にはロマン派の詩に見られるような「雄弁」を嫌い、簡潔で凝縮度の高い表現を求める動きがあったわけで、具体的には「雄弁をとらえ、縊り殺せ」と歌ったヴェルレーヌの「詩法」、マラルメの『折りふしの詩句』、ジュール・ルナールの『博物誌』、マックス・ジャコブの『骰子筒』などを思い浮かべればいいだろうが、モーブランはそこに現代の抒情精神の本質的傾向を認め、その上で、「こうした傾向に最もよく応えてくれるのは、他のいかなる種類の短詩にもまして日本の俳句だ」(「フランスのハイカイについて」)と主張するのである。要するに、俳句はフランスの詩を刷新するのに役立ちますよ、格好のモデルなんです、というわけだ。ただ、その一方で、彼にはフランスの文学的伝統に物を言わせて、日本の俳句とは一味違ったハイカイを育みたい、という思いもあった。つまり、フランスならではのハイカイを、ということである。そこで彼が目を着けたのが「愛」のテーマだった。この辺りが彼のハイカイ観の面白いところだろう。

モーブランには「愛」をうたったハイカイがずいぶんある。『ルヴュ・フランコ・ニッポンヌ』に載ったものから二つほど紹介すると―

J'ai fait un beau rêve. ／ Ce matin j'ai sur mes lèvres ／ Un goût de baiser.
(よい夢を見た。／今朝、僕の唇に／キスの味。)
Pour ne pas parler, ／ Donne-moi tes lèvres. ／ Tu te tromperais de nom.
(君が話をしないですむように／君の唇を僕に委ねて。／でないと、君は名前をまちがうよ。)

ついでに『ハイカイ百句』の「愛」の章からも引いておこう。

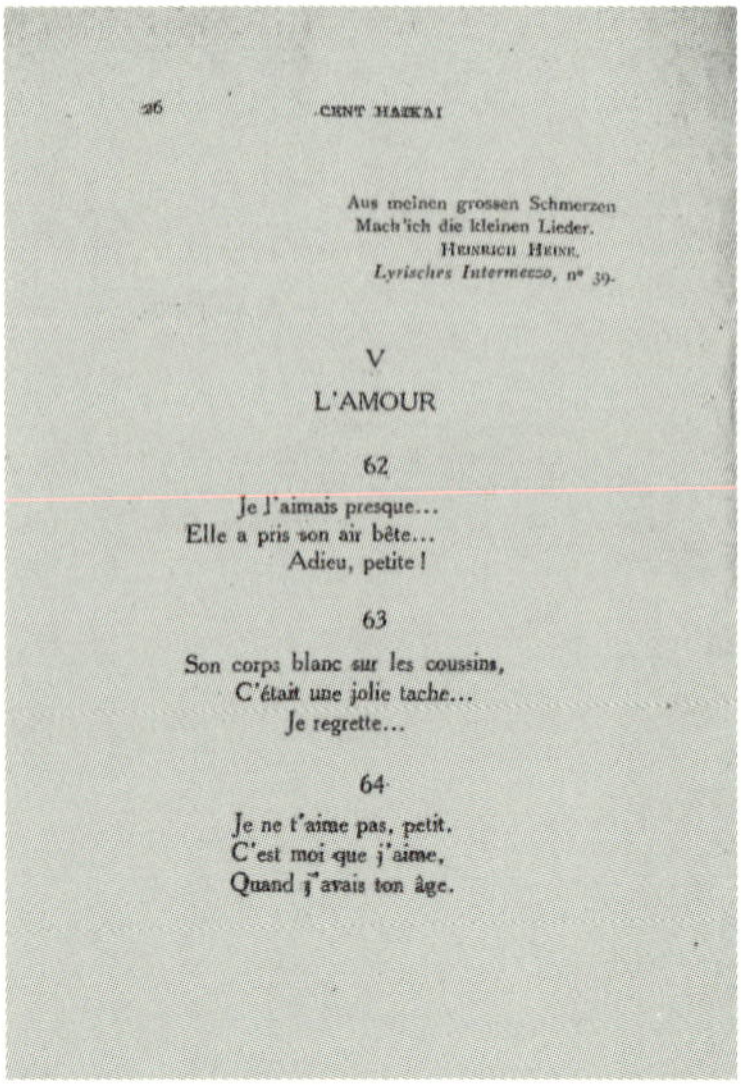
26　CENT HAÏKAÏ

Aus meinen grossen Schmerzen
Mach'ich die kleinen Lieder.
HEINRICH HEINE.
Lyrisches Intermezzo, nº 39.

V
L'AMOUR

62

Je l'aimais presque...
Elle a pris son air bête...
Adieu, petite!

63

Son corps blanc sur les coussins,
C'était une jolie tache...
Je regrette...

64

Je ne t'aime pas, petit,
C'est moi que j'aime,
Quand j'avais ton âge.

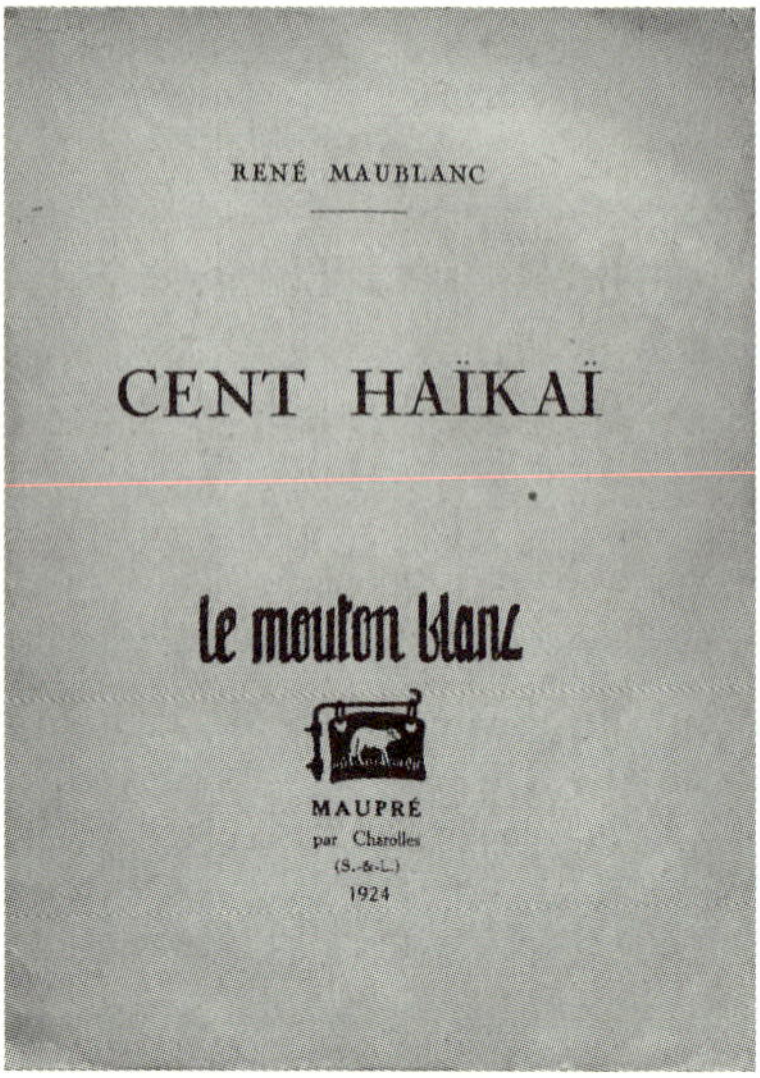

（右）『ハイカイ百句』表紙　（左）『ハイカイ百句』内「愛 Amour」の章のページ。

Elle a mis sa robe que j'aime. ／C'est peut-être pour l'Autre. ／Ça me fait plaisir tout de même.
（彼女は僕の好きな服を着た。／もしかしてあの男のため？／それでも僕は嬉しいよ。）

Cet œil indifférent, ／Tu l'as vu, autrefois, te sourire... ／Pourtant, toi, tu n'as pas changé.
（あの無関心な目。／かつて、おまえはその目がおまえに向かって微笑むのを見たのに……／おまえが変わったわけではないのに。）

Elle a perdu son fils unique, ／Et m'a dit : ／« Comme je vous plains! »
（彼女は一人息子を失った。／しかも僕に言った。／「お気の毒に！」）

彼の言う「愛」には家族愛や死者を悼む気持ちも含まれている（「彼女は一人息子を…」の句は、戦死した親友の母親と詩人が言葉を交わすシーンを想像すればいい）。だが、中心はやはり恋愛感情、とりわけ愛されない男、裏切られた男のそれだった。愛の不安や嫉妬をうたった彼の句はやや稚拙に見えなくもないが、そこに一片のユーモアを感じ取れれば、それなりに楽しめるはず。彼自身は「フランスのハイカイは日本の俳句がほとんど知らずにいるもう一つの形を生み出すにちがいない。それは心理・感情の分析だ」(「フランスのハイカイについて」)と考えていて、「愛情を扱ったハイカイ——外界の描写を支えとせずに恋情を分析したハイカイ——は、日本よりも遥かにフランスで発展すべきはずのものだ」(「現代文学における日本的動向」)と息巻いてもいる。周知のごとく恋愛の心理分析はフランス文学のお手の物であるわけだが、その伝統を引き継ぐことで、フランスならではのハイカイが作れるのでは、というのが彼の見当だった。「外界の描写を支えとせず」というところがミソだろう。

それにしても、恋愛を主題にしたフランスの文学作品は無数にある。モーブランの脳裏にあったのは誰のどの作品だったのだろう。推測しだせば切りがないが、やはり一篇くらいは挙げておきたい。一九二〇年代前半、彼はハイカイに熱中する一方で、一冊の風変わりな本に親しんでいた。空想的社会主義者シャルル・フーリエの『コキュの階層』である。「コキュ」はもちろん「女房を寝取られた亭主」の意。「愛されない男」の句を書き継ぐモーブランには似つかわしい題名だと言えようか。

『コキュの階層』はフーリエの生前には刊行されず、一八五六年にようやく日の目を見た著作だが、実はこの一八五六年の版は信用が置けない。師の文章が良俗に抵触することを怖れた弟子たちによって、勝手な加筆修正が施されているのだ。「コキュ」およびその関連語(cocu, cocuage, cocufé)が別の穏当な言葉で言い換えられているのはその最たる例。フーリエの草稿に忠実な校訂版が出版されるのは、それから約七〇年後の一九二四年。その校訂版づくりに携わったのが、他ならぬモーブランだった。二二年の秋に赴任した社会資料センターに、フーリエの草稿が眠っていたのである(モーブランの校訂版の書名は Charles Fourier, *Hiérarchie du Cocuage* édtion définitive colligée sur le manuscrit orginal par René Maublanc, Édtions du Siècle, 1924)。

フーリエにとって、一夫一婦制の結婚は「情念」の発露を妨げる誤った制度でしかなかった。この誤った制度が招いた悲惨な結果を直視すべきだ、との考えからフーリエはコキュの研究にとりかかったのだが、圧巻なのは、生物学の分類法に倣ってコキュの実態を「科」「属」「種」に分類し、その上で総計八〇にも上るコキュの「種」を定義していること。つまりコキュなる存在を「萌芽状態のコキュ」から「扇動的なコキュ」に至る八〇のタイプに分け、その特質を一つ一つ記述していくのである。例えば第一種「萌芽状態のコキュ」であれば、

1　萌芽状態のコキュ――萌芽状態のコキュとは、結婚前に何度か情事を経験し、夫に処女を捧げることのできない女を娶った男である。

という具合。もう一つ例を挙げておくと、第一五種として登場するのは、いつも大声で「夫婦生活の魅力」を称え、「自分のように人生を享受することを知らずにいる者の不幸」を嘆いている男、そのくせ知らぬうちにコキュの身に成り下がっていて、しかも「自分をコキュの身に追いやった当の男」に向かって結婚を褒め称えつづける男、即ち「宣伝家のコキュ」である。フーリエ自身は大真面目なのだろうが、読者としては、この手の人間観察を延々と続けられては、唖然とするかニヤリとするかのどちらかしかない。が、それはともかく、今、押さえておきたいのは、こんな本もモーブランのハイカイの背後には潜んでいたらしい、ということである。アンドレ・ブルトンが『黒いユーモア選集』でフーリエの〈コキュの分類学〉にスポットライトを当てるのは、それから二〇年ばかり経ってからのことだ。

3　ハイカイ――リズム

ここでもう一度、右に引用した「よい夢を見た」の句（J'ai fait un beau rêve. ／ Ce matin j'ai sur mes lèvres ／

Un goût de baiser.）を見てみたい。このハイカイは『ルヴュ・フランコ・ニッポンヌ』第二号に掲載されたものだが、一九二四年、つまりその二年前に出た『ハイカイ百句』には別のバージョンが収録されている。

J'ai fait un trop beau rêve：╱Et ce matin j'ai sur mes lèvres╱Le goût de son baiser.
（あまりにもよい夢を見た。╱それで今朝、僕の唇に╱彼女のキスの味。）

この句の推敲の狙いは、一つにはリズムを整えることにあったのだろう。というのも、旧バージョンでは三つの行の音節数がそれぞれ六・八・六なのに対し、『ルヴュ・フランコ・ニッポンヌ』の新バージョンは五・七・五で、日本の俳句の音律に合致しているからだ。実は『ルヴュ・フランコ・ニッポンヌ』に載ったモーブランのハイカイには五・七・五のリズムを持つものが少なくない。例えば同誌第二号なら計六句のうち四句、第三号だと計六句のうち三句が五・七・五。つまり全部ではないが、それでもけっこうな割合だ。

もともとモーブランは五・七・五にこだわることには懐疑的だった。ジュール・ロマンが一九二〇年一一月一六日『リューマニテ』紙上で「フランス・ハイカイの指導者たちは重大な過ちを犯している」と断じ、日本の俳句の魅力は定型に負うところが大きいのだから、フランスのハイカイも定型を志向すべきだ、ついては五・七・五という日本のルールを採用してみたらどうか、と提唱したときも、日本語とフランス語はまったく違う言語なのだから、一七音を真似ることに意味があるとは思えない、と反論している（「フランスのハイカイ――書誌とアンソロジー」）。その当時から彼がけっしてリズムに無頓着だったわけではないことは、「現代文学における日本的動向」の中の自作自注を読めばよく分かる。一つ一つの句にはそれぞれその内容にふさわしい音節数の組み合わせがあるはずだ、という前提のもと、聴覚に訴えるリズムもさることながら視覚面、つまり活字の配列も大事だと断りつつ、例えば彼は次の自作を引用する。

Sous l'arbre, nous causions tous deux.［8］
　L'arbre a refleuri.［5］
　　Lui est mort.［3］
（木の下で僕らは二人で話し合っていた。／木はまた花を咲かせた。／彼は死んだ。）

これは一行目を長く、後続の二行を徐々に短くすることによって、「喉を締めつけるような凝縮された情感」を表現した句の例だとか。逆に三行目を長くすることで「風景に広がりと荘厳さを与え」た例も挙がっている。こんなふうにモーブランはいろいろ工夫を試みていたのだが、一九二〇年代も後半になると、結局、五・七・五の鋳型を積極的に利用するようになった、というわけで、『ルヴュ・フランコ・ニッポンヌ』に載ったハイカイはその証左である。同誌掲載の評論「あるハイカイ集に寄せて」では彼自身、定型を重視する考えに変わってきたと明言している。それにしても、何故の変化だったのだろうか。

理由はいろいろ考えられるが、一つには、やはりジュール・ロマンの意見が彼の中で徐々に重みを増していった、ということがあるだろう。それに加えて、同じくジュール・ロマンの『詩法小論』*Petit traité de versification* を読んだことも大きかったはず。『詩法小論』はジュール・ロマンと詩人ジョルジュ・シェヌヴィエールの共著で、一九二三年にガリマール社から刊行された。モーブランはこの本を熟読したらしい。というのも、シェヌヴィエールの『全詩集』*Œuvres poétiques*（ガリマール、一九二九年）が刊行されたとき、彼はハイカイ仲間のアンドレ・キュイズニエと連名で長い序文を寄せ、『詩法小論』にも言及して丁寧な解説を施しているからだ。さて、その『詩法小論』の中身だが、簡単に言えば、これは象徴派の自由詩がもたらした詩法上の無政府状態に終止符を打ち、しかも伝統的な詩法をそのまま復活させるのではなく、現代的感性に即したより柔軟な詩学を打ち立てることを目論んだ著作である。旧来の詩句末の押韻を「オプション要素」、即ち〈採用するか否かはそれぞれの詩人の判断に委ねられている要素〉とする一方で、一定の音節数の反復を「義務要素」と見做す点に特色がある。この本を読んだハイカイ詩人が音節数に立脚する定型の魅力に目覚めたとしても不思議はない。もっとも、だからといってハイカイが纏うべき定型は五七五でなければならないというものではなかったはずで、例えば六八六でもよさそうなものだが、どうせさしたる根拠がないのなら、日本の俳句と同じ数字にしておくか、という程度のことだったのだろう。ただし、各行の音節数が奇数になれば、「奇数脚を好め」と歌ったヴェルレーヌの「詩法」の教えに叶って都合がいい。

ジュール・ロマンの回想録『友情と出会い』*Amitiés et rencontres*（フラマリオン、一九七〇年）によれば、『詩法小論』の腹案は同書刊行の四年前にすでに成っていた。一九二〇年一〇月、彼は南仏イエールの別宅にシェヌヴィエールを招き、ともに想を練ったというのである。彼らはそれを早くも二一年には一部の人間に伝授している。ヴィユ・コロンビエ座付属の演劇学校で授業を任され、俳優の朗誦法の指導に自分たちの詩法を応用したのである（理論はジュール・ロマン、実践面はシェヌヴィエールが担当）。であれば、『詩法小論』がその後のフランス詩の方向を決定づけたという事実はないにせよ、その内容が演劇界に何がしかの影響を及ぼした可能性はあるわけだ。モーブランのハイカイが載った『ルヴュ・フランコ・ニッポンヌ』の誌面の奥には、フーリエの本と並んで、そんな本も潜んでいるのである。

4　網膜外視像の実験

後藤末雄の翻訳を通してモーブランのハイカイ観に触れ、「仏蘭西人に日本の俳諧は正解されて居ませんけれど、その刺激に由て面白い仏蘭西俳諧詩が生まれたものだと思ひます」と言ったのは与謝野晶子だが（第二次『明星』一九二四年八月号）、もしモーブランがこの評を伝え聞いたら、どう思っただろう。おそらく「我が意を得たり」と喜んだのではないか。彼にとって、日本の俳句は「盲従的に模倣」（「フランスのハイカイについて」）すべき権威などではなく、自国の事情、必要に応じて適宜アレンジを加えながら利用すべき何ものかだった。「俳句を我々の今、ここにおける欲求に適合させること」（同前）、それが彼の主要な関心事だったのだ。ただし誤解のないよう断っておくと、そのことは何も彼に異文化に対する興味が欠けていたということを意味しはしない。「フランスのハイカイ」（『ルヴュ・フランコ・ニッポンヌ』第一号）にはこんな一節がある。

フランスのハイカイは私達の文学における新たな詩的形式——その無駄のなさによって、また、その喚起力、即時的かつ直観的な性格、単純さ、誠実さによって、現在の私達の欲求の幾つかに応えてくれる新たな詩的形式——に留まるものではない。そうではなく、フランスのハイカイは私達の知性と感性の拡張のしるしでもあるのだ。ハイカイが私達の間で成功を収めたという事実は、私達には私達の文学とはまるで違う文学——私達が今までまったく知らずにいた文学——を理解し、愛することができる、ということの証なのである。私達の精神は極東の精髄に向かって開かれ、私達は驚きと喜びを覚えながら未知の世界へ参入したのである。

「未知の世界」へ参入する「驚きと喜び」云々とあるが、それもまた彼の偽らざる気持ちだったのだろう。ベースにあるのは、やはり未知なるものへの好奇心、探究心だったにちがいない。そこで、その好奇心、探究心に関連して、ハイカイとは一見縁遠そうなエピソードを一つ差し挟んでおきたい。「網膜外視像」にまつわるエピソードである。

きっかけは一九二〇年に発表されたルイ・ファリグールの著作『網膜外視像と超視覚的感覚——実験精神生理学お

よび組織学的生理学の研究』*La Vision extra-rétinienne et le sens paroptique*（N.R.F.）だった。題名から想像がつくように、これは実験およびそのデータの分析に基づくお堅い学術書なのだが、内容はなかなかユニークで、一言で言えば、人間は目を使わなくてもものが見える、というものである。催眠状態に入った人間は、一般にはまだ知られていない特殊な能力を持っていて、網膜以外の感覚器官、例えば手や首の皮膚を介して外界の視像を有し得る——それがこの本の主張だった。

1926年に刊行された『超視覚の訓練——盲人による視界の発見』表紙。

もっとも、著者は「催眠 hypnose」という言葉には手垢がついているとして、代わりに「意識のδ状態」という呼称を用いることを提唱している。通常の意識の状態（これを彼は「α状態」と呼ぶ）から「δ状態」に移行することで人間の潜在能力が顕在化し、「超視覚的感覚」が目覚める、というわけだ。要するに、これは人間という生物がはらみもつ未知の領域を探ろうとした書物だったと言えるだろう。なお、ルイ・ファリグールは作家ジュール・ロマンの本名である。

発表当時、この「怪しげな」と言えば言える学術書を一笑に付す科学者は多かった。だが、少数ながら熱烈な支持者もいるにはいて、その一人がモーブランだった。彼は一九二三年に「人は皮膚でものが見えるか」（『ルヴュ・ブルー』*Revue Bleu* 二月三日号）など計五本の論文を発表してジュール・ロマンを擁護し、目隠しをした被験者に色や形を判別させる実験に立ち会ってもいる。「人は目を使わずにものが見えるか（網膜外視像とジュール・ロマン氏の実験の証人の覚書）」（『ラ・ルヴュ・エブドマデール』*La Revue Hebdomadaire* 三月三一日号）はその報告書で、実験の手続きにまやかしがないことを請け合うものだ。やがて熱の嵩じた彼は自ら実験を行うまでになり、二五年にはジュール・ロマンに紹介された盲目の女性を相手に、夏のヴァカンスを挟んで二月から一〇月まで実験を続け、翌年、その記録を『超視覚の訓練――盲人による視界の発見』*Une éducation paroptique* と題してガリマール社から刊行している。「大いなる賭け」の中心メンバーとなった例の若者たちも格好の実験台になった。ルネ・ドーマルなどは二七年から三〇年の間に八四回も被験者になったという。ランボーの「見者の詩学」の衣鉢を継いで「実験形而上学」を唱えたドーマルたちに、この実験は何らかの示唆を与えただろうか――と、そんなことを考えさせる逸話だが、それはともかく、ハイカイに打ち込み、『ルヴュ・フランコ・ニッポンヌ』の「常連」として活躍していた時期、モーブランはそんなこともやっていたのである。物好きと言うか、変わった人物ではある。

ただし、実は網膜外視像に興味を示したハイカイ関係者はモーブラン一人ではなかった。そもそもジュール・ロマンがハイカイに敏感に反応した一人だったわけだし、一九二二年のクリスマス・イブには、モーブランのハイカイの師匠クーシューの家でジュール・ロマンが実験を行い、モーブランとともにアンドレ・キュイズニエもそれを見学に来たという（キュイズニエ「網膜外視像」『ノルマンディー・メディカル』*La Normandie médicale* 一九二三年五月一日号による）。ジュール・ロマン、クーシュー、キュイズニエ、そしてモーブラン、とハイカイ関係者が顔を並べて、δ状態にある被験者に見入っている光景を想像すると、何だか不思議な気がするが、しかし納得できなくもない。きっとあの時代に極東の文芸などに興味を持った連中はそういう人たちだったのだろう。つまり、未知の領域に対して旺盛な好奇心を持つ人たち、という意味だ。そんな人たちが俳句の斬新さを喜んで迎え入れ、フランス・ハイカイを活気づけたのである。

5　『ルヴュ・フランコ・ニッポンヌ』終刊後

さて、ここまでもっぱら一九二〇年代のモーブランの活動を眺めてきたわけだが、最後に『ルヴュ・フランコ・

ニッポンヌ』終刊後の彼にも一言しておこう。

一九三〇年代、ドイツでナチスが勢力を伸ばし、フランスでもファシズムとコミュニズムの対立が深刻化すると、もともとコミュニズムに惹かれていたモーブランは親ソの立場から時局に積極的にコミットするようになる。一九三六年に刷られた小冊子『平和主義と知識人』*Le Pacifisme et les Intellectuels* では、ファシズム国家だけが戦争を引き起こすのではなく、元凶はむしろあらゆる資本主義国家に内在する帝国主義だと主張し、「資本主義でも帝国主義でもないソ連を擁護すること」こそ「あらゆる平和主義者の願い」でなければならない、今、戦争の危険を増大させているのは「ソ連に激しく対立しているすべての国家」なのだ、と訴えている。名指しで日本を非難することこそなかったが、ソ連と「激しく対立」している当時の日本の動向を彼がどう見ていたかは容易に想像がつく。

とはいえ、彼が日本文化に対する憧憬の念を失うことはなかったようだ。ハイカイに対する興味も持ちつづけている。その証拠としては、例えば春山行夫のエッセー集『詩人の手帳』（河出書房、一九五五年一〇月）の中に紹介されているモーブランの手紙を挙げることができる。そこには「私の写真と私のハイカイから選んだものを送ります。この中の若干は以前に書いたもので、発表ずみですが、それ以外のものは最近の作品で、未発表のものです」云々とあって、末尾に「一九三七年五月四日パリにて」と記されている。つまり、帝国主義国家を弾劾する小冊子を発表したのとそう違わない時期にしたためられた手紙なのだ。また、彼が『フランス・ジャポン』に寄稿していることも指摘しておこう。一九三四年一〇月から四〇年四月までパリで刊行されたこの仏語雑誌は、ある意味で『ルヴュ・フランコ・ニッポンヌ』の後継誌と呼べるもので、編集長はやはり松尾邦之助。日本の伝統文化の紹介に頁を割くものの、満鉄に資金面で支えられていた関係もあって、日本の国策を正当化する「対外宣伝誌」的側面も持っている。そういう微妙な雑誌の三七年五・六月号にエッセー「ジュリアン・ヴォカンス著『ハイカイの書』に関する覚書」を、また三七年七・八月号には一三篇のハイカイを寄せているのである。後に松尾は『フランス放浪記』でモーブランの人柄をこう回想している。

　マルキストだが日本詩の愛好者で、日本の政治がどんなに右傾しようが、反動化しようが終始一貫した日本文化の擁護者であつた。常に日本人の好き友であり、私との永い交友関係中、敏感な彼は私の感情線に触れるやうな政治談をおくびにも出さなかつた。彼は人間の個人価値の尊重を忘れない典型的なフランス人であつた。

　おそらくそうだったのだろう。第二次大戦中、彼はレジスタンス運動に参加し、戦後は『ラ・パンセ』誌 *La Pansée* の編集者として活躍、一九六一年一月二〇日にパリで没した。最晩年の文章に「一八九一年のナントっ子」がある。一九五九年に『ナント市報』*Les Annales de Nante* に数回に渡って掲載されたこのエッセーは、老人が自分の生まれ育った時代のナントを現代の子供たちに話して聞かせるという設定のもので、いかにも元教師の文章という感じがするが、ナント近郊の二つの海（ル・クロアジックとポルニックの海）の違いを語った一節などは、ハイカイで培った観察眼を感じさせなくもない。

参考文献

金子美都子「『ル・パンプル（葡萄の枝）』誌とルネ・モーブラン――戦禍の街ランス一九二〇年代の日本の詩歌受容と「ル・グラン・ジュウ」の胎動」（『比較文學研究』八九号、九二号〈二〇〇七年五月、二〇〇八年一一月〉）

Dictionnaire biographique du mouvement ouvriers français publié sous la direction de Jean Maitron, Tome XXXVI, Editions Ouvrières, 1990.

Michel Random, *Le Grand Jeu, les enfants de Rimbaud le Voyant*, nouvelle édition augmentée, Le Grand Souffle, 2003.

Nantes, *Le lycée Clemenceau, 200ans d'histoire*, Comité de l'Histoire du Lycée Clemenceau de Nantes, Coiffard Edition, 2008.

Dominique Chipot, « René Maublanc, l'humaniste », *Ploci la lettre du haïkaï,* n° 40, décembre2010. (http://www.100pour100haiku.fr/ploc/la%20lettre%20du%20haiku%20ploc40-association%20pour%20la%20promotion%20du%20haiku.pdf)

『ルヴュ・フランコ・ニッポンヌ』をめぐるフランス詩

上田眞木子

1　ダダ、シュールレアリズム、アヴァンギャルドの不在

辻潤を信奉し、自らもアナーキストを持って任じていた松尾邦之助は、初めてフランスの地を踏んだ一九二二年当時の現地の文化状況を「黄金時代」として記憶し、懐旧の思い溢れる筆致で次のように記している。曰く、文壇はダダイズムからシュールレアリズムに時代が移り、アンドレ・ブルトン、フィリップ・スーポー、ルイ・アラゴン、フランシス・ピカビア、ロベール・デスノスなどが、第一次世界大「戦後社会の依然たる旧体制に反発し、まずアナトール・フランスやモーリス・バレス一派の旧偶像を剖検し、強烈な革命意識に燃えつつ旧文学旧芸術に激しい攻撃をはじめた」(『風来の記』読売新聞社、一九七〇年七月)と。松尾邦之助は詩人びいきである。ここで引かれている「革命意識に燃えた」作家達はみな詩を書いている。

当時の詩壇に反逆精神が吹き荒れていたという証言は、今日フランス文化史を振り返ったときの印象とそこそこに一致する。だが、ここではいちおう詩史の大まかな流れをさらっておこう。二十世紀初頭の文献にしばしば乗り越えるべき相手として引合いに出されるロマン主義は、十九世紀半ば、従来のフランス詩法に欠けていたダイナミズムとヴァリエーションを与えたもので、ラマルチーヌやヴィクトル・ユゴーの一部作品の圧倒的な詩行を生み出した。その主観性の吐露、甘ったるさ、冗長さ――批判の矢面にはたいていアルフレッド・ド・ミュッセが立つ――を嫌ったのが高踏派で、『現代高踏派詩集』が出版された一八六六年から一〇年ほど旺盛な活動が続いた。運動の

中心にいたのはテオフィル・ゴーティエであり、彼らはルコント・ド・リールの銀細工のように彫琢された非人称的 impersonnel な作風を理想とした。彼らの美学は、半世紀後に『ルヴュ・フランコ・ニッポンヌ』に関わった詩人達にもじつはまだ大きく影を落としている。喪にうちひしがれる若い女性を思うみずみずしい作品で第三号の巻頭を飾ったフレデリック・プレシは当時七十歳を超える老詩人で、この抒情詩からは意外なことだが、キャリア的には最後の高踏派詩人と位置づけられる。プレシの友人ピエール・ド・ノラックは第一二号の巻頭にエーゲ海の夜明けを描写した四行詩を寄稿しているが、彼も然りである。第八、九、一二号に冴えた小品とハインリヒ・ハイネの翻訳を発表したカミーユ・ガンディロン＝ジャン＝ダルムは、オーベルニュ地方の文壇で積極的な批評活動を行い、『ルヴュ・フランコ・ニッポンヌ』の紹介文には地方主義詩人だと書かれているが、やはり高踏派に共感していた。第三号と第七号に観念的な叙情詩をのせているジェーン・カチュール＝マンデスは、高踏派運動の設立に深く関わったカチュール・マンデス（一九〇九年没）の年離れた未亡人である。

高踏派の堅さ、冷たさを乗り越えるべくして興ったのが象徴主義運動である。象徴主義は美術、思想、文学にまたがる巨大な潮流だが、フランス詩に対象をしぼったミシェル・デコーダンの大著『象徴主義的価値の危機』*La crise des valeurs symbolistes* (Privat, 1960) ではその最盛期を一八九五年から一九一四年に位置づけている。シュールレアリスムの詩人達は多かれ少なかれ象徴主義的感性に育てられた世代であることを確認し、いったん二〇年代に話をもどすことにしよう。

一九二〇年代の詩史年表をみてみると、二〇年スーポー、ブルトン共著『磁場』、二一年マックス・ジャコブ『ル・ラボラトワール・サントラル』、二三年トリスタン・ツァラ『我らの鳥類』、二四年ブルトン『シュールレアリスム宣言』、二五年ジュール・シュペルヴィエル『グラヴィタシオン』、二六年アラゴン『パリの農夫』、同ポール・エリュアール『苦悩の首都』、二七年ロベール・デスノス『自由か愛か！』、二九年エリュアール『愛・詩』と、なるほどシュールレアリスムの作品が相次いで世に問われている。こうした状況は三〇年代前半までつづく。『ルヴュ・フランコ・ニッポンヌ』が刊行されていた一九二六～一九三〇年はまさにシュールレアリスム詩の全盛時代だったのである。「偶像破壊」的な書き手をもう少し拾うなら、一九三六年に日本を訪れるジャン・コクトーや、バリ島だけでなく中国や日本の演劇にも深い関心を寄せていたアントナン・アルトーも視野に入ってくる。各流派から一線を画しつつ新しい仕事をし、一九三三年に『アジアの野蛮人』で東アジア訪問記を書くことになるアンリ・ミショーも、無名ながら一九二〇年代にはパリで積極的に創作していた。

ところが、『ルヴュ・フランコ・ニッポンヌ』に詩作品や各種論考を寄せた何十人という詩人達に、ダダ、シュール、アヴァンギャルドに連なる書き手は一人もいないのである。どういうことなのだろう。この雑誌に作品を寄せた人々はいったい誰だったのだろうか。じつは、交際の広さで知られる松尾が個人的に親交をむすんだシュールレアリスト詩人はデスノスだけで、それも、私淑していた藤田嗣治の妻ユキがデスノスのもとに走った事情で、一九三五年に彼女が松尾を呼び出して金策を頼んだことがきっかけだった。パリの自由な空気を存分に吸収して雑誌発刊に臨んだとき、「反逆的な詩人」に原稿を依頼するつては、おいそれとは見つからなかったのかもしれない。だが、同誌は号を重ねるごとに寄稿者を増やし、多方面から人が集まっていたのだから、最終号まで彼らの作品が掲載されなかったのを人脈不足のみに帰するのは無理がある。

同誌第三号に寄せられたジョルジュ・ヘイツの論文「仏文学との関係におけるアヴァンギャルド文学の考察」に、この謎を解くヒントがある。ヘイツは一八九〇年から一九〇六年まで存在した象徴主義系の詩誌『エルミタージュ』*L'Ermitage* を復刊させ、当時主筆となっていたが若くして亡くなり、『ルヴュ・フランコ・ニッポンヌ』第七号に訃報と詩『砂たちの詩の冒頭の風景』が掲載された。この作品は美あるいは理想を象徴していると思われる「おまえ」への賛辞で、十二音綴と六音綴の句が交互に繰り返される。主題的には象徴主義の揺らめくような色合いがつよいが、

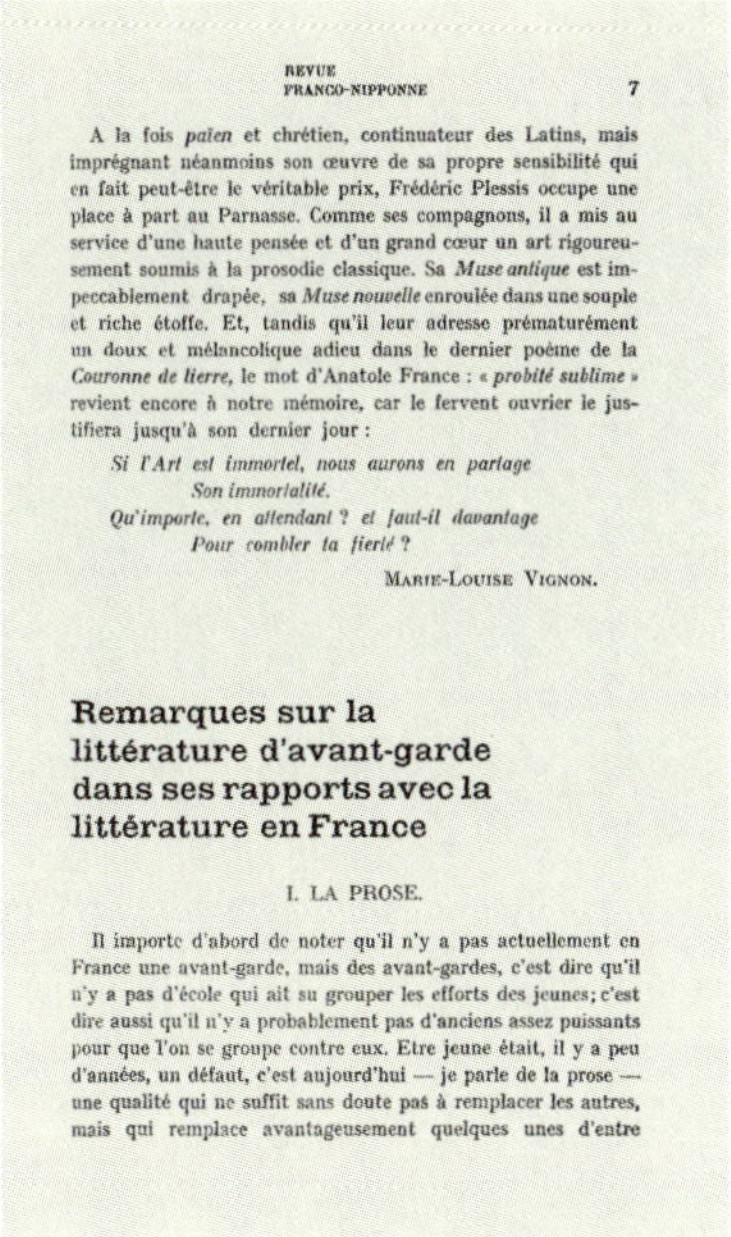
REVUE
FRANCO-NIPPONNE　7

A la fois *païen* et chrétien, continuateur des Latins, mais imprégnant néanmoins son œuvre de sa propre sensibilité qui en fait peut-être le véritable prix, Frédéric Plessis occupe une place à part au Parnasse. Comme ses compagnons, il a mis au service d'une haute pensée et d'un grand cœur un art rigoureusement soumis à la prosodie classique. Sa *Muse antique* est impeccablement drapée, sa *Muse nouvelle* enroulée dans une souple et riche étoffe. Et, tandis qu'il leur adresse prématurément un doux et mélancolique adieu dans le dernier poème de la *Couronne de lierre*, le mot d'Anatole France : « *probité sublime* » revient encore à notre mémoire, car le fervent ouvrier le justifiera jusqu'à son dernier jour :

Si l'Art est immortel, nous aurons en partage
Son immortalité.
Qu'importe, en attendant ? et faut-il davantage
Pour combler la fierté ?

Marie-Louise Vignon.

Remarques sur la littérature d'avant-garde dans ses rapports avec la littérature en France

I. LA PROSE.

Il importe d'abord de noter qu'il n'y a pas actuellement en France une avant-garde, mais des avant-gardes, c'est dire qu'il n'y a pas d'école qui ait su grouper les efforts des jeunes; c'est dire aussi qu'il n'y a probablement pas d'anciens assez puissants pour que l'on se groupe contre eux. Etre jeune était, il y a peu d'années, un défaut, c'est aujourd'hui — je parle de la prose — une qualité qui ne suffit sans doute pas à remplacer les autres, mais qui remplace avantageusement quelques unes d'entre

ジョルジュ・ヘイツ「仏文学との関係におけるアヴァンギャルド文学の考察」(『ルヴュ・フランコ・ニッポンヌ』第3号)。

リズムはぎこちないほど端正で静的だ。

さて、ヘイツは論文で二十世紀初頭からの文学の潮流をたどっているのだが、我らが「反逆詩人」達への評価は否定的だ。ヘイツによれば、ダダは「近代的な野蛮、あらゆる勢力の破壊、自殺」であり――これは当事者も同意するだろう――シュールレアリスムは「選択することを放棄して、思い浮かんだ言葉に逐一飛び込んでゆく」ことで、「芸術自体を放棄」してしまったという。真のアヴァンギャルドはダダイズムやシュールレアリスムなどではない。曖昧で締まりのない作品を生み出す象徴主義と袂をわかち、ジャン・モレアスらが一八九〇年代に提唱した新古典主義的な「エコール・ロマーヌ」こそがそうなのであり、また、一九一二年にポール＝ジャン・トゥーレやトリスタン・ドレルムが結成した「エコール・ファンテジスト」こそがそうであると説く。「エコール・ファンテジスト」は柔軟な詩句に感受性の機微をもりこんだ作品をめざすグループであった。歴史からは姿を消した観があるが、トゥーレの名は当時の文献に散見する。さらにヘイツが「アヴァンギャルドの祖」と仰ぐのは、現代の私たちにとっては革新性のイメージとは遠い詩人、ピレネーの寒村で自然や信仰をうたい、アカデミー・フランセーズに立候補しては落選しつづけたフランシス・ジャムであった。ヘイツの論文は当時の詩壇の動きが偶像破壊という単純な力学では説明できないこと、フランス詩の未来をシュールレアリスム的な近代性以外のところで模索する詩的青春が存在し得たことを示唆している。

2　象徴主義という磁場

煩雑になるが、ここでもう一度話を象徴主義にもどそう。フランス詩における象徴主義の始まりは、一八八六年九月一八日フィガロ紙別冊に掲載された「文学宣言」と、翌月発刊した雑誌『ル・サンボリスト』*Le Symboliste* に求められるのだが、「「宣言」をしたため雑誌を刊行したのは、ヘイツが新古典主義的詩人として評価したジャン・モレアスその人だった。「文学宣言」で、モレアスはロマン主義、高踏派、自然主義を順に批判し、象徴主義の到来を謳いあげた。象徴詩は「教訓、仰々しさ、偽りの感受性、客観的描写を退け、想念 Idée に感性的な形を付与するが、その形自体は目的ではなく、想念を表現し、それに従うものである」。しかし、モレアス自身は説得力ある作品が書けず、六年後には先に触れた「エコール・ロマーヌ」を創設して、従来の象徴主義の晦渋さを批判するのである。象徴派はその後も分裂、生成、消滅をくりかえし、二十世紀初頭には、象徴主義を継承しつつ批判し、独自の思想と形式を主張する相矛盾した運動が百以上も存在したという。『ルヴュ・フランコ・ニッポンヌ』の寄稿者ではフェルナン・グレグが、ロマン主義の最良の部分を再評価しつつ簡潔さを顕揚する「ユマニスム」を一九〇二年に立ち上げている。第九号に「近代詩について」を寄せたアンドレ・フロン・ド・ヴォーは同稿で、高踏派、象徴主義に続く詩はエドガー・アラン・ポーの流れを汲む「純粋詩」であると述べ、マラルメ、ボードレール、ポール・ヴァレリーという系譜を提唱している。ヘイツの論考はこのような状況下で書かれているのであり、今日の目で見ると、同論文で象徴主義を乗り越えたとされる書き手もまた多かれ少なかれ象徴主義の磁場にあることがわかる。

美術史家のロドルフ・ラペッティは欧州全体の文学、美術、思想を視野に入れた著書『象徴主義』で次のように書く。「象徴主義は理想主義、諸芸術の集大成という概念、および近代という概念によって仕切られる範囲で、さまざまな形の芸術運動として現れる」（*Symbolisme*, Flammarion, 2007）。この記述から学ぶべきは、象徴主義が特定の表現のスタイルを顕揚する運動ではなかったということだ。共通の形式の不在は象徴主義末期のフランス詩壇がことのほか錯綜してみえることの大きな要因でもある。詩型が乱れ、自由詩がもてはやされた反面、厳格に定型を守る詩人もいた。定型を固持する保守的な立場は、文壇的にはむしろ革新的でもありえた。二十世紀に入ってからの真のエスタブリッシュメントは、攻撃しやすいロマン主義ではなく、ヌエのような象徴主義的感性だったのである。

しかし形式的に特徴づけられないとはいえ、今日の私達は象徴主義の詩というと漠然とある種のスタイルを思い浮かべることが多い。自然の風景と観念的な言葉と詠嘆が入り交じった、輪郭のぼやけた内容。形式的には十二音綴詩なのに十三、十四、十五音もあったり、韻がところどころ抜けている詩である。その（だらしなく）伸びた象徴詩を韻律学のブノワ・ド・コルニュリエは麺状十二音綴詩 alexandrin nouille と呼ぶ。十二音綴詩は六音綴目で切れるか、四音綴目と八音綴目で切れるかによって規則性ある流れとして知覚されるのだが、全体の音節数自体がのびてくると区切りの知覚が困難になり、詩的なリズムが成立しなくなってしまうのである。前述の藤田ユキは『ルヴュ・フランコ・ニッポンヌ』について、「面白いけど、執筆陣が少々ロココで、アカデミックすぎるわ。もっと、新しい時代のもの、前衛的な作家のものを出しなさいよ」と感想を漏らしたという（『風来の記』）。アカデミックという語は固い論考という意だろう。しかし、ロココとは突拍子もない形容である。ユキは十八世紀の宮廷文化のことを言っているのではなく、明らかに装飾過剰で古色蒼然としたスタイルという含意でこの語を使っている。私達が抱いている漠然とした象徴詩のイメージは、同時代すでに定着していたのだろう。同誌「詩壇」はこのような狭い意味でも象徴主義的な雰囲気を感じさせていたようだ。

松尾邦之助はアカデミックでロココな執筆陣にまるめこまれて、思うような人選ができなかったのだろうか。『ルヴュ・フランコ・ニッポンヌ』第一号に掲載の「日本の俳諧は死んでしまったか」という謎めいたタイトルを冠した松尾の小文を読む限り、必ずしもそうではなかったと思われる。

フランスのハイカイ・ハイクの草創期を見てみると、俳諧に深い理解を示し、初めてフランスに紹介したポール＝ルイ・クーシューの『ハイカイ――日本の叙情的エピグラム』（一九〇六）が取りあげている俳人のうち、一番新しいのは小林一茶である。言いかえると、当時フランスで知られていたのは江戸俳諧であり、正岡子規以後の近代俳句ではないのである。クーシューの古典重視の俳句観はモーブランに受け継がれ、『ルヴュ・フランコ・ニッポンヌ』のハイカイの文体を方向づけている。子規が俳諧から近代俳句への移行を強力に推進したのは一八九〇年代だが、『ルヴュ・フランコ・ニッポンヌ』に革命児子規への言及は少なく、作品も四句引かれているだけだ。「日本の俳諧は死んでしまったか」は、こうした伝統重視主義と同じ立場からなされた一九二〇年代の日本俳壇紹介なのである。松尾は同時代の俳句の主要作家として子規、河東碧梧桐、すなわち当時の主流二派のそれぞれ代表的な俳人の名を引き、こうした「近代の」流派が定型を守らないので、俳諧は俳諧でなくなってしまったようだと書く。

近代俳句が誕生したのとほぼ同時に、「有季定型」に過度に拘束されない近代性のありかたを求めた無季非定形の自由律俳句から猛烈な「反逆」が始まり、続いてきたことは俳句史において過小評価されている。子規の愛弟子のひとり碧梧桐は一〇年代から二〇年代にかけて「新傾向俳句」の主導者となり絶大な支持を得た。反逆第一波であった碧梧桐の運動は無手勝流で、字余りが過ぎて短歌との境界が引けなくなったり、散文と見分けがつかなくなってしまったりした。ここに俳句の「アイデンティティの危機」を見る松尾の立ち位置は、ダダとシュールレアリスムを切り捨てる前出のヘイツのそれと相似形をなすように思われる。

俳諧をフランスに移植しようにも常に季語の不在、韻律の違いに悩まされていたであろうフランスのハイジン達にとって日本における無季非定型句の存在はひとつの可能性を示すものであったはずだから、彼らの影響で松尾が自由律俳句に不信感を抱いたということはないだろう。詩歌に関して、松尾は案外オーソドックスな趣味を持っていたのではないだろうか。また、編集者としての松尾の判断には、『ルヴュ・フランコ・ニッポンヌ』が二国間の文化交流誌であったということも影響していたかもしれない。破壊されてしまった文学（ダダ）、文学を放棄した文学（シュールレアリスム）、アイデンティティのあやふやな文学（自由律俳句）においそれと一国の文化を代表させるわけにはゆかない。

3　土地にむすびついた詩

松尾邦之助は、小説家の幸田露伴や散文家で翻訳家のキク・ヤマタのことも詩人と書く。しかし彼の詩人びいきをさしひいても『ルヴュ・フランコ・ニッポンヌ』の「詩」、「詩的散文」、「ハイカイ」、「詩論」の多さには目を見はらされる。執筆者はどのような人々だったのだろうか。調べられた範囲ではほとんどの著者にすでに数部の詩集があり文学賞の受賞者も多い。ただ詩作活動が各人のキャリアにどう位置づけられているかはばらつきがある。他に職業や社会的地位を持つ書き手が多いのは詩の常だが、むしろ詩以外の著作や立場によって知られた書き手の作品も多い（政治家のアンドレ・パイエ、映画や戯曲の小説化をしたアンドレ・ロマンヌ、教育者のジャン・ボーコモン、美術家のジュヌヴィエーヴ・ロスタンなど。ロマーヌやボーコモンの作品は象徴派の手だれの作家のいくつかの作品より瀟洒だ）。ハイカイでは素人の寄稿は当然で、高校生の作品から前述のマルシャン、脚本家レオン・ギヨ・ド・セクス、大衆小説家アベル・モローなどが書いている。

これとは別に興味深いのは、詩人として知られながら散文を寄せたケースがあることだ。詩やハイカイに関する考察ならば納得がゆくが（マリ＝ルイーズ・ヴィニョン、モーブラン、ヘイツ、アンリ・アロルジュなど）、イザベル・サンディは故郷ピレネーの美しい紹介文と短編小説を、その夫ピエール・クザルデルはエッセイと短編小説を、セシル・ペランはお話 conte を寄稿している。詩人の散文にはフランス各地を顕彰するエッセイ風の文章が多い。旅先の印象もあるが（カチュール・マンデス夫人とコルシカ、ピエール・ド・ブショー夫人のベニスなど）、サンディの他にも、宿屋を経営していたポール・アレルがノルマンディーについて書き、マチルド・ドラポルトがブルターニュについて書いている。モーリス＝ピエール・ボワイエはイル・ド・フランスについての本格的な論考を寄せているが、彼には郷土史研究の著作も多い。ボワイエより軽いメルヘン的なパリ紀行を三回にわたり載せているマリ・プージエについてはまだ情報が得られていないが、この人は詩を書いていただろうか。

当然かもしれないが、土地のテーマを詩の形でうたいあげた詩人も目につく。こうしたケースでは、郷土をたたえる作品群だ。フランス語圏ベルギーのワロン地方で独立運動と関わっていたカミーユ・ファブリの作品は「ワロン地方の詩」と銘打たれ、背後にワロン語圏の文化運動があったことを感じさせる。また、オーベルニュの詩人カミーユ・ガンディロン＝ジャン＝ダルムとアンリ・プーラの作品も愛情をこめて郷土を描いている。

ハイカイに多くの充実した頁が割かれていることと「反逆詩人」の不在の他に『ルヴュ・フランコ・ニッポンヌ』の詩の扱いに積極的な方針があったとすれば、それは地方紹介と旅の顕彰ではないだろうか。始めのうちは土地と旅を語るということで原稿依頼が行われたのではないかと思われる程だ。この方向性は最終号まで保たれるが、アメリ・ミュラが第五号に自身の不幸をめぐる情熱的な詩を寄せてから、統一感は薄れてゆく。また、号を重ねるにしたがい、女性詩人の小規模な寄稿（ときに中西顕政への献辞がつく）と、緊張感がないという意味で象徴主義的な（ロココな?）詩的散文／詩まじりの散文が目につきはじめる。

旅への関心は写真入りで日仏各地を紹介する雑誌全体の方針とマッチしている。ボードレールに汽船、ランボーに蒸気機関車が似合うようにフジタには自動車が似合う。両大戦間のヨーロッパは、自動車が移動手段として現実的な意味を帯びていった時代だ。松尾も一九二三年に日本の皇族がノルマンディーで交通事故死した際、パリからタクシーで駆けつけたと書き残している（『巴里物語』論争社、一九六〇年八月）。自動車の普及を見たこの時代はまた仏全土でローカル線の鉄道網が完成した時代でもあった。金子美都子は地方都市ランスで文芸誌『ル・パンプル』*Le*

Pampre が一九二一年に創刊された際、同誌が地方誌であることを強調しつつもパリでの展覧会、展示会、演劇情報に目配りした雑誌であったことを述べているが（「『ル・パンプル（葡萄の枝）』誌とルネ・モーブラン――戦渦の街ランス一九二〇年代の日本詩歌受容と「ル・グラン・ジュウ」の胎動（上）」『比較文學研究』八九号、二〇〇七年五月）、パリの大手出版社の文学賞システム成立と並行してダイナミックな中央／地方の関係が結ばれたのもこの時代だった。

4　レニエ、ヴァレリー、クローデル

『ルヴュ・フランコ・ニッポンヌ』の詩人でもっとも高名だったのは第一号の巻頭を飾った象徴主義の巨匠アンリ・ド・レニエである。だがフィレンツェの噴水を描くこの美しい作品は新味を欠いてみえる。いまひとつの作品は第一次世界大戦の戦勝を祝す詩（第九号巻頭）で見るべきものとは言いがたい。『ルヴュ・フランコ・ニッポンヌ』との関わりでレニエが輝くのはおそらくスタイニルベル＝オーベルラン他訳『芸者の唄』*Chansons de Geishas*（日本の小唄の翻訳）の書評（フィガロ紙から再録）においてであろう。芸者の唄を褒めるというと女性蔑視的異国趣味のようにみえるが、レニエは小唄に繊細な感情の動きが織りこまれていることを指摘している。二〇三高地の戦闘などを根拠にした日本礼賛を第四号によせたジョルジュ・デドゥヴィーズ・デュ・デゼールや日本語の単語をソネの行末に配置してフランス語と韻を踏んでみせたレオン・ケネアン（第五号、「灯籠」）が物質的な日本に触発されているのに対し、レニエは感受性のコードの違いを見ている。感性のパレットに色彩が多いことは、フランスの少女達が日本の漫画に出会う時のきっかけとして今日も語られることがある。

装飾的修辞を駆使するレニエを押し頂く一方で、この詩法に批判的で簡潔な文体を模索していたユマニスト、フェルナン・グレグを大きく紹介する『ルヴュ・フランコ・ニッポンヌ』第一号の紙面は、詩誌としては方針のみえない印象を与えただろう。号を重ねると詩の頁は中西顕政のサロンのような印象も帯びてゆく。当時詩壇に真摯に自ら

の文体を問う立場にあった詩人達が寄稿をためらっても不思議はない。『ルヴュ・フランコ・ニッポンヌ』におけるヴァレリーとクローデルの不在は気になるが、駐日、駐米大使としての公務で忙殺されていたクローデルはともかく、ヴァレリーはクローデルの要請で同誌の常連キク・ヤマタの第一作の序文を書いているのだから、つながりのなさでは説明できない。

5　ヨーロッパ精神の危機と他者

さて、松尾邦之助の言う黄金時代を、欧州の知識層は欧州文明の危機だととらえていた。松尾の盟友スタイニルベル＝オーベルランもそのまたひとりであった。以下にマルグリット・ユルスナールの一九二九年のエッセイを引く。彼女は『ルヴュ・フランコ・ニッポンヌ』の寄稿者ミッシェル・ルヴォンの『日本文学アンソロジー』に影響をうけた作家の一人である。クローデルがそうであったように。

巨大な心であるアジアと、涸れることのない母体アフリカの狭間で、ヨーロッパは脳である。／それは科学とは別の何かだ。科学は経験的ではあるが、つきつめれば客観的な理性がなくても成立する。それは芸術とも別の何かだ。芸術は客観的理性の助けなど必要としていない。それは敬虔さ、善良さ、徳、つまり人が一般に〈賢さ〉という語でくくるあらゆるものとも別の何かだ。思考以上で、思考より良くさえある、そう、合理的思考である。他の人種は仏陀、孔子、キリストという。私達はアリストテレス、ガリレオ、ベーコン、デカルト、スピノザ、クロード・ベルナールという。今日ヨーロッパ理性は死の危機に瀕している。

（「診断」«Diagnostic», Marguerite Yourcenar, *Europes*, Yves Hersant et Fabienne Bogaert, Robert Laffon, 2000）

『ルヴュ・フランコ・ニッポンヌ』の詩関連の頁が一九二〇年代の本質的な問いを反映するのは、文明が自己の正当性を疑ったとき他者とどう交わるのかという問題系が詩の形式の問題系と交差する瞬間であったように思われる。文芸評論家でギリシャ、ラテン語の翻訳者でもあったシャルル・ドルニエは「東洋の招き」に感応する思想界を批判して第四号に「東洋と西洋」という論考を寄せ、「最近当地で流行している日本のハイカイの試みは児戯にすぎない。仏教をこの地に導入しようとするあらゆる試みがそうであるように」と断じている。クーシューとモーブランというすぐれた導き手を得、三行詩という形式的制約だけを己に課して俳句の世界認識の方法を経験しようとしたハイジン達自身も、文化と言語が異なる土地でハイカイが詩として成立するかどうかは暗中模索であったろう。金子美都子が以下のようなエピソードを報告している。フェルナン・グレグはモーブランらのハイカイに触発されて一九〇六年に連作「日本の俳諧風四行詩」を発表したのだが、それを「日本の俳句をフランスの詩に移し替えた最初の試み」であると自負していたというのである。（前掲論文一二〇頁）。つまりグレグは自作に先行するクーシューやモーブランのハイカイ（三行詩）は厳密な韻律法を欠く以上詩ではない、したがって散文であると考えていたのである。ハイジンにとっては残念な評価であった。しかし、その後俳句がフランス詩にひろく与えた影響を鑑みれば、このようにフランス語自体の生理に即した形式化の段階もまた必要であったろう。

『ルヴュ・フランコ・ニッポンヌ』の実作をみれば、ハイカイは五・七・五音一行詩である俳句を音韻数不定の三行詩におきかえて満足していたわけではなく、連作を試みたり（ジュリアン・ヴォカンス）、六行詩の体裁をつけたりタイトルをつけたり（アルベール・フロリー）して、形式上の模索も行われている。

さて、フロリーの作品は第八号にモーブランが寄せた自作のハイカイの頁の次から三頁にわたって掲載されたのだが、おかしなことに、モーブランの作品との境界に置かれるべきタイトルが何も印刷されていない。目次ではHai-Kai/René Maublanc と書かれた行の下の Albert Flory のタイトル欄は空欄ではなく、「-id-」（同上）と書かれているのに、である。目次にあるタイトルが頁に冠されていないのも変だが、そのタイトル（「同上」）がそもそも雑誌記事にふさわしくない。憶測にすぎないが、作者、編集担当者のいずれか、あるいは双方にこれらの作品のジャンルに対する迷いがあり、このような暫定的な措置のまま発行に至ってしまったのではないだろうか。文化の移植は揺れを伴う試行錯誤だ。日仏の相互理解を求め続けた松尾邦之助の撒いた種が小さな双葉を出した瞬間のひとつが、ここにあるようにも見える。

寄稿詩人の何人かは同誌を通してハイカイと出会い、句作をするようになった。『ルヴュ・フランコ・ニッポンヌ』で延々と悲しみを歌い続けたアメリ・ミュラには『詩は解放である』*Poésie, c'est délivrance* (Au Pigeonnier, 1944) という死後出版の詩集があるが、そこには日常の歓びをうたう明澄なハイカイ達もふくまれている。また、ケネアンは『日本的ソネット』*Sonnets japonais*（Impr. de G. Lagache,1934）という詩集を出版した。俳諧・俳句の美学が、グレグの試みにつづき、狭義のハイカイを超えてフランスの詩に移植されてゆく先駆けであったろう。

Ⅱ　両大戦間の日本研究と、松尾・オーベルランの仕事

両大戦間の日本研究

フリドマン日出子

1　フランスにおける日本研究発足の基盤形成

両大戦間の日本研究について述べる前に、この時期に至るまでに到達していた日本研究について、まずは概況を知っておくことが、その次の時代の評価をするのに、必要ではないかと思う。それはまた、フランスの日本研究が始まる素地が、着々と準備されていたことを、確認する事にもなるのである。

鎖国時代及びそれに先行する時代は、国内の文化が熟して行ったとは言え、刺激の少ない、しかも限られた情報の元では、畢竟、日本における外国研究も、また、外国における日本研究も、飛躍的に発達することは不可能であった。その困難な時代を越えて、果敢にも研究を担ったフランスにおける、初期日本研究者の、想像に余る苦難を思う時、深い畏敬の念を抱かずにはいられない。

日本における日本研究の端緒は、九世紀に現れた、漢字習得のための、空海の『篆隷万象名義』や昌住の『新撰字鏡』に始まると言われ、主として当時の知識人であった、僧侶を中心としていた。平安時代後期になると、法相宗の学僧の手になるという『類聚名義抄』や、源順の『和名類聚抄』等の漢和辞典が現れる。そして、漢詩と並んで詠歌が、貴族の教養とされたため、漢字のみならず、仮名文字も学ばれ、ことばの研究が進み、和歌・物語の注釈書も生まれた。十五世紀になると京都や鎌倉の五山の僧侶を中心に漢字言葉の研究が進み、漢語の詳細な説明を施した、東麓破衲の『下学集』が生まれ、それとは別に、それを簡略にした国語辞典の『節用集』がより広い層を対象に作られた。少し遅れて、十五世紀後半には、漢詩作詩のための、虎関師錬の漢字の韻引き辞書『聚分韻略』が作られ、同じ五山僧によって伝えられた宋の朱子学が室町時代を経て、江戸時代初期に練られて、公の政治イデオロギーとして利用されたため、幕府や各藩が儒者を抱え、四書の注釈が盛んになった。それを受けて、十七世紀に始まる、山鹿素行、伊藤仁斎、東崖、荻生徂徠等の、朱子の注釈以前の、四書の元の解釈に戻る事を提唱する古学がおこり、ほぼ時期を一にして、下河辺長流、契沖、賀茂真淵、本居宣長らの、儒教的或は仏教的観点からではない、日本の古典注釈を掲げる国学が興った。それに併せて、仏教僧侶による悉曇の言語構造を元にした日本語の解釈や、万葉集、古事記、日本書紀、古今集、源氏物語等文学作品の研究注釈の全盛期を迎え、同時に、日本語文法の研究も更に発展し、すでに高いレベルに達していたのである。そして、十九世紀、言語政策の一環として、大槻文彦に託された「国語辞典」の編纂は、アメリカのノア・ウェブスター（一七五八〜一八四三）の言語理論を元に、二十世紀初めに至って『言海』の出版となって実を結ぶ。そして、日本にも大学が設立され、こうした伝統を受け継いだ学者が、教鞭を取ったり外国に留学すると、そこに交流が興り、セルジュ・エリセーエフ（一八八九〜一九七五）やシャルル・アグノエル（一八九六〜一九七六）のような逸材を媒介に、実を結んだのである。

他方ヨーロッパでは、ポルトガルとスペインが、絶対王権の確立と航海技術の発達に伴い、植民地獲得と交易拡大を目的として、軍備も備えた船を海外に派遣した。そして、十六世紀の宗教改革に伴うプロテスタント諸派の興隆に対抗するため、これらの国は、カトリック教会と結び、宣教師達を同船させたのである。一五四三年、日本に初めてポルトガル人が到達した時から、ポルトガルと日本の間に交易が始まったのであるが、一五七七年に、ポルトガルがマカオの使用権を取得するや、中国・ポルトガル・日本の間でマカオを拠点とした商取引が行われるようになった。しかし当時は、ポルトガルが主導権を握っており、フランスの介入はない。十六世紀末には、天草のイエズス会のコレジオに、印刷機が導入されており、中央権力からの圧迫の中で、主に布教を目的としたラテン語辞書を元に『羅葡日対訳辞書』が作られ、更に既に日本語研究や文法書、辞書等を意図して準備されていた資料から、十七世紀初頭に至って『日葡辞書』とロドリゲスの『日本語文典』、『日本小文典』が刊行され、その後の日本研究を支える資料となったのである。しかし、十六世紀末に豊臣秀吉によって出されたバテレン追放令に続いて十七世紀初めには、長崎を江戸幕府直轄領とし、禁教の布告と信者の国外追放に危険を察知した結果、印刷機も一六一四年にはマカオに移され、しばらく使われたが、一六二〇年、マニラに売却された後消滅、日本に残された資料も数年後には焼却されたという。しかし、これら宣教師の残した文化遺産は十九世紀に入って、クレール・ド・ランドレスによる『日本小文典』の仏語訳、そして後期のレオン・パジェス（一八〇四～一八八六）による『日葡辞書』の仏語訳、ヨハン・ヨーゼフ・ホフマン（一八〇五～一八七八）の『日本文典』制作、バジル・ホール・チェンバレン（一八五〇～一九三五）による『日本小文典』への反論、ウィリアム・ジョージ・アストン（一八四一～一九一一）の『日本口語文典』『日本文語文典』等、後の日本研究に連なる重要な資料の出現によって、充実した観を呈した。

一六三九年に、ポルトガル人が追放され、その二年後にオランダ商館が平戸から長崎に移設されると、オランダ人が、交易と併せて、文化交流に携わるようになる。オランダ商館付医官であったドイツ人フランツ・シーボルト（一七九六～一八六六）は、日本を離れる際、地理学、博物学、民俗学、美術品等の資料をヨーロッパに持ち帰り、すでに中国語を習得していた同じヴュルツブルグ大学出身の言語学者ヨハン・ヨーゼフ・ホフマンや、医学を修め、中国や日本の本草学に興味を持っていたアウグスト・プフィッツマイヤー（一八〇八～一八八七）等が日本研究を始めたと言われている。また、オランダ商館長であったドンケル・クルチウス（一八一三～一八七九）は、十九世紀半ばに『日本文法稿本』を作成してオランダに送り、ライデン大学の初代中国語・日本語担当教授ヨハン・ヨーゼフ・ホフマンの編集を経て、一八五七年に出版されている。クルチウスが日本で集めた蔵書は、ライデン大学に寄贈されて、同大学日本研究の基礎となったという。一〇年余り後、ジョージ・アストンとアーネスト・サトウが集めた一万冊がケンブリッジ大学の日本図書コレクションの基礎を作ったのと、ほぼ期を一にする出来事であった。しかしオランダ商館時代には、二、三度フランス人が加わったのみで、フランスの思想は、この時代の日本にはそれ程大きな影響を与えなかったと言われている。

フランスの東洋研究機関として、日本研究を発足させる受け皿となったのは、主として、東洋語学校（現フランス国立東洋言語文化大学）、パリ大学文学部、国立高等研究院、コレージュ・ド・フランス、フランス極東学院の五機関であって、多少、バランスが変わっても、今に至るまで、根本はほぼ変わっていない。

パリ大学の前身は、十二世紀半ばに、ノートルダム寺院直属神学校付属学校として発足し、法律、神学，医学、文学が教授された、ヨーロッパの最も古い大学の一つであった。一方コレージュ・ド・フランスは、十六世紀初めフランソワ一世の時代に、王の書記官兼図書管理官であったギヨーム・ビュデ（一四六七～一五四〇）の進言により作られた、王立講師団を母体とし、最初は、ギリシャ語とヘブライ語が教えられたという。東洋言語文化大学は、十七世紀ルイ十四世の時、財務卿のコルベール（一六一九～一六八三）が、マルセイユ商工会議所の依頼に基づいて、トルコ語、アラブ語、ペルシャ語のフランス人通訳養成のため、イスタンブールに学校を設立した事に始まる。そして、国立高等研究院は、更に二世紀遅れて、十九世紀後半になって、ヨーロッパに近代化が進み始めた時、教育省が創設した高等研究機関で、当初は、数学、物理・科学、自然科学、歴史・文献学が教授され、一〇数年後には、宗教学が加わると共に、数学と物理・化学が大学に移譲され、第二次大戦後には社会科学部門が発足した。最後に、フランス極東学院は、十九世紀末に、インドシナ考古学調査団が、分野を越えた研究機関として発足したことに端を発する。二十世紀に入って、サイゴンに作られた極東学院本部が、ハノイに移り、民俗学、地理学、考古学を基礎に、東洋研究者、現地の知識人、軍人、植民地経営者、インドシナ駐在宣教師らの協力のもとに、強固な基礎が作られ、さらに、言語学、歴史学、文献学、文学の分野も加わり、派遣する研究者の選出は、考古学と建築学はパリ美術学校、文献学と碑銘学は東洋言語文化大学と国立高等研究院に委ねられ、その後、本国に帰る東洋学者のため、東洋言語文化大学、国立高等研究院、コレージュ・ド・フランスに、次々とアジア研究関連講座が開設され、日本研究発展に寄与したのである。日本研究が始まる前に、フランスでは先ず中国への関心が深まり、中国語を学んだ人の中から、日本語を読もうとする人が生まれた。従って、日本研究発生には、先ず中国研究の発生が不可欠であったと言えよう。

十八世紀後半フランス革命が終わる頃になって、ヨーロッパ人の極東に対する知的興味が高まると、医学を修めたアベル＝レミュザ（一七八八〜一八三二）が、医書の解読から中国語の研究に入り、中国医学に関するラテン語の論文によって博士号を取得、翌一八一四年、コレージュ・ド・フランスに彼のための中国語講座が開設される。それ以前に蔓延していた誤解と間違った先入観の中で、中国語の価値をフランス社会に認識させようとした人があったのである。レミュザとドイツの地理学者ユリウス・クラプロート（一七八三〜一八三五）が、一八二三年、フランスでアジア学会を立ち上げ、就中、言語の解読に研究が収束された。パリ第七大学教授であった言語学者のユベール・マエス（一九三八〜一九七七）によれば（「海外における日本語の研究と日本語教育 ―フランス―」（『国語年鑑』一九七四年、秀英出版社）、当時既に希覯本であった、王立図書館所蔵の、ロドリゲス神父の『日本語小文典』の仏語訳、校閲、出版が、東洋学者クレール・ド・ランドレスに依頼され、一八二五年に出版された。宣教師でない一般人の手になる初めての文法書であったため、東洋研究者の注目を集めたものの、アベル＝レミュザやクラプロートが期待したような、日本語「解読」には使えなかったという。

レミュザの高弟、スタニスラス・ジュリアン（一七九九〜一八七三）は、ギリシャ語の習得から、言語研究に入り、早世したレミュザの後を継いで、コレージュ・ド・フランスの中国語講座の教授となる。そして比較的長い弁護士としての生活の後、レミュザ、そして就中、ジュリアンに学んだアントワーヌ・バザン（一七九九〜一八六二）が、一八四〇年、漸く「非公式」に東洋語学校で中国語講座を開講する。東洋語学校開設の後、約半世紀を経ていた。バザン亡き後一八七一年までは、師のジュリアンが非常勤講師として、コレージュ・ド・フランス教授職と兼任するが、その後は外交官としていずれも中国滞在経験のある、ミシェル・クレッコフスキー（一八一八〜一八八六）、ガブリエル・デヴェリア（一八四四〜一八九九）、アーノルド・ヴィシエール（一八五八〜一九三〇）に継承されることになる。資料解読中心の中国語から実用中国語教育への転換があったわけである。

2　日本研究の第一歩—東洋語学校日本語講座開講

最初の日本研究者と言われるレオン・ド・ロニ（一八三七〜一九一四）は、東洋語学校ではアントワーヌ・バザン、コレージュ・ド・フランスではスタニスラス・ジュリアンを師として、中国語を学んだと言われるが、日本語の教師はなく、ロドリゲスの『日本語小文典』も余り役に立たず、シーボルト復刻の『書言字考』を参考に、キリシタン文典や旅行者の記録にある語彙と照らし合わせて解読したという。そのロニの解読した日本語文献は、未だ全体が分かっていないが、フランス国立図書館蔵でインターネット公開されている『日本書紀』神代巻上（*Le Livre Canonique de l'Antiquité Japonaise*（Ernest Leroux, 1887）は、五〇〇ページを超える、解読と解釈の試みであり、フランス学士院賞を受賞、かつ今なお唯一の同書翻訳として、見落とす事はできないであろう。

東洋言語文化大学教授のジャン＝ジャック・オリガス（一九三七〜二〇〇三）によれば、ロニの学問は全て、古典中国語と、前世紀のイエズス会宣教師の手になる文法に基礎を置いているという。（「日本語科」『東洋語学校二百年史』所載、エルヴァス出版、一九九五年）師の傾向を忠実に継承した人と言えようか。一八五六年に出版した『日本語考』は、「日本語習得に必要な主な知識の要約」と説明を付して販売されているが、前述のユベール・マエスによれば、ランドレスに比べて、日本語の十七世紀初期の音韻体系を反映しているが、日本文法の解釈や見方では、畢竟ランドレスの踏襲であり、ロドリゲスの『日本語小文典』の焼き直しであるという。しかし、『日本語考』の中で、日本語の系統について述べた部分で、「アルタイ語、朝鮮語と比較して、構造は似ているが語彙に隔たりがあるので、同系とは言えない」とし、「琉球語と日本語の語彙対応リストから、前者が後者の一方言と見なすべき」との見解が「今でも正鵠を得ている」と評価されている事は、注目に値する。また、この言語系統論は、証明が不十分であるにせよ、言語学者の注意を引いたと思われ、服部四郎氏の名著『日本語の系統』（岩波書店、一九五九年一月）にも、クラプロットや、アストン、チェンバレンらとともに、ロニの名が挙げられているのである。

一八六二年、幕府の遣欧使節団がパリを訪問した際、ロニは、福沢諭吉、松木弘安、箕作秋坪らと親交を結び、使節団がパリを離れた後も、ハーグやサンクトペテルブルクまで駆けつけたという（「レオン・ド・ロニ略伝」松原秀一『近代日本研究』第三巻、慶応義塾福沢研究センター、一九八七年三月）。翌一八六三年から、東洋語学校に日本語の無償講座を開くことになるので、既に一八五二年来、同校で学んでおり、アジア学会会員で『日本語考』の出版もしていた彼が、学校に良い印象を与えたことは当然と言えよう。

そのロニが、六年後の一八六八年に東洋語学校の正式日本語講座の教授となって、独立した日本研究が始まる。日本には、一八七二年に短期滞在をしたとも言われる（リチャード・シムズ、矢田部厚彦・訳『幕末・明治日仏関係史』ミネルヴァ書房、二〇一〇年七月）が、研究の為の滞在はなく、基礎的な日本語習得も出来ず、深い研究に至らなかったのは無理のないことでもあろう。一八七一年に出版された『詩歌撰葉』*Anthologie japonaise, poésies anciennes et modernes* は、三四ページの薄い本で、彼の作成した日本語教科書の第二〇冊目にあたる。内容は、「万葉集」、「百人一首」、「雑歌」、「葉歌（端唄）」、「日本詩選」と分けられていて、きわめて大ざっぱではあるが、一応翻訳も付いていて、フランス人が日本の詩歌に触れることが出来たわけである。作成に際し参照された加藤千蔭の『万葉集略解』（一八一二年）、尾崎正嘉の『百人一首一夕話』（一八三三年）、端唄稽古本、近世の漢詩などは、徳川幕府遣欧使節等から入手したのであろうという（小沢正夫「開拓者たちが残したもの」『フランスの日本古典研究』ぺりかん社、一九八五年九月）。

ロニは、一八七三年には、第一回東方学会をパリで主宰し、様々な研究書の出版を続け、一八八六年には、国立高等研究院宗教学部の準教授に任命され、一九〇三年には同研究院教授を兼任した後、一九〇七年に東洋語学校、翌年高等研究院を退く。ユベール・マエスの言うように、目覚ましい活躍をした訳であるが、彼の研究は「余りに広がり過ぎて、焦点を失い、浅薄なものであった」と、東洋語学校の彼の後任者、ジョゼフ・ドートルメール（一八六〇～一九四六）は評したという。しかし、少なくとも日本研究を独立させ、フランス日本研究の第一歩を築いたことは明らかである。彼の在任中、知己を通して総計一〇人の日本人を、会話担当非常勤として雇用していることも、東洋語学校の実用言語への傾向に沿ったものであったろう。

ロニが日本語講座を開講した一八六一年、パリで『日本文法試論』*Essai de grammaire japonaise* を出版したレオン・パジェス（一八一四～一八八六）がある。イエズス会のドンケル・クルチウスが、日本からオランダに送って、ホフマンが手を入れて一八五五年にライデンで出版された『日本文典』に、更にパジェスが手を入れて仏語版を出版したものである。また、この人は、イエズス会の『日葡辞書』仏語版を、一八六八年にパリで出版しており、今なお、当時の日本語研究には不可欠な資料とされている。ただ、パジェスもロニ同様、日本にほとんどあるいは全く滞在していないが、少なくとも一八四七年から一八五一年まで、中国広東のフランス公使館員として滞在し、公文書を担当しており、時期は不明ながら、カトリック系日刊紙『ユニヴェール』*L'Univers* の編集者であったとも言われている。そこで彼は、宣教師の残した資料等に触れることも、又それを集めることも可能であったに違いない。一八五五年には、フランシスコ・ザビエルの書簡集（ラテン語で出版、一六八二年）の仏語訳、一八五九年には、欧文で作成された日本関係図書の目録『日本図書目録』を出版、そしてその頃、四巻本の『日本帝国史』を起稿したというが、第三巻目の『日本切支丹宗門史』（一八六九年）が出版されているのみで、残り三巻の原稿は行方不明である。辞典出版の頃から、彼は日本研究にも深く入って行き、『日本二十六聖人殉教記』*Histoire des vingt-six martyrs japonais*（一八六二年）、『日本切支丹迫害と日本遣欧使節記』*La Persécution des chrétiens au Japon et l'ambassade japonaise en Europe*（一八七三年）を出版して行く。日本語の実力は、ロニを遥かに凌駕していたと思われるが、彼の著作から想像するに、万国博覧会のようなお祭りや、禁教を以てイエズス会士達を圧迫した将軍家の子孫である徳川使節の接待等には、恐らく向いていなかったに違いない。この人が、正規のポストに就いていたなら、日本研究は中国研究に匹敵する程の発展を見ていたかもしれないが、東洋語学校は、キリシタン研究者を選ばなかったのである。

ロニの後、東洋語学校の講座を引き継いだのは、一八七八年に卒業した彼の生徒で、東京で通訳官を勤めた後、外交官となって中国とビルマに滞在したドートルメールであるが、当然彼も、一九一一年までは非常勤講師として、そして一九一一年に至って、漸く教授に就任し、退職する一九三一年まで、二〇年在職したのである。ドートルメールの仕事は、『日本語初級——口語文法・練習と会話』*Le Premier Livre de Japonais:Première Partie; Langue Parlée, Grammaire-Exercices, Dialogues*（ガルニエ出版、一九一六年）、『漢字辞書——漢文の読み方、漢字の読み方と仏語訳』*Dictionnaire japonais-français des caractères chinois, 1°prononciation japonaise du chinois, 2°différentes lectures japonaises des caractères, 3°la traduction française*（ガルニエ出版、一九一九年）のような、日本語学習手引きと、現代日本の情報、源平時代の歴史、鎌倉時代の新仏教、浄土宗、浄土真宗や日蓮宗に関するものであった。

ソルボンヌ大学外観。

そして、ロニとドートルメール在任初期の八年間（一九〇五～一九一三）に亙って、ソルボンヌ大学で政治哲学と法学を修める傍ら、東洋語学校の会話担当非常勤講師を勤めた、元明治大学教授の五来欣造（一八七五～一九四四）がいる。五来は、在仏中に、彫刻家の荻原守衛（一八七九～一九一〇）等、外国に慣れない芸術家留学生を助けたというが、帰国後は、読売新聞主筆となり、早稲田大学教授として生涯を終えた。

もうひとり、特筆しておく人がある。ドートルメールと、その次のシャルル・アグノエル（一八九六～一九七六）の在任中、四一年にも亙って、会話担当非常勤を勤めた、元第一高等学校数学教授の内藤丈吉（一八七九～？）で、内藤は、一九一〇年にパリに留学し、フランス人女性と結婚（石黒敬七『蚤の市』岡倉書房、一九三五年二月）、一九二三年にフランス国籍を取得したという。そしてこの人は、「中国古典文学に詳しい非専門家である」と、『東洋語学校二百年史』に記されている。専門家ではなくとも、こうしたレベルの高い非常勤講師達が、東洋語学校の教授達を支えていたのである。

ロニの後継者ではないが、生徒の一人であったモーリス・クーラン（一八六五～一九三五）は、他の多くの生徒と同様、通訳官として中国と韓国に行き（一八九〇～一八九六）、日本にも興味を持って、『日本語口語文法』*Grammaire de La Langue Japonaise Parlée* を出版する（エルネスト・ルルー出版、一八九九年）。しかし、彼は、多くの著作に見られるように、韓国に魅せられたのであって、日本には行っていないと思われる。一九一〇年に、事故で、右手の自由を失ってからは、自作の出版に関わっていたというが、一九一九年にはリヨン大学で中国語の教授となったものの、いつも韓国について語る教授であったと言われている。

クーランと期を一にして、シプリアン・バレ（一八六七～一九四八）は、海外宣教師として日本に一八九〇年から一九〇〇年まで滞在し、帰仏の前年に、『口語日本語文法』*Grammaire Japonaise, Langue Parlée* を、横浜の三才社から出版した。序にも書かれているように、彼はバジル・ホール・チェンバレンの『日本口語ハンドブック』*A*

Handbook of Colloquial Japanese（一八八七年）を参考にしており、宣教師会の、後で述べるノエル・ペリ（一八六五〜一九二二）とアルフレッド・ペティエ（一八四三〜一九三〇）両会士への謝辞があるので、同じ宣教師教会の会員として、或は、三才社の出版事業を通じて協力したものと思われる。

また、同じ宣教師会所属のベルギー人、エミール・ラゲ（一八五四〜一九二九）は、一八七九年に長崎に来て九州各地で布教、一九〇五年に東京の三才社とブリュッセルのベルギー書店協会から『仏和辞書』*Dictionnaire français-japonais précédé d'un abrégé de grammaire japonaise* と『仏語和訳の観点からの簡易日本語文法』*Abrégé de grammaire japonaise au point de vue de la traduction du français* を出版、他にも新訳聖書を和訳をするなど、東京郊外大森の尼僧院に引退し、そこで自著の見直しを続け、その付属病院で生涯を終えたという。

この三人について、マエス氏は、日本の国学系の日本語文法学の影響を受けた、アストンやチェンバレンの影響が大きく、仏語圏における、日本語研究の画期的な進展を示唆しているとする。しかしその後は、エドモン・パピノ神父（一八六〇〜一九四〇）の『日本の歴史・地理辞典』*Historical and geographical dictionary of Japan*（三才社、一九〇六年）や。ギュスターヴ・セスランの『和仏大辞典』*Dictionnaire japonais-français*（三才社、一九三九年）が出たくらいで、その後、近年カトリーヌ・ガルニエ氏が言うところの「日本語学停滞期」に入る（La linguistique japonaise en France de 1825 à nos jours, *Cipango*, 2013.2）。

3　日本研究の発展――その一　パリ大学日本文明講座開講

明治政府は、欧米の知識の吸収と、制度の確立のため、欧米人を破格の待遇で雇用した。いわゆる御雇い外国人である。その中に、「日本近代法の父」と呼ばれる、ギュスターヴ・ボアソナード（一八二五〜一九一〇）がある。パリ大学で法学を教えていたジョゼフ・オルトラン教授（一八〇二〜一八七三）のもとで法学を修め、一八六四年にグルノーブル大学准教授となり、一八六七年にはパリ大学に戻り講師となる。そして一八七二年から在仏公使としてパリに滞在していた鮫島尚信（一八四五〜一八八〇）に勧められて、一八七三年に来日し、司法省法学校、東京法学校、明治法律学校、東京帝国大学などでフランス法の授業をして、二二年滞在の後帰仏する。その彼が、帰仏前に後継者として推薦したのが、ミシェル・ルヴォン（一八六七〜一九四七）であった。ルヴォンは、未だ二〇代で東京帝国大学法学部のフランス法教師と政府顧問を兼ねたというのだから、かなりの重責を負ったことになる。にもかかわらず彼は、一八九六年に『北斎』*Étude sur Hoksaï* と副論文『日本の華道』*De arte florali apud Japonenses* をパリ大学に提出して博士号を取得し、一八九九年に帰仏後、パリ大学で日本語講師として教鞭をとる。彼の在職中、一九〇四年二月に、三井家十代当主の三井高棟（一八五九〜一九四八）が東京から出した、パリ学区長宛の書簡がある。「パリ大学に極東学、特に日本学講座が開講されたと聞き及んでいる。日仏両国の相互理解に有用であると思われるので、現在貴学で教鞭をとるミシェル・ルヴォン氏に、この提案が採択された時には、七五〇〇フランを貴学に渡すよう委託した」というもので、この助成金の受給者は、助成受給を決定する前に、既に決定している訳である。そして、パリ大学文学部審査会は、この提案を一五票対一二票の採決で保留、より細かい情報が必要であり、当該講座の学術水準の審査を、改めて実施すると、かなり厳しい結論を出すが、この回答が出されたのは、翌年七月末であるから、三井財団からの提案があってから、一年五ヵ月を経てのことであった。そして、ルヴォンは同年、パリのルルー出版社から『神道』*Le Shinntoïsme* を、一九一〇年には、『日本文学アンソロジー　その起源から二十世紀まで』*Anthologie*

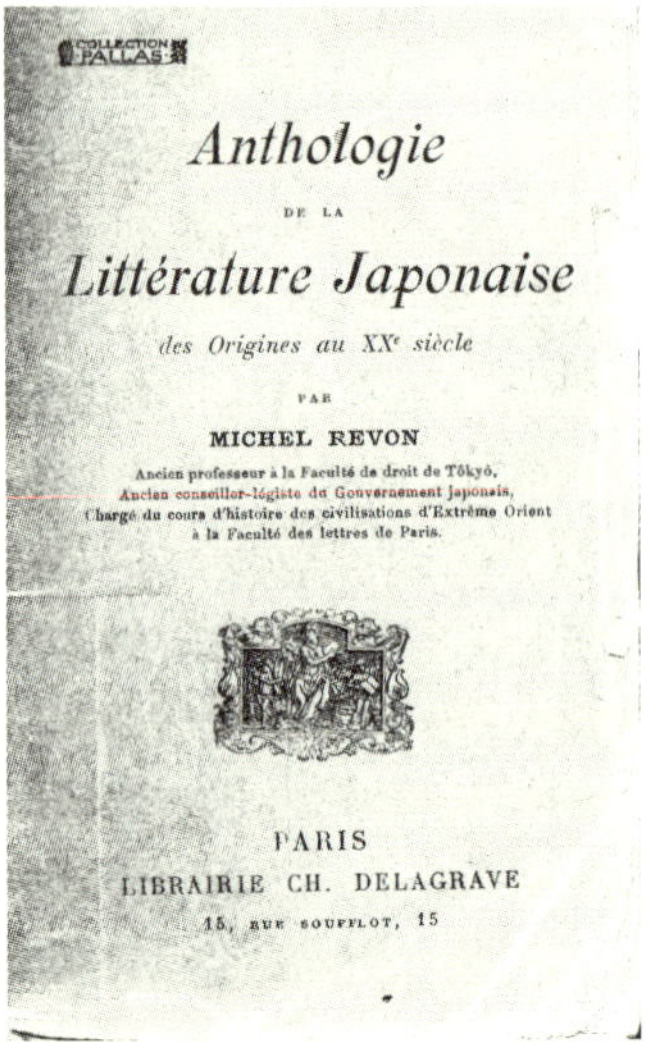
COLLECTION PALLAS

Anthologie
DE LA
Littérature Japonaise
des Origines au XXe siècle
PAR
MICHEL REVON
Ancien professeur à la Faculté de droit de Tôkyô,
Ancien conseiller-légiste du Gouvernement japonais,
Chargé du cours d'histoire des civilisations d'Extrême Orient
à la Faculté des lettres de Paris.

PARIS
LIBRAIRIE CH. DELAGRAVE
15, RUE SOUFFLOT, 15

ルヴォン編『日本文学アンソロジー』（ドラグラーヴ社、1910年）。

de la littérature japonaise, des origines au XXe siècle（ドラグラーヴ社）を出版し、講座の学術レベルが信頼するに足るものであることを宣揚するが、講座開設を大学が決定したのは、一九二〇年六月であり、その後も、手続きなどで、関係者間の意見の齟齬があって、結局、日本文明講座開設は、同年。一〇月一一日と決まり、ルヴォンが教授に任命されるのである。二九歳で博士号を取得したルヴォンは、この時五三歳になっていた。

ルヴォンは、『日本文学アンソロジー』の序文で、日露戦争によって驚かされたヨーロッパが、日本をより良く理解するためには、日本人の内面的特徴、つまり日本人がどのように感じ、どのように考えるかを知らねばならぬと言い、それを可能にする唯一の方法は、日本文学を学ぶことだと言う。そして、誰も、この日本文学を網羅したヨーロッパ人はいないが、中でも、イギリス人の研究に、多くを担って来た。アストン、チェンバレン、ディケンズ、サトウなど、またドイツ人のルドルフ・ランゲ（一八五〇～一九三三）にも研究がすでにある。日本文学史も日本では、芳賀矢一（一八六七～一九二七）、藤岡作太郎（一八七〇～一九一〇）、ヨーロッパ人では、アストンやカール・フローレンツ（一八六五～一九三九）が研究を出して来ている。そして、彼の『日本文学アンソロジー』に引用するテキストを選ぶに際しては鈴木弘恭（一八四三～一九一七）、落合直文（一八六一～一九〇三）や、三上参次（一八六五～一九三九）と高津鍬三郎（一八六四～一九二一）共著の作品を参考にしたという。やはり、東京で教鞭を取っていた強みがここにある。この作品は、古代から近代の、歌と散文を集めた、小型乍ら、四七六ページの通史で、三五ページのロニの『詩歌撰葉』とはレベルを異にするテキストである。しかし、この作品に、日本研究者の中から酷評とも言うべき評論が出された。ハノイのフランス極東学院研究員のノエル・ペリ（一八六五～一九二二）で、二〇年近く日本に海外宣教師として滞在し、深く研究した人であるから、翻訳や表記の問題では正しかったかもしれないが（『フランス極東学院紀要』*Bulletin de l'Ecole française d'Extrême-Orient*, vol. 11, 1919.）、ポール・クローデルやマルグリット・ユルスナールが、日本文学の知識を得るのに、このルヴォンの作品を使ったということであるから、役に立ったことは確かである。この作品はまた、一九二八年までに六版を重ねており、一九二五年には、ドイツ語版も出版されているという。ペリの評価とは別に、『パリ日仏協会報』第二二巻（一九一一年）では、この作品によって、日本文学にフランス人の誰もが接することが出来るようになったとし、参考基礎文献の地位を与えるべきだとして、かつ全体として一つの芸術作品となっていると、全く別の評価がされている。万葉集、古今集があって、新古今集が抜けているのは、やはり気になる所であるが、こうした傾向は、二十世紀後半のフランスでも未だ残っていた。それでも、格段の進歩を見せたことは明らかであろう。また、ペリが厳しい批評家であったことは、フランス極東学院の中で別の出版物が批評されたことを挙げて、「ノエル・ペリ氏の様々な今までの実績を辿って来た誰もが、どれほどの厳しさをもって。彼が他人の作品を追求するかを知っている」（『パリ日仏協会会報』第一六巻、一九〇九年）と述べている。同じ会報の中で、ポール＝ルイ・クーシュー（一八七九〜一九五九）が、ペリの友人クロード・メートルの翻訳を取り入れて出版した『アジアの賢人と詩人』の俳諧解釈も、ペリの目からは逃れられなかったようである（長谷川正子「ギメ美術館と『日本文化』」、『満鉄と日本文化交流誌『フランス・ジャポン』』ゆまに書房、二〇一二年九月）。

ルヴォンはこうして、退職する一九三七年まで教鞭をとり、その間、二人の日本人留学生と二人のフランス人学生の博士論文指導をしている。日本人の一人は、東京帝大法学部から留学して来ていた好富正臣（?〜一九四三）で「古代日本の経済史研究」、もう一人は、慶応義塾大文学部から来ていた松本信広（一八九七〜一九八一）で「日本人とアジア・オーストラリア言語」のテーマで、博士号を取得している。好富はその後帰国して、外交官となり現役のまま没。松本は母校で教授になって研究を続け後進を育てた。フランス人の一人は、「清少納言――その時代とその作品」と「枕草子」翻訳によって博士号を得たアンドレ・ボージャール（一八九三〜一九八一）で、ボージャールは、ルヴォンが退官した後、非常勤で講座をつないだ。もう一人、一九三七年の『フランス・ジャポン』二〇号に加賀の千代女について、翌三八年の同三四号に古い伝統の中に生きる日本女性について論文を書いてるジルベルト・ラ＝ドルジュは、その後の研究者としての消息は分からない。しかし、この二人の翻訳と研究は、確かにルヴォンの投げた一石が波紋となって生まれたものであることは、およそ察しがつく。

また、ルヴォンについては、小沢氏によれば（前掲論文）、東洋語学校の講師であった五来欣造に相談したり、一九二一年来仏した勝本正晃（東北大学教授）に、日本の古典について質問し、折があれば、在仏日本人に接触して、最後まで日本研究を続けていたことが分かるという。しかも、その貝原益軒の講読授業に学生が少なかったということは（松尾邦之助『フランス放浪記』鱒書房、一九四七年四月）、当然のことで、現在でも使うテキストにより、又話すテーマによっては、大同小異のことが起きている。

4　日本研究の発展――その二　フランス極東学院の研究

ルヴォンと時期を同じくして、フランス極東学院でも、日本研究が本格的になる。ルヴォンの『日本文学アンソロジー』を痛烈に批判したノエル・ペリは、ルヴォンよりも二歳年上だった。彼は、幼少時は地学に興味を持っていたと言うが、高校でバカロレアに失敗、追試で通った頃から、哲学に興味を持ち、ピアノとオルガンと和声を学び、科学に興味を持ちつつも、神学校に進み、栄光を求める職業でなく、献身と犠牲を目指して、宣教師となって外国に行く決心をする。そして、海外宣教師養成神学校で三年間学び、そこで同時に歌の教師も兼任。一八八八年に、マルセイユから日本に出発した彼は、ついに故国の土を再び踏むことはなかったのである（クロード・メートル「ノエル・ペリ」『フランス極東学院紀要』*Bulletin de l'Ecole française d'Extrême-Orient*, vol. 22, 1922）。

横浜に着いて日本語の勉強を始めたというから、日本に行く前に学ぶことができるようにと作った先人の学習書は、見ていなかったようであり、準備万端整っていた訳ではなかった。彼の最初の伝道地は松本であったが、その後、東京の孤児院にいたこともあり、新訳聖書の翻訳を試みたり、東京音楽学校でも、請われて、ピアノ、オルガン、和声学、作曲などを教授していたという。また、創立者のボワソナードも、その継承者のルヴォンも帰仏した後、既に経営難に陥っていた『仏文雑誌』*Revue française du Japon* に協力を請われて、一八九七年九月に、能狂言と『橋弁慶』の注と仏語訳を発表したが、同誌は同年廃刊となる。そして翌年、刊行を始めた月刊誌『天地人』も三年六ヵ月後、重責と孤独の中、宣教師会内の軋轢によって廃刊を余儀なくされる。ただ、クレマン・ルモワーヌ司祭（一八六九〜一九四一）が私財を投じて、ペリが責任者となって設立した、日本で唯一のフランス書店、三才社は、ルモワーヌ司祭が転任する一九一二年まで活動した。そしてこの二度にわたる出版の失意は、彼にとってかなりの精神的負担となったようで、一九〇二年海外宣教師会を離れる。この後は、自由聖職者としての活動になるが、その頃彼は、フランス極東学院の研究員であったクロード・メートル（一八七六〜一九二五）に東京で邂逅、意気投合して友情を深めたという。メートルの談話として、『能楽』第二巻一号（一九〇四年一月）に、二人の出会いが記されているというが、メートルは、観世会催能の折、熱心に見て飽きない外国人（ペリ）を見たので、観世会幹事の松尾氏に紹介を頼み、「その寓所たる小石川原町、フロレンツ氏の邸を訪」って、談話を交わす約束をして一二月一五日訪問したという（長谷川正子、前掲論文）。この頃は、ちょうどフローレンツが東京帝大で教鞭をとっていた時期であるから、ペリが彼の居所に寄寓していたとしても不思議はない。とすれば、ペリはフローレンツの著作や蔵書はすべて見たであろうし、意見交換も容易に出来たにちがいない。ペリの能研究は、加速度的に進んで行く。

一九〇四年、ペリは、三才社から、新たに『日本雑録』を発刊する。共同編集者は変わらず海外宣教師会のメンバーであるが、彼も一九〇六年には、宣教師会の委嘱で上海に移り、ジャーナリストとして、中国の記事などを書く生活に変わっており、一九〇七年以降は、極東学院院長となったクロード・メートルの勧めで、極東学院の研究員となり、ハノイで生活しつつ、日本への長期出張で研究を続けていた。しかし『日本雑録』も発刊六年にして、明らかに反対者の妨害にあって、『天地人』と同じ運命を辿る。彼の研究は、『能』と題して、一九四四年に日仏会館から出版されるが、一九七五年には、日本語訳が出版され（井畔武明訳『能』桜楓社、一九七五年六月）、今なお参考にされる名著である。「補遺」の中で、監修者の杉山直治郎（帝国学士院会員）は、ペリの業績が文学、地理学、思想、仏教、音楽、日本語などに及ぶことを述べるが、その中で、能楽の『道成寺』、『実盛』、『夜討曽我』、清少納言の『枕草子』、十返舎一九の『東海道中膝栗毛』の未発表原稿があるという。しかし現在、その行方に関しては、調査をされたという情報もないので、今後の調査を期待したい。

ノエル・ペリと東京で遭遇し、友情を培ったクロード・メートルは、ペリよりも二〇歳若い。一八九八年に哲学の高等教員資格を取得、首席でエコール・ノルマル・シュペリウールを卒業し、アルベール・カーンの奨学金で世界一周旅行に出て、日本を発見するのである。ちょうどハノイに、フランス極東学院が本部を移した直後で、彼はその研究員となる。極東学院は、元々インドシナ考古学研究機関を母体とし、インドから日本までのアジア社会と文明の研究を使命とするので、畢竟クロード・メートルの研究も、日本のみならず、中国、韓国、インドシナも含んでいる。しかし、ハノイで極東学院院長職にあった時、彼は、時事問題の分析もしており、広い世界を見ながらの研究が的を絞りかねたのは、ロニもルヴォンも似た傾向をもっていた。ただし、徐々に専門化が進んでいることは明らかで、一九〇〇年のパリ万国博覧会場で、素晴らしい日本美術に接して、「大和の美術」を『古今美術雑誌』*Revue de l'Art ancien et moderne*（一九〇一年）に発表。また未完ながら、『フランス極東学院紀要』（一九〇三～一九〇四）に掲載された「起源から足利時代までの日本歴史文学」も、当時高い評価を受けていた。そして、一九〇四、一九〇五、ならびに一九〇七年に同学院院長代理職を勤め、更に一九〇八年からは、正式に院長となったため、自身の研究は難しくなった。彼が残した業績は、研究以外にも、同学院を公共機関として認可させたことや、アンコール遺跡の保存修復事業を支えたことなどもあり、休暇で滞仏中の一九一五年、動員されて第一次世界大戦終戦をフランスで迎えた後、一九二三年、ギメ東洋美術館副館長となって研究を再開、ちょうどパリにいた、セルジュ・エリセーエフの協力を得て、月刊誌『日本と極東』*Japon et Extrême-Orient* を発刊するが、翌年病に倒れ一年余りの闘病の後逝去。クロード・メートルの関連資料は、ギメ美術館及びフランス極東学院に、今なお保存されているという。何時か陽の目を見る時が来ることを祈りたい。そして、極東学院の新たな日本研究は、一九六六年に同学院京都センターが開設されるまで、待たねばならなかったのである。

5　日本研究の発展――その三　日本研究の組織化

第一次世界大戦が終息すると、研究者を受け入れる設備のある機関設立の動きがおこる。東京日仏会館である。ポール・クローデル（一八六八〜一九五五）は、ヨーロッパ、中国、ブラジルなどで、領事や代理公使を勤めた後、最初の大使としての任地が東京であった。一九二一年から一九二七年まで、六年間滞在した訳であるが、その間大正天皇の大喪、昭和天皇即位、関東大震災などを経験しており、彼の著作集には、好きな演劇、能や文楽、自作のオペラなどと共に、その体験が記されている。一九一九年頃から、前準備とも言うべき交渉が始まり、初代館長には、予定されていたノエル・ペリの死去に伴い、インド学者のシルヴァン・レヴィが就任する。限られた数ではあるが、一応留学生受け入れ体制が整い、三人の研究員が選ばれた。一九二四年に出発したのが、後に日本研究を背負って立つシャルル・アグノエル（一八九六〜一九七六）。一九二六年に出発した一人は、中国学者のポール・ドミエヴィル（一八九四〜一九七九）で、シルヴァン・レヴィは、この年、東京帝国大学のサンスクリット講座教授・高楠順次郎（一八六六〜一九四五）と協力して、フランス語仏教術語辞典『法宝義林』*Hôbôgirin: Dictionnaire encyclopédique du Bouddhisme d'après les sources chinoises et japonaises* の出版を計画し、ドミエヴィルは、その編集責任者となる。もう一人は、地理学者のフランシス・リュエラン（一八九四〜一九七五）で、この人が、京都の比叡山に調査に行く度、京都にも日仏会館があったらと考え、クローデル大使を動かし、稲畑勝太郎の力で関西財界から寄付を得て、関西日仏会館を誕生させたという。

それに少し遅れて、パリ大学都市（シテ・ユニヴェルシテール）日本館が、アンドレ・オノラ（一八六八～一九五〇）文部大臣の意図に賛同した、日本の富豪・薩摩治郎八（一九〇一～一九七六）の資金提供によって建てられたが、一九二九年開館したものの、館長はなかなか決まらず、館長代理の事務局長に、セルジュ・エリセーエフが就任する。しかし彼も、激務のため翌年退任。一九三五年までは、後任の事務局長が代理をしていたという。そして、ここに、一九二九年開館後すぐに、既に二二名の留学生が滞在していたというから、如何にこうした施設が必要とされていたかが分かる（小林茂『薩摩治郎八』ミネルヴァ書房、二〇一〇年一〇月）。

一九二九年京都帝大助教授であった数学者の岡潔（一九〇一～一九七八）が、文部省留学生としてパリ大学のポワンカレ研究所で研究のため来仏し、この日本館に投宿していたというが、日本からの給費留学は、明治初期の藩費留学、陸軍省留学、岩倉使節団随行留学から私費留学まであって、一八七一年まで遡ることが出来るようである。また一九三二年、アンドレ・オノラの力添えで、フランス政府給費留学生制度が生まれた時の、第一回留学生は、西洋美術専門の吉川逸治（一九〇八～二〇〇二）で、むろん彼もこの日本館の住人だったのである（村上紀史郎『バロン・サツマと呼ばれた男―薩摩治郎八とその時代』藤原書店、二〇〇九年二月）。

そして、ミシェル・ルヴォンが運営していたという日本人学生後援会も、この会館内に事務所を開くことになって、実質どのように運営されていたかは別にして、ともかく、研究者交流の枠組みは着々形をなして行ったのである。そこで忘れてはならないのが、日本学研究所の設立であろう。

一九二〇年に、三井合名会社の寄付金を基盤に、パリ大学日本文明講座が発足し、ミシェル・ルヴォンが教授に就任したことは既に述べたが、日本に好意的であったアンドレ・オノラの尽力で、更にパリ大学日本学研究所も、三井合名会社の寄付を元に一九三四年末に発足、大学都市日本館に、関連事務と蔵書管理が委ねられた。そして、一九三六年に始まる、日本政府フランス人給費生の選考についても、在仏日本大使館に協力することとなった。第一回留学生は、日本美術史専攻のベルナール・ルカと、民俗学・考古学のアンドレ・ルロワ＝グーラン（一九一一〜一九八六）で、二〜三年の予定で日本に滞在した（松崎碩子「パリ大学日本学研究所」『満鉄と日本文化交流誌『フランス・ジャポン』』ゆまに書房、二〇一二年九月）。国際交流基金の前身、国際文化振興会が生まれたのも、同じ年であるが、活発な活動に入るのは、戦後の復興が一段落ついてからである。

こうした組織化が進む中で、日本研究に、見逃せない足跡を残した人が三人ある。まず、ガストン・ルノンドー（一八七九〜一九六七）は、陸軍士官となって、一九〇九年〜一九一三年、および、一九二四年〜一九二八年の二回にわたって日本に滞在し、『陸軍用語和仏辞典』と『同仏和辞典』を作り出版する。そして、ノエル・ペリの研究に触発されて、急逝したペリの後を襲いで、能研究に入り、『極東学院報』（一九二六〜一九三二）に一四の謡曲翻訳を発表、その途上、ペリ同様、謡曲に落ちる仏教の深い影に惹かれ、仏教用語の解釈について、開館したばかりの東京日仏会館にあったシルヴァン・レヴィとポール・ドミエヴィルに教えを仰いだと言うことである（松崎碩子、前掲論文）。

二人目は、古文書学と英仏比較法制史を修めたフレデリック・ジュオン・デ・ロングレ（一八九二〜一九七五）で、一九二四年にパリ大学で法学博士号を取得したあと東アジアを旅行し、東京日仏会館設立にも関わったという。（小沢正夫、前掲論文）そして、杉山直治郎（一八七八〜一九六六）や山田三良（一八六九〜一九六五）らの日本人法学者と親交を結び、一九三九年から一九四六年まで日仏会館館長を勤めたあと帰仏、母校の国立古文書学校と国立高等研究院の教授を勤めた後、収集した資料を元に、鎌倉時代比較制度史研究、中世の女性の地位、藤原多子（一一四〇〜一二〇二）と周囲の権力争いなどについて、高度な歴史研究を残したと言われている。

三人目は、一九三二年から一九三九年まで、日仏会館研究員として滞日したジョルジュ・ボノー（一八九七〜一九七二）で、この人は、上智大学でも教鞭をとったという。元々フランス近代詩を専門とする高等教員資格を持った人で詩人でもあったから、日本の古今集から現代の俚謡、童謡まで集めた、日本の短詩型叙情詩の研究で、京都帝大の学位を取得しているという。（小沢正夫、前掲論文）そして、それらを次々と発表し、出版して行く。帰国の前年に発表した『日本の詩歌の問題点―技巧と翻訳について』*Le Problème de la poésie japonaise, technique et traduction*（ポール・グトゥネー社、一九三八年）で、この難しい時期に於いて、相互に理解を深める為には、文学の翻訳を読むことが必要であるとし、日本の詩歌で大切なのは、音数律で、その基本的形態は、古代から近代までの、すべての階層の詩歌を通じて不変であったという。一九四〇年には、『日本近代文学史―一八六八〜一九三八』*Histoire de la littérature japonaise contemporaine : 1868-1938*（Payot）を出版し、ルヴォンの『日本文学アンソロジー』を補強した。

6　日本研究の深まりと確立

制度が整いつつあった時代に、それらの枠に嵌らず、日本研究に足跡を残した人がいた。元々はロシア人でフランス国籍を取得したセルジュ・エリセーエフである。エリセーエフ家には、パリ郊外に別荘があったので、中学時代に一九〇〇年のパリ万国博を見学して、素晴らしい東洋美術に既に接していた。当時の風潮として、フランス印象派絵画と日本の広重・北斎の版画に興味を持ったということであるが、一九〇〇年の万博には、林忠正の選択になる国宝級の作品が展示されていたので、当然目にしたと思われる。優秀な成績で高校を卒業すると、一九〇七年、教授の推薦でベルリン大学に留学、同大学付属東洋学校で日本語と中国語を学ぶ。日本語の教師は、ヘルマン・プラウト（一八四六〜一九〇九）で、一八七三年に哲学博士号を取得後、東京医学校で、一八七四年から一八八一年まで、ドイツ語、ラテン語、地理学の講師を務め、ドイツに戻って、ベルリン大学東洋語学校の日本語講座を開講し、ドイツ日本語教育の開祖と呼ばれている、ルドルフ・ランゲに、同校で日本語を習った人である。（志村哲也「ヘルマン・プラウト「日本語読本」」、『上智大学ドイツ文学論集』第四三号、二〇〇六年一二月）

エリセーエフは翌年、東京帝大文学科に入学、日本語を猛勉強して進級、一九〇九年には、フローレンツの授業にも出ている。フローレンツは、ライプチッヒで、ゲオルク・ガーベレンツ（一八四〇〜一八九三）に言語学とサンスクリット、中国語を学び、日本の文献研究に入ったという。そして、留学中であった森鷗外（一八六二〜一九二二）、井上哲次郎（一八五五〜一九四四）、有賀長雄（一八六〇〜一九二一）らとの親交が生まれ、有賀の帰国に同伴して訪日。有賀の奔走で、東京帝大ドイツ語ドイツ文学講師となり、一八九一年にチェンバレンが帰国した後は、言語学とサンスクリットも担当し、専任教授となって、一九一四年まで滞在したという（神山孝夫『印欧祖語の母音組織』大学教育出版、二〇〇六年一〇月）。東京帝国大学文学科に、最短年限の四年間在学して、芭蕉研究の論文を出し、優秀な成績で卒業したエリセーエフは、大学院で国文学を引き続き専攻する。二年後には大学院も修了、ロシアに戻り、ペトログラード大学で准教授になったが、一九二〇年に国外脱出。更に翌一九二一年には、パリに亡命して、ギメ博物館の研究員、大使館の通訳・翻訳で生計を立てる。そしてさらにその翌年からは、パリ大学で江戸文学史、東洋語学校で国文法の講義をするが、正教授のポストではなかった。パリ大学にはルヴォンが、東洋語学校にはドートルメールが在任しており、一九〇八年にロニが退いた後の高等研究院の教授ポストには、日本研究者は就いていなかったし、エリセーエフは、正式ポストに必要なフランス国籍をまだ取得していなかった。

クロード・メートルに協力して月刊誌『日本と極東』に、志賀直哉の「范の犯罪」、谷崎潤一郎の「刺青」、永井荷風の「狐」、芥川龍之介の「雛」、岡田八千代の「三日」、久保田万太郎の「はつ夏」、長谷川如是閑の「象やの粂さん」、菊池寛の「島原心中」、山之内秀夫の「川波の音」を翻訳掲載し、翌年単行本で出版している（ヴァン・エスト出版社、一九二四年）。『日本と極東』が廃刊になった後、永井荷風の「牡丹の客」、新井紀一の「悪日」、志賀直哉の

「焚火」、長谷川如是閑の「或るカフェーの娘」、森田草平の「名取弟子」、谷崎潤一郎の「秘密」の翻訳短編集（『牡丹の庭』サン・パレイユ出版社、一九二七年）を出版、両短編集ともに、見事な作品の選択である。

新しい日本文学の紹介と同時に、一九二四年に発刊した『アジア美術雑誌』*Revue des Arts asiatiques* にも、彼は日本美術の研究論文を発表する。そして、一九二九年、日本館館長代理の事務局長に就任してすぐ翌年、激務で研究ができないため辞職、一九三〇年には、高等研究院の講師となり、フランスに帰化したエリセーエフは、一九三二年同研究院の教授となり、仏教図像の講義を始めるが、翌年、ハーヴァード大学の招聘を受けて渡米し、アメリカの日本研究の基礎を築き、めざましい発展を可能にし、戦後一九五七年までフランスには帰らなかった。

もう一人、傑出した日本研究者が、日仏会館第一期研究員として訪日した。ちょうど、中国学も、インド学も、民俗学も、言語学も、フランスが世界でも指折りの研究者を擁していた時、シャルル・アグノエルは、パリで彼らの薫陶を受けることが出来たのである。中国学はマルセル・グラネ（一八八四〜一九四〇）、アンリ・マスペロ（一八八三〜一九四五）、ポール・ペリオ（一八七八〜一九四五）に、インド学はシルヴァン・レヴィに、民俗学はマルセル・モース（一八七二〜一九五〇）に、言語学はアントワーヌ・メイエ（一八六六〜一九三六）に学んでいる。現代日本語は、東洋語学校で学んだというから、ジョゼフ・ドートルメールの生徒だったのであろう。しかし、研究はむしろ、前記の各分野屈指の碩学に学んだのである。

日本から帰仏したアグノエルは、東洋語学校のドートルメールが退職した後のポストに一九三二年に就任した。国立高等研究院宗教学部のエリセーエフが去った後も、アグノエルが引き継ぐが、正教授になるのは一九四〇年を待たねばならなかったという。そして、一九四一年に政府が反ユダヤ人政策を掲げるに及んで、マスペロとペリオの尽力で特別許可を得たものの、安全が保証され得ないことを恐れ、二年間、ストラスブールやクレルモン＝フェランなど地方の大学に転出、そしてその後は戦後まで、オーヴェルヌの山中にひっそりと身を隠さなければならなかったという。その間の東洋語学校の日本語講座は、ルーヴル学院で日本美術を教えていたジャン・ビュオ（一八八五～一九五二）が非常勤でつないだ。アグノエルはまた、エリセーエフが編集していた『日本と極東』誌に、森鷗外の「高瀬舟」の翻訳を出したり、朝鮮、台湾、東南アジアなどと結びつけて日本を本格的に研究する、広い目を持った面と、平安時代の歌や日本語の助詞に関するものなども戦前に発表しているが、何と言っても最大の業績は、一九四七年に博士号を取得した論文で、戦後に発表される、六〇〇ページを越える『日本文明の起源』*Origines de la civilisation japonaise*（クリンシック出版、一九五六年）である。この論文は、第四章の日本語の構造の解明が出色で、アグノエルに師事した学生は、皆この日本語学を継承したのである。そして、パリ大学のルヴォンの後、アンドレ・ボージャールが細々と繋いでいた日本文明講座も、彼が継承して、日本学研究所も活動を再開する。

以上、二大戦間の日本研究についての概観を述べるにあたり、先学および現代の碩学の御協力を全面的に仰いだのであるが、限られた紙面に、各氏の氏名を記す事ができないので、ここに一言謝辞を記して、筆を擱く事としたい。

参考文献

Deux siècles d' histoire de l'Ecole des Langues Orientales, éd.Hervas.1995

Jean=Jacques ORIGAS, Les études japonaises en France: Cinq étapes: Notes sur l'histoire et l'état présent. dans, *Japanese Studies en Europe ,Directory SeriesVII*　国際交流基金　1985, pp.79-102

Bernard FRANK«Les études japonaises», dans Cinquante ans d'orientalisme en Fance (1922-1972), *Journal Asiatique*.1973, pp.255-295

日本の王朝文化

松尾・オーベルラン訳『枕草子』――変奏としての翻訳

寺田澄江

1　変奏としての翻訳

松尾邦之助とエミール・スタイニルベル＝オーベルラン共同の『枕草子』の仏訳、『レ・ノート・ド・ロレイエ』*Les notes de l'oreiller* がストック社の世界文学文庫（Bibliothèque cosmopolite）の一冊として出版されたのは一九二八年だった。同じ年に、『源氏物語』の英訳で知られるアーサー・ウェイリーが抄訳・解説・随筆を混ぜたような個性的な *The Pillow Book of Sei Shônagon*（G.Allen & Unwin）を仏訳より遅れて出版している。この二つの訳はアカデミックな世界ではあまり触れられることはないが、仏訳は一九九〇年、英訳の方は二〇一一年に再版されていて入手しやすい。それなりに人気があるものだということがわかる。またこの年には、キク・ヤマタのウェイリー英訳をもとにした『源氏物語』*Le roman de Genji*（Librairie Plon）の仏語による抄訳も出版されている。一九二八年は東洋文化に興味を持つ当時の教養人にとって、平安女流の年だったと言っていいかもしれない。

仏語抄訳『枕草子』（1928年）
松尾邦之助、S. オーベルラン共訳

松尾・オーベルラン訳は原文の約四分一程度の抄訳だが、かなり自由な翻訳で、簡潔で暗示に富んだ原文を描写的で書き込んだものに変えるというのが、その一つの傾向である。例えば、小学館本では一七九段の「雪のいと高くはあらで」の段は、

雪の、いと高くはあらで、薄らかに降りたるなどは、いとこそをかしけれ。又、雪の、いと高く降積みたる夕暮れより、端近う、同じ心なる人、二三人ばかり、火桶、中に据ゑて、物語などする程に、暗うなりぬれば、此方には灯も点さぬに、大方、雪の光、いと白う見えたるに、火箸して、灰など掻きすさびて、哀なるも、おかしきも、言合はするこそ、おかしけれ。（白羊、八九段「太夫は」、五九二頁）

仏訳では「雪」と題された以下の断章となる。

特にいいと思うのは、雪がちらほらと降って地面にうっすらと積もっているのを見るとき。雪が降り続いて深くなり、空から降って来る雪が一日中積もって、高く、高く、高くなって行く。雪を眺めて一日暮らしあかしていると、夕闇が来る。
するると私は気の合った友達二三人を呼んで火鉢を囲む。一時間も話をしていると、夜になる。雪の夜。灯をつけてはだめ。優しく白い神秘な光、豊かな影を帯びた雪明かりが私たちを照らしてくれるから。私たちは火箸で灰をかき、優しく微かに光っている炭をいじり回し、遠い昔の心が熱くなる想い出を語る。感傷的になったり、逆にふざけたことを言って笑ったりする。でも、いつも優しく、神秘的で、親しみ深い雰囲気の中で。それはとてもすてきなこと。（八一～八二頁）

「私は気の合った友達二三人を呼んで」と、「私」を中心として場面を構成していることなどから、印象はかなり違うが、内容的に踏み外している訳ではない。次の「よくたきしめたる薫物は」（小学館本の二〇七段）はどうであろうか。

よくたきしめたる薫物《たきもの》の、昨日《きのう》、一昨日《おととい》、今日などは、打忘れたるに、衣《きぬ》を引きかづきたる中に、煙の残りたるは、今のよりも、めでたし。（白羊、一〇九段「見る物は」、六六〇頁）

次のように、翻訳ではなく、たきものの香りというモチーフの変奏となっている。

着物に香を薫きしめ、たんすに入れ、そして時が経つ。おととい、きのう、今日、何日も、何ヵ月も、そして、すっかり忘れてしまう。ある日、忘れた着物を出してみる。衣に移った昔の香りがわたしたちの周りに立ち昇り、辺りに漂って行く。

昔の香りは、今の香りよりも優雅でデリケートなものだ。（九五頁）

たんすが使われるようになるのは江戸以降のことで、引き出しに着物をしまい、そして取り出すという動作は平安和文の世界にはなじまない。九百年の隔たりという時間的な距離が生み出すエキゾチズムが、ここでは日仏という空間的な横の隔たりによるエキゾチズムに置き換えられ、仏訳当時の日本の女の動作に移されている。先に引用した「雪」についての抄訳の部分で、火桶の代わりに「火鉢」という翻訳当時の言葉を注付きのローマ字書きで使っているのも、そうしたアプローチの表れである。本人たちにアナクロニズムを犯しているという意識はなかっただろうし、こうした書き足しはフランスの読者の共感を呼び起こすための工夫だったのだろうが、平安のテクストに触発され、自分たちの感性をもとに書き足し、書き込み、テクストを再構成するという松尾・オーベルランの訳を読んでいると、いつの時代のことだろうと言いたくなる箇所に時々出会うのである。

2　原文と翻訳の系譜

おおよその傾向はご理解頂けたと思う。翻訳について語るとき、どの原文を使ったかという問題を避けて通ることはできないが、『枕草子』の場合、この点が特に重要になる。写本には四つの系統があって、本によってかなり違う章段が存在しているため、原文を突き止めないことには松尾・オーベルランが付け足したのか、省略したのかということも言えないのである。主要な系統は「能因本」と「三巻本」の二つで、当時は「能因本」の全盛時代、主に北村季吟校註の『春曙抄』が流布していたということが研究者の間で常識化している。現在は状況ががらりと変わり、『三巻本』が主流で、手に入りやすい「能因本」は『春曙抄』とは異なる写本を元にしている小学館全集本だけである。そのため煩雑ではあるが、小論での引用にあたっては「小学館本」のどの段にあたるかを示した上で、原文は翻訳に使用された溝口白羊の『譯註枕の草紙』を挙げた。この本（一九二五年版）は翻訳作業終了後にアジア学会(Société asiatique）に寄贈され、現在コレージュ・ド・フランスに置かれた学会付属の書庫に保管されている。

ウェイリーが使った金子元臣の『枕草子評釈』（明治書院、一九二一～一九二五年）ではなく、現在は顧みられることがない白羊の『枕の草紙』をなぜ選んだかはわからない。単なる都合だったかもしれないが、学術書ではなく一般向けをめざしている点に注目したのかもしれない。「白羊注」ではなく、「白羊訳」と銘打っているところにも表われているように、当時の読者に読みやすい新しい現代語訳を提供することを売り物とした本だったのである。白羊は

『徒然草』の現代語訳も出版していて、古典を当時の読者の身近なものにしようという作業は『枕草子』だけにはとどまらなかった。古典に対するこうしたアプローチは、『枕草子』をフランスの読者にも身近なものにしたいという仏訳の意図にかなったものだったのかもしれない。

白羊自身はどの本文を使ったか書いていない。北村季吟の『枕草子春曙抄』（一六七四年）を参照していたことは注などで分かるが、この本とは小異がある能因本で、本文の構成は、加藤盤斎の『清少納言枕草紙抄』（同年刊行）が採用した、類聚章段（リスト）をトップに立て、次のリストが現れるまでは続きは全部、内容と関係なくそのリスト章段に含めてしまうという、極めて大雑把な編集方式をそのまま引き継いでいる。その結果、章段の数は必然的に少なくなり、能因本の小学館日本文学全集の『枕草子』と比べてみると、約半数になってしまっている。松尾・オーベルランは、このいわば寄せ集め的編集のテクストを元に作業した訳である。

それから六年後の一九三四年に、アンドレ・ボージャールが『京都御所の女房、清少納言の枕草子』*Les notes de chevet de Séi Shōnagon, dame d'honneur au Palais de Kyōto*（G.-P. Maisonneuve）と題する全訳を出版した。学術的な翻訳で、原文にない補足部分は［　］に入れるなど一般の読者にはなじみにくいものだったが、一九六六年に大幅に体裁を改め、タイトルも簡潔に『枕　草　子《ノート・ド・シュヴェ》』*Notes de chevet* として、ガリマール・ユネスコ共同出版の東洋教養文庫（Connaissance de l'Orient）の一冊として出版された。現在仏訳といえば、一般にこの全訳を指している。ボージャールも松尾も一九六〇年出版と述べているが、前書きの日付、一九六〇年が一人歩きして、いつの間にか記憶の中で六〇年となってしまったのだと思われる。ボージャールは、白羊の『譯註枕の草紙』と、ウェイリーが使った金子元臣の『枕草子評釈』を使い、特に後者を参照したということだが（ボージャールの書き込みが至るところにあるこの本は、コレージュ・ド・フランスの蔵書となっている）、読みやすい金子元臣の章段区分（現在どの版も採用している細かく章段タイトルを立てる方式で、三〇一段ある）ではなく、リスト章段のみをタイトルに立てた白羊の編集方式を採用している。ボージャールの翻訳は読みにくく、扱いにくいが、その主な理由はこの編集方式の踏襲にある。

なぜこのリスト方式がベースになってしまったのかということは、原文からの『枕草子』仏語抄訳を初めて行ったミシェル・ルヴォンにまで遡って考えるべきなのかもしれない。当時日本学の権威だったルヴォンは一九一〇年に『日本文学アンソロジー　その起源から二十世紀まで』*Anthologie de la littérature japonaise, des origines au XXe siècle*（Delagrave）を出版し、この中で『枕草子』を巻四まで抄訳している。かなり省略が多い翻訳だが、ここで注目されるのは、章段区分が明らかに加藤盤斎方式で、しかも能因本にはない本文が混在しているという事実である。例えば「物のあはれ知らせ顔なるもの」の段（小学館本、第八九段）、

鼻垂る間も無く、かみて物言ふ声。眉抜くも。（白羊、第四三段、二七八頁）

この段のルヴォン訳を再訳すると以下のようになる。

第四四段　メランコリーを催すように感じられるもの
鼻をかみ、そして何か言う声。
眉を抜く。
わさびを食う。　（ルヴォン、二三一頁）

わさびは、からし（ムタルド）と訳されている。そして、『源氏物語』では「泣く」ことをしばしば「鼻かむ」と

いう動詞で表現していて、ここも同じ使い方だが、アイロニカルであるという注がついている。松尾・オーベルラン訳の「涙を流させるもの」（六五頁）は、「わさび」がない白羊本を元にしているが、ルヴォン訳とほとんど同じである。このリストに「わさび」があるのは前田本と堺本だが、「わさび」、「眉」の順である。松尾・オーベルラン訳は、しばしばリスト項目の順序を変えているが、ここはルヴォンの翻訳を踏襲しただけなのかもしれない。ボージャール訳からは、「わさび」は消えている。

ルヴォンが元にした原本が能因本であるのは間違いないが、何を元に訳したか書いていない。彼の抄訳を読んでいると、原本の異同について触れている箇所に出会うので、諸本の異同を記載した注釈書に拠っていることは確かだ。明治以降、ルヴォンの出版前までに日本で刊行されている注釈書は『枕草子大事典』によれば四冊、内二つは章段構成から見て除外され、章段構成がルヴォンの挙げる数字と同一で（跋文の前までで一五七段）、異本にある「わさび」に触れているのは青山堂書房出版の『改訂増補枕草子春曙抄』で、ルヴォンが原本として使ったのは恐らくこの本だったと思われる。ルヴォンの参考書を探す過程で、当時は季吟の『枕草子春曙抄』が主流であったという考え方は、若干修正の必要があるのではないかと筆者は考えるようになった。というのは、季吟が章段を立てなかったため、本文はともかく、盤斎の章段区分を流用して目次を立てることが一般的に行われていたようで、上記の『改訂増補枕草子春曙抄』の場合も、若干の異同はあるが盤斎方式の区分による目次が使われているのである。また、一九一三年に出版された博文館の校註国文叢書中の『枕草紙』も、これと全く同じ章段構成が踏襲されている。注釈の内容については、一般に季吟が支持されているようであるが、書物の構成というのは作品の理解・印象を大きく左右しうるものなので、盤斎方式の区分が一般的だったということは無視すべきではないと思うのである。

さて、ルヴォン、松尾・オーベルラン、ボージャールと続く翻訳の系譜だが、ルヴォンの訳が正確で、松尾・オーベルランが原作から外れている、或は間違っている、ルヴォンの間違いを松尾・オーベルランが正している、ルヴォン、松尾・オーベルランの同じ間違いをボージャールが正している、三つとも間違っているなど、正確さの問題だけでも様々である。またそこに白羊の現代語訳の間違いも時には入ってくるので、状況はかなり複雑である。三つともに間違い続けているものは、文化・習俗に対する理解が行き届いていないために、暗示的・省略的文章の脈絡が取りきれずに間違う場合、また本文に乱れがあって意味が取りにくい場合がほとんどであり、多くの場合この二つが重なっている。

例えば、大変美しい章段「あてなるもの」（小学館本、四九段）に、「藤の花。梅の花に、雪の降りたる。」（白羊、二六段、一七三頁）という部分がある。これが、松尾・オーベルラン訳では「雪が降りかかっている藤や梅の花」となっている（二九頁）。ルヴォンもその通りで、ボージャールも同じである。ルヴォンが使ったと覚しい『改訂増補枕草子春曙抄』では「藤の花梅のはなに雪のふりたる。」と二文ではない体裁なので、構文上は無理もない間違いだが、藤は春の終わり・初夏に花開くので、花に雪が降り掛かるということはあり得ない。モネは庭の藤棚を題材に絵を描いているし、当時知られていない植物とも言えない筈だが、この生活感覚がないために、間違いを踏襲してしまったのであろう。実は小学館の能因本には「藤の花」はない。他の二系統の本は「藤の花」はあるが、「梅」とは離れた場所に出て来る。白羊の本文は、『春曙抄』の三巻本からの混入箇所なのである。けれども、三巻本が底本として定着している現在、この部分は再度問題になる。新しい翻訳が出て、冬に咲く藤の花を退場させてもらいたいものである。

平安時代の知識がないと難しい上に本文自体に問題があり、三つの訳が共に間違っている例として挙げられるのは、「心ときめきするもの」（小学館、二九段）の冒頭「雀の子飼」の訳で、全て「子を養っている雀」（松尾・オーベルラン、三八頁）となっている。実は、この間違いの系譜はさらに遡る。一八九九年に出版されたW・G・アストンの『日本文学史』*A History of Japanese Literature*（London, Heinemann）は『枕草子』に一章を割き、中にこの段が抄出されているが、この英訳においても、一九〇二年に出版されたこの本の仏語訳においても、やはり「雛を養っている雀を見るとき」となっているのである（*Littérature japonaise*, Librairie Armand Colin, p.111）。『改訂増補枕草子春曙抄』では「すゞめのこがひ」と仮名だが、小学館本は「雀の子」とあるだけで、ここもテキストが違う。「雀の籠飼い」ではないかという説もある。『源氏物語』の有名な、飼っていた鳥を逃がされてしまって泣きべそになった若紫の場面などを思い出せば避けられる誤訳だが、この断片的な表現だけから意味をとらえるのは中々難しいだろう。

この二つの例共に、まさに問題となる部分が能因本には対応せず、三巻本からの混入箇所だというのも面白い。現在パリで行っている『源氏物語』の共同翻訳でも経験することだが、本文の乱れている部分と翻訳上問題となる部分はしばしば重なる。このようなテキストの裂け目は、作品を伝承してきた千年の時間の厚みが持つ不透明な意味の広がりを垣間見せてくれるのである。

誤訳ではない異同の例を挙げよう。「すさまじきもの（興ざめなもの）」（小学館、二二段、白羊、十四段）に、「方違え（忌みの方角に直接行くのを避けるため、まず他の方角に行くこと）に行っているのに、もてなしてくれない所」という項がある。ルヴォンもボージャールも注付きで正しく訳しているが、松尾・オーベルラン訳は「自分が人の所に行ったときに、その人は自分の家に来ていて、自分は相手方でひどいもてなしを受けたのに、自分の家の方ではその人をしかるべくもてなした場合（二三頁）」と、全く別のことを書いている。「方違え」についてはルヴォンの訳もあり、白羊も丁寧に注しているので、分からなくてでたらめに訳したのではなく、フランスの読者には何のことか分からない部分はどんどんカットし、あるいは書き変えてしまうという翻訳方針がはっきりと表われている例である。その当否はともかくとして、省略しつつも、文学的に重要な歌集のリストや和歌の題などについては、注をつけたり難解であっても省かず訳したりしているルヴォンの姿勢、ボージャールの正確を期した翻訳態度と比べると、楽しい読み物にしてフランス人にも身近な『枕草子』にしたいという訳者の取り組みが読んでいる者に伝わってくる訳である。

3　テキストの断片化と再編成

さて、この仏訳は原作のどのような点に注目しているのだろうか。ルヴォンは、その描写の鋭さにおいてラ・ブリュイエール、ラ・ロシュフーコーに比肩するスケッチを『枕草子』に見いだすことができると述べる一方、全体を統一する構成がなく、章段の脈絡もないとも言って、断片性をその欠点として否定的に捉えている。松尾・オーベルランは、それとは反対に、「序」において心の赴くままというスタイルが持つ優雅さに惹かれると述べていることからもわかるように、『枕草子』を特徴づける雑纂性、断片性に魅力を感じ、それを積極的に前面に押し出す本文選択、編集を行っている。

例えば「成信中将は、入道兵部卿宮の御子にて」（小学館、二七一段）は比較的長い段だが、ここからまず二カ所切り取り、それを五つに分割して順序を前後させ、更に他の二つの段の抄訳を組み込んで、月をめぐる随想をテーマとする七つの断片の集合体に作り直している（一二九～一三三頁）。

一　夜訪ねてくる人々についての随想
二　月下の情景
三　月の印象
四　人まねする者
五　雪の夜に訪ねてくる人々について
六　月明かりで読む和歌について
七　雨について

原文ではこの段は、成信をめぐるエピソードに発して、月の夜、風の夜、雪の夜の訪れに筆が及んでいる。雨の夜に訪ねて来た成信を清少納言が仲良しの女房と二人で無視していると、常日頃目障りに思っている取り次ぎの女房がいつまでも成信と話し込んでいるので、成信も成信だと清女は腹立たしく思う。翌朝その女が雨の夜にわざわざ通ってくる人には感激すると言い立てているので、一層腹立たしく思い、ことさら雨の夜に来て気を引こうとする男よりは、月夜に逢いに来てくれる人の方がどれほど素晴らしいか知れないと書く。そして、原文ではこの具体的なエピソードから月をめぐる一般的な随想へと移って行くのだが、松尾・オーベルランはこのエピソードの最後の部分を取り上げ、月夜に訪れて来る人についての一般的な感想として、月をめぐる随想群の冒頭の断章に断ち直している（傍線は原文にはない部分）。

男の人たちが月の明るい夜に訪ねてくれると、私はとても嬉しい。十日、二十日、一月、一年、数年来なかった人たちでも、その晩は月が明るかったから、そして私は月が好きだと知っているから私を思い出して来てくれたりする。それは言葉に表せないほど嬉しい。こういう人たちには、たとえ会ってはいけないと言われても、なんとかして、忍んで逢う。苦心して必ず逢って、話しをして、私のところへ来てもらう。私は月が好きなのだ。

（一「月の明きに、来たらん人はしも」の部分の訳／白羊、第一四九段「屋は」、八二〇頁）

この断章のすぐ後に「月下の情景」という題の、この仏訳中では比較的長い章が続くが（二）、これは十段後ろにある「十二月二十四日、宮の御仏名の初夜」（二八二段）から切り取って来たものである。退出する牛車から見える月下の情景と牛車に乗った人々の情趣深い姿が美しく描かれているこの場面の、軒にきらめくツララが仏訳では乗り合った人の衣から垂れ下がっていることになっているのには少々驚くが、作品の質に本質的に関わってくるのは、こ

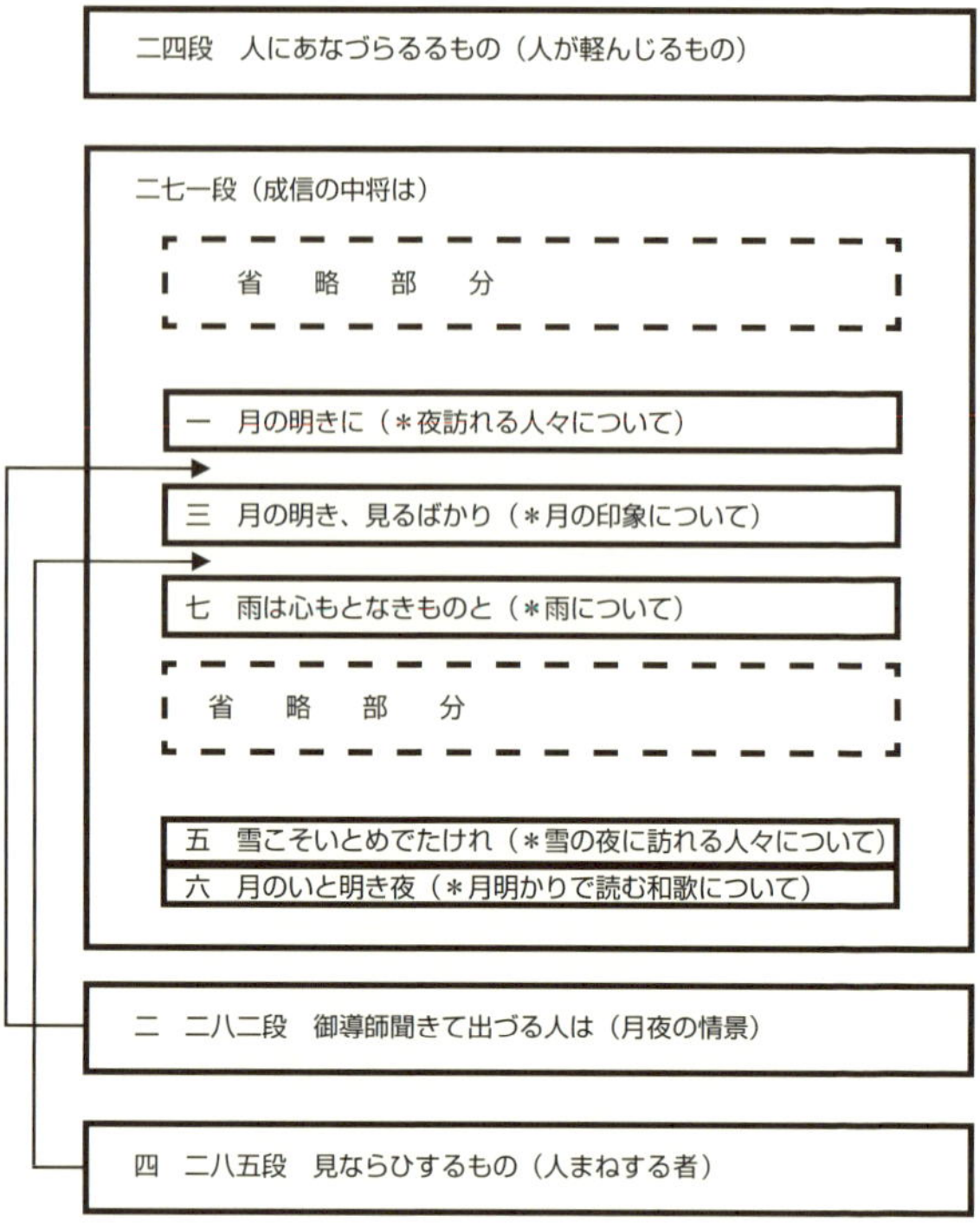

（　）内は仏語タイトルの訳、＊は題が目次だけにあり本文にはないもの

れを描いている清女をどこに位置づけるかという読みの問題である。月の光に照らされることを恥じらい、陰になる場所に移ろうとする女の装束の様々な色を描いているだけの原文に、臨場感を与えたいという意図からだろうが、「そのとき私と向かい合っていた女房の方を見ると」と、仏訳は書き足している。これは、『枕草子』は「私」の経験を書いた日記であると理解し、それを疑わない明快な読みであり、この翻訳はその視点から「私」を中心に世界を構成するという姿勢を貫いている。しかし『枕草子』の主体は流動的で捉えがたいところがあり、この章段はまさにその特質があらわになっている部分なのである。北村季吟は恥じらう女は清女であろうと書いているが、金子元臣を始め注釈者の多くは、この可憐な女のイメージは清女ではなく、彼女が組み立てたものであり、恐らくは記憶の断片も混じっているのだろうとしている。ここで立ち入る余裕はないが、『枕草子』というテキストが析出する主体は、単純に「私」、すなわち「清少納言」という訳には行かないのである。

話を月をめぐる断章群に戻そう。仏訳はこの月下の雪景色の後に、原文では一の直後にある「月の明き見るばかり」の段落に戻っている（三）。この段は当時の物語についての清女の意見が散見されて、文学史の上からも興味深い部分だが、今は散逸してしまった『狛野物語』の月の場面への言及などをカットして全く変えてしまい、創作を加えている。

雑纂性の強調は、この後に脈絡なく「四　人まねする者」という章（小学館本、二八五段「見ならひするもの」／白羊、一五一段に対応）を切り込んでいることからも分かる。そしてこの月をめぐる随想群の直前には、遥か離れて『枕草子』の冒頭の方にある類聚章段「人が軽んじるもの」（小学館本、二四段「人にあなづらるるもの」／白羊、十六段に対応）が、それに呼応するように置かれているのである。このように、原文が持つ断片的・雑纂的特質をさらに押し進めているところが、この翻訳の魅力だと言っていいが、こうした傾向には、その前年に二人が共訳した其角の翻訳の影響はないであろうか。

いずれにせよ、この例が雄弁に語っているように、この訳においては断片化と再編成は相互補完的関係にあり、二人は、リストの再編成も遠慮なく試みている。例えば、「清しと見ゆるもの」の段（小学館本、第一五一段）である。

土器《かわらけ》。新しき鋺《かなまり》。畳にさす菰《こも》。水を、物に入るゝ透影《すきかげ》。新しき細櫃《ほそびつ》。（白羊、第六八段、五二八頁）

清女の鋭敏な感性が切り取って来た物の世界は、仏訳では「清らかで澄明なもの」（七四頁）と題され、素焼きの器が磁器に変わり、器だけではなく小さな置物類も付け足されているということを除けば、原文の内容のままの仏語になっているが、松尾・オーベルランは、その最後に「驟雨に打たれる池の蓮」という植物の世界を付け足している。この蓮は、実は「心ちよげなるもの」（小学館本、第八三段）という、極めて斬新な章段から持ってきたものなのである。

この短い章段は、神楽の舞人の長など、祭りの場で我が意を得たりと振る舞う者たちを挙げた短いリストだが、こうした一連の人々の中に突然、雨に打たれてつやつやと光る心地よげな蓮が現れる。

…神楽の人長。池の蓮《はちす》の村雨にあひたる。御霊会の馬長《おさ》。…（白羊、第四二段、二四二頁）

つまり原作の世界においては、植物は擬人化され、作者の心を惹きつけたその満ち足りた様が人間と植物との共生関係を引き起こしているのである。少なくとも、「清しと見ゆる」純粋な鑑賞の対象としてその美しさが語られている訳ではない。「心ちよげなるもの」から「清しと見ゆるもの」に移される過程で、蓮のあり方が本質的に変質していると言うことが出来よう。

使い捨てにする素焼きの「かわらけ」だからこそ「清し」と見えるのだという理屈はその文化を知らなければ分からない。それ以上に、植物の擬人化を単なる修辞と結論づけることを躊躇させる、自然との共生的関係に支えられた類聚を生み出した感性と、類の区分がくっきりしているフランス的感性との間の断層を、このささやかな再編は鮮やかに見せてくれる。このように、松尾・オーベルランの仏語訳『枕草子』は、その変奏のあり方を通して、異文化との出会いについて様々な視点を提出してくれるのである。

なお、『新フランス評論』*La Nouvelle Revue Française*（N.R.F.）からは批判的な、『メルキュール・ド・フランス』*Mercure de France* からは非常に好意的な書評が、この本の出版された一九二八年に出ている。『NRF』の書評は、原文の構成を守らずに勝手に組み替えた理由が理解できない、この作品の最も詩的な章段、山、鳥など地名や物の名の羅列が翻訳不可能であるとしても、この省いた一群について序において一言書くべきであったなど、本格好みの批評だが、簡素かつ優雅な仏語訳であるとも述べている。いずれも、自由に移り変わって行く『枕草子』のスタイルに魅了されており、その意味で、松尾・オーベルランの翻訳方針は成功だったと言えよう。

最後に、小論を書くにあたり、松尾邦之助について様々にご教授下さり図書の便宜も図って下さった松崎碩子氏に心から感謝を申し上げたい。

参考文献

溝口白羊訳『譯註枕の草紙』（河内書店、一九二五年〈初版、岡村書店、一九一五年〉）
北村季吟、鈴木広恭訂正増補『改訂増補枕草子春曙抄』（青山堂書房、一九二六年〈初版一八九三年〉）
松尾聡、永井和子校註・訳『枕草子』（日本古典文学全集、小学館、一九七四年）

日本の中世文化
謡曲の翻訳

ブリジット・ルフェーブル

はじめに

松尾邦之助とエミール・スタイニルベル＝オーベルランは、共著『其角の俳諧』*Les Haïkaï de Kikakou*（ストック社、一九二七年）が好評を博したのち、日本の著名な伝統劇の翻訳に挑んだ。ちょうどその頃パリでは、第一次大戦終結直後から前衛的かつコスモポリタンな演劇人のあいだでジャポニスムが関心の的となっていた。能楽研究は、アメリカの詩人エズラ・パウンドが一九一五年に着手しており、これと平行して長編詩『詩編』*The Cantos* も書き始める。パウンドが一九一六年にロンドンで発表したアーネスト・フェノロサの能に関する遺稿は、アイルランドの詩人・劇作家のウィリアム・バトラー・イェイツをはじめ、多くのモダニストたちに影響を与えることになる。そのパウンドが一九二〇年にパリに移り住み、モダニズムの詩人サークルに加わるほか、オペラ二作品を執筆しはじめる。当時の文壇や演劇界は、象徴主義の劇作家や作家たちが隠喩に富んだエクリチュールで内的葛藤を表現しようと試行錯誤を重ねていたときであり、同じく商業演劇であったブールヴァール劇と袂を分かつ前衛的な演出家たちがリアリズムを超越した舞台を模索しているときであった。たしかに、画壇では抽象絵画という進展があったのに対し、第一次大戦後の演劇界はいまだに自然主義が根強く、前世紀の演劇から脱皮し得ていなかった。そのなかにあって、モダニズムの先兵ともいえる演劇人ジャック・コポーは、一九一六年にエドワード・ゴードン＝クレイグに能面を見せてもらい、そこに宿る内なる力を見出した。「気高い面」とコポーが形容した能面を手本に、彼は自分が主宰するヴィユ・コロンビエ座の演劇学校で生徒に仮面を作らせる。仮面をつけて即興で演じてみると、演技にまとわりついていた主観性が消え、役者の所作がそれまでとは違った表現力を発揮した。若きアントナン・アルトーも、シャルル・デュランのアトリエ座で面をつけたときにおのれの超越を実感したと述べている。コポーの門下生たちは謡曲を読んで能を学び、『邯鄲』の稽古もした。ちなみに、シュザンヌ・ビングの演出による『邯鄲』は役者の怪我やコポーの転居などがあったため、結果的に一九二四年五月一三日に全体リハーサルを一部の人が観るにとどまった。このときの台本は、イギリスの東洋学者アーサー・ウェイリーが上梓した英訳版をビング自らフランス語に訳し直したものであった。そして、一九二七年にはコポーをはじめ、能楽に関心をもつ劇作家たちの期待に応えるエッセイが発表される。それは、一九二一年から日本にフランス大使として駐留していた文人のポール・クローデルが発表した日本文化論『朝日の中の黒い鳥』*L'Oiseau noir dans le soleil levant*（Jacomet）であった。同著に収められた「能」は、クローデルの美しいフランス語でつづられており、能の解釈の適否は別として、友人のコポーら演劇人をたちまち虜にした。このように日本の演劇に熱いまなざしが注がれている時代にあって、一九二九年に刊行されたスタイニルベル＝オーベルランと松尾邦之助の『能の本』*Le Livre des Nô : drames légendaires du vieux Japon* は、待望の書として熱烈な歓迎を受けたに違いない。謡曲の翻訳はもちろんそれ以前にもあったが、主に日本学者らによる研究成果として専門誌に発表されたこともあり、謡曲の翻訳に接する機会はきわめて限られていたのである。そこで本稿では、松尾とオーベルランの『能の本』以前に発表されていた翻訳、および一九二〇年代のパリの知識人たちの期待と照らし合わせて、謡曲の松尾・オーベルラン版フランス語訳の意義を改めて考えてみたい。

1　ノエル・ペリ、西洋における能楽研究の先駆者

ノエル・ペリ（一八六五〜一九二二）は、一八八八年から一九〇九年にかけて日本に二〇年間滞在し、離日後も

フランス極東学院の研究者として度重ねて来日した。パリ外国宣教会の司祭、音楽家、オルガン奏者であったノエル・ペリは来日後早くから能に心酔した。一八九七年に『船弁慶』のフランス語訳を『仏文雑誌』*Revue française du Japon* に発表するほか、一九〇四年に能楽文学研究会が発足したときには唯一の外国人メンバーとして当初より参加した。一九〇九年からはフランス極東学院の紀要に論考と翻訳を発表し、『能研究序説』*Études sur le drame lyrique japonais (Nô)*（一九〇九年）、謡曲五作品（『老松』『敦盛』『卒塔婆小町』『大原御行』『綾の鼓』）の仏訳（一九一三年）、新たに五曲（『三輪』『田村』『江口』『砧』『松山鏡』）の仏訳（一九二〇年）というように、勢力的に発表を続けた。ペリは、各曲とも仏訳テキストの頭に序文をつけ、文化的・宗教的背景と作品の「クライマックス」を解説している。さらに、訳注をつけて膨大な知識と舞台上の所作など詳述し、あわせて間狂言も取り上げた。しかし、ペリの研究と翻訳は学術専門機関の紀要に不定期に掲載されたもので、門外の一般読者の目に触れるものではなかった。それが実現にいたるのはようやく一九二〇年になってのことであり、この年、ボサール出版からフランス極東学院長クロード・メートルの監修『五つの能』*Cinq Nô* が刊行された。同書は、一九一三年に仏訳した五曲と『能研究序説』を簡潔にまとめた要約版を所収する。そして、ノエル・ペリ没後二〇年の一九四四年に、日仏会館が彼の業績を称え、既刊の『能研究序説』完全版と謡曲一〇作品のフランス語訳、および未発表の狂言一一曲を刊行する。同書は二〇〇四年にフランス極東学院が再刊しているが、しかし日本の能楽誌に日本語で発表されたノエル・ペリへの数々のインタビューは、フランスでは今も知られていない。

『能研究序説』を読むと、その冒頭からノエル・ペリが暗中模索しながら考えを深めていった姿が想像できる。彼にとって困難は二重であった。まず、二十世紀初めという当時の時代に能をいかに定義するか、仲間の日本人研究者と同じようにこの課題に腐心した。次に、対訳語としてどのフランス語が適切か、選択は容易ではなかった。そうやって熟慮するうちに、ペリは能とギリシャ劇との相違点に着目する。能とギリシャ劇はたしかにその類似点がよく指摘されていたが、ペリは能を「歌劇」の一形態として捉えた。能は、出来事を演じるのではなく歌って語ろうとすることを根拠に、なによりもまず「歌劇」であると認識した。

だが、ペリはこう述べたあと、今度は能とオペラを区別する。たしかに「歌劇」という語がふさわしいとはいえ、ヨーロッパ近代のオペラと同一視はできず、オペラの音楽性とは対照的な能の詩的な特徴に根本的な違いを見る。そして、最終的にペリが到達したのは、文学作品としての能である。戯曲が文学的すぎれば、それは戯曲すなわち劇のための作品とはいえないという論拠をもとに、まさにそれがために能の謡曲は劇作品ではないと結論する。おそらくペリのこの考えは、能楽文学研究会を発足させた先駆的な日本人研究者たちの見解と一致するものであったろう。というのも、彼らは謡曲をテキストすなわち文学作品として研究していたのである。

『能研究序説』には、役者の所作も含め舞台の具体的な描写や能のタイプ別説明などがあるが、謡曲の構成に関する分析は一面的で総合的な視点に欠ける感がある。そもそもペリが夢中になったのはなによりも夢幻能であった。一九一三年のフランス語訳も五曲のうち四曲が夢幻能である。そのため、前半のシテと後半のノチジテの出現という構成をペリはやや早計に一般化しているように見受けられる。とはいえ、『能研究序説』は価値ある書である。舞に関する詳説のほか、枕詞、掛詞、兼用言などが果たす役割まで言及している。とくにこの言葉の解説には対訳語の選択に関する記述もあり、ペリの苦心ぶりが推し量られ、大変な労作であったことがわかる。

ペリの没後、その業績はガストン・ルノンドー（一八七九～一九六七）が引き継いでいく。ルノンドーは、一九二四年から一九二八年まで東京に駐在した武官であるが、ペリの厳正さと厳密な解釈を踏襲して能楽研究にあたる。ルノンドーによる謡曲のフランス語訳は、一九二六年から一九三二年にかけてフランス極東学院の紀要に載せた一四曲のほか、一九五〇年に研究成果として発表した『能における仏教』*Le Bouddhisme dans le Nô* に収めた六曲がある。ペリとルノンドーという二人の先駆者は、いずれも宗教および文学的学識とともに厳密な解釈をモットーとしており、それがゆえに今もなおその業績とフランス語訳は類のないものとなっている。

2　アーサー・ウェイリー、源氏物語と能を西洋に伝えた魅惑の立役者

アーサー・ウェイリー（一八八九〜一九六六）による能の翻訳は英訳であったが、フランスでも大きな反響を呼び、なかでも演劇界へのインパクトは絶大であった。*The Nō Plays of Japan – With Letters From Oswald Sickert* という書名で一九二〇年にロンドンで初めて刊行され、新たに一九二一年と二二年にロンドンとニューヨークで出版されたことからもわかるように、多くの人々に読まれた。そのうえ、同書は欧米の演劇人たちへのメッセージとしての意味合いもあり、巻末の補遺に所収された書簡の抜粋がそれを物語っている。これは能を実際に鑑賞したヨーロッパの一観客がそのときの印象をつづった手紙で、ドイツ人画家のオズワルド・シッカートが舞台美術家であり舞台衣装も数多く手がけた友人チャールズ・リケッツに日本から書き送ったものである。読者として演劇人たちを念頭に置いていたなら当然であろうが、アーサー・ウェイリーは能をパフォーマンスとして捉え、テキストはひとつの要素でしかないとしている。ウェイリーは、その序文の冒頭からノエル・ペリと一線を画す。能楽という言葉に使われている漢字「能」の意味に着眼し、能は「才能」を開示してみせることであり、パフォーマンスであるという。ペリが用いた「歌劇」という捉え方はない。ここで注目したいのは、ウェイリーは意図していなかったかもしれないが、彼の見解が野上豊一郎に代表される第二世代の日本人研究者のそれと一致していたことである。野上豊一郎は、テキスト、音楽、舞をひとつの詩的な作品の要素として同一レベルに置いていた。ウェイリーは、再発見後まもない一九〇九年に日本で出版された世阿弥の論考『能楽古典　世阿弥十六部集』の抄訳のほか、謡曲一九作品の英訳および一六におよぶ代表的謡曲の要約をした。ウェイリーは、訳出するにあたりどのような文体にするか明確に定めていた。目標とす

るのは「解釈レベルの翻訳」ではなく、「文学あるいはなんらかの芸術作品の味わいをもった翻訳」であると記している。「解釈レベルの翻訳」という表現は、ノエル・ペリの翻訳を意識したものではないだろうか。たしかに、ペリは原文の語句をできる限りありのまま再現しようとしたわけで、ペリ流の学術性に富んだ訳では演出家が使える台本とはなり得ないと考えたとしても不思議はない。もっとも、それはペリの目指すところではなかったであろう。ペリとは対照的に、ウェイリーは謡曲を英語で再現するにあたり、語句の正確な意味にはこだわらず、そこに醸し出される詩情の訳出に努め、テキストを大胆に切り捨てることも辞さず、全体の流れを損なわなければよしとした。兼用言の二重の意味など元より訳出するつもりはなく、また道行文は長すぎるとして、神秘的すぎて不可解と判断される部分などとともに躊躇なく省いた。このようにして、『谷行』や『池贄』は最終部分を割愛し、代わりに短い注釈で補うに止めた。ヨーロッパの演劇人たちはウェイリー訳を通して能を見出したのであるが、その英訳には欠落部分があったわけで、完全なものではなかった。前出のジャック・コポーもその一人であったし、ドイツのベルトルト・ブレヒトもそうであった。ブレヒトは、欠落のある『谷行』の英訳を読んで、それを発想源として一九二九年に『イエスマン』*Der Jasager* を、翌一九三〇年に『ノーマン』*Der Neinsager* を書いたのである。

3　こなれた訳を目指して

先駆者のノエル・ペリらとは異なり、フランスにいながら、一九二〇年代のパリのジャポニスムに浸っていたオリエンタリストたちもまた、謡曲の翻訳を手がけた。彼らは読者に流麗な翻訳を提供したいと考えた。膨大な訳注を読まなくても直に作品世界に入り込めるような訳文を心がけ、能の詩情を訳出しようとした。こうした翻訳者の一例として、作家でオリエンタリストのフランツ・トゥーサン（一八七九～一九五五）を挙げることができる。トゥーサンは一九二五年に『松は歌う』*Les pins chantent* と題する謡曲四選集を出版した。キク・ヤマタによる序文を載せた同書は、純粋に翻訳と呼べるかどうかは別として、一九二八年に『月の姫君』*La Princesse de la lune* とタイトルを改めて再刊される。所収のフランス語版四曲は、『竹取物語』を翻案した表題作のほか、『隅田川』を翻案した『松は歌う』、着想源は不明の『青い娘』*La jeune fille bleue* そして『羽衣』*La robe de plume* である。トゥーサン版は、テキストはもとより構成までも原作から大きく離れている。たとえば、合唱はギリシャ劇のそれにならい一人の人物が舞台に登場し演じる。また、会話とともに時系列に出来事が展開していき、この点も過去と現在を行き来しながら進展していく能とは異なる。テキストは時代に即した文体であるが、お決まりの日本イメージが色濃く、現代の私たちにはかなり陳腐に感じられ、そしてなにより原作から離れすぎている。

キク・ヤマタ（一八九七〜一九七五）もまた、パリで能に関する知識を広めることに貢献した。キク・ヤマタはフランス人の作家だが、日本人の父とフランス人の母の間にリヨンで生まれ、一一歳から日本で育った。キクが生まれた当時、父の山田忠澄は日本領事としてリヨンに駐留していた。キクは一九二三年にフランスに戻って以来、フランス語で文筆活動に従事する。一九二四年出版の『日本人の唇の上に』*A travers les lèvres japonaises* では、ポール・ヴァレリーが序文を執筆しており、パリの文学サロンに出入りしていた若き「マダム・クリザンテーム」（菊夫人）は博識を披露しながら心地よく読める形で日本の詩歌と謡曲を紹介した。このほか、歌人の小野小町を題材とする謡曲を小説化し、一九二七年に『小町の世界』*Le cycle terrestre de Komachi* をメルキュール・ド・フランス誌 *Mercure de France* に、翌二八年に『小町伝説』*La légende de Komachi* をラ・ルヴュ・ポリティック・エ・リテレール誌 *La Revue Politique et Littéraire* に発表している。

そして、一九二九年に、松尾邦之助とエミール・スタイニルベル＝オーベルランの『能の本』*Livre des Nô, drames légendaires du vieux Japon*（L'Edition d'Art H. Piazza.）の出版となる。同書には一五の謡曲のフランス語訳が収められており、すわなち『江口』『大原御行』『老松』『松山鏡』『羽衣』『砧』『三輪』『景清』『葵上』『鉢木』『船弁慶』『求塚』『高砂』『殺生石』『邯鄲』を読むことができる。翻訳者の松尾とオーベルランは、冒頭に簡単な能の紹介をし、「一幕もののプチオペラ」と仮に定義したうえで、起源として天岩屋戸神話に言及する。ここでは、「聖史劇」として能を理解する道へと読者は導かれる。能は「高貴な劇」として紹介されており、「文学的かつ美的な比類のない歓喜」をもたらすものであり、その神秘は日本の教養人と芸術家たちのなかでも最も繊細な通人にしか理解し得ないものだとしている。松尾とオーベルランは、このように作品の文学的価値を重ねて強調し、謡曲はニュアンスに富んだ研ぎすまされた言葉からなり、この高貴な芸術には日本の繊細な感性が反映されていると記す。このやや過剰な称賛ぶりを感じ取っていただくために、例として一文を和訳してみよう。「日本人の完全なタイプはこの侍であり、戦いの後血まみれになり、おのれの最期が間近にせまるのを感じた侍は、死に場として月下に花咲く梅の木陰を選ぶのである。」この日本の繊細さへの賛辞の後、松尾とオーベルランは翻訳の目指すところとして、「会話の正確さ、リズム、伝説の美しさ、そこに宿る典雅な思想を伴った」翻訳をものすることと明記している。目標は野心的である。だが、ある意味で彼らはそれを見事に達成したといえる。訳文はきわめて浄化されたフランス語になっており、流麗かつ優美である。学術的な説明は最小限に抑えられ、注釈はなく、間狂言もない。兼用言に含まれる二重の意味は、巧みな言い換えでわかるように工夫されている。全体を通して、たとえば仏教由来の言葉はそのままローマ字表記をして注釈を付けるといったことはせず、おおよそ相当するフランス語を対訳と

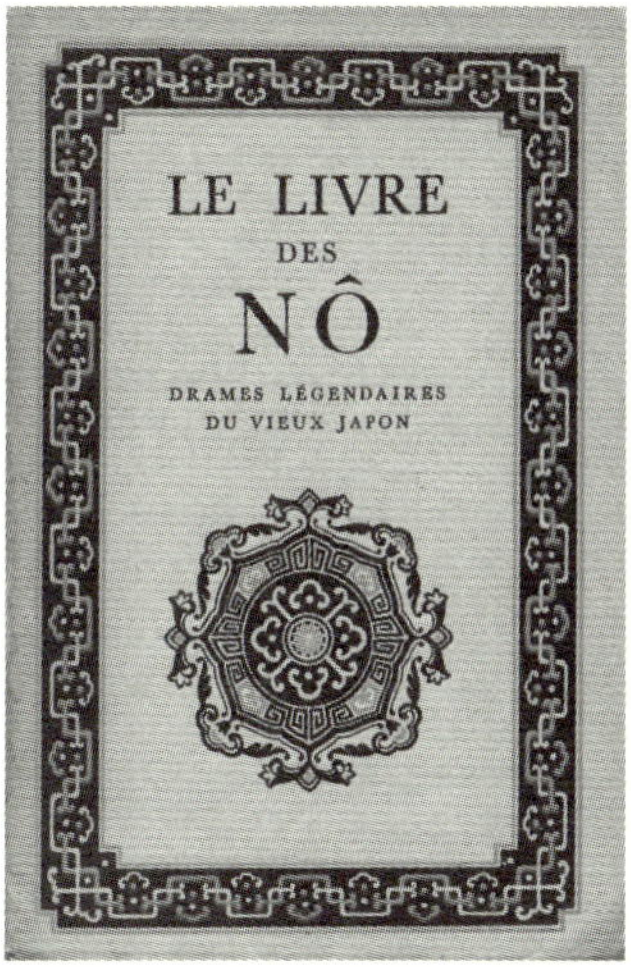

『能の本』（*Livre des Nô*,1929）表紙

するなどして、親しみやすいテキストになっている。だからといって、彼らが翻訳しやすい謡曲を選んだというわけではない。たとえば、同書の巻頭に登場するのは『江口』である。この謡曲は、西行法師の一句「世の中を　厭うまでこそ　かたからめ　仮の宿りを　惜しむ君かな」を題材としている。ちなみに、この句の松尾・オーベルラン訳をノエル・ペリ訳と比べてみると、同一といっても差し支えないほど違いはない。だが、一点だけ明らかに違う箇所がある。ペリ訳にはなかった「私に」の語が挿入されており、つまり仮の宿りを「私に」惜しむ君と限定している。松尾とオーベルランはこう訳し直すことによって、「仮の宿り」に含まれる「現実の宿」と「現世」という二重の意味の一方だけをすくい上げ、現実の人間である遊女の住まいという意味だけを仏訳に反映させた。ペリが解説した「次第」から読み取れる仏教的テーマは取り上げられなかったものの、それはフランスの一般読者にはそのほうがわかりやすいと考えたからかもしれない。ほかにも登場人物の存在のほうに重きが置かれていると感じられる箇所が散見するが、詩情あふれるこなれた訳を目指したのであれば、ときにはテキストからいくらか離れざるを得なかったであろう。

松尾とオーベルランの美しい訳文は、現代の文章感覚にそぐわない面が仮にあったとしても、当時の読者を魅了せずにはいない出来映えであった。マルグリット・ユルスナールもその魅力に引きつけられた一人であった。ガリマール社から一九七一年に出版された『戯曲集一』*Théâtre1* のなかでユルスナール自ら語るところによれば、一九三〇年発表の初期の戯曲『沼池での対話』*Dialogue dans le marécage* は、松尾とオーベルランの翻訳を通して見出した能に触発されたものである。

むすび

ポール・クローデルは、一九二七年に発表した『朝日の中の黒い鳥』所収の「能」に「劇、それは何事かの到来、能、それは何者かの到来」と書いた。今でも名文として知られる一文であるが、クローデルの当時の考えとは異なり、能は「何者かの到来」だけとはいえないのではないだろうか。ワキとシテのあいだに出来事が起こるのは事実であって、しかもきわめて重要な出来事である。それゆえ、能は「歌劇」という範疇に収まりきれず、劇というものが内包するすべての意味を備えた劇といえるのではないだろうか。観る者の目の前で大きな変容が成就し、カタルシスへと向う能のプロセスを分析するには、土台となるテキストをさらに精密に見ていくことが今日求められる。現在の演目の半分近く、および世阿弥の論考の一部がフランス語に訳されており、訳文はいっそう原文に忠実になるとともに一段と美しく整えられ、能に関する知識もかなり増えたフランス人読者を満足させるものになっている。この喜ぶべき成果がある今日、しかしそれでもなお能の翻訳は新たに取り組む価値がある。翻訳の目標言語はいつの時代も変容していくものなのであり、時代に即した翻訳を生み出す度に新たな息吹が能にも吹き込まれるのではないか。能は私たちを魅了してやまない。

参考文献

Jean-Jacques Tschudin, *L'éblouissement d'un regard: Découverte et réception occidentales du théâtre japonais, de la fin du Moyen-âge à la seconde guerre mondiale*, Toulouse, Anacharsis, 2014.

Jean-Jacques Tschudin, *Histoire du théâtre classique japonais*, Toulouse, Anacharsis, 2010.

Noël Péri, *Etudes sur le nô, drames lyriques japonais*, Tokyo, Maison Franco-Japonaise, 1944.

Steinilber-Oberlin et Kuni Matsuo, *Le Livre des Nô, drames légendaires du vieux Japon*, Paris, Edition d'art H. Piazza, 1929.

Arthur Waley, *The Nô Plays of Japan*, London, George Allen & Unwin Ltd. 1921.

日本の近世文化

俳諧仏訳の先駆者、松尾邦之助とエミール・スタイニルベル＝オーベルラン

──『其角の俳諧』を中心に

ダニエル・ストリューヴ

1　フランス・ハイカイ事始

一九二七年にパリのクレス社より『其角の俳諧』*Les Haïkaï de Kikakou* というタイトルの、俳諧師・宝井其角の発句集が松尾邦之助とエミール・スタイニルベル＝オーベルランの翻訳で刊行された。三六〇ページの小型の本だがかなりの規模の翻訳書である。表紙には、藤田嗣治の手になる「其角」という二字を飾り、ページの上部に一句ずつ配置し、下部には解説を添え、長い場合には、それが次の頁の下部にまで続いている、洒落た装丁の本である。一人の俳諧師の発句集を西洋で初めて紹介するという、日仏文化交流を彩る、注目に値する有意義な業績である。現在でもフランスで其角を愛読する人と出会うことがあるという。当時大当たりとなったこの出版について、松尾邦之助はこう語っている。

この当時、フランス文壇の一角にかなり多くの、俳諧派の詩人がいて、ハイカイは、至る所で話題になり、其角の翻訳書も非常に売れ、巨額の印税をもらったり、パリの書店のウィンドウには、私の着物姿の写真まで出た。また、この訳書の表紙に画家フジタ氏の書いた漢字の「其角」という二字が、街を行くパリ婦人の衣服（ローブ）のデザイン模様にされ、モンマルトルのキャバレには、室内に日本風の盆灯篭がつくられ、私はその灯篭に其角の俳諧を書くように依頼された。一九三〇年ごろまで一種のムードとなっていた。

（「フランス俳諧　誕生とその後」『俳句』一九六三〈昭和三八〉年一一月）

『其角の俳諧』（*Les Haïkaï de Kikakou*,1927）表紙

『其角の俳諧』が出版され好評を博したのは、当時のフランスで日本、特に俳諧に対して強い関心があったという絶好の文学・歴史的なコンテクストができていたからだということがわかるが、そのコンテクストについて松尾邦之助は『俳句』に掲載された一連の文において詳細に書いている。俳諧をフランスに初めて紹介したのはイギリス人の日本学者チェンバレンで、一九〇二年のことであったが、その後日本に旅した若い哲学者ポール＝ルイ・クーシュー（一八七九〜一九五九）が日本で俳諧について学び、熱心に俳諧を作ったりフランス語に訳したり、俳諧について書いたりした。それをきっかけに多くの詩人がフランスでも俳諧を作り始めた。当時のフランスの文芸家は第一次世界大戦という未曾有の悲劇を経て、伝統的な文化への信頼を失い、新しい形式や内容を広くあらゆる分野に探し求めていた。新しい認識が新しい様式を必要としていたのである。文学、特に詩歌の分野では、十九世紀後半には既に現代詩のさきがけとされるヴェルレーヌ、ランボー、マラルメなどがロマン派風を批判し、次いで象徴派、そして大戦後には超現実派の道が

拓かれた。ランボーは伝統的な叙情の表現を嘲弄し、新しい時代の前衛となり、人間活動のリズムとなる現代詩を求めた。ヴェルレーヌも古い叙情詩を痛烈に批判し、新しい「非人称的」な叙情を主張した。有名な「詩の作法」（Art poétique）という詩（『昔と近頃』*Jadis et naguère* 一八八五年所収）の中でヴェルレーヌは「何よりも音楽を、そのため偶数より奇数を重んぜよ」と主張し、饒舌を厳しく咎め、「雄弁術を捕まえて首を捩れ」とまで言っている。こうした大きな象徴派の流れの中に、饒舌を絶対許さない、新しい短詩形の「俳諧」はよく填まったといえよう。ポール＝ルイ・クーシューが出した句集『流れのまま』*Au fil de l'eau*（一九〇五年）を読んだ若い兵士ジュリアン・ヴォカンス（一八七八〜一九五四、本名はジョゼフ・スガン Joseph Seguin）は前線のすさまじい経験を伝えるに適した詩形として俳諧を選び、一九一六年に『戦争百景』*Cents visions de guerre* を出版した。ヴォカンスの俳諧はフランス詩の伝統の上に立ち、リズムと音声の巧みな組み合わせを特徴とし、深い詩的雰囲気を醸し出す作品であった。その後も俳諧を書き出版し続け、連続句という詩形も試みたが、その中にヴェルレーヌからタイトルを借りた「詩の作法」という作品がある（一九二一年）。次の句が注目される。

日本の詩人は
ナイフを拭く
今度こそ雄弁術は死んだ

Le poète japonais
Essuie son couteau.
Cette fois l'éloquence est morte.

すなわち、「首を捩れ」とヴェルレーヌが宣告を下した雄弁術をフランスに入ってきた日本の俳諧が殺したのだという意味である。

ヴォカンスの他のもう一人のフランス俳諧の代表的な人物は、哲学者ルネ・モーブラン（一八九一～一九六〇）であった。本人が説明しているように、かれは俳諧に対してはヴォカンスとはすこし異なった態度をとった。すなわち、フランス式の表現形態に移し替えることなく日本風をそのままフランス語で生かすべきだという主張である。

もっとも短い形の句を三行で書くことに努めている。（…）俳句としての厳格な規約、つまり（…）出来るだけ奇数の音節で、ハイカイを草する方式をとった。

（松尾邦之助「真珠の発見⑤――ハイカイの本」『俳句』昭和三九〈一九六四〉年五月）

ヴォカンス氏は、ハイカイを日本風にすることに固執すると、実を結ぶことのないひとつの模倣物化してしまうといっているが、わたしは、必ずしもそうとは思っていない。（…）ハイカイは出来るだけ日本風に書くべきで、そのため多少フランス的伝統から外れても、逆に、その日本調は、別な新しい外国風の詩として魅力をもつと思う。

（同「真珠の発見④――フランス・ハイカイ　創造と前進」『俳句』昭和三九年四月）

モーブランは一九二四年に『ハイカイ百句』*Cent Haïkaï* を出したが、そのうちの数句は堀口大学により日本語に翻訳され、第二次『明星』の一九二五年五月号に掲載された。こうして俳諧は日本とフランスの文化交流の場となり、フランスで日本古典俳諧についての興味が沸騰したのである。

2　翻訳者松尾とスタイニルベル＝オーベルランの活躍と文芸観

松尾邦之助が翻訳した其角の俳諧をきれいなフランス語に書き直したエミール・スタイニルベル＝オーベルランも当時東洋文化に興味を持ったフランス知識人の一人であった。由緒あるストラスブールの家系の出身で国家公務員の道を選んだが、仕事に不満を感じ辞めてから、国立東洋学校（現在の東洋言語文化大学）でサンスクリット語の勉強を始めた。そして松尾邦之助が書いているように「西洋文明の優越性なるものに深い疑問を抱き（…）日本の禅を研究した」（同上）。日本文学、特に俳諧に興味を持ち、松尾邦之助と知り合い、俳諧のことを話し合うようになり、それがきっかけで松尾に仏訳を頼んだのである。芭蕉よりは其角にした理由は、其角のほうが分かりやすいという松尾の判断によるものである。『其角の俳諧』が出版された前年の一九二六年にスタイニルベル＝オーベルランはすでに岩村英武との協力で『芸者の唄』*Chansons des Geishas* という翻訳書を同じクレス社より出し、また一九三六年に松尾とともに『芭蕉とその弟子の俳諧』*Haïkaï de Bashô et de ses disciples* を国際知的交流評議会より出版した。両方ともに藤田嗣治の挿絵が入っている。前者の序文で縁語・枕詞など日本の伝統的な修辞について簡単に説明し、芸者の唄は庶民文学であると強調する一方、ドビュッシーの音楽と比較して、「暁に立ち露とともに消えていく軽い霞」、「鋭敏な読者の感受性や感傷性に与えられたきっかけにすぎないもの」などと比喩的に描写し、象徴派の影響が強い文学観を展開し、次のよう述べている。

『芸者の唄』（*Chansons des Geishas*,1926）

歌詞は論理的に思想を表現することを目的とせず、ただものを想像させたり、日本人にとって耳に快い音の連続を聞かせたりするにとどまる。魂に和らぎを与えるその音の流れには古い雅びの文化から受け継いだ、別の言語では再生しがたい妙なる響きがあり、私たちはそれを聞くのである。それを伴奏する音楽は陽気でもなければ騒がしくもなく、か弱く繊細なものである。（…）音楽と言葉は一つに溶け合って漂い、聴衆の一人一人が持っている夢想や回想を誘う。

ヴェルレーヌのように、スタイニルベル＝オーベルランは清明さよりも曖昧さを重んじ、音楽のような喚起力のある言葉を理想とした。詩は自分の感情を詩人が直接に読者や聴衆に訴えるのではなく、逆に読者や聴衆の心に潜んでいる回想や感情を呼び興すべきものであると彼は考えた。ヴェルレーヌの非人称の叙情に近い詩学だといえよう。この序文は芸者のお座敷の唄について述べていて、俳諧そのものを論じているのではないが、翻訳者スタイニルベル＝オーベルランの詩観を十分に語っている興味深い文章である。

『其角の俳諧』はこのような、日本とフランスの文化交流を活発化させた両大戦間特有の文化・政治的なコンテクストの中で成立したのである。松尾邦之助とスタイニルベル＝オーベルラン共同の序文では、俳諧を「五・七・五からなる三句の微小な詩で、詩人が持っているビジョンや特別な瞬間を集中したものである」と定義してから、俳人其角を紹介している。富裕な医師の家に生まれたが、風流と遊びをもっぱらにし、ユーモアとアイロニーに富み、栄利に無関心な性質で自由奔放な生活をした人物として描き、「はっきり言うと其角はボヘミアンであった。日本人のボヘミアンそのものであった」とまで述べる。「ボヘミアン」という言葉は、ボードレールのあたりから詩人・画家・俳優などの、普通の市民とは異なる風俗を生きる人々を形容するのによく使われる言葉であった。つまり其角を、理想的な詩人を体現する人物として紹介しているといえよう。そして其角を芭蕉と対照して、「芭蕉は聖人、其角は短所があるただの人間で、だからこそ、芭蕉よりわれわれに近い存在である」と述べている。其角の誹諧には笑いがさまざまに表れることに触れつつ、ユーモアと無関係な句も多く、敏感で豊かな感受性の持ち主であったとも強調している。つまり、
芭蕉や其角の作風をあくまで個人的な資質や能力の問題と捉え、俳諧の歴史や流れ、連句の存在、俳諧の根本にあった遊戯（戯言《ざれごと》）の精神などについてまったく意識していないようである。其角には優れた笑いの句があると同時に「笑いを完全に排除した句」も少なくないから、其角の俳諧全体を「雅と情趣の句」と「皮肉とユーモアの句」といったふうに二部に分けたという理解である。そして「笑いを排除した句」として序文に次の三句を挙げている。

花見にと母につれだつめくら児
水うてや蝉も雀もぬるる程
（茶杓にとまりたる絵に）うぐひすの曲たる枝を削けん

それぞれ有名な句で、様々に解釈できると思われるが、どれも笑いやイロニーを完全に排除し優しさや哀れをもっぱらにしているとは言いにくい。特に三句目の場合は詞書を省き、「詩人は庭の梅の枝に鶯の止まっているのを見付けて、飛んで行った後鶯が曲げた枝を折って、ナイフで削って茶杓にした」というふうに説明している。まじめで笑いの余地がない解釈であるが、現実の社会よりも童話のような理想郷を思わせる発想である。そこに当時の俳諧の捉え方の特徴のひとつが見える。クーシューやスタイニルベル＝オーベルランら、仏教と東洋思想に興味を持ったフランスの俳人は、俳諧をその思想と密接に関係づけ、超越的雅の世界を想像し、矛盾や論争に満ちた複雑な俳諧の歴史には無関心で、純粋な美の世界の表現として捉える傾向があった。

3　俳諧を翻訳すること

其角の俳諧の翻訳は松尾邦之助が行い、スタイニルベル＝オーベルランはそれをきれいなフランス文に書き直した。翻訳の方法について松尾は次のように説明している。

わたしは、オーベルランと協力し句の暗示する意味―その意味はいろいろに解されるのを特質とするが―をなるべく分かるように意訳することに努めた。従って、訳文は五・七・五音節どころか、長くなってしまったが、それにしても、極力短く、簡明にすることに腐心し、その上、それぞれの句に解説を加えておいた。（「真珠の発見⑩―最初の俳人と俳諧の紹介者―モオブランとS・オーベルラン―」『俳句』昭和三九年一〇月）

すなわち意訳を優先して、なるべく分かりやすい訳文を志し、形は自由にしたとのことである。そして曖昧なところを解説を加えて補ったのである。ほとんどの句は三行という形をとり（二行のものもわずかながらあるが）、それ以外の規則はなく、自由詩のようで非常に散文的である。上に触れたヴォカンスとモーブランの二つの態度のうち、モーブランのほうに近いといえよう。

それはたとえば次の句とその翻訳を見ればはっきりするように思う。

百八のかねて迷ひの闇の梅

Cent huit coups de cloche. Nouveaux péchés. Le parfum des fleurs de prunier dans la nuit noire, déjà m'égare.

（鐘は百八度。新たな罪。暗い夜の中の梅の花の香りに、もう迷ってしまう。）

音節のパターンは五・四・一六で自由詩としか言えない。形よりは意味のほうに読者の注意は引きつけられる。一句一句はそれほど印象的でないとしても、読み続けるといつしか其角の俳諧の世界に入り込んで行くという効果がある。そのため説明的要素を訳文に詰める。しかしほとんどの句はそれだけでは不十分なので、解釈の文をつけ、それが非常に重要な役割を果たしている。序文で断っているように、それは内藤鳴雪（一八四七〜一九二六）や寒川鼠骨（一八七五〜一九五四）など、当時の一流の俳人の解釈を翻訳したり簡単にまとめたりして作ったものである。そして狭義の句意の説明にとどまらず、様々の日本事情について情報を提供し、時には散文詩のようなものにまで発展して、句の「暗示する意味」をはっきりさせ情緒の味わいを深めるのである。その好例として次の句とその説明文を挙げることができる。

海棠の花のうつゝやおぼろ月

Sous la lune voilée,
les fleurs de Kaido
sommeillent.
（霞んだ月の下で海棠の花がうとうとと眠っている）

海棠の花はばら色の花びらをしている、かわいらしい花である。日本の詩人はそれを伝統的に眠る美人に喩える。ここは花とも女性ともつかない存在が眠りこんでいる姿を月がこっそりと見守っている。

本文の余韻は訳文だけで伝えようとしても無理だから、説明文で補う。そして海棠の花になじまない、長恨歌の引用をそれとは分かるはずがないフランス人の読者に与え、想像力をかき立て、本文の豊かな情趣を垣間見させる。そうすると俳句と説明文は一体となり、ひとつの新しい散文詩に近いジャンルが生まれてくるといえる。

しかもこの例は其角の俳諧のもう一つの大きな特徴を示している。すなわち描写的な性質である。「花とも女性ともつかない存在が眠りこんでいる姿を月がこっそりと見守っている」という解釈の言葉は、はっきりと場面を設定するのである。写生を強調した子規の俳諧の影響かもしれないが、絵画のタームが『其角の俳諧』のページに数多く見られることが注目される。其角の俳諧は peinture japonaise（日本の絵画）、croquis（素描）、simple description（ただの描写）、nature morte（静物）、exquis tableau（美しい絵）、petit tableau（小さい絵）、petit tableau pittoresque（趣ある小さい絵）などなどと形容され、絵画と関連づけられる。稀には音楽の言葉を使う場合もある。しかし「夜中の協奏曲」と解説されている次の句が示しているように、実は絵画を思わせる一つの風景の描写を意味するのである。

あれ聞けと時雨来る夜の鐘の声

J'entends
la cloche de nuit
et l'averse dans la nuit
（夜の鐘と夜中の俄雨を私は聞いている）

本文と訳文を対照させて読むと、翻訳者に俳諧は描写だという意識が強いということが分かると思うが、そのほかにも多くの句の訳文は描写的で句を比較的静的なものにしている。その一つの理由は、複雑な関係を一音節で示す日本語の助詞などからなる切れ字に相当するフランス語がなく、俳句のダイナミックを翻訳することが非常に難しいからであろう。上に挙げた二例ともに切れがないのは本文との大きな相違である。一方、訳文の句を切るのによく終止符を使っているが、本文の連続性と各要素間のダイナミックな関係が失われ、並列的な構造になってしまう。次の句はその一例である。

藻の花や金魚にかかる伊予すだれ
Fleurs de nénuphar.
Poissons d'or.
Store d'Iyo.
（睡蓮の花。金魚。伊予すだれ。）

または、

菓子盆にけし人形は桃の花
Assiette de gâteaux.
Petites poupées.
Fleurs de pêcher.
（菓子の皿。小さい人形。桃の花。）

両句とも奇妙な静物の絵を思わせるが、この句の原文の「に」と「は」で確保されている連続性や景物の間に曖昧ながら存在する密接な関連は訳文には見られない。句はリストの形になり、項目の間の関係は読者の想像に任され、謎のままにされている。次の句もその例である。

蝙蝠や宇治の晒にうす曇り
Les chauves souris volent.
Des kimonos sèchent sur les berges.
L'ombre d'un nuage passe.
（蝙蝠は飛んでいる。岸で着物を干している。雲の影が通り過ぎている。）

一行ずつに本文にない動詞を補い、静物ではなく、生き動くものの風景であることは前とは異なるが、三つの要素を並列する構造は同じである。「慣れ親しんだ風景にただ雲と蝙蝠の影の動いている素描」という説明文は読者に深読みより視覚的な美を味わうことを促している。俳諧は絵画であるという意識がここにも見える。松尾邦之助は俳諧の翻訳について一九六三（昭和三八）年にこうも書いている。

其角や芭蕉や蕪村などを仏訳出版した、わたしのささやかな経験でもよく分かったが、訳されたものが、何と貧弱な子供じみたものになるといった一抹の寂しさを感じると同時に、訳して見ると、そこに全く別な魅力で浮き彫りにされたものが出来上がることがある。ひと口にいうと、主観的で、倫理や哲学の含蓄されたものは、訳すとマイナスになり（芭蕉の場合）、色彩的で描写風なものはプラスになる（蕪村の場合）。
（「フランス・ハイカイ　誕生とその後」『俳句』昭和三八年一一月）

俳諧の翻訳に伴う諸問題についての自覚を示す一方、描写を重んじる傾向がよく現れている文章である。色彩に重きを置く一例として次の句を挙げることができる。

石一つ清き渚やむき蜆
Un grain de sable
dans un petit coquillage.
Une plage blonde
（小さい貝の中に砂一粒。ブロンド色の浜辺。）

石を砂粒に変え、句意を貝の中のミニアチュアの風景と解釈したことに特徴的な読みが窺える。しかも「清き」をフランス古典詩で小麦畑などを形容するのによく使用する「ブロンド」と翻訳したところに、平凡さを避けて訳文を彩色することに腐心する翻訳者の工夫が見える。

4　むすび

以上『其角の俳諧』という本を生んだコンテクストに簡単に触れ、わずかの例によってエミール・スタイニルベル＝オーベルランと松尾邦之助の翻訳のいくつかの特徴について論じてみた。その中で形を自由にし、意味に重きを置き、説明的で散文的であることと描写性を強調し静的な美を優先したことが挙げられる。それは当時の象徴派の嗜好の影響を示すといえよう。二人は俳諧の翻訳の困難さを鋭く意識し、俳諧をフランスの読者に紹介しようと努力を尽くした。一九三六年に出版した『芭蕉とその弟子の俳諧』では訳方をだいぶ変えて、五・七・五に近い形の句を作り、意識と腐心の程を見せている。ヴォカンスのように韻を踏んだフランス詩の伝統的な修辞を用いた句もわずかながら『其角の俳諧』にもあり、『芭蕉とその弟子の俳諧』には、それがさらに多い。後者には其角の句が六句しか入っていないが、ほとんど音節が規則的にそろったものばかりである。なかには『其角の俳諧』にすでに入っていた次の句を少し直した形で入れたものも見いだせる。

まず一九二七年のヴァージョンを引用する。

富士の雪蠅は酒屋に残りけり
Neige sur le Mont Fouji.
Les mouches se réfugient
chez le marchand de saké.
(富士の雪。蠅は酒屋に避難する)

一九三六年のヴァージョンは次のとおりである。

Neige sur le Mont Fouji.
Les mouches frileuses se réfugient

chez le marchand de saké.
（富士の雪。寒がりの蝿は酒屋に避難する）

frileuses（寒がりの）という一語だけを第二行に挿入して、中の行を長く七・七・七よりも五・七・五に近い七・一〇・七のパターンに変え、母音と子音の繰り返しをさらに豊かにし、韻を踏み、「蝿は寒がっている。酒屋は狭くて暖かい。」という説明文を省いた。モーブランの日本風とヴォカンスの細かい音声の組み合わせとを兼ね合わせた方法で、訳者の細かい配慮と熟練した技術が見られる好例である。

最後に、フランス俳諧の資料を紹介してくださった松崎＝プティマンジャン・碩子氏に心から御礼申し上げます。

参考文献

松尾邦之助「フランス・ハイカイ生誕とその後—窓を世界にシリーズ—6」（『俳句』第一二巻第一一号、一九六三年一一月）
松尾邦之助「真珠の発見」1〜13、（『俳句』第一三巻第一号〜第一四巻第一号、一九六三年一月〜一九六四年一月）
M.K. [Matsuo Kuninosuke], « Le haïkaï français », *Revue franco-nippone*, n° 1, 1926.
Kuni Matsuo et Steinilber-Oberlin, *Les Haïkaï de Kikakou*, Paris, Les éditions G.Crès et C°, 1927.
Julien Vocance, *Le Livre des haïkaï*, Paris, Société française d'éditions littéraires et techniques, 1937.

なお、翻訳『其角の俳諧』に使用された其角の原文は『其角研究』（寒川鼠骨・林若樹編、アルス、東京、一九二二年）によった。輪講会には編者のほか、三田村鳶魚・高浜虚子・内藤鳴雪らが参加していた。

日本の仏教文化
日本、フランスと仏教

ジャン＝ノエル・ロベール

仏教教義は、十六世紀末には、以前に比べ、ずっと完全な形でヨーロッパに知られるようになった。それは、この世紀中ごろから日本を来訪したカトリックの宣教師たちの報告書に拠るところが大きい。これははっきりした事実であるが、ウルス・アップ氏が最近出版した研究で指摘されるまで、十分な信頼性を帯びるものではなかった。確かに、仏教についての知識には未だ未知の部分が非常に多かったし、極東で実践されていた仏教とのかかわり、まず第一に日本、中国、それにインドシナ半島と、仏教の誕生の地でありながら仏教が廃れてしまった国インドとの間の関係を、はっきりと知覚してはいなかったのである。ヨーロッパに伝来した資料も、第一級のものでありながら、後日再発見されるまで、長年、文書館の奥に忘れられていたものが数多くあり、その中身もその後の情報によって古びてしまったものもある。

確かに、十九世紀までに繰り広げられた仏教発見は荒唐無稽ともいえる記述にぴったり当てはまるような驚異的な面があった。そこには、知らない土地、その名はずっと以前から親しく耳にしていながら、実際には何も知らない王国、普通の意味での探検家、博学のオリエンタリストである知的な新しいタイプの探検家など、冒険書を作り上げる要素は充分備えられていた。中国は、ヨーロッパに於いてギリシャ語やラテン語の名でずっと昔から知られていたし、この国のことはマルコ・ポーロの記述によって全欧に伝えられていた。しかし、中国がカセイ王国と同じ国であることが判明するのは、ポルトガルのイエズス会士ベント・デ・ゴイス（一五六二～一六〇七）が、案内人のアルメニア人の僧イサクを伴って、ゴアから出発、ヒマラヤを越え、彼の永眠の地となる中国の境界地に辿りつくという十七世紀の未曾有の冒険譚によってである。つまり、中国という国についての正確な見解を得るには、十七世紀まで待たなければならなかったのである。チベットも、十七世紀には、イエズス会士のアントニオ・デ・アンドラデ（一五八〇～一六三四）や、その一世紀後にチベット語で神学概論を著した同じくイエズス会士のイポリット・デジデリ（一六八四～一七三三）の探検によって知られるようになった。デジデリのこの著作は、残念ながら、二十世紀後半まで世に知られなかった。十九世紀には特異な現実離れした人物が現れ、中には、ラザリスト会の伝道師エヴァリスト・ユック（一八一三～一八六〇）のような宣教師もいた。ユックは、一八四四年から一八四六年にかけて中国高地を通ってラサに赴いている。同僚と一緒にしたこの旅行の綿密な記録は何度も再版を重ね、今でも多くの人々に読まれている。仏教についての新しい学問がヨーロッパに確立するのもこの十九世紀に於いてである。この学問の最も優れた推進者の一人は、またもやチベット地方を訪れたハンガリー人アレキサンダー・チョーマ・ド・ケーレス（一七八四～一八四二）である。彼は、チベット語とチベット語に翻訳された仏教経典を歴史上初めて体系的に学んだ学者であり、東洋学史に真の一転機を画したのである。一八三五年に刊行された『カンギュル（チベット大蔵経）概要』は、仏教学研究の基礎となり、長年花開くこととなる。

このような知的探検家たちの傍ら、机上の文献学者がいる。彼らは現地調査を行った研究者から提供されたテキストについて研究を推し進めた。このような学者で最も注目すべき人物は、何と言ってもウジェーヌ・ビュルヌフ（一八〇一～一八五二）であろう。彼は、カトマンズ在住のイギリス人、ブライアン・ホジソン（一八〇一～一八九四）からアジア学会に送られてきた写本をもとに、『法華経』をフランス語に翻訳した。十九世紀後半には、仏教学がもの凄いスピードで発展するのが見られ、当世紀末には、あまり口調のよくない「ブドロジーBouddhologie」と呼ばれる文献学の新分野が確立した。以来、仏教学は国際的な研究分野となって、ヨーロッパの古くからのいろいろな伝統が相互に協力したり、競い合ったりした。ヨーロッパ諸国は、研究方法の面でも研究の傾向の面でも、それぞれ特徴を示す足跡をつけるように努力していた。例えば、イギリスでは、ほかの国に比べ、テーラワーダ（Theravāda　上座部）と呼ばれる仏教学派についての研究が優先されていたし、中国仏教史や中国の代表的な経典についての研究は、スタニスラス・ジュリアンやアベル＝レミュザをはじめとするフランスの研究者たちの縄張りとなった。ドイツとロシアの大学の間には緊密な関係があり、両国はチベットとモンゴルの仏教研究に眼を向けていた。フランス語圏ベルギーでは、オランダ、特にライデンと競い合って、仏教関係サンスクリット語の分野でめざましい発展を遂げていた。以上のような例を見ることは非常に興味深い。

しかし、この新分野が仏教学の大きな再生を実現させるためには、アジアの古い伝統との出会いが非常に重要であった。今度は動きが逆になる。つまり、ヨーロッパの宣教師や探検家がアジア高地に向かったのではなく、日本の僧侶たちが、ヨーロッパの大学や文献学というまだよく知らない世界に飛び込んできたのである。しかし、デスデリやチョーマ・デ・ケーレス、ビュルヌフは西洋古典語や哲学、キリスト教教義を学んだ時に得た研究方法をうまく利用したが、日本の若人たちは、かって仏教の法を求めて西方に向かった僧侶たちの伝統を再興しながら、この度は近代の学問を求めてヨーロッパにやって来て、手ぶらでは帰国しなかった。

一八五八年以来、日本がすっかり西洋の影響の虜になり始めた後、十二世紀以上に亙って万全を期して保存し、発達させてきた文化遺産についての問題が再浮上した期間が長く続いた。日本の歴史で、広義の文化に於いて、最も堅固で永続的な軸であったのは恐らく仏教であろう。仏教教義は、日本の知識階級に、儒教よりずっと明らかな方法で、すべての次元で森羅万象について解釈する枠組みを提供していた。つまり、ほかの民族、文化、宗教についての知識を伴った地理的な世界像にしても、神仏習合という日本独特の宗教観にしても、仏教心理学の巧妙な理解力による自己認識にしても、仏教に負うところが大きい。少なくとも一千年の間、仏と日本の神は共存を越える状態にあったといえよう。本地垂迹という言葉で知られる非常に大きな同値システムは、神の存在論の密度を高めた（「存在論」という言葉は仏教に於いて逆説的に見えるかもしれないが、仏教教義で最も高い位置を最もよく特徴付ける言葉が「実」であることを思い浮かべれば、ここでは適切な言葉である）。また、逆に、神は、皇室から祭儀、一般大衆の祭りに至るまで、日本人の最も近くで行動していると言えるので、仏や菩薩に、彼らに欠けている実在の権限を与えることができたのである。仏や菩薩は、神あるいは「権現」として現れ、「実際に身近にいる」という美点を日本で獲得したのである。すべての次元で発展したきた教義についての思考に適したこのような枠の中で、日本仏教の各宗派は、江戸時代に、奈良時代から始められた教義に関する研究を引き続き深めていた。日本の宗派は、中国に於けるよりも、教義に関する独立性をはっきり意識しており、これが日本に於ける仏教学の一般的傾向の一つであった教条的メソッドを作り上げるのに貢献したのである。江戸時代には、哲学的メソッドが実際に習熟し、このような研究が最も高い位置に到達したといえよう。もし明治維新による中断が無く、この伝統をそのまま継続していっていれば、日本仏教学はどのように進展していったのだろうかと考えさせられることがある。

だがそれは不可能であった。生きた宗教であると同時に、神道と融合し、学問的な面でも大きな活力があることを示していたこの日本仏教は明治維新の主な犠牲者のひとつとなったのである。仏教は、また、一六〇〇年頃日本に伝来した直後から活動を行っていたキリスト教の排斥に言わば「並立」した犠牲者とも言える。不吉な外国の宗教としてのキリスト教排斥は、六世紀半ばに朝鮮半島から日本に伝来してから数十年後には消滅したものと思われていた反応、つまり、仏教も同じく外国の宗教であるという点についての警戒心を、江戸時代の日本の知識階級に蘇らせたのである。国学の思想家たちは、キリスト教に対して激しく敵対していたが、仏教も結局のところ日本の土着の宗教ではないので、そのような宗教が神道を支配するのは自然の摂理に背いているという意識を持ち始めたのである。このような思想は十八世紀から十九世紀にかけてますます強くなっていくが、その結果は仏教にとって恐ろしいものであった。日本国粋主義とヨーロッパ国家主義のイデオロギーの出会いは、反仏教を強固にし、廃仏毀釈の運動を引き起こすことになったのである。仏米日本学者アラン・グラパールは廃仏毀釈を中国の文化革命に例えている。

学問にとって非常に幸運なことに、新世代の学者たちは、伝統的な仏教研究を刷新する重要性を意識して、立ち上がった。ウジェーヌ・ビュルヌフが早世した後、オックスフォードに落ち着いていたドイツ人の著名な学者フリードリヒ・マックス・ミュラー（一八二三～一九〇〇）が、しばらくの間、インド学の権威を握ることになる。そして、浄土真宗の二人の若き学僧、南条文雄（一八四九～一九二七）と笠原研寿（一八五二～一八八三）がヨーロッパの文献学的研究方法を学ぶために赴いたのは、当然のことながらマックス・ミュラーのもとであった。僧侶がサンスクリット語を実際にきちんと学ぶのは、日本では初めてのことである。サンスクリット語は日本には古くから伝えられていたが、宗教上の使用にのみ用いられていた「梵字」という字体と漢訳経典の用語を説明する語彙集の学習に限られていた。数年間のうちに、日本では、西洋に近代的な研究方法を求めて赴いた若き文献学者の指導の下に、サンスクリット語やパーリ語の優れたインド文献学派が形成されていき、その後間もなく、出版物や百科事典の大企画に於いて、時代の先端を占めるようになるのである。もし、この学派に多くの点に於いて革新的なものがあるとしたら、それは、江戸時代に頂点に達した地域的もしくは国家的規模の文献学の非常にしっかりした伝統に支えられていたからで、そのおかげで国際仏教学界の第一線を直ちに占めることができたのだということを忘れてはいけない。つまり、この日本の博識の伝統がヨーロッパ文献学の研究方法に結びつき、両者の出会いが新しい仏教学の誕生を可能にしたのである。日本では、一九六〇～七〇年代まで、学校教育で漢文の学習が重要な位置を占めており、歴史や文学を専攻する研究者は長年漢文の古典作品と親しんできた。そこで、日本のインド学者は漢文の知識に支えられて、西洋の同僚たちに対して確実に優位に立っていた。ヨーロッパでは、仏教学を専攻すると、大抵、インド・チベット、中国・日本、パーリ・サンスクリットの中からどの教育を受けるかを選ばなければならなかったのである。

この新しい学問を代表する最も著名な学者の一人は高楠順次郎（一八六六～一九四五）である。彼は、極東の仏教史上、研究の進行を決定的に裏付けた『大正新脩大蔵経』刊行の中心的な立て役者である。この大蔵経は一九二四年から一九三五年にかけて出版された、ほかに類を見ない金字塔であり、近年飛躍的に発展している漢文の仏教経典のコンピューター化の基礎となっている。

ところで、『ルヴュ・フランコ・ニッポンヌ』第八号（一九二八年九月～十月）に、次のような一見取るに足らない囲み記事がある。「常日頃、本誌に非常に大きな好意を寄せて下さっている、コレージュ・ド・フランス教授、フランス学士院会員シルヴァン・レヴィ氏は六月に離日した。」この後、シルヴァン・レヴィが『日本に於ける仏教』（実際には、『日仏会館学報』（*Bulletin de la Maison franco-japonaise*）第一号『日本佛教研究資料』（*Matériaux japonais pour l'étude du bouddhisme*, 1927）と思われる）を刊行したことを述べた後、この記事は次のような言葉で締め括られている。「彼は、仏英日梵四ヵ国語の仏教事典の編纂を始めた。」これは、世界の仏教学界で名声を博した事業のささやかな予告である。タイトルは挙げられていないし、非常に短い記述のため、内容もはっきりしないが、恐らく、『法宝義林―和漢の資料に基づく佛教百科辞彙』であると思われる。この百科事典の第一号は翌一九二九年に出版されている。シルヴァン・レヴィ（一八六三～一九三五）は、一九二七年から一九二八年まで東京日仏会館館長を務めていた間に、高楠順次郎と協力してこの大企画を立案した。つまり、この企画は、フランスの東洋学と、ほんの僅か前に近代的な体系として生まれた日本の東洋学との協力による事業なのである。高楠は、一八九〇年から一八九七年までマックス・ミュラーのもとで学んでおり、日本の近代東洋学の模範的な学者の一人であった。彼は、修業の時代を経て、いよいよ卓越した技量を示す時が来ていたのである。『法宝義林』という仏教専門用語を漢字で表記しながら、読み方は日本語の発音で示し、項目はフランス語で執筆されているこの百科事典編纂という大事業は、紀元一世紀から中国に伝わった仏教の古来の系譜を代表する者としての日本の位置を認めたわけである。中国の仏教界が、学界や大学での研究方法を模範として歴史学や文献学の研究のしっかりした伝統を形成するにはあまりにも不安定であった時代に、日本ではこのような伝統はしっかりと根を下ろし、発展していたので、日本の学者は、この遺産の最後の保管者と見なされるようになり、西洋の研究方法によってこの遺産を引き立てることができたのである。確かに、二十世紀には、仏教学に痕跡を残した中国の偉大な博学者が数人いるものの、この分野で真の革新が現れ、他の国の学者と席を共にするのは二十世紀末である。

FONDATION ÔTANI ET WADA

法寳義林

HÔBÔGIRIN

DICTIONNAIRE ENCYCLOPÉDIQUE DU BOUDDHISME
D'APRÈS LES SOURCES CHINOISES ET JAPONAISES

PUBLIÉ SOUS LE HAUT PATRONAGE DE
L'ACADÉMIE IMPÉRIALE DU JAPON
ET SOUS LA DIRECTION DE
SYLVAIN LÉVI ET J. TAKAKUSU
PROFESSEUR AU COLLÈGE DE FRANCE　PROFESSEUR HONORAIRE À L'UNIVERSITÉ IMPÉRIALE DE TÔKYÔ
MEMBRES DE L'ACADÉMIE IMPÉRIALE DU JAPON

RÉDACTEUR EN CHEF
PAUL DEMIÉVILLE

PREMIER FASCICULE : A—BOMBAI

MAISON FRANCO-JAPONAISE
TÔKYÔ
1929

AGENTS DE VENTE
MAISON FRANCO-JAPONAISE, TÔKYÔ—LIBRAIRIE DAIYÛKAKU, TÔKYÔ

『法宝義林』（*Hôbôgirin*,1929）

『ルヴュ・フランコ・ニッポンヌ』の囲み記事は一九二八年に出版されたが、『法宝義林』の第一巻は一九二九年に東京で刊行され、現時点での最新号第八巻は二〇〇三年にパリで発行されている。仏教学の分野での日仏の協力は実に模範的なものであり、これは、高楠順次郎とシルヴァン・レヴィという二人の偉大な学者が相互の評価をもとに築きあげたものである。この協力はまた、フランスやヨーロッパに於いて仏教の知識を深めた要因のひとつでもあった。さて、この大事業の発起人として以下四人の著名人の名が挙げられる。前記高楠順次郎、シルヴァン・レヴィ、それに駐日フランス大使ポール・クローデル（一八六八～一九五五）および天才的な中国学者ポール・ドミエヴィル（一八九四～一九七九）。クローデルは既に著名なカトリック作家であり、日仏会館創設に貢献した。ドミエヴィルは中国の禅についての知識を刷新した研究を行ったが、インド仏教の教義やこの教義の中国への伝播にも関心を抱いていた。彼の著作は、現在もなお、熟読する価値がある。

カトリック作家であるポール・クローデルは、仏教をよく思っていなかっただけに、間接的であれ、仏教関係の企画に関与していたことは驚くべきことである。もし、クローデルが日本の仏教が象っていた形体に対してあまり敵意を見せていなかったように思われるとしたら、たとえセイロンの涅槃仏像をナメクジに例えたりしていても、クローデルは恐らく美的な点を重んじていたからである。それに反して、クローデルの側近のカトリックの世界では、アンリ・マッシス（一八八六～一九七〇）の著作でカスタマイズされた仏教に対する非常に強い敵意に満ちた動きがあった。マッシスは、やはりカトリックの重要な知識人であったジャック・マリタン（一八八二～一九七三）の友人でもあった。マッシスは、フランスで非常に大きな反響を呼んだ著作、というより、「攻撃文書」と呼ぶにふさわしい『西欧擁護論』の著者である。これは一九二七年に出版され、ドイツと共産主義国となったロシアはもとより、極東の国々も、ヨーロッパキリスト教文明を脅かす危険分子として告発している。「アジアが狙っているのは西欧の魂である。…」彼によると、ラビンドラナート・タゴール（一八六一～一九四一）、岡倉天心（一八六三～一九一三）、マハトマ・ガンディー（一八六九～一九四八）は、西欧の身体の中に侵入し、殺害するために、小さな裂け目も窺っているのだという。敗北したドイツの懸念される情勢や、東方には共産主義の勝利があり、それらによって亢進した一徹な非難である。この本が刊行された翌年には『ルヴュ・フランコ・ニッポンヌ』がエミール・スタイニルベル＝オーベルランによる「アジア擁護論」を第七号（四九頁以下）に掲載して反応を示したことは興味深い。

正直なところ、スタイニルベル＝オーベルランの反駁はいささか期待はずれである。恐らく、マッシスの攻撃の水準に合わせ、そういう意味では適応していたのだと言う人もいるであろう。確かにその通りである。マッシスの非難は神学に関わらず、まずは政治に関するものなのである。キリスト教の神学者およびエルネスト・ルナン（一八二三〜一八九二）のような実証主義の学者たちが東洋の宗教に、各人の人格を尊重するキリスト教の信仰の正反対である『虚無の信仰』（この件についてはロジェ＝ポル・ドロワが優れた研究をしている）を認めようとしたような、十九世紀に行われた反仏教の論争ではなかった。日露戦争、そして第一次世界大戦は、アジアと西洋の関係を修正した。つまり、両者の対決は形而上学的考察から地政学へと移されていたのである。スタイニルベル＝オーベルランはシルヴァン・レヴィをあまり参照していないが、その代わり岡倉天心を非常に長く引用しているし、「アジアは正しく、穏やかである」という小見出しや、「仏教は本質的に無害で温和である」など、あきれるほど無邪気な言葉で全亜細亜協会の目的を擁護している（一九二六年八月には長崎で亜細亜民族会議が開催され、ヨーロッパやアメリカでは不安の波を引き起こしたようである）。

このスタイニルベル＝オーベルランの記事は、同じ年（一九二八年）、雑誌掲載より少し前に出版された『亜細亜および仏教擁護論』からの転載である。この際、「仏教擁護論」の章はカットされた。しかし、注目されることは、当時のフランスで、仏教をめぐって活動した著名な人物がほとんど同じ世界にいたという驚くべき連鎖関係である。マッシスはクローデルの友人であり、クローデルは駐日フランス大使で日仏会館創設の中心人物であり、シルヴァン・レヴィはこの日仏会館の館長で、スタイニルベル＝オーベルランとともに、『ルヴュ・フランコ・ニッポンヌ』の協力者のリストに名を連ねている。一九二七年には『西欧擁護論』、一九二八年には『アジア擁護論』、一九二九年には『法宝義林』の第一号が出版されたというように、これらすべては二年間のうちに刊行された。『法宝義林』は、極東の思想についての根深い無知に基づいている攻撃に対する最良の反駁である。

確かに、この『和漢の資料に基づく佛教百科辞彙』は博学的な高い水準にあったので、釈迦の教えに惹かれた熱狂的な精神の持ち主の多くの手には負えないものであった。そこで、ほかの方法でこの時代に刻印を押した人物がいるが、中でも、有名な旅行家アレクサンドラ・ダヴィッド＝ネール（一八六八〜一九六九、一〇一歳で没）の影響は非常に大きく、永く続いた。日本から中国を経てチベットへ大旅行し、帰路、ネパールからインドを通り、一九二四年にはラサに赴いている。ラサに入城したという事実については論争の的になっているが、この旅行のほかの部分は疑う余地はなく、彼女の数々の回想記は長年非常に興味深い読み物として定着している。その中で最も大きな成功を博したものは、パリに戻って間もなく出版された『パリジェンヌのラサ旅行』である。この旅行記が刊行されたのは、ちょうど、マッシスとスタイニルベル＝オーベルランが論争を交わしていた一九二七年である。ダヴィッド＝ネールは、チベットというほかの系譜の仏教に全く異なった光をもたらし、莫大な人気を博した。彼女は大学の研究者ではなかったが、その著作を読むと、シルヴァン・レヴィの崇拝者であったことが判る。また、レヴィの指導のもと、博士号取得の準備をする夢も持っていたともいわれている。しかし、この夢は実現しなかったが、偉大なインド学者は彼女に対し、ある評価をしていたという明らかな証拠がある。一九三一年に、ダヴィッド＝ネールがゲサル王についてのチベットの大叙事詩をまとめた『リンのゲサルの超人的な生涯』を出版した際、シルヴァン・レヴィは絶賛した序文を書き、ダヴィッド＝ネールがヨーロッパに初めて紹介した叙事詩を『イリアス』、『アエネイス』、『ニーベルンゲンの歌』、『ロランの歌』に躊躇なく例えている。

同じ短期間のうちに、前記の著作とはずっとかけ離れているが、当時の人々が永遠不変の精神と考えられていたものを受け入れる準備がどれほど出来ていたかを示す本が出版された。一九二八年に刊行されたモーリス・マーグル（一八七七〜一九四一）著『私は何故仏教徒であるか』である。マーグルは非常に変わり者で、秘教主義や更にはオカルティスムに夢中になり、当書で「告白」めいたかたちで読者に伝えているように、仏教を理解したと思い込んで落ち着くまで、放蕩な生活をおくっていた。当書の内容は、ダビッド＝ネールやシルヴァン・レヴィ、ポール・ドミエヴィルからずっと遠いところにある。モーリス・マーグルが引き合いに出している仏教は、「十九世紀に東洋の光を広める任務を負った」ブラヴァツキー夫人の著作を通したものなのである。この光は、原語で仏教書を読んだこともなく、寄せ集めの教義をでっちあげた幻想家たちのサークルの空想から発光したもので、多くの人が魅惑されたことには今なお驚かされる。

歴史に足跡を残した大きな思想の流れすべてのように、仏教は、熱狂的な賛同と同じほどの誤解や、深い熟考と同じほどの厳密な研究を生み出した。十九世紀に於ける日本仏教学とヨーロッパ文献学の出会いは、特に本稿で取り上げてきた時代以降開花したが、恐らく日仏対話の決定的な段階として後世に残るであろう。私たちはこれを引き続き継続していかなければならない。

（松崎碩子・訳）

日本の女性文化

両大戦間における日本女性像
――紋切り型からキク・ヤマタの女王の国へ

田口亜紀

両大戦間に日本の女性文化のどのような面がフランスに伝えられたのだろうか。

オリエンタリズムを想起する時、「見る」主体として表象される西洋と「見られる」客体として表象される東洋という対比が浮かび上がるが、これは主体である男性と客体である女性という比喩で表すこともできるだろう。男性は「地上の楽園」をオリエントに見いだそうとし、その土地にやってくる男性に「奉仕する女性」を欲望する。日本が対象になる場合では「ゲイシャ」と未分化の「ムスメ」mousméが十九世紀からフランス人の想像の中で根強く存在していた。「ムスメ」はたいていの場合、武士の娘であり、家族の犠牲となって外国人の現地妻として売られていく。海軍士官だったピエール・ロチは日本滞在時に同居した女性との体験をもとに理解しがたい他者を小説『お菊さん』に描いた。プッチーニの『蝶々夫人』では、蝶々さんは理解しがたいムスメではなく、「ハラキリ」も辞さない、武士の娘として描かれ、ステレオタイプを作りだし、通俗化されていく。

二十世紀に入っても、フランス人による日本旅行記あるいは滞在記にはゲイシャによるもてなしの逸話に事欠かず、クロード・ファレル、ジャン・スリアックといったフランス人作家の筆によるゲイシャを主人公とした小説も読まれた。パリの文壇で日本の紹介に努めたキク・ヤマタも『芸者の生涯』*Vies de Geishas*（ガリマール社、一九三四年）

で唐人お吉、お鯉、妻吉、白拍子静御前を紹介している。異国を舞台にしたルポや小説を次々と発表していたティタイナ（本名エリザベット・ソブリ）は『日本女性』*La Japonaise*（La Nouvelle Société d'édition, 1931）の中で、年代順に「一六七〇年　舞子の奇妙な愛」、「一七八〇年　お菊さんは死罪に処される」、「一九一三年　お鯉、舞子の物語」と題する逸話を日本の女性像として描き出している。

芸妓は依然として存在していたが、芸者から正式な妻になった者もいる一方で、キクが取り上げた桂太郎第二夫人のお鯉のように影響力を持った女性もいた。明治民法下では家制度存続のために妾の存在が公認されていたのだった。では両大戦間は日本女性にとってどのような時代だったのだろうか。

まず両大戦間を、大正期（一九一六年から一九二五年まで）、昭和初期（一九二六年から一九三五年まで）、昭和一〇年期（一九三六年から一九四五年まで）の、三つの時期に分けて女性をとりまく社会状況を概観しよう。大正期には、大正デモクラシーの自由主義的、民主主義的風潮が隆盛した。女性の状況としては、近代的市民としての女性像がクローズアップされていた。女子中等教育の普及が進み、日露戦争後の資本主義の発展にあわせて、女性の職域が拡大した。昭和初期には昭和恐慌の影響で社会不安が生まれた。そして女子労働者の失業や農村の貧窮による若い女性の身売りなどが社会問題となった。とりわけ女性参政権運動や労働運動への女子労働者の参加が増えた時期でもある。昭和一〇年期には、日中戦争から太平洋戦争へと侵略戦争の道を歩み、社会全体がファシズムの波にのまれていく。国家総動員法の下、未婚、既婚を問わず、女性という女性が戦時体制に組み込まれ、戦争協力を余儀なくされる。

フランスでは、こうした日本の社会的状況に、女性が生み出す思想や文学を位置づける試みが見られる。大正期には、好富正臣が『日本女性と文学、批評、小説、戯曲、回想記』*Anthologie de la littérature Japonaise Contemporaine*（グザヴィエ・ドルヴェ書店、一九二四年）の中で、女性の立場から権利を主張する作家をフランスに紹介している。東京帝国大学法学部を経て公使館勤務であった好富は、フランス留学経験で培ったフランス語で、有島武郎の『或る女』の翻訳を刊行した。好富曰く、日本は「女性の国」であるにもかかわらず、フランスで知られているのは吉原と芸者のみであるから、『日本女性と文学』では同時代の女性の活躍に焦点を当てる。島田歌子、羽仁もと子、鳩山春子、伊藤野枝、小説では藤村（宇野）千代、中条（宮本）百合子の名前を挙げた後、評論では平塚明子（らいてう）の『青鞜』から「元始、女性は太陽であった」（『今日の日本』*Le Japon d'aujourd'hui*, 所収、メボン訳）を引いている。一九一九年に平塚らが中心になって結成された新婦人協会は、女性の政治的権利の獲得という功績を残したが、日本社会における女性の惨めさは否定しがたいと著者は記す。さらに、山川菊栄の『改造』、『中央公論』への寄稿、特に『女性』誌に掲載された記事「女性の失業の重大さ」を取り上げている。そして若手作家として三宅やす子、小寺菊子を、さらに回想の章には堀保子の『大杉栄追想』を、小説の章には女性運動家の神近市子、鷹野つぎの作品を、戯曲の章には野上弥生子による『藤戸』の能を紹介する。本書では大正デモクラシーの空気が感じとれると同時に、女性の置かれている悲しい状況を直視させられる。

この時期に女性を総合的にとらえる試みも見られた。女子教育研究者・下田次郎「資料・日本における女性の状況」（『日本と極東』*Japon et Extrême-Orient* 一九二四年一月号）の論文および補足資料は英語版『日本年鑑』からの仏訳であるが、当時の女性を取り巻く状況、特に女性運動の盛り上がりつつある状況が数字とともに説明されている点で重要である。一九二〇年の統計によると、一五歳以下では女工が多く、また女性が就く主な職種は紡績であり、職業婦人では医者と助産婦である。

この論文は民法上の男女不平等――妻には姦通罪が適用されるが、夫が妾を持つことは許される点――に注意を促す。結婚年齢、親に結婚の許可を得る必要、結婚後の妻の法的不能（妻は夫の許可なしに、銀行での貸し借り、不動産売買、提訴はできない等）、相続における女性の不利にも言及している。下田は女子教育の専門家であることから、高等女学校、大学、専門学校の紹介も怠らず、吉岡弥生が創設した東京女医学校（東京女子医学専門学校）を特記している。女性が高等教育を受けると縁遠くなることはこの時代の「常識」であったが、この点がデータで示されている。儒教的思想における女性の役割として、家庭を守ること、良妻賢母、夫婦同姓、妾の公認、嫉妬や怒りの言葉の禁止、さらに姑と嫁の関係では、嫁の姑に対する尊敬、忍耐、服従が家庭にもたらす平和、そして自分に甘く、姑を非難する嫁は恥であるという考えが説明される。他方で、当時の女性解放論者の主張を紹介し、良妻賢母が女性のあるべき姿だとしても、教育を受けた女性が家事に甘んじているわけではないと述べる。下田は家事や育児からの解放、女性の社会進出、公的資金による保育園の整備、母親への助成金支給を提案する。女性の政治活動については、女性の政治活動（集会への参加）を禁じるという法律が一九二一～二二年に廃止され、東京女子大学では公民と法律の授業が開講されたことは女性の権利獲得への第一歩であると付言する。

エディット・ウィル「新日本の女性企業家」（『パリ日仏協会会報』*Bulletin de la franco-japonaise de Paris* 五〇号、一九二一年一〇月・一二月）では固有名詞を挙げて職業婦人の紹介に努めている。まず、この時代の女性を、未婚女性、妻、芸者、社会で働く女性のカテゴリーに分ける。そして事業に成功した女性、学問・教育の道をひらいた女性を紹介する。

鈴木よねは最初の不幸な結婚のあと、鈴木商店創業者・鈴木岩次郎の妻となった。商才と野望に満ちた岩次郎は事業の拡大を目前に死去する。よねは夫の夢を引き継ぎ、大番頭二人と共に世界市場へ進出する。しかし、昭和初期の金融恐慌で倒産し、鈴木王国は終焉を迎える。

津田梅子は女子留学生として渡米し、生涯独身で教育に身を捧げ、「女子英学塾」（後の津田塾大学）を開いた。吉岡弥生は東京女医学校（後の東京女子医学専門学校、その後、東京女子医科大学に昇格）を創設し、女医の養成や医学の教育・研究の振興に尽力した。同じ医学界では、井上トモも活水学院卒業後に渡米し、日本の女医の先駆者となった。

羽仁もと子は日本初の婦人記者である。幼い頃の家族の破綻、結婚の失敗、就職への壁を乗り越えて、協力者である生涯の伴侶を得て、二人三脚で雑誌『婦人之友』を創刊した。合理的な新しい家族生活を読者に紹介し、女性の地位向上を目指して行動した。キリスト教と自由主義とが結合した教育方針を謳った自由学園を創立した。

その他に、商業、産業の分野で成功を収めた婦人が紹介されている。

このように、日本女性の置かれた状況や、傑出した女性についての情報がフランス人に向けて発信されたが、キク・ヤマタのフランス文壇デビューによって、日本女性は生き生きと感じられる存在になる。日本人の父とフランス人の母の間に生まれ、日本とフランスで教育を受けたキクは、生け花などの日本文化をフランスに紹介した。活動の拠点であるフランスでは和装でサロンに出入りし、日本に関わるあらゆる催しに参加して、藤田嗣治と並んで、日本を代表する在仏日本人芸術家となる（『八景』*Les Huits Renommeés*〈アンドレ・デルプッシュ出版、一九二七年〉ではキクの文章にフジタが四七点の挿絵をつけている）。キクはフランス語表現の文筆家として、ヴァレリーの序文を冠した『日本人の唇の上に』*Sur des Lèvres Japonaises*（ル・ディヴァン社、一九二四年）を発表し、翌年、小説『マサコ』*Masako*（ストック社、一九二五年）で成功を収める。『マサコ』の筋書きは、大正時代の東京の上層中産階級の男女が見合いの席で知り合い、恋に落ちるが、恋愛と結婚は相容れないと考える旧弊な親戚に結婚を禁止されるも、父のとりなしで無事、結婚式を挙げるというものである。物語の背景に日本の風物が盛り込まれ、儒教と神仏混交の教えが見られるところから、同時代の日本をフランス人に具体的にイメージさせたのだった。マサコは外国語を習いにカトリックの学校に通う芯の強い女性でもある。キクが描き出したのは伝統と己の意志に折り合いをつける女性であり、生を渇望する人間なのである。キクは『マサコ』刊行以降、小説を発表し、日本について書くが、日本文化は女性によって輝きを保っているという考えは終始一貫していた。

キクは「日本女性の生活」（『メルキュール・ド・フランス』*Mercure de France* 一九二四年六月一日号）で日本滞

在時に交友をもった女性を紹介する。キクが活写する四人の女性はいずれも古風でありながら近代的である。まず一人目はキク自身の親友である栄子を挙げる。栄子は「ボッティチェリの『春』に描かれるような」花柄の着物を身に纏い、島田結にしている。華道、英語、ピアノ、三味線、別荘での保養が趣味だ。キクと栄子との電話でのおしゃべりが挿入される。「午前中は何をしたの。」「家事をして、三味線の稽古、黒塗りのお盆に砂で風景を描いたわ。」「何の風景を描いたの。」「多摩川よ。」嫁入り前の栄子には外出が容易には許可されないので、外国人と知り合いたくても叶わない。『青い鳥』(メーテルリンク)、『人形の家』(イプセン)、『田園交響曲』(ジッド)を読んでは異国に思いを馳せる。

二人目は越後の武家出身の女性で、明治維新後に米国留学をし、英語や教養を身につけた。漢文や詩歌の心得があり、人生を達観していて、質素かつ謙虚であり、人に仕えることを我が道としていた。四児の母となってからは、息子たちを直々に教育し、大学に入学させた。和洋の文化に通じていたため、それぞれの文化の利点を生活に導入しており、例えば正座をして勉強すると身体に負担をかけるのでテーブルと椅子を購入したといった具合であった。息子たちの好きなケーキを作るかと思えば、寺で生け花を教えるのだった。

三人目は東京にあるフランス系の修道院で育ち、京都の家に嫁いだ女性である。結婚前に習っていたピアノを、夫が嫌うだろうからといってやめてしまい、夫の好みにあわせて和装をしている。この女性の語る逸話によると、東海道を旅していた姑が追いはぎに遭いそうになったが、武道の心得があったため、正当防衛で盗賊の一人を殺したのだった。

四つ目のケースは二六歳から三〇歳の華族の女性たちである。すでに四児の母となっている場合が多い。一人で外出することはなく、化粧をして夫の帰りを待つ。キクは、日本女性の行く末についての問いに、与謝野晶子を引いて、女性が男性の座を奪うのではなく女性の価値の向上を目指すのが日本流のフェミニズムであると答える。

結婚こそが女性の幸せであるという風潮は健在であったが、同時に家の中で、ひいては日本で息苦しさを感じている女性もいた。中には、昭和恐慌のあおりを受けて、海外移住をめざす者もいた。メディアでは、アメリカの移民として入国できない日本女性が、アメリカに渡った日本人男性に写真を送り、妻として入国するという仲人事務所の話も紹介された（オデット・スアール「花嫁の写真」『パリ日仏協会会報』六七号、一九二六年）。

昭和一〇年期に入り、日本が軍国主義に染まり、中国侵攻を進める時期に、フランスでは日本に対する不信感を強めていった。満洲事変の年に、キクが伝記を書いた乃木大将は、天皇に殉じる軍人であったので、この時期においては、乃木と軍国日本の好戦的イメージが重なることは必至だった。キクはさらに祖国の美徳を伝えようと、日本女性の鑑たる九条武子を紹介した（『ルヴュ・エブドマデール』*Revue hebdomadaire* 一九三八年九～一〇月）。武子は京都西本願寺に「脇腹の子」として生まれるが、やがて九条家に嫁ぎ、夫婦で欧州旅行に出て、西洋文化を吸収する。単身での帰国後は、義姉と全国仏教婦人会を発展させる。歌集『金鈴』（東京堂、一九二〇年六月）を出版すると大好評を博した文人でもある。次第に社会奉仕に目覚め、貧しい人びとのための診療所を設けた。武子の教養の源は、生まれ育った浄土真宗本願寺の本山の広大な敷地の文化であり、国宝、重文級の由緒ある建物や身近にある彫刻、絵画、和歌である。武子の義姉の妹は後に貞明皇太后となる節子姫であることからしても、結婚後も雅な文化に触れられたことが想像できる。しかし夫が銀行員となってからはサラリーマンの妻として慎ましい生活を送り、社会奉仕を行うようになってからは、貧民窟で垢だらけの病人の傍へ端座し、着物が汚れることも憚らず慰問するのだった。キクは日本女性の備える教養や芸術性を武子に見いだし、武子の姿を通して、フランスに日本の女性文化の優れた点を伝えたかったのであるが、このような文化が贅沢となってしまった戦時下では、順応、献身、奉仕する女性という点が美徳として強調されることになる。

国際連盟を脱退した日本が孤立の道を辿る状況にあって、日本の女性の正しい理解を促すと謳う記事も登場する

（ジルベルト・ラ＝ドルジュ「古来の伝統を受け継ぐ現代日本女性」『フランス・ジャポン』*France-Japon* 第三四号、一九三八年一〇月）。筆者はキク・ヤマタに言及しながら、日本女性の柔和さ、謙虚さと魅力を紹介する。このような女性の性質を決定づけたのは、十七世紀に貝原益軒がまとめた『女大学』であるという。今日の日本女性にとって、儒教、仏教、神道、キリスト教の信仰や合理主義的思考を問わず、報国こそが重要であるように思えると締めくくる。

キクもまた、女性が従うべき道として貝原益軒『女大学』（『和俗童子訓』巻之五「女子を教ゆる法」を参酌）の影響が強いことを指摘する。キクが『女王の国で』*Au pays de la reine* (Impr. de l'Extrême-Orient, 1942) に引用した内容を見てみよう。婦人は夫を主君として仕えよ。嫉妬の心をおこしてはいけない。夫を諫めるのは夫の怒りが収まったときがよい。言葉を慎むべし。婦人は心遣いをして、慎みを守り、怠りなく家を治め、四〇歳前には人が多く集まる場所には行くべきではない。巫《かんなぎ》に迷ってはいけない。妻はその家の分限に従って経営せよ。女は若い時に男に近づいてはならない。衣装を清潔に保つようにせよ。下女をつかうときには、気を遣うべし、と述べ、さらにまとめの部分で、「不知なる故に、（…）婦女は陰性なり。陰は夜に属してくらし。故に女子は、男子にくらぶるに、智すくなくして、目の前なるしかるべき理をもしらず、又、人のそしるべき事をわきまえず、わが身・わが夫のわざわいとなるべき事をしらず（…）かくおろかなるゆえ、年すでに長じて後は、よき道を以ておしえ、さとらしめがたし」の部分を仏訳するが、キクは「おろかさゆえ、夫にすべてをたより、自分自身は頼りないと思え」と付け加えている。

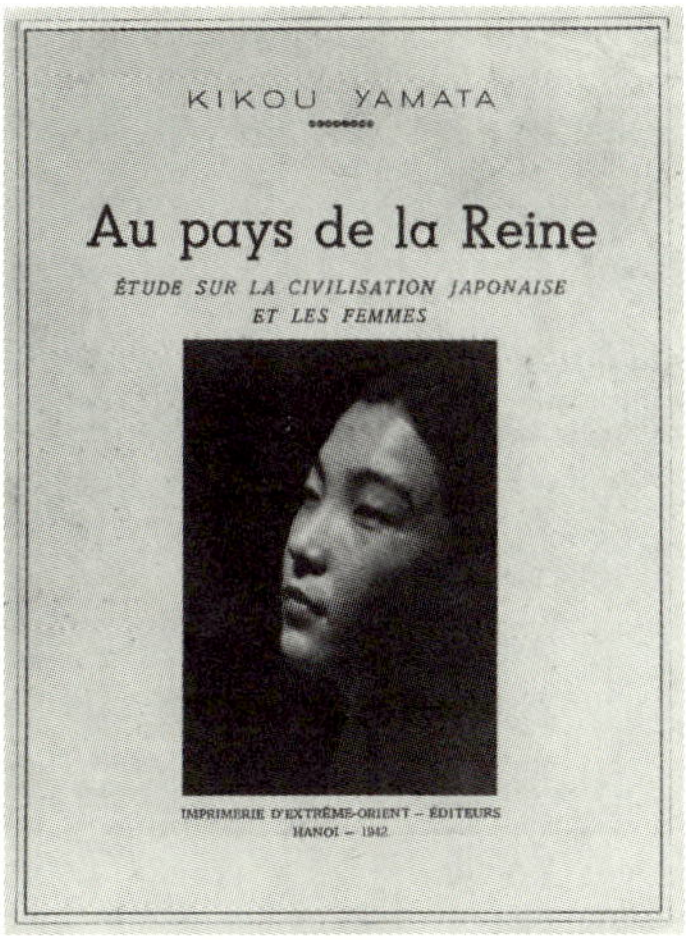

キク・ヤマタ『女王の国で』
Au pays de la reine（1942）

キクは『女王の国で』（日本文化と女性についての試論）をイ

ンドシナの仏語圏に向けて構想したのだった。本書の構成は、第一章・宗教と日本女性（神道、仏教とキリスト教）、第二章・思想と日本女性（東洋と西洋の哲学の日本女性への影響、日本女性の教育、女性の教育機関、日本女性の社会的地位、文学生活と女性）、第三章・日本女性の生活美学（日本女性の周辺、芸事、女性芸術家、女性と舞台）、結論（世界における日本文化の位置）の五章立てになっている。記述に誤謬が散見されるものの、日本女性論としてこれだけまとまった書物は類を見ない。本書の序論では、日本に到着したフランス人なら「日本では男性と女性は二つの違う人種だ」といえるだろうと、フランス人の視点に立って紹介を始める。男性の謹厳さと固苦しさに比べて女性の優美さ、柔和さが際立って見えるのだ。社会生活で女性はいかなる地位も占めていないが、感情生活の全面にわたって影響を及ぼしていて、日本文化の形成と伝統の維持に大きな役割を果たしてきた（古事記におけるイザナギとイザナミの夫婦、大和ことば、紫式部など）。

さらにキクは福沢諭吉の『新女大学』を紹介し、そこに男女平等の思想とキリスト教の影響が見られるものの、戦時下で男尊女卑の思想は強化されていることを指摘する。ナショナリズムの台頭を背景に、戦争を推し進めるような役割が女性に与えられていることを、自己犠牲の例に読み取るのである。それは日中戦争で夫に未練なく戦ってもらいたいと願って自殺したある将校の妻、また一九四〇年、軍隊航空学校の開校式の後、勇敢な航空隊員の無事を祈願して井戸に飛びこんだ若い娘のような例である。戦争未亡人は経済的困難に陥っていることから、小学校の教員の仕事が与えられたり、盲人や傷痍軍人と再婚したりする。キクは続ける。一九四〇年、戦争の影響で、「男性の領域」が女性の手に渡った。女性たちは組織して空襲時の消火活動を行う。国家総動員法の空気の中で、「愛国」、「国防」の活動を女性が行っている。一九四一（昭和一六）年に国民勤労報国協力令、「女子勤労動員ノ促進ニ関スル件」により一四歳以上の未婚女性が多く参加している。女性の急務は、選挙権を要求することではなく、国に仕えることであり、それゆえ、なぎなた、剣術、弓道の練習に励むのだ、と。

キク・ヤマタ、夫コンラッド・メイリとともに（1940年頃）

このような状況にあっても、女性が文化を担っていることをキクは強調する。女流作家として、樋口一葉、与謝野晶子、岡本かの子、さらに、野澤（小池）富美子、中条（宮本）百合子、野上弥生子、林芙美子、小竹安子、藤村（宇野）千代、窪川（佐多）稲子、高群逸枝、杉本鉞子《えつこ》を、婦人の読み物として『婦人倶楽部』、『新女苑』、『家の光』、『婦人之友』を挙げる。セザンヌ、ルノワール、マルケ、ドラン、ピエール・ラプラード、ブラマンクのような芸術家を愛好し、ルソー、ベルグソン、トルストイ、メーテルリンク、アレクシス・カレル、アナトール・フランス、アンドレ・モーロワ、ヴァレリー、ジッド、ゾラ、モーパッサン、ユゴー、コレットなどを読んだ日本女性は、十九世紀末から二十世紀初頭にかけての個人主義運動、女性運動、共産主義運動に加担したとキクは記す。しかし太平洋戦争が激しさを増す中で、これらの記述が現状にそぐわないことはキク自身が痛感していた。キクは一九三九年から国際文化振興会の招きで日本に滞在していた間に『女王の国で』を執筆した。タイトルの『女王の国で』は、女性天皇が存在したことに由来するのだが、皇国史観に基づかず、天皇の国である日本をこう表現したことについて、特高の取り調べを受けたのである。

やがてキクは『女王の国で』に加筆修正を加えて『日本女性の日本』*Le Japon des Japonaises*（Dromat, 1955）と改め、再び世に問うことになる。キクは一〇年の日本滞在を経て、終戦後、渡仏し、夫コンラッド・メイリの祖国であるスイスに定住するが、旧稿に手を入れ、創作を続けるも、その題材は常に日本だった。キクほど日本にこだわった文筆家はおらず、とくに両大戦間のフランスで活動したキクなしには、日本女性の豊かさが知られることはなかっただろう。

III

日仏文化交流の記憶の場所

巴里週報社と石黒敬七

米村みゆき

1　巴里の名物男

巴里へ行くと、石黒と云ふ、ジユウドウの強い偉い人がゐる。偉いといつても、トルコで、大変もてたといふ分で、巴里ではさうでもないのだらうが、仲々唄の好きな男だ。

西洋物の大判のレコードをまはすと「仲々済まないンだね君」と、もどかしがつてゐるが、一度レコードがおけさ節に至れば、線のボヤボヤとした顔を子供のやうに振つて唄ひ出す。

ましで、此大人酒でも飲んでゐようものなら、誰にもしやべらせないで、一人で楽しそうに唄をうたつてゐる。

（中略）

初めスフレーというカフエで会つた時、黒メガネを掛けてゐたので、巴里にも按摩さんがゐるのかと思つたとひやかしたことがあつたが、此石黒大人、又なかなかの古物の萬集家で、道場の中を見ると、さながら、クリニアンクールの蚤の市の縮図を見てゐるやうで、興味津々たるものがあつた。

此道場では、牛原虚彦氏にも会つたが、至つて此連中は出来が朗らかと見えて、シヤレコウベの隣りに蝶々の標本が並べてあると、イチハヤク「馬鹿の骨頂だね」とシヤレを飛ばすことに腐心する。
石黒五段の巴里生活も、かなり長いもので、もはや巴里の名物男に数えられても異存はないだらう。

右は林芙美子「巴里の片言」（『三等旅行記』改造社、一九三三年五月）からの一節である。柔道家である石黒敬七（一八九七～一九七四年）の「朗らか」な人柄や「萬集家」の相貌、そして、巴里の「名物男」となっている様子がいきいきと伝わってくる。林芙美子は『放浪記』刊行後、その印税によって渡航。パリでは最先端の芸術に触れながら、考古学者・森本六爾、仏教研究の田嶋隆純、美術評論の今泉篤男、仏文学の渡辺一夫、そして石黒敬七らと交流し、遅れてきた第二の青春を謳歌したという（「昭和史再訪」『朝日新聞』二〇一二年六月三〇日夕刊）。

柔道のほかに石黒敬七がパリで行った仕事には日本語新聞『巴里週報』（一九二五～一九三三年）の発行がある。同紙はフランスにおける邦字新聞の先駆けであり、現在においては「『巴里週報』は当時パリに在住した日本人の情報を探る第一級の資料となっている」（石黒敬章「黒めがね・柔道・巴里週報」、『ライブラリー・日本人のフランス体験　第一巻　パリの日本語新聞――『巴里週報』Ⅰ』柏書房、二〇〇九年七月）。パリには日本人会というものがあり、石黒敬七は『巴里週報』を創刊すると「いつの間にか大使館以外での日本人の歓迎会・送別会などの集まりは、すべて世話役になってしまった」という。日本人会には絶えず出席し「人柄からか、言い争いをなくし、会をなごやかにして、いつの間にか進行役をも務めていたようである。藤田嗣治とともにパリの日本人の中心人物となった」という（前掲「黒めがね・柔道・巴里週報」）。

石黒敬七は、様々な分野における才人であり、日本人会の集合写真では最前列で目立つ位置で映っているものが多い（「関連資料――『巴里週報』関連写真」（前掲、『ライブラリー・日本人のフランス体験』第一巻）。座の中心となるような人柄であったようだ。

石黒敬七さん死去

柔道、粋筆、とんち教室、多彩な一生

戦後の混乱期に全国に明るい笑いをふりまいたNHK「とんち教室」の石黒敬七さんが、一日午前六時四十分、脳血センに肺炎を併発、東京都杉並区阿佐谷二の一八の一九の自宅で永眠した。七十七歳。密葬、告別式は七日午後一時から新宿区信濃町の千日谷会堂で行われる。喪主は長男、敬章さん。

石黒さんは、自分では「本芸・柔道、副芸・漫筆、余芸・とんち教室」と言っていたが、世間では逆の順序で有名だった。明治三十年八月新潟県柏崎市で生まれ、柏崎中学時代から柔道に打ち込んだ。早稲田大学では柔道部主将として活躍、大正十三年にはパリのスタジアムクラブで、仏軍人五人を投げ飛ばしたり、オペラ座で薩摩治郎八と乱取りショーをやってパリッ子をわかせた。昭和八年に帰国、講道館審査員となった。この功績に対し、今年六月、「全日本武徳会」から柔道界の最高位とされる「十段」が贈られた（講道館の最高位は八段）。

柔道のかたわら、ユーモア小説、随筆にしゃだつな粋筆をふるい「蚤之市」「巴里雀」「旦那」など多くの著作でしだいに〝旦那（だんな）〟のニックネームとともにユーモリストとして知られた。

巴里会、ゆう・もあくらぶ等の有力メンバーとなり、徳川夢声氏の死去後、四十六年八月から、ゆう・もあくらぶ会長。またNHKの人気番組「とんち教室」の常連として出演。数千点ある時計とパイプコレクションが自慢だった。

ここ十数年、右手足のマヒで自宅にひきこもっていたが、今年六月二十六日七十七歳の喜寿と十段位のお祝い会が開かれ、長崎抜天、玉川一郎、荒井恵子さんら「とんち教室」の同級生たちから激励さ

石黒敬七の訃報記事
（『読売新聞』1974年10月1日夕刊）

『読売新聞』に掲載された石黒敬七の訃報記事の見出しには、「柔道、粋筆、とんち教室、多彩な一生」という小見出しが付されている（『読売新聞』一九七四年一〇月一日夕刊）。その多才ぶりの一つは、「巴里の片言」（前掲）が、石黒敬七の「古物の萬集家」としての側面を描出していることからもわかる。道場があたかも「クリニアンクールの蚤の市の縮図」になっているように、石黒敬七がパリでの蚤の市に刺激をうけてコレクターとなったことは、特筆すべきだろう。敬七は、珍品コレクターであるが、その収集品はいわゆる美術品ではなく、「いわれ・因縁・故事・来歴」を大切にしたものであった。子息・石黒敬章の回想によると、敬章が子供のころの自宅は、敬七の「がらくた」が雑然と置かれていて、「わが家には〝上〟が無かった」とのことである。棚の上、机の上、テレビの上などは収集品にあふれていて、それらは珍品かがらくたなのかの判別が難しく、母親は勝手に処分できなかったらしい。だからこそ「いわれ」がなければ単なるゴミというものが多かったという（石黒敬章「父のコレクション『リーフデ号の船首飾』」『YANASE LIFE』一九九九年六月、杉並区立郷土博物館分館編集『石黒敬七展』展示図録二〇〇七年八月に所収）。

後に石黒敬七は「蚤の市」について随筆を残しているが、生涯を通じた収集家としてのはじまりについては次からもわかる。「ぼくはパリに長く住んで居たので」とパリの市の場所や掘り出し物について詳しく説明しており、やはりパリでの生活がきっかけだったのだ（石黒敬七「「蚤の市」ばなし／珍しい「市」の

話」、安西篤子編、日本の名随筆　別巻9『骨董』作品社、一九九一年一一月所収、初出は『がらくた美術』大陸書房、一九七五年三月）。

新潟県柏崎市には、「とんちン館」という石黒敬七が収集した珍品約二万二千点を蒐集する博物館があった。息子の石黒敬章は、石黒敬七のコレクションを引き継ぎ、自らも古写真の収集を続け『幕末明治の肖像写真』（角川学芸出版、二〇〇九年二月）などを刊行している。

帰国後の活動に目を向けると、煙草の愛好家で知られている。日本パイプくらぶ会長であり、藪塚温泉のパイプ塚には石黒敬七が「煙草ありて人生愉し」と記した文が碑に刻まれている。また巴里会、ユーモアクラブ会長であったこと、ＪＲ西荻窪駅前のフランス料理店「こけし屋」に集う文化人のサークル「カルヴァドスの会」の会長でもあったことなどがわかる。「カルヴァドスの会」について補足すれば、石黒敬七の後は紀伊国屋書店創業者・田辺茂一、ドイツ文学者・高橋健二らが会長を引き継ぎ、小説家・井伏鱒二などの文士や評論家などが参加したという。なかでも石黒敬七の印象を強くしたのはＮＨＫラジオ「とんち教室」の常連として出演したことにあるだろう。「とんち教室」は「むすんでひらいて」のオルガン演奏によるオープニングから始まり、一九四九年一月三日から約二〇年にわたって続く「国民的娯楽番組」であった。石黒は「黒眼鏡の旦那」「大呆けの旦那」として存在感を放ち、フランス仕込みのユーモアで人気者になっていた。子どものころから『冒険世界』『武侠世界』などの雑誌を愛読していたというが（石黒敬章「Ⅵ　石黒敬七を語る」前掲『石黒敬七展』）、柔道についての書物のほか、『蚤の市』（岡倉書房、一九三五年二月）、『巴里雀』（雄風館書房、一九三六年六月）、『三色眼鏡』（岡倉書房、一九五一年四月）などの著作も残している。本稿は、これらの著作を参照して石黒敬七と『巴里週報』の周辺を記述する。

2　石黒敬七と『巴里週報』

まずは、彼の一生を、彼自身の回想から追ってみたい。一八九七年の夏に越後柏崎の比角という村で生まれる。母親の出産が非常に軽く、茄子畑にいたと思ったら生まれたため、茄子畑で生まれたという伝説が生まれた。父親は柏崎伝来の越後縮布の行商であった。七人目の子供が生まれたとき旅先から自分の名前の候補を書いて寄こし、「敬七」となった。小学校は一年から六年まで首席で通し、柏崎中学では、学問より柔道に熱心になり、東京からきた二、三段の学生にも負けないほどになっていた。中学を卒業した後、徴兵猶予までの二年間は予備校に籍をおきながら柔道に専念した。一九一七年に早大の政経予科に入学し、一九一九年に四段になった時には、全国の学生界で四段は石黒敬七と慶応の阿部英児の二人だった。早大を卒業した後の一九二四年、五段のときに渡仏する（石黒敬七「わが生いたち」『ビール物語』井上書房、一九六一年六月）。

滞在中の生活は「道場を持ったり、巴里週報を出したり、油絵を描いてサロンドウトンヌに二回程入選したり、銀板写真を集めたり、巴里のグランオペラ座で、フジタ画伯と柔道をしたり、各国へ柔道を教えに行って、ルーマニア国などから、レジョンドヌールを貰ったり、埃及コッパ・パレスに泊って、皇太子や近衛兵に柔道を教えたり、昭和六年には柔道をテレビで放送したり、今考えてみると随分多彩な生活であった。在仏中に六段になり」、一九三三年には、読売新聞招聘の拳闘選手（ミドル級前世界選手プラドネル他二名）の監督として帰国した（『現代ユーモア文学全集　第十六巻　石黒敬七集』駿河台書房、一九五三年一一月）。「多彩な生活」であったと回想しているが、それは帰国後も引き継がれたようだ。彼の「多彩な生活」は「多彩な一生」となったのだ。

石黒敬七の「多彩な一生」、それは石黒敬七の「朗らか」な人柄に拠るものが大きいといえよう。たとえば、前掲『蚤の市』の「序」で久米正雄は石黒敬七のことを次のように述べている。「此の位、世の中で愉快な、偉い旦那は無い。芸術家以外の真の芸術家。偉人ではない真の民衆的偉人。こんなに練れてゐる才物は、日本の上下を見渡しても、二人とは居ない」。石黒敬七の「愉快」なイメージは彼の生涯にわたって一般の人に広くイメージされていたと思われる。たとえば二〇一〇年四月一日の『毎日新聞』（中部朝刊）には「鈴鹿山脈のふもとの山村」に育ったという主婦が、結婚が決まったときのエピソードを次のように回想している。「近所のおばあさん」が「お相手は石黒さんか。石黒敬七さんと同じ名字だから、きっと機知に富んだいい人だろうね」と喜んでくれた、とある。またその記事では、石黒敬七はラジオの「とんち教室」で知られた人であり、テレビに映る、にこやかで人柄の良いイメージと結婚相手が重なったのだろうと推測する（石黒いさを　主婦・67歳　愛知県美浜町「女の気持ち　名字の妙薬」）。なかでも、石黒敬七の人柄について特筆すべきは、柔道で巴里行をした経緯であろう。

学生の頃、伝説的柔道家・前田光世の影響を深く受け、柔道による海外雄飛を夢見ていた。早大卒業後は、拓殖大学、法政大学、慈恵医大、警視庁などで柔道の指導をして腕を磨いていたが、一九二三年に関東大震災が起こり、焦土を眺めて東京が復興するには十年はかかる、その間パリに行き柔道を広めてこようと決断する。そのときの旅券や旅費の入手方法がユニークである。パスポート交付の際の資産申請のために、申請者の資産を調べる居住地の警察で柔道を教え、署長に「石黒先生のような方は日本になんかいないで、外国へ行つてあちらの選手を相手に大いに柔道の真価を拡められた方が宜しいですな」と言わしめ、旅券交付を得ているのだ。一方、渡航費用についていえば、自ら「石黒五段渡欧後援会」を作り、師範をしていた先々に送りつけ寄付を募ることで三千円も得た。この額は、マルセーユまでの二等の切符、新調した服と帽子代、当時のフランスの生活費を月三百円とすると半年分の滞在費となったという。（前掲「黒めがね・柔道・巴里週報」）。

本稿の主眼とする『巴里週報』については、まさに石黒敬七の人柄を抜きに、その創刊の状況を語ることはできないようだ。松尾邦之助「パリ日本人会と石黒敬七」には、日本人会と石黒敬七、そして『巴里週報』創刊の経緯について詳しく記されている。同文章に拠れば「日本人会」は、パリの西部、凱旋門や、ポルト・マイヨに近いデバルカデール街の七番地にあった。松尾邦之助がこの日本人会で最初に親しくしたのが、ほかでもない石黒敬七であった。

石黒は、柔道をフランス人に教え込むのだというふれ込みでパリまでやってきたが、実に呑気で、パリに着いて間もなく「無一文のおけら」になったのに、生活や道場のことなどのプランはなかった。そこで『巴里週報』の創刊号にも名を連ねる布利秋が「石黒君をなんとかしてやろうじゃないか」と松尾邦之助に相談を持ち掛けたという。柔道で食べてゆけない場合にはガリ版刷りでいいから、パリの邦人仲間に売りつける週刊新聞を出させようという案が出た。石黒敬七は二人の提案に賛成し、モンパルナスに近いサン・ジャック街の石黒の滞在していたホテルの階上に謄写版器が運ばれ、ガリ版刷『巴里週報』が創刊されたのである。松尾邦之助は、石黒敬七に頼まれるままパリの名所案内解説や随想を毎号書いたという（松尾邦之助『巴里物語』論争社、一九六〇年八月）。

『巴里週報』の毎号の記事内容については、和田博文「解題（『巴里週報』）」（『ライブラリー・日本人のフランス体験　第二巻　パリの日本語新聞――『巴里週報』Ⅱ』柏書房、二〇〇九年七月）に詳しいため参照されたいが、創刊号には、編輯人・石黒敬七、発行人・高崎剛のほか住所、発行日、頒価（五〇サンチーム）の情報、石黒敬七「発刊の辞」、藤田嗣治「発刊に臨みて」、布利秋「発刊を弔ふ」、巴里柔道倶楽部、巴里柔道倶楽部寄附者芳名が記載されている。布利秋は、パリ在住の日本人の数は「住所不明の有象無象を数へたてるには五百に八達するだろう」と記している。外務省外交史料館所蔵の「在外本邦職業別人口表」をもとにした和田博文に拠ると、パリ在留日本人数が急速に増加して五〇〇名を越えるのは一九二四年。「つまり一九二五年～一九三三年という『巴里週報』の発行期間は、パリ在留日本人数が多かった時期とほぼ重なっている」という（和田博文「『巴里週報』とパリ在住日本人の動向」『ライブラリー・日本人のフランス体験　第二巻　パリの日本語新聞――『巴里週報』Ⅱ』）。林芙美子も「ダンフエル裏のダゲルの通りには、いつたいに日本人が多い。――こゝを通ると、かならず、一人か二人の日本人に行き会ふ」（前掲「巴里の片言」）と述べているし、一九二六年頃については石黒敬七も「全くその頃のモンパルナスは、日本人全盛で、モンパルのどのカフエにも、幾人かの日本人がゐない時はない位であつた。」と記している（「巴里日本人艶物語」前掲『巴里雀』所収)。では、その在留日本人数の増加には、どのような職業の日本人が占めていたのだろうか。林洋子は『巴里週報』が当初より美術情報に詳しく創刊が一九二五年であることと、在仏日本人の増加中の美術家がパリに占める割合の高さに関連性をみている(林洋子「エッセイ　一九二〇年代パリの日本人美術家――短期滞在者と定住者との距離感」『ライブラリー・日本人のフランス体験　第十二巻　美術家のフランス体験Ⅱ――黄金の一九二〇年代』柏書房、二〇一〇年一二月)。松尾邦之助に拠れば、『巴里週報』は、この当時、後に日本で審査員級の大物になっているパリ在住の日本人画家たちが愛読者になっていたという。前掲『巴里物語』があげるままに彼らの名を列挙すれば、藤田嗣治、戸田海笛、中村研一、高野三三男、荻谷巌、佐伯祐三、佐伯米子、小磯良平、大久保作次郎、岡見富雄、岡本太郎、大森啓助、小島善太郎、児島善三郎、東郷青児、宮田重雄、向井潤吉、野口弥太郎、小山敬三、伊原宇三郎などである。日本人会は、これらの画家たちの宴会場となり、「殴り合いのケンカの場」となり、年一回は彼らの作品の展覧会となっていた。石黒敬七は、こうした数百人の画家と交際し、「日本から来る奇怪な見物客」を「のみの市」や「女郎屋」に案内し、「何か面白いエピソードがあると、それを丹念にノートブックに書いていた」という。このときから後日の放送や、とんち教室の種を集めていたらしい、と松尾邦之助は記す。石黒敬七も「過去十年間に巴里を訪ずれた美術家の数は非常な多数にのぼつて、とうてい茲に書きつくす事は出来ない位である。ほんの頭に浮かんだゞけの有名な画家だけでもかなりな数になり、その人達の珍談奇談を綴るだけでも一仕事である」と記している(石黒敬七「巴里で会つた日本の名士」前掲『三色眼鏡』)。

日本人会と松尾邦之助の繋がりについては、宮内淳子が指摘しているように、松尾邦之助は日本人会の書記であったために、『巴里週報』には日本人会主催の催物の報告が頻繁に掲載されているのだろう(宮内淳子「パリのネットワーク――『巴里週報』」(和田博文ほか編『パリ・日本人の心象地図　1967-1945』藤原書店、二〇〇四年二月)。たとえば、川路柳虹は、パリから帰国したとき「巴里に於ける『日本』の会」という文章を『読売新聞』(一九二八年三月二六日朝刊）に寄稿している。記事中では、日本の文学者、芸術家を招待した「一つの日本の会」の開催について記しているが、「口の悪い柔道五段の富屋『巴里週報』の主筆石黒敬七君」に綽名をつけられた松尾邦之助から、日本人会へ誘われたことの経緯がみえる。

『巴里週報』の紙面については「日本大使館からの通知もある。そこに、美術家たちの動向、読者からの投書、同窓会や県人会の通知、死亡・誕生・パリへの出入りといった日本人の消息、日本人の商店の宣伝などを加えれば、ほぼパリにおける日本人社会の動きが見えてくる」（前掲「パリのネットワーク――『巴里週報』」）ものとなっている。

再び、松尾邦之助の言を参照して日本人会との繋がりをみてみよう。『フランス放浪記』（鱒書房、一九四七年四月）には、次のような説明がある。「私は、同じ貧乏仲間ののんき屋であった石黒敬七と協力してガリ版のパリ週報と云ふ新聞（?）を作ってパリの同胞に配ってゐた。当時パリには千人近くの同胞がゐて、そのうち二百徐名は口やかましい画伯連中であり、この週刊ガリガリ版の社長兼印刷人の石黒敬七はかうした同胞相手に何とかして活きてゐた。私も論説員（?）をして毎号この貧弱な新聞に卓説（?）を述べていた」。実際、松尾邦之助は日本人会で時々逢ったことのある人に『巴里週報』に掲載された自分の文章が読まれていることを記す。また、石黒敬七の「想ひ出の巴里種々相」（前掲『蚤の市』）には、次のような回想がある。一九二六年頃、三宅克己氏が「山の上の人」という名で『巴里週報』に盛んに投書した。それは「日本人が平

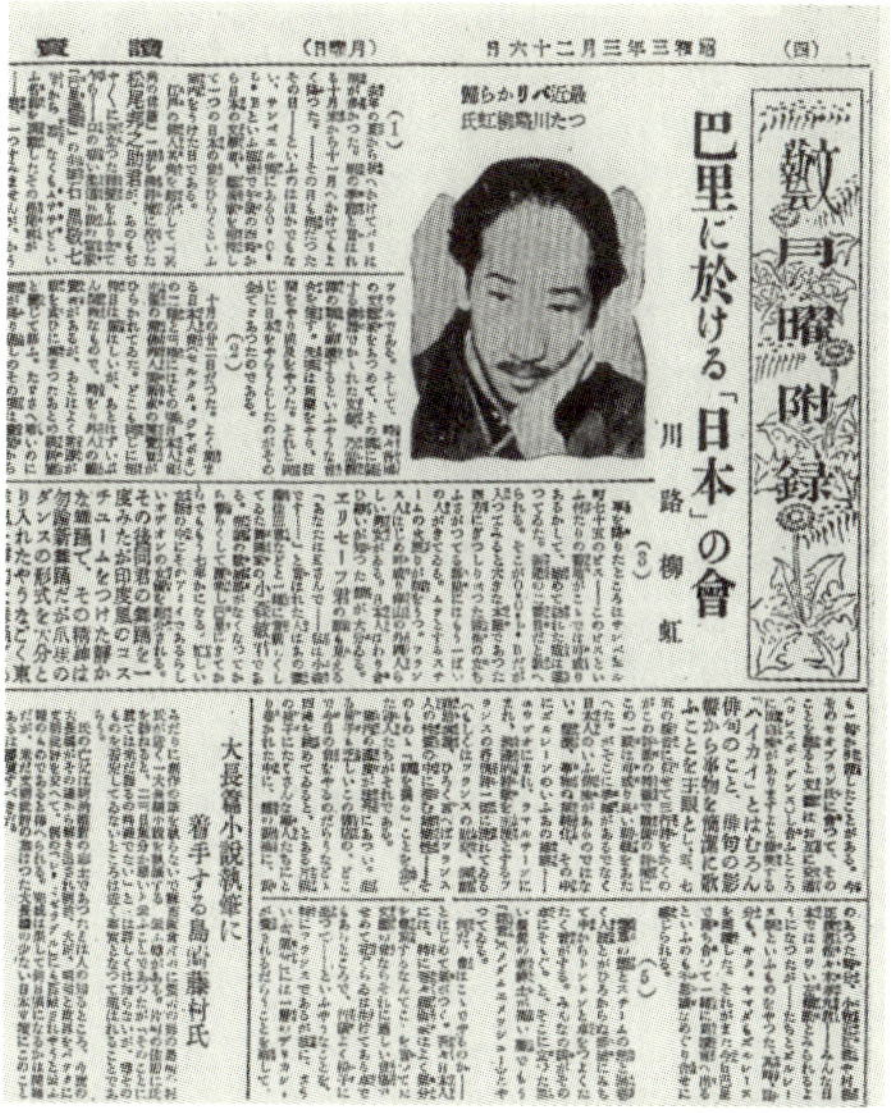
讀賣　（月曜日）　昭和三年三月二十六日　（四）

月曜附録

巴里に於ける「日本」の會

川路柳虹

最近パリから歸つた川路柳虹氏

大長篇小説執筆に着手する島崎藤村氏

川路柳虹「巴里に於ける『日本』の会」（『読売新聞』1928年3月26日）

家がにのやうな恰好で、洋服を着て欧州各地をノシ歩くのは滑稽だとか、いろいろ日本人や日本の弱点をこき下した面白い記事であつた」が、その反駁も「山の上の人に物申す」という題で『巴里週報』に掲載された。その筆者について、石黒敬七は「松尾君か、小野寸平君」だったと思うが一般在留日本人には中村研一だと思われたと述べている。宮内淳子は「『巴里週報』の読者が、匿名でも誰が書いたが見当がつくほどの小さな共同体に生きていたこともわかる」と述べている（前掲「パリのネットワーク——『巴里週報』」）。

3　石黒敬七とパリ在留日本人

それでは、石黒敬七における文壇人との交流、そして彼の目を通した文壇人の姿について見てみよう。『巴里週報』一四六号（一九二九年一月一三日）には、「久米正雄氏来巴夫人同伴」の記事があるが、石黒敬七は次のように回想している。前年の一九二八年の暮に久米正雄が夫妻でパリを訪れたが同じ頃にモンパルナスを訪れたのは、正宗白鳥、吉屋信子であった。そして、彼らからかなり遅れて林芙美子などがやって来た。久米正雄が訪れた頃は、石黒敬七は二度目のルーマニア行の前で、自分の送別会が「ぼたんや」で開かれた。久米正雄夫妻、吉屋信子、日本舞踊家・藤蔭静枝（静樹）、画家・佐分眞、画家、医師であった宮田重雄、画家・益田義信などが出席し、彫刻家・片岡角太郎と石黒は「珍話」を、画家・永瀬義郎があやつり人形を、歌手の佐藤美子が脇で唄っていたという。石黒敬七は、正宗白鳥については、久米正雄からモンパルナスの駅前のレストランで紹介してもらったという。正宗は、パリがつまらないと言っていたがかなり長く滞在していたところを見ると内心は満更でもなかったか、同行した妻がパリを気に入っていたのだろう。吉屋信子には南仏に旅行しパリに戻った際にも会い、アパートを訪ねたり、新潟県人会にも出席してもらったり、大使館の理事官等とムーランムージュへダンスに行くなどと、交流する機会が多かった。林芙美子はホテルで原稿を書く時はドアに「原稿執筆中」の札を下げるか、ダンフェルの角のカフェで書くのだと言っていたという。また、二度しか会ったことのない日本人から結婚を申し込まれていたという。石黒敬七の家では、林芙美子や牛原虚彦や画家の石川誠夫妻などと飲んだりした（前掲「巴里で会つた日本の名士」）。

文壇人以外とは、どのように交流したのだろうか。宮内淳子も指摘しているように、『巴里週報』第五二号（一九二六年八月二八日）は「栃木山来巴里歓迎号」で、既に引退していた横綱・栃木山の歓迎会の記事があり、同五三号も「栃木山歓迎会盛会を極む」と歓迎会の様子が記されている（前掲「パリのネットワーク――『巴里週報』」）。栃木山とは藤田嗣治が「横綱栃木山の像」で描いた力士である。『巴里週報』の広告欄に出ている諏訪旅館には滞在していたが、諏訪旅館主人である諏訪秀三郎は、パリ在留日本人中での最古参だった。諏訪秀三郎がパリに来たのは一八七二年。「輝かしい留学生として、光妙寺三郎、中江兆民、西園寺公望等の俊才と肩をならべてパリの街を練り歩いたものであった」。栃木山が訪れたときは、諏訪秀三郎は七十二歳だが元気旺盛だったという（以下パリを訪れた日本人の情報は、前掲「巴里で会つた日本の名士」に拠る）。衆議院議員であった尾崎行雄（咢堂）は一九三二年パリを訪れ、日本人会で歓迎会を開く。美術史家・藤懸静也が来たときには、日本人会で浮世絵座談会を行っており、ケー・サンミッシェルの青山美術店から参考品を持ちより、二十人程の有志で一夜愉快に過ごしたという。一九二八年の春には、歌舞伎役者・市村羽左衛門が来る。新聞記者・渡辺紳一郎の案内でモンマルトルで遊んだようだが、ホテルに戻ると妻の機嫌を損ねている場面がみえる。フランス文学者・鹿島茂は、石黒敬七の業績として「戦前のパリにおける日本人の下半身の実態をかなり赤裸々にかきとめたことにあるとも言えるのであり、ここを避けてしまっては、石黒敬七の再評価も中途半端なものに終わってしまうおそれがある」と述べているが、それはどのようなものであったのだろうか（『パリの日本人』新潮社、二〇〇九年一〇月）。

林芙美子は、パリに滞在していた折、部屋に数日居候していた南仏生まれの女性について「沢山の日本人にも買はれたことがあつたと見えて、相当知名の士を知つてをり、あんな人がと思ふやうな驚く可き名士の名前をあげたりする」（前掲「巴里の片言」）と述べている。事実、石黒敬七は「巴里で会った日本の名士」で次のように記す。「巴里暗黒界随一の名所、所謂挟屋は、どんな偉そうな名士でも、必ず一度は、歩を運ぶ事になつている」「巴里に来て挟屋を訪問せずして帰るのは、ノートルダームをお参りせず、エッフェル塔に昇らずに帰るよりも、尚お且つより以上に恥辱であるんだそうである」。「真当は金貨挟み屋というのである。即ち読んで字の如く金貨を挟んで見せるのである」。フランスの二法金貨を「美しい巴里美人が恐れ多くも見事にはさんで見せて、紳士連の喝采を博する家である」。また、「パリ貧乏二人男」（石黒敬七『旦那の遠めがね』日本出版協同株式会社、一九五二年一二月）では「巴林会」について言及する。「絵描街モンパルナスにおいて日本人がツリッペリーになると、あーあの旦那も巴林会員になつたかと、すなわち新淋患者を指していうことで、サンズイがついていては一目してわかるので林としたのであつて、パリにおける淋患を意味するのだ」と。石黒敬七は多才かつユーモア溢れる人柄ゆえにこそ、当時の在留日本人の諸相を残すことになったといえよう。

日本大使館と柳沢健

山本亮介

柳沢健は、日本には珍しい存在であった「文人外交官」として知られる。その特徴的な活動は、一九二四年の在仏日本大使館勤務からはじまるが、まずはそれ以前の経歴を確認してみたい（以下、主として小野孝尚編『柳澤健全詩集』木犀書房、一九七五年七月、および同『詩人柳澤健』双文社出版、一九八九年九月を参考にした）。

一八八九年に会津若松で生まれた柳沢は、地元の若松尋常高等小学校から会津中学校に進んだ。早くから文学に目覚め、中学校時代には『中学世界』などへ投稿し、また会津中学の『学而会雑誌』に詩作などを掲載した。フランス文学志望となり、一九〇八年に第一高等学校一部丁類へ入学、一高の『校友会雑誌』に短歌、詩、評論を発表した。文芸部委員になった柳沢は、「詩や短歌を一段組にした文芸作品中心の編集をし、一高文芸のルネッサンスを招来させた」（『詩人柳沢健』）。また、『三田文学』、『スバル』、『詩歌』、『アララギ』などに発表の舞台を広げた。創作の上では、一九〇九年に刊行された三木露風『廃園』から強い刺激を受ける。露風との知遇を得た柳沢は、以降その門下で詩人となっていく。一九一一年に東京帝国大学仏法科へ入学。一九一四年に露風を中心とする詩誌『未来』が創刊されると、同誌に次々と詩を発表した。同年一二月には、露風の薦めにより、初めての詩集『果樹園』（東雲堂）を出版する。

一九一五年に大学を卒業し、逓信省へ入る。そのかたわら、翌年八月には美術評論集『美術叢書第六輯　印象派の画家』（向陵社）を上梓、また詩誌『詩人』の刊行に参加した。一九一七年に横浜郵便局勤務になると、翌年一一月、北村初雄、熊田精華との合同詩集『海港』（文武堂書店）を刊行した。『海港』には、フランスの「詩王」ポール・フォールから得た序文が掲げられた。一九一九年には、北村、熊田ら若い詩人たちと詩誌『詩王』を創刊している。

その後逓信省を辞した柳沢は、大阪朝日新聞社に入社する（一九一九年）。『中央公論』に掲載された評論「日本に於ける生活状態の改善」（一九一八年一一月）をきっかけに、論説班員として招かれたのだった。一九二〇年七月、大戦後の状況を視察するため私費で渡欧し、フランス、ドイツ、イタリアなどに滞在、翌年一一月に帰国する。その間、評論集『現代の詩及詩人』（尚文堂、一九二〇年一〇月）、訳詩集『現代仏蘭西詩集』（新潮社、一九二一年二月）が刊行され、帰国後の一九二二年四月には、詩業を『柳澤健詩集』（新潮社）にまとめた。

『歓喜と微笑の旅』表紙（左）、函（右）。

こうして詩人、評論家として知られるようになった柳沢だが、一九二二年六月、今度は外務省事務官へと転じる。同時に、ヨーロッパ体験を記した『歓喜と微笑の旅』（中央美術社、一九二三年三月）、『南欧遊記』（新潮社、一九二三年六月）を刊行した。続いて、前者の内容を瞥見したい。

『歓喜と微笑の旅』には、憧れのパリで、本場ヨーロッパの芸術に触れた感動が刻まれている。並んでいるのは、「日頃から好きな芝居や音楽やオペラやさては展覧会や講演会やに連日のごとく出掛け」た成果である。「トロキャデロの大ホール」で見たアンナ・パブロワの舞、『ダニエル』を演じる老女優サラ・ベルナール、老若男女が集う「テアトル・フランセエ」の「マチネ・ポエチック」、有名詩人たちが登壇する講演会、「古鳩巣劇場《ウィユ・コロムビエ》」と

「制作院《メエゾン・ド・ルーブル》」の劇場で見た最先端の芝居、「オペラ・コミック」の『カルメン』と「オデオン座」ほかの『アルルの女』、「コンセール・コロンヌ」で聴いたドビュッシー『牧羊神の午後』、「コンセエル・パードルー」で初めて耳にしたフォーレ『ペリアスとメリザンド』、ルノワール、セザンヌほか数々の展覧会……など、非常に多くの芸術家、作品が取り上げられている。たとえば、『アルルの女』体験については、次のように語られる。

自分はこの音楽の開幕序楽は既に日本にゐる時から、コロムビヤのレコードで知つて最も好きな曲の一つとして暇さへあるとそれを廻してゐたものであつた。（…）遙か下のオーケストラから突然嚠喨と響いて来たのは、あゝ、レコードであれほどお馴染になつてゐた開幕序楽ではなかつたか！　自分は感動のあまりに眼に涙さへ浮ぶのであつた。レコードでしか聴けなかつたその音楽、『カルメン』とともに自分の心に焼きついてしまつてゐたその音楽、――それを処もあらうに彼ビゼエの生きてゐた巴里で、それも名にのみ聴いてゐたこの由緒あるオデオン座のなかで、かうした大きなオーケストラによつて聴くことが能きやうとは！　それさへあるに、今更ながらその音楽の持つ無比の美くしさと強さとは！（『アルルの女《アルレジエンヌ》』）

一節は、「この幸福の愛撫に身心をうちまかすのみであつた」と結ばれる。日本で馴れ親しみ、その〈本物〉への憧憬を募らせてきたヨーロッパ芸術に、直接触れた感動が余すことなく伝わってこよう。旅行者としての柳沢は、芸術文化が行き渡る〈本場〉パリで、生の作品を味わった。「自分の希望とその趣味とは、飽まで自分を一個の『人間』として、一個の『直接経験の人』として完成させることにかゝつてゐる」とした柳沢にとって、最初の渡欧体験は、ヨーロッパ芸術受容者としての「完成」を自覚させるものであっただろう。

文中では、パリ市民の生活にどれほど芸術文化が根を下ろしているか、また諸々の芸術が「姉妹芸術」としていかに結びついているか、といった点がたびたび指摘される。そこから、翻って日本では……との慨嘆が語られるわけだが、本稿の文脈では次の二点に目を向けておきたい。

ひとつは、フローベール生誕百年祭で文部大臣が講演し、なおかつそれが形式的なものでなく、「一個の立派な文芸批評」とも言うべき内容であったことを取り上げ、日本の状況と比較している点である。政治家や官僚の芸術文化に対する理解を重要視することは、後の柳沢の主張や活動と結びつくところであった。

もうひとつは、たとえば、クロード・ファレル原作の演劇『戦闘《ラ・バタイユ》』を観た際の感想にあらわれている。日本の海軍士官を主人公とする人気作だが、柳沢は「この作品がお互日本人を取扱つてゐるといふ事が我々にとつては一層興味の種であり同時にまた悄神経を病ませる種でもあつた」と述べる。日本紹介の観点から演劇の内容に一定の評価を与える一方で、「舞台上に於ける所謂日本人の挙止振」が驚くほど「巧妙」（縮こまった歩き方や陰気な話し方など）であり、「冷や汗を覚えることなしでは見てゐられない気がした」とする。また、「オペラ・コミック」で観た『マダム・バタフライ』からも、「おゝ、ジヤポン！エクゾテイツクのジヤポン！梅の花に障子にチヨン髷にゲーシヤに。再びひゞき渡る越後獅子のメロデイ。自分の胸は、懐かしさと気恥かしさとの奇異なるメランジユに波打つのを禁めることが能きなかつた」と、居心地の悪い思いを抱かざるをえない。

ヨーロッパ芸術の受容者としてパリの地を踏んだ柳沢は、その「直接経験」のなかで、〈本場〉の芸術に表現された「日本」の苦さをも噛みしめることになった。この延長上に、日本文化紹介者への道が開かれたと言えよう。そして、対外文化紹介活動の道筋が、先の点（政治行政における芸術文化の位置づけ）と重なるところに、柳沢とその時代の特徴があった。

一八七〇年にパリに設置された日本公使館は、一九〇六年に大使館へ昇格した。日本人の在留手続きや戸籍関係の届出（石黒敬章ほか編『パリの日本語新聞――『巴里週報』Ⅱ』柏書房、ライブラリー・日本人のフランス体験　第二巻、二〇〇九年七月に紹介がある）、日本人社会、組織団体の情報収集、来訪した日本要人への対応など、大使館の業務は多岐に渡る。そこは、長期短期を問わず、パリの日本人が一度は関係を持つ場所であり、交流の一拠点ともなっていた（和田博文「パリの日本人社会」・「日本大使館」、和田博文ほか『パリ・日本人の心象地図 1867-1945』藤原書店、二〇〇四年二月参照）。

一九二四年、柳沢は大使館三等書記官として、再びフランスへ渡る。日本大使館での職務は、柳沢によれば、「当初電信課にゐて暗号の解読やら編成やらを遣らされてゐた」（「爆死した石井菊次郎子」『印度洋の黄昏　柳澤健遺稿集』柳澤健遺稿集刊行委員会、一九六〇年四月）が、その後は「主に情報部長の仕事」（『おせきはん』〈私家版〉、一九五二年六月、『印度洋の黄昏』所収）ということである（ほかに、「情報蒐集なり宣伝事務なり」〈「藤田嗣治画伯を語る」『印度洋の黄昏』〉、「情報啓発部主任」〈「藤田嗣治を語る（序）」『紀行世界図絵』岡倉書房、一九三六年三月〉などの説明がある）。父に宛てた書簡（『柳澤健全詩集』）や柳沢の回想群からは、来仏日本人の饗応、在パリ日本人芸術家の会合、大使夫妻との芸術鑑賞、フランス各界要人との交際など、大使館員として昼夜を通し飛び廻っていたことがわかる。「パリを訪れる日本人を柳沢は何度となく接待し、同時にフランス人に日本文化を紹介した」（和田桂子「柳澤健」、『パリ・日本人の心象地図 1867-1945』）のだ。最初のパリ滞在時も非常にフットワークのよかった柳沢だが、大使館員の肩書をもっての活動は、交際範囲や知見を飛躍的に広げるものであった。

柳沢は、一九二七年にスウェーデンの大使館へ異動し、一九二九年まで勤めて帰国、同年にメキシコへ赴任する。そのさなか、在仏大使館員時の経験を中心とする随筆集『巴里を語る』（中央公論社、一九二九年一〇月）を刊行した。政治家や外交官における文芸観、そこに見られるフランス文化の意義および日本との懸隔については、『巴里を語る』でも随所に打ち出されている。これに関しては、小関和弘氏による本書の解題（同編『詩人のフランス体験』

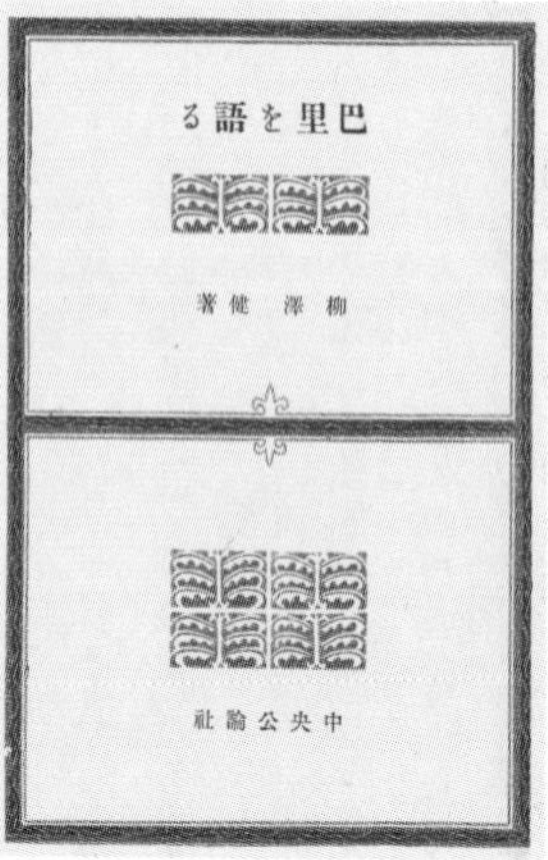

『巴里を語る』表紙。

柏書房、ライブラリー・日本人のフランス体験　第二十一巻、二〇一一年二月）に詳しい。ここでは、パリにおける日本文化認識の状況と文化紹介の必要性を述べた箇所に注目したい。

巻頭の長文エッセー「巴里を去りて巴里を語る」では、大戦後のフランスで「東洋」一般への関心が高まっていることを説明する。そのうえで、「わが日本に関する方面だけでもこの種の実例を拾つて行けば数限りなくあらう」と述べ、具体的に列挙している。パリのある書肆から、『現代日本文芸叢書』の題で長編作品のアンソロジーを刊行するため、「選択翻訳のうへで種々骨折つて呉れないか」と依頼があったこと（「かうした企てなぞも、到底以前には無かつたことであらう」とする）。佐藤賢翻訳の西鶴短編集を「贅沢本の体裁」で出した書肆からは、出版の際に「今後日本の古典を続々出版して行きたい」との手紙を受け取ったこと。そのほか古典作品の仏訳として、岩村英武の「徳川時代の小唄の選集」、松尾邦之助の「俳人其角の句集」、「あるフランス人」による紫式部、和泉式部の日記、キク・ヤマタの源氏物語抄訳出版の予定、宮森麻太郎の「英文近松傑作集」の仏訳、等々を並べている。とはいえ、フランス文化界は「日本を通じては未だ真の『東邦よりの光』が感受できそうもない状態にある」と述べ、「紹介者の足らざるためか、さては日本には真に世界に広く伝ふるものの存せざるためか」、その判断は未来に委ねるほかないと結ぶ。

続いて、当時評判だった小説、トマ・ロオカ『御遠足』*L'Honorable Partie de Campagne* に言及する。フランスでは「どんな田舎の小さな本屋にでも屹度何冊かはある」作品で、ベルリンの書店では独訳も見たとする。内容は「要するに現代日本のカリカチュア」で、そこに描かれた日本の姿は、外国に暮らす自分たちにとって「決して愉快な読物とは言はれない」。しかしながら、文学的にも高い評価を受けており、「この『高級』カリカチュアの素材をつとめてゐる日本人としては一層困る訳」だとする。他方で、それを「微笑して迎へるだけの度量はあつていい」とも述べる。作家ピエール・ブノアが『御遠足』から興味を得て日本を訪れたことにも触れ、いわば必要悪というような、歯切れの悪い評価が下されている。

　対比されているのが、日本大使を務めた作家ポール・クローデルである。日本駐在を経て、「日本に対する真の理解真の愛が生じた」と見る柳沢は、クローデルの日本に関する発言や表現を絶賛する。さらに、ヨーロッパ諸国で日本文学の講演をおこなっていることから、「彼はある意味では、フランスの大使というよりも、日本の大使と言はれていい人であつた」（傍点本文）としている。

　こうした内容と特に関連する文章が、「仏蘭西文壇に於ける『日本』といふもの――『或る女』『ユキサン』其他」である。有島武郎『或る女』の仏訳が刊行された直後、政治家らを交えた昼餐会の場で、下院の外交委員会副委員長を務める「アルベール・ミヨー氏」が、その小説の感想を語りながら、他国を理解するには小説を読むのが一番であると述べた。柳沢は、「この一事が外国に居住する日本人には始終念頭を往来する肝要なる問題」だとする。いわく、外国で出版される日本の著作は、「そのまゝ外国の一般読者にとつて日本を理解する唯一の方法」となり、「それこそまぎれもない日本其まゝの縮図であると人々に受け取られる」。その点、自己評価が高いばかりで、世界へ「真の日本」、「真の東洋精神」を示そうとはしない日本文壇の「影弁慶」ぶりが批判される。

　柳沢は、仏訳『或る女』の出版を、作品が「日本現代文芸の為めに気を吐くもの」であり、さらに「日本の現代の女性を世界の『謎』から解放して呉れる」ことから評価する。そもそも西洋の視線からは、つねに日本は「謎」の国とされるが、とりわけその女性の様子は完全な「謎」と見られている。折りしも、「この繰返し止まざる反覆をまたしてもはつきりと描き出して呉れた小説」、エレン・フォレスト『ユキサン』が刊行されたところであった。『ユキサン』は、封建的な抑圧を受ける日本の女性が、その不条理な生を「微笑」しながら甘受する姿を描く。そうした態度の理解しがたさに加えて、ヨーロッパの模倣文化にすぎない日本への失望が語られる。柳沢は、このような固定的イメージに対し、『或る女』の内容が、「伝統の力」から「解放」されようとする現代日本女性の姿を、ヨーロッパの読者に知らしめる効果を持つとする。

世界の人間同士が手を結ぶには、互いの「誤解」をなくすことが必要となる。そのためには「現代の日本文芸を海外に紹介するといふことが一番捷径」であると、柳沢は訴える。

かくして、彼等の頭にこびりついてゐるロチとハーンの日本を歌麿の日本を、ゲーシヤ・ガールの日本を『バタフライ』の日本を、――『謎』と『幻影』の日本を払ひ取つてやり、ほんとうの、ありのまゝの我等の日本を示してやることができるのである。さうした暁になつて我々は初めて安心して欧米人と顔を直面しながら語ることができる。そこから理解と同感とが生れなければ、最早何処にも生れる所があるまい！／現代日本文芸の海外紹介。――自分の眼から見ればそれは決して閑事業ではないのである。――

（「仏蘭西文壇に於ける『日本』といふもの――『或る女』『ユキサン』其他――」）

近代日本の典型であった、ヨーロッパ芸術文化の熱烈な享受者柳沢は、二度に渡るパリ滞在、とりわけ外務省事務官としての大使館勤務を経て、対外日本文化紹介の現場をみずから担う存在となったのである。文化交流史の観点からすると、そこに欠かすことのできない媒介者という役割を、自覚的に選び取った人物ということになろう。それは柳沢にとって、自身の個性を最も生かす天職だったのかもしれない。

南明日香氏は、一九二〇～三〇年頃のフランスにおける日本文化紹介について、「この時期の日本研究はいまだ中国・インド研究とは比べられないほどマイナーであった。むしろ日本に長期滞在して語学力を身につけた研究者、及び外交官とその子弟の日本人からの日本紹介が大きな意味を持ってくる。」（「フランス語に翻訳された「日本文化」」、和田桂子ほか編『満鉄と日仏文化交流誌『フランス・ジャポン』』ゆまに書房、二〇一二年九月）と概括している。日本で対外文化紹介が国策上の課題として浮上するのは、特に満洲事変（一九三一年）および国際連盟脱退表明（一九三三年）以後のことであった。それ以前に試みられた大使館員柳沢の日本文化紹介活動は、少なくともその回想の記述において、なかば孤軍奮闘の様相を呈するものであった。

柳沢が回想でたびたび語っている当時の活動に、コメディ・デ・シャンゼリゼでの『修善寺物語』（ル・マスク）上演、および杵屋佐吉夫妻によるギメ美術館ホールでの長唄公演がある。

『修善寺物語』上演に関する詳細は別章に譲るとして、ここでは柳沢の回想の一端に触れておきたい。ある回想では、『戦闘《ラ・バタイユ》』で日本人を見事に演じた名優に、「岡本綺堂の『修善寺物語』をやらせたいといふやうな話が二三の巴里在住日本人諸君のなかにあるといふことを耳にした」（「名優ジェミエを悼む」、『三鞭酒の泡』日本評論社、一九三四年一二月）とされる。柳沢が交渉に臨むと、ジェミエは、フランス人の書いた『戦闘《ラ・バタイユ》』に日本人が不満なのはわかっている、「是非ほんたうの日本の芝居を──あなたたちが見ても成程と思へる芝居を、是非遣つて見たいと思つてゐる」（同）と話し、『修善寺物語』の上演を決心、同時に『戦闘《ラ・バタイユ》』の上演停止を宣言した。なお、ジェミエによる新たな日本演劇への意向（および『戦闘《ラ・バタイユ》』上演停止）や、『修善寺物語』上演依頼などの前後関係は、回想によってニュアンスが若干異なっている（『回想の巴里』酣燈社、一九四七年一〇月、および「ジェミエ優を語る」『印度洋の黄昏』）。

背景を制作した藤田嗣治はじめ、パリに住むさまざまな日本人が、この上演のために集った。ただし、「そもそもこの企画の発端の時点で、柳沢はどうやら大使館で浮いた存在であった」（和田桂子「柳沢健」、和田博文ほか『言語都市・パリ　1862-1945』藤原書店、二〇〇二年三月）ことが、残された文章から伝わってくる。

所が、当時の日本は未だ国際文化事業なぞといふ気の利いた仕事に認識が出来て居らず、自然出先の大使館なぞでもこんな方面には案外熱がなく、『なあんだ、あんなものに柳沢が手を出して！　自分の道楽に公務を利用なんかして！』と言つたやうな空気がそれとなく周囲に感じられる。（「藤田嗣治を語る（序）」、『紀行世界図絵』）

こうした当時の大使館の雰囲気、文化紹介活動に対する無理解への不満は、柳沢の回想にたびたび語られている。そうしたなか、藤田嗣治に報酬の一部前払いを求められた際には、大使館参事官に日本文化宣揚の意義を訴え、経費を引き出した。また大使館の後援を受けられないため、チケットを売りにパリの日本商社を回った。

初日の成功を見届け、ストックホルムへ移った柳沢のもとに、パリの友人から手紙が届く。欠損した費用の補填を大使館に申し入れ、「剣もほろゝの挨拶」（「ジェミエ優を語る」『印度洋の黄昏』）で断られたジェミエが、「新しい情報担当官」（『回想の巴里』）のそうした対応に憤慨し、以後『修善寺物語』の上演をやめたことが書かれていた。文化交流がいわゆる〈お役所仕事〉と関わった結果、貴重な日本劇がパリの舞台から消えてしまったことに、文人外交官柳沢は忸怩たるものがあっただろう。

杵屋佐吉の公演もまた、別の点で柳沢を悩ませるものであった。「杵屋佐吉氏の渡欧」（『印度洋の黄昏』）によれば、柳沢は、パリに来る杵屋夫妻の案内を個人的に依頼された。パリで会った佐吉は、外国の音楽家が日本で歓待されるように、日本の音楽家も外国に出かけて現地の人々を感服させねばならないと話す。柳沢は、「正しく純理」かつ「愛国の至情」である佐吉の意志を、「真に壮とし勇とした」。ただし、「まつたく日本の三味線音楽位、外国人の耳朶を愉快にさせないものはなささう」で、希望するオペラ座公演が「至難」であるのは明らかだった。

できる限りのこととして、「極東博物館」であるギメ東洋美術館のホールにて演奏会を催した。「全部招待」で音楽関係者、日本関係者らを集め、当日は「約三百人」が来場した。結果は「矢張り杞憂の通り」で、終わり近くには客が約半分になっていた。また、曲の内容の誤解や演奏の所作に対する違和感など、「見当違ひの聴き方に充ちて」いて、「我々の感じる十分の一の美も彼等は感得できぬ、といふのが実情であつた」としている。

また翻訳刊行物については、回想で言及されているものに、仏訳『武士道』への関与がある。「一高の校長三人」（『印度洋の黄昏』）は、世界的な著名人新渡戸稲造の代表作『武士道』が、フランス語に翻訳されていないことに気づき、「それを是非予の手で実現したいと思つた」とする。この企画をきっかけに、新渡戸はパリへ来るたびに柳沢の事務室を訪れるようになった。そして、新渡戸が「翻訳振りにも本屋の措置振りにも」満足していたという、「立派な仏語版」が刊行された。これは、Charles Jacob 訳、*Le Bushido : l'âmeme du Japon*（Payot, 1927）と考えられる。同訳書に寄せられた新渡戸の文章にも、その他の部分にも、柳沢の関与を示す記述は見られないが、その点、まさしく文化紹介活動の黒子たる媒介者の役割を果たしたものと言えるだろうか。

ところで、前に触れた仏訳『或る女』とは、好富正臣、アルベール・メボン共訳、*Cette femme-là*（Flammarion, 1926）である（前編の訳）。なお、この翻訳刊行に関しては、杉淵洋一氏の一連の研究がある（「翻訳行為における〈共同／協働〉の問題」―フランス語版『或る女（前篇）』をめぐって―」〈『名古屋大学人文科学研究』第三九号、二〇一〇年三月〉、「有島武郎に潜む政治性と外交性―フランス語訳『或る女（前編）』（一九二六年）から」〈『JunCture』第二号、二〇一一年三月〉ほか）。好富正臣もまた外交官であり、当時、外務省の在外研究生として在仏日本大使館に務めていた。駐仏中にソルボンヌ大学で博士号を取得した好富には、日本文学文化に関するフランス語の著作が複数ある。また、日本文学の翻訳ではないが、ドーデ『アルルの女』（福永書店、一九二六年九月）の訳者横山正幸も、この時期に在仏日本大使館に勤務した外交官である。横山は、柳沢の一高時代の級友であった。

『アルルの女』は、当初この二人の共訳として刊行される予定だったという（同書および『回想の巴里』）。このように、日仏文化交流の媒介者、対外文化紹介者たらんとした外交官は、当時柳沢ひとりに留まらなかったと言えるだろう。

一九三五年前後、外務省文化事業部に属する柳沢は、それまでに培った人脈を頼りに、対外文化紹介の実行に奔走する。そうした活動に対する無理解や各方面からの指弾に加え、紹介しようとする〈日本文化〉なるものはいったい何なのかといった問題が、そこには付いて回ることになる。ただ、文化交流の〈現場〉に立ってこそ、ひとつひとつの出来事がもたらす問題の核心に触れることができよう。芸術の都パリの日本大使館は、「文人外交官」柳沢にとって、最初の〈現場〉となるにふさわしいものであったはずだ。

日本人会と椎名其二

石田仁志

1　巴里日本人会の記録

二〇一四年現在、パリには「在フランス日本人会」（Association Amicale des Ressortissants Japonais en France〔A.A.R.J.F〕）という団体が存在しており、一般にパリ日本人会と言えば、今はこの団体を指す。A.A.R.J.F は第二次世界大戦後の一九五八年九月に設立された非営利民間団体で、ホームページによれば、その設立目的は「滞仏日本人の相互扶助と親睦、そして国際交流を目指す」ことにある。しかし、実は同様の目的を掲げて一九四五年以前にも「巴里日本人会」（Cercle Japonais）が存在した。この戦前の「巴里日本人会」と現在の「在フランス日本人会」との関係については現段階の私には詳細は不明であるが、組織的には連続しないものと考えられる。

今回、椎名其二との関係で「日仏文化交流の記憶の場所」として取り上げるのは、この戦前の巴里日本人会のことである（本稿中では今後は「巴里日本人会」とはこの戦前の団体を指す）。

巴里日本人会について、私が知り得ていることはさほど多くはないが、この団体の歴史についてのまとまった研究は、和田博文・真鍋正宏・竹松良明・宮内淳子・和田桂子『パリ・日本人の心象地図 1867-1945』（藤原書店、二〇〇四年二月）の第一部第一章「パリの日本人社会」（和田博文）ぐらいかと思われる。なお、本稿で用いている資料の多くが和田博文氏が言及しているものと重複があることを断っておく。

巴里日本人会の設立については実は明確な年月日は不明であるとされている。一九三一年一〇月に日本の外務省が在外日本公館に対して、「最近本邦人ノ海外進出ノ気増進ニ伴ヒ各方面ヨリ在外本邦人団体等ニ関スル調査及照会」が多いので「諸団体ノ概要」を報告するようにという通達を出したことが、外交史料館に保存されている文書（『昭和六年度　在外本邦人諸団体調査関係』資料分類番号K三七〇‐一一）によって明らかである。その通達では、団体の名称、所在地、目的、組織、創立年月のほか、「会長又ハ理事長名及其ノ任期」、「書記長又ハ幹事長名及其ノ任期」、「会員数」、「活動ノ範囲（事業）並ニ業績」、「維持方法（所有財産並ニ基金ノ有無ヲ含ム）」、「各種団体ノ事業等ニ対スル領事館トシテノ考察」、「団体指導啓発ニ対スル方策」の一二項目について回答するように求めている（この在外本邦人諸団体調査は、その後も継続され、一九三四年度、一九三九年度の報告が確認できる）。この一九三一年の調査の背景にどのような事情があったのかは確認できていないが、「海外進出ノ気増進」ということと、前月に勃発した満洲事変とは無関係ではないだろう。この外務省の調査に基づいて、外務省通商局は一九三二年一一月に『在外邦人団体名簿（仮版）』を編纂している。そこでは「特殊事情ニ在ルヲ以テ」除外された「満支両国及香港並蘇連邦」以外のアジア、北米、ラテンアメリカ、オセアニア、ヨーロッパの日本人会等の団体名、所在地住所、会員数、事業（日本人学校などの経営状況）を一覧としている。この名簿での「日本人会」とは「公共ノ利益ヲ目的トスルモノニシテ本邦内地ノ市町村ニモ準スヘキ団体」と「例記」で説明されており、この調査によって、海外における日本人居留の基礎となる団体数と規模、事業実態を捉えようとしていたことが分かる。そこには満洲事変後に拡大する農村移民（満蒙開拓移民）を梃とした植民地政策と通底する発想があるように思える。各地の日本人会を含む団体は海外進出する日本人の拠点作りの礎となりうるものという見方がそこからは窺える。

そしてその調査の中で「巴里日本人会」はフランスにおける本邦人諸団体の一つとして報告されているのである。在仏日本大使館は外務省からの通達文（六月五日付、第一一六三号）に対して一九三一年一一月一八日付の「公六一六号文書」として、幣原外相に芳澤謙吉大使名で返信している。その中で創立年月日については「正確ナル年月日ハ不明ナルモ先年巴里講和会議当時ニ其ノ萌芽ヲ発シ千九百二十四年一月二十九日現在ノ家屋ニ移転シタル際始メテ公共団体トシテ仏国官庁ニ登録シタルモノナル由」と回答している。ここでの「巴里講和会議」とは一九一九年一月~九月に開催された第一次世界大戦の戦後処理を討議したもの（ベルサイユ会議とも言われる）である。また、現在地は添付されていた「巴里日本人会定款（一九三〇年一月ノ総会ニテ採択セラレシモノ）」（以後「定款」と略す）には、7 Rue du Débarcadère (17°) Paris と記されている。ちょうど設立直後と思われる巴里日本人会についての思い出を記した文書として松尾邦之助の次の一節が有名である。

労働をみじめにサクシュされただけのデマルクワの商社を去り、日本大使館の理事官森山隆介の世話で、わたしが、パリの日本人会に書記として就職したのは、井沢弘が日本に帰ってから間もない頃であり、たしか大正十四年（一九二五年）の三月頃だと思う。この「日本人会《セルクル・ジャポネー》」は、パリの西部、凱旋門や、ポルト・マイヨに近い、デバルカーデル街の七番地で、日本人は、この街のことを『デバガメ通り』と呼んでいた。隣はリュナ・ホテルという、連れ込み専門のインチキ宿で、日本人会の建物も、何かしら、むかしの売笑婦宿みたいな嫌な感じであった。

地下室が料理部になっていて、斉藤という肥った板前さんが、食堂の経営をし、欧州航路の船から逃げ出したむかしの船乗りや、第一次欧州戦争に義勇兵となって流れ込んで来た男どもが四、五人、奥のきたない暗い部屋にゴロゴロ寝ていた。

（「パリ日本人会と石黒敬七」『巴里物語』論争社、一九六〇年八月）

松尾は一九三一年当時にはパリに在住しており、読売新聞社の特派員を務め、日本人会にも深く関わっていたので、先の大使館からの調査回答に松尾自身も関わっていた可能性はあるが、この文書の記述からは設立当初から日本人会の住所はかわっていないことがわかる。但し、創立年月については、一九三四年の回答では「一九二年《ママ》十二月」、一九三九年の『日本人会並邦人実業団体調査』（資料分類番号K三・二・一・七）では「一九二三年十二月」と記されている。これらの記載は、おそらくは日本人会の家屋の移転の日付から逆算したものであろうと思われる。

2　巴里日本人会の活動

会の活動については、「定款」第二条に「本会ハ巴里滞在中ノ日本人間ノ懇親ヲ図リ相互連絡ヲ保ツヲ以テ其目的トス」とあって、「日本料理部」を設置していることも謳われ、政治目的ではなく、あくまでもパリ在住の日本人の親睦が目的であるとされる。ただ、実際には一九三一年の調査回答の中では「現会長　芳澤大使」「幹事長　戸苅隆始（大使館付海軍武官）」とされ、政府関係者が務めている。「定款」第一〇条にも「名誉会長ニハ在仏帝国大使ヲ推薦ス　幹事会ハ毎年幹事中ヨリ幹事長、副幹事長及専務幹事兼会計係ヲ互選ス」と明記され、大使館との密接な関係の上に運営されていた部分もあったと思われる。松尾が「書記」として就職するのも大使館の斡旋であったことを考えると、設立の当初からそうした関係性の上に立っていたのであろう。むろん、だからと言って巴里日本人会が当初から大使館の下部機関のような活動をしていたということではない。一九三一年の調査報告では「会員数　百〇《ママ》一名（昭和六年一一月一七日現在）」とあり、「会員少数ナル上移民地ト異ナリ定住スルモノ少キ関係上其ノ発展ヲ計ルニ極メテ都合悪ク従ツテ業績トシテ未タ見ルヘキモノナシ」、「財政上ノ基礎未タ薄弱ナル為活動意ノ如クナラサルモ行ク〳〵ハ窮難邦人ノ救済或ハ求職邦人ノ世話等大使館トシテ為ス事困難ナル方面ノ事業ニモ手ヲ着クルコトヲ希望ス」、「其ノ指導啓発等ニ関スル計画ハ不可能ナリ要スルニ当分定款第二条記載ノ目的ノ範囲ニテ満足セサルヘカラス」と記されているように、東南アジア各地の「移民地」の日本人会のような、居留日本人の生活、教育に深く関わるような官民一体の事業運営は難しかったようである。なお、一九三一年当時、ヨーロッパにはパリのほか、里昂日本人会（リヨン、会員数一七）、倫敦日本協会（ロンドン、会員数五七六）、独逸日本人会（ベルリン、会員数一五〇）、漢堡日本倶楽部（ハンブルグ、会員数一七）、未蘭日本人会（ミラノ、会員数二〇）の六団体しか存在していない。

巴里日本人会の実際の活動実態は現段階の私の不十分な調査ではよく判らない部分が多い。ここでは、いくつかの史料からその実態を考察するにとどまる。

石黒敬七がパリで発行していた『巴里新報』（巴里週報社）の一九二九年一月一三日号には巴里日本人会への入会案内の広告や「日本人会主催　新年祝賀会　多数の名士出席盛会を極む」という記事が掲載されている（この時は久米正雄がパリを来訪中でその歓迎会も兼ねた）。

あるいは、一九三一年の調査報告には「皇族殿下ヲ初メ本邦名士学者等来巴ノ機会ニ時々歓迎会ヲ催フシ又会食後一席ノ講話ヲ乞フコトアリ其ノ外一二回邦人画家ノ絵画展ヲ主催セルコトアリ」と記されている。また、一九三四年の調査報告には「事業概要」として「就職ノ斡旋」、「同胞困窮者ニ金銭ヲ施与シ、時ニハ宿泊所ノ世話ヲ又病気ニカカレル者ニ見舞金ヲ贈呈」、「死去セルニ際シ葬儀ノ一切、遺族ノ世話ヲナセリ」、「来巴日本名士ノ歓迎ヲ兼ネ屡々講演会ヲ催セリ」とあり、「皇太子殿下御降誕祝賀会」なども開催したと記されている。他にもパリ郊外に「テニス・コート」も借りて会員に提供している。さらに一九三九年の報告では「名士学者ノ来巴ニ際シ歓迎会ヲ開キタルコト四回其他講演会ヲ催シタルコト数回、独伊訪問青年団一行立寄ニ際シ招待並視察上便宜供与ヲナス　十一月三日ヲ明治節トシ漢口陥落祝賀会ヲ主催シ陸海軍ニ対シ祝電ヲ送ル」と報告されている。

以上のことから会の活動は基本的には会員の親睦と相互連絡が中心と言える。しかし、一九三一年当時に大使館から求められていた「窮難邦人ノ救済或ハ求職邦人ノ世話等」が一九三四年では事業概要として明記され、パリ在住の日本人の生活を管理する大使館の役割を補完する機能を担うようになっていったのもまた事実である。会の会費は「定款」に「普通会員ハ一ヶ月三十法（但シ前納スル時ハ一ヶ年三百法）」とある。この会費徴収に関連しては金子光晴の面白い回想がある。

折よく、ポート・オルレアンの方に住む松尾邦之助という男が、パリ在住日本人の名簿をつくる仕事をしていて、手つだってくれる人を求めているということを耳にしたので、すぐ、松尾氏のアドレスをさがして訪ねていってみた。（中略）仕事は、在留邦人の会費の未納を帳簿に書きいれ、たまった分から、訪ねていって金を受取る集金の仕事であった。名簿にある邦人は、三百人を超えていて、そのうち三分の二程が未納になっていた。

（『ねむれ巴里』中央公論社、一九七三年一〇月）

金子が妻の森三千代とパリに滞在したのは、一九三〇年一月から一一月であるので、ちょうど「定款」が採択された時期にあたる。なお、「定款」によれば、会には「専務幹事兼会計係」が置かれ、「無報酬」で会議の招集と議事録作成、本国との連絡、収支計算の業務を負っており、松尾はこの「専務幹事」であったかと思われる。仕事内容からすると金子はその会計係の手伝いのようなことをさせてもらったのである。

3　椎名其二との関係

椎名と巴里日本人会との関係はまだよく判らない点がやはり多い。蜷川譲『パリに死す　評伝椎名其二』（藤原書店、一九九六年九月）によれば、椎名其二（一八八七〜一九六二）は一九〇八年早大英文科中退を経て、一九一三年アメリカのミズーリ州立大学新聞科を卒業、一九一六年にパリに渡っている。そして石川三四郎や吉江喬松らと出会い、一九一九年には巴里講和会議（ベルサイユ会議）の取材でパリ来訪中の黒岩涙香の通訳を務めている。一九二二年に一時帰国し、早稲田大学高等学院講師や同大仏文科講師を務め、大杉栄の跡をついでファーブルの『昆虫記』第二巻から第四巻までを翻訳している。しかし、一九二七年に再びパリに戻り、第二次世界大戦中も帰国せず、一九五七年九月までパリで暮らし、一九五七年一〇月から六〇年八月まで再び帰国していたが、結局パリに戻り一九六二年四月に死去している。したがって椎名のパリ在住は大きく分けて三期四〇年に及ぶ。椎名の文学的な功績としては『昆虫記』（一九二二～二六年）を始め、バルザック「ウージェニイ・グランデ」（一九二四年）、フォレル『蟻の社会』（一九二五年）、ルグロ『科学の詩人　ファブルの生涯』（一九二六年）、ゾラ『野へ』（一九二六年）、エルネスト・ペロション『ネエヌ』（一九二六年）、ラクロア『出世をしない秘訣――すばらしきエゴイズム』（一九六〇年）などの翻訳が中心である。それ以外にも最初の帰国時にはアメリカで共同生活した堀井梁歩の農民運動に参加し、犬田卯や中村星湖らの「農民文藝研究会」の設立に吉江、平林初之輔と共に関わっている。また、二度目のパリ在住中には、石川三四郎の個人誌『ディナミック』にパリよりの私信という形でアン・リネル、エリゼ・ルクリュ、ジャン・グラーヴなどのフランスのアナーキズムを紹介して、社会主義運動の流れの中に身を置いた。椎名のパリでの生活を知る野見山暁治や芹沢光治良、森有正、高田博厚らの回想を通じて浮かび上がる椎名はジャン・ジョーレスやロマン・ロランに憧れてパリに渡った当初からのモラリストとしての姿勢を貫いている。そのように日仏の文化交流史の中に名を残す椎名は巴里日本人会とも深く関わっている。

…満四年の日本滞在を引きあげ、一九二七年一月、フランスへ帰つたのであつた。
二、三年の後、私はパリ日本人会の書記となつた。ろくに仕事もなく、給料も安く、何一つ自分の考えでできず、いかにも馬鹿げきつたものだつた。ただ暇がたくさんあつて十分読書もでき、研究もできたものだから、私は十年あまりそれをつとめた。幹事のうちにはいやに傲慢な、いかに生意気なのもいたが、多くは私に同情をもつてくれた。ここに感謝の意を表しておく。

（椎名其二「自由に焦れて在仏40年」『中央公論』一九五八年一月）

この回想記によれば、椎名は一九二九年か三〇年に日本人会の「書記」になり、一九四〇年頃まで務めていた。蜷川氏も「一九三〇年、椎名はパリ日本人会書記となった」と記し、同書巻末の年譜にはその時期を一九三〇年五月としている。しかし、史料から窺えることと椎名の記憶とは必ずしも一致しない。

先にも紹介した一九三一年一一月一八日付の「公六一六号文書」では、当時の巴里日本人会の「書記」は「関澤秀隆」となっており、椎名ではない。藤田嗣治・柳沢健『巴里の昼と夜　顔 Figures 叢書3』（世界日本社、一九四八年）の柳沢健の「前書」では、関沢は「在仏十年、新劇運動で有名なデューラン氏の下で働いていた特異な存在の人」と紹介されている。同書の「在留邦人の噂噺」という章の中で関沢は「私は今読売新聞にいる松尾邦之助氏の後を引き受けて暫らくこの日本人会の書記をやつてゐました」と語っている。彼が書記をしていた時期は正確には不明だが、藤田のパリ在住時期と重なっているとすると、藤田は一九一三年六月から一九三一年一〇月までが最初の在留時期（一九二九年に一時帰国しているが）となり、一九三一年当時に関澤が書記をしていたというのは符合する。また、先の金子光晴の回想でも一九三〇年で名簿作りの仕事は松尾がやっていたようである。これらの証言から考えると椎名其二が一九三〇年に日本人会の書記になったというのは、正確ではないように思える。また、「定款」にはじつは「書記」という役職名は存在していない。前節で述べたように、「専務幹事」と思われる松尾が行っていた業務内容が「書記」に相当するが、それは「無報酬」とされている。だとすれば、実質的な書記（および会計）業務は

「雇人」の第三者に請け負わせていたのではなかっただろうか。いわば、就職斡旋業務の一環である。そして実際には関澤秀隆の後に椎名が「書記」として雇われたのではなかっただろうか。ちなみに椎名が巴里日本人会の「書記」として史料上に登場するのは、一九三四年末現在の巴里日本人会の報告調書だけである。そこでは名誉会長・佐藤尚

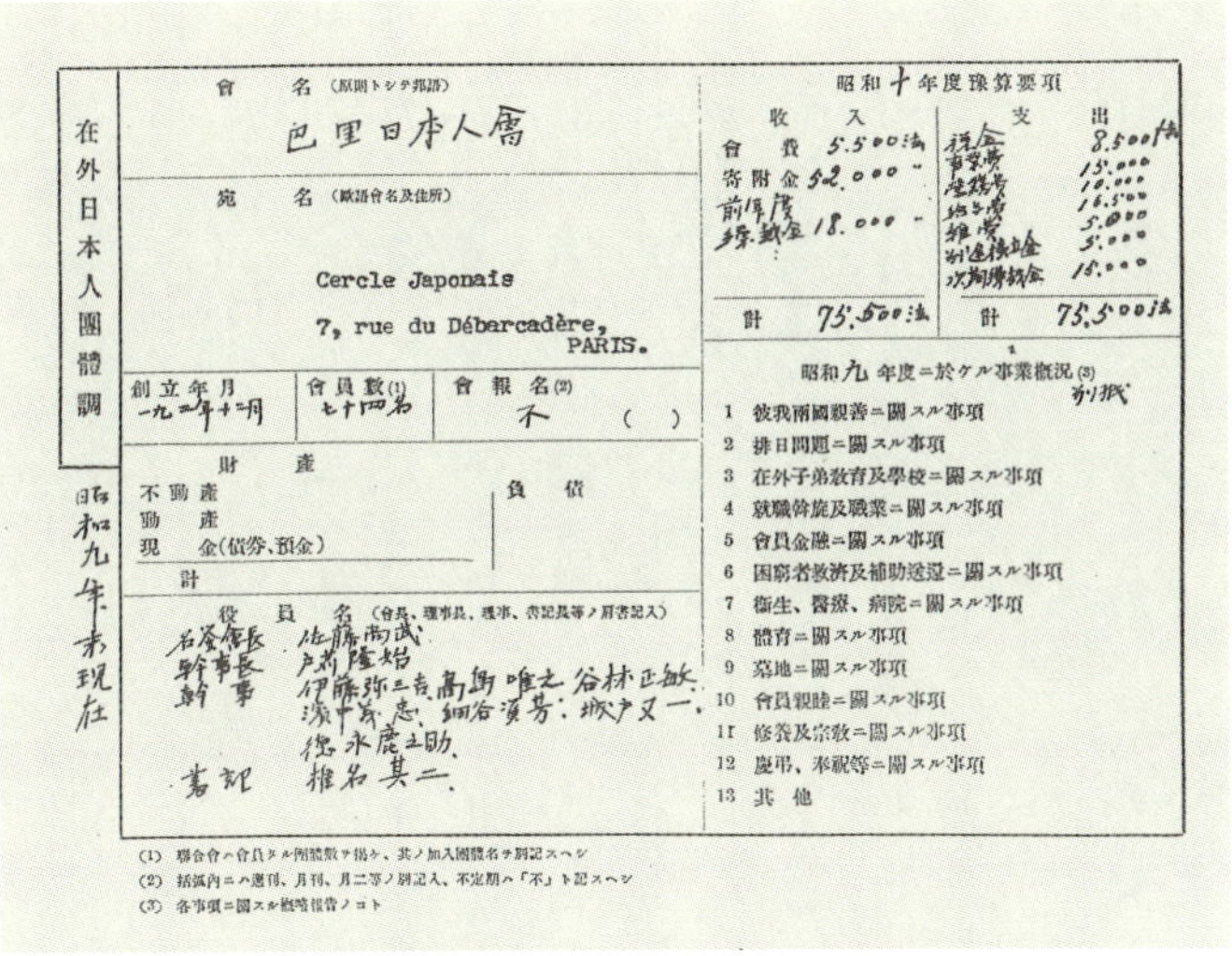

在外日本人團體調

昭和九年末現在

會名（原則トシテ邦語）
巴里日本人會

宛名（歐語會名及住所）
Cercle Japonais
7, rue du Débarcadère,
PARIS.

創立年月 一九二四年十二月
會員數(1) 七十四名
會報名(2) 不 （ ）

財産
不動產
動產
現金（債劵、預金）
計

負債

役員名（會長、理事長、理事、書記長等ノ肩書記入）
名誉會長 佐藤尚武
幹事長 戸村隆始
幹事 伊藤弥三吉、高島唯之、谷林正敏、濱中英志、細谷演芳、城戸又一、德永慶之助
書記 椎名其二

昭和十年度豫算要項

收入		支出	
會費	5.500法		8.500法
寄附金	52.000 〃		15.000
前年度繰越金	18.000 〃		10.000
			16.500
		雑費	5.000
			5.000
			15.000
計	75.500法	計	75.500法

昭和九年度ニ於ケル事業概況(3) 別紙

1 彼我兩國親善ニ關スル事項
2 排日問題ニ關スル事項
3 在外子弟教育及學校ニ關スル事項
4 就職斡旋及職業ニ關スル事項
5 會員金融ニ關スル事項
6 困窮者救濟及補助送還ニ關スル事項
7 衛生、醫療、病院ニ關スル事項
8 體育ニ關スル事項
9 墓地ニ關スル事項
10 會員親睦ニ關スル事項
11 修養及宗教ニ關スル事項
12 慶弔、奉祝等ニ關スル事項
13 其他

(1) 聯合會ハ會員タル團體數ヲ揭ケ、其ノ加入團體名ヲ別記スヘシ
(2) 括弧内ニハ週刊、月刊、月二等ノ別記入、不定期ハ「不」ト記スヘシ
(3) 各事項ニ關スル概略報告ノコト

1934年の巴里日本人会の報告調書。左下に「書記　椎名其二」とある。

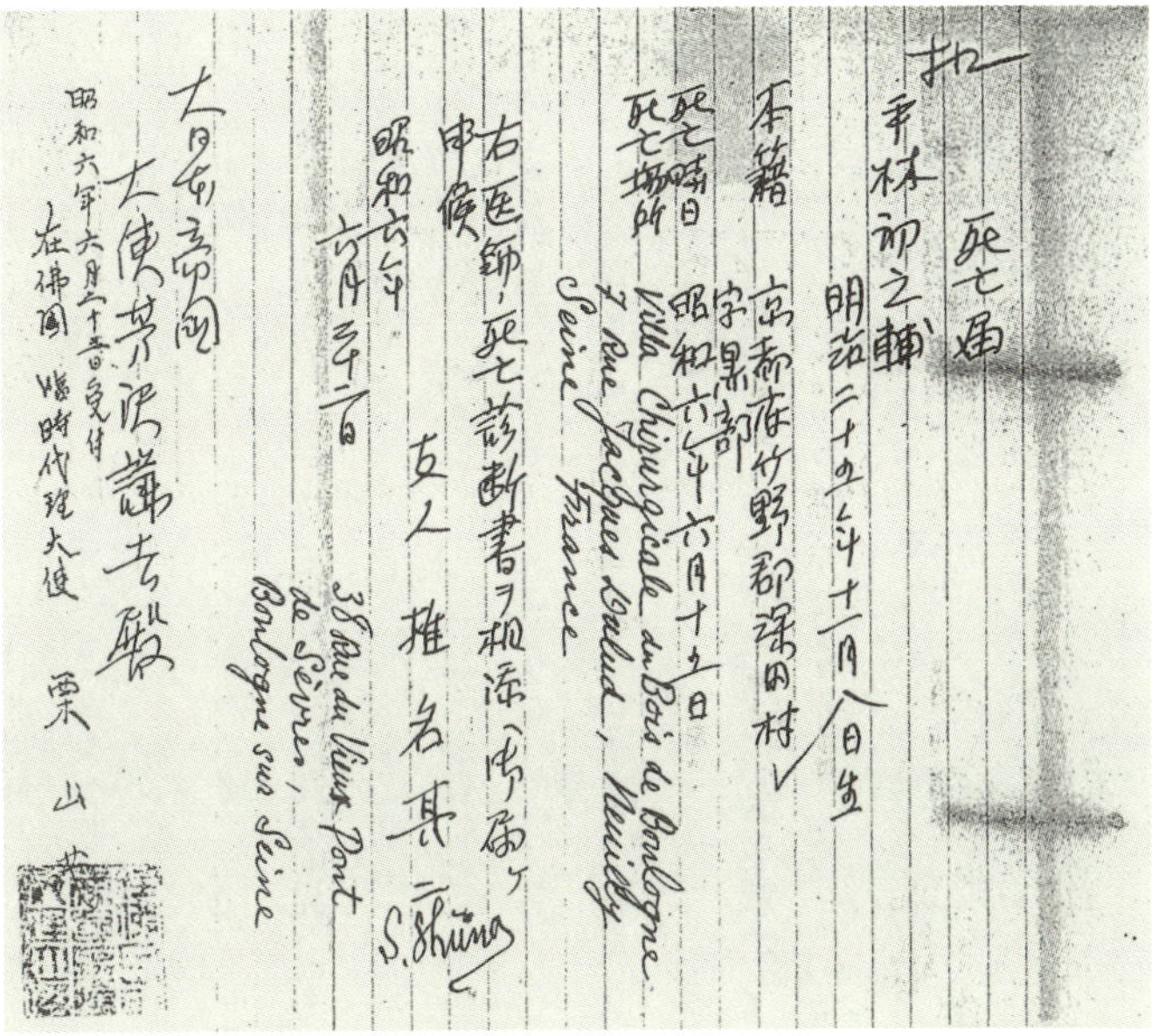

死亡届

平林初之輔 明治二十五年十一月八日生

本籍 京都府竹野郡深田村字黒部

死亡時日 昭和六年六月十五日

死亡場所 Villa Chirurgicale du Bois de Boulogne 7 rue Jacques Dulud, Neuilly Seine France

右医師ノ死亡診断書ヲ相添届ケ申候

昭和六年六月二十二日

友人 椎名其二 S. Shiina

38 Rue du Vieux Pont de Sèvres, Boulogne sur Seine

大日本帝国大使芳沢謙吉殿

昭和六年六月二十二日受付

在仏国臨時代理大使 栗山

1931年6月22日付の平林初之輔の「死亡届」の署名欄。

武大使、幹事長・戸苅隆始、幹事七名のほか、「書記　椎名其二」とある。海軍武官の戸苅は一九三一年から変わらずに幹事長を務めている。

では、一九三四年以前に椎名の名前が史料に登場するのは、いつかと言えば、その最初は一九三一年六月二二日付の平林初之輔の「死亡届」の署名欄なのである。平林は、早稲田大学留学生（身分は仏文科助教授）として二月に離日しパリ到着後に病死した。その「死亡届」の署名欄に「友人　椎名其二　S.Shiina」とあり、住所は巴里日本人会の住所とは異なる38 Rue du Vieux Pont de Sèvres Boulogne sur Seineとなっている。この平林の死亡届を椎名が作成した理由は定かではない。しかし、一九三四年の事業概要に「死去セルニ際シ葬儀ノ一切、遺族ノ世話ヲナセリ」と記されていることをすでにこの時点で始めていたのではなかっただろうか。そして、パリ在留邦人で身寄りのない人やお金のない人が亡くなった場合、日本人会の書記が身元保証人として死亡届を作成するようになったと考えられる。外交史料館の『在外邦人身分関係雑纂』には多くの「死亡届」「出生届」「婚姻届」が保管されているが、基本的にはそれらは親族関係者が署名している。そして、その中に椎名其二が署名した書類が一〇通（死亡届九通、婚姻届一通）ある。椎名の自筆の筆跡を私は知らないが、一〇通の署名の筆跡はすべて同一のものと判断できる（その筆跡が椎名の自筆とすれば、椎名の署名はないが他にも同じ筆跡による書類が実は一九四〇年七月までに一〇通以上ある）。椎名の署名のある書類を一覧にすると次のようになる（日付は署名日、年齢、死因は届の記載から）。日本人会の書記がこうした書類に署名するというのは、巴里日本人会が次第に大使館の補完的業務を引き受けるようになっていったからであり、その結果として「書記」が一つの職業として一定の役割を果たすようになっていったと言えよう。

① 一九三一年六月二二日　平林初之輔（死亡届）三八歳（病死）
② 一九三二年一〇月一五日　八木五十三（死亡届）二九歳（死因未詳）

③　一九三三年九月五日　諏訪秀三郎（死亡届）七七歳（自殺）
④　一九三三年一二月一三日　樗沢右六（死亡届）五二歳（病死）
⑤　一九三四年四月二九日　牧一／フォレスキイーニ・ヨランダ・マリヤ（婚姻届）
⑥　一九三四年五月二〇日　佐藤ピエリーナ（死亡届）三四歳（病死）
⑦　一九三四年九月二九日　星野日出男（死亡届）三一歳（病死）
⑧　一九三五年三月一八日　亀山齢蔵（死亡届）三八歳（病死）
⑨　一九三八年五月一六日　柴田緑郎（死亡届）三九歳（死因未詳）
⑩　一九三八年九月一日　上田高市（死亡届）四二歳（死因未詳）

このうち③以降の署名の椎名の住所はすべて巴里日本人会の住所になっている（②には住所の記載がない）。つまり、椎名が巴里日本人会の書記として署名したことが証明できるのは、ここでは一九三三年九月からとなるが、おそらくは平林の死亡届に署名したときにそうした立場についたのではないかと予想される。とするならば、椎名の書記就任は実質的には一九三一年六月頃と言える（記録上はまだ関沢秀隆であるが）。椎名が平林の死去に際して実質的に巴里日本人会の仕事をし始めていたことを推測させる別の史料が、アジア歴史資料センターに保管されている。それはいずれも平林の死去後の後始末についてのことが書かれた文書の一部で、（a）フランスの芦沢大使から外務省に宛てた電信文（一九三一年六月一七日発、第一六五号）および（b）早稲田大学総長田中穂積から外務次官永井松三宛の文書（同年七月六日付）である。

（a）には「平林教授ノ手術火葬料トシテ仏貨約二万法椎名園《ママ》二（元早大教師）立替支払ヒタル趣ヲ以テ右金額同人宛電送方願出アリタルニ付右早稲田大学ニ御伝達アリタシ」とある。この電信に続いて六月二二日にはさらに「平林所持金ハ身回品購入、生活費其他ニ費消シ残金殆ト無キ由尚後日清算書提出ノ筈」と電信があり、立て替えた費用を椎名に送ってほしいと説明している。それに対しては（b）では「同助教授ノ入院手術及火葬料トシテ仏貨弐万法御指示ニ依リ在仏椎名其二へ電送致置候」と答えている。

この電信文では椎名が平林の入院費から火葬料までを立て替え、さらには死亡届まで書いたことになり、椎名は平林の死去に深く関わったことになる。だが、椎名は回想録の中で一九二八年の画家・佐伯祐三の死については印象深い出来事として語る（「佐伯祐三の死」『中央公論』一九五八年二月）が、平林については名前すら出していない。椎名と平林は年齢こそ離れているが同じ早稲田大学英文科に入学し（椎名は一九〇五年、平林が一九一三年）、一九二五年から二七年の二年間は同じ早稲田大学仏文科教員（椎名は講師、平林は助教授）として在職している。さらには堀井梁歩の回想では「農民文藝研究会」の設立時の椎名家での会合に平林も参加している。プロレタリア文学運動の評論家として華々しく活躍していた平林と椎名とが同じ思想的な路線にいたとは言えないが、旧知の関係であったことは確かである。しかも入院から葬儀までの一切の費用を立て替えたというのであれば、平林の死去について、椎名が後年の回想の中で一切言及していないのはむしろ不自然に思える。蜷川氏は、平林との関係について椎名が「なじみは薄かったが、その後フランス外遊中三八歳の若さで客死して残された「大きな荷物」の女性の処置に巻き込まれたことに閉口したと語ったことがある」と記しているが（この女性は児島八重子のことか）、その詳細は明らかにしていない。だが、椎名が二万フランものお金を立て替えたというのは、すでに会社員を辞していたとされる当時の椎名の生活から考えてあまりに不自然である。金子光晴の『ねむれ巴里』には森三千代の父親が一九三〇年に日本〜フランス間の片道船賃として三百円を送金してきたとあり、「一フランが八銭の当時の相場で計算してみると四千フラン」と記されている。それは一年分の住居費になると言っていることからすれば、二万フランはあまりに高額であることが推測でき、椎名個人が立て替えたとは到底考えにくい。公電を使って大使館から外務省を経て早稲田大学に費用の支払いを求めているということを考えると、日本大使館か巴里日本人会かが椎名の名前で立て替えた形にして、早稲田大学からその費用を捻出させたのではなかっただろうか。椎名が「書記」のような形で巴里日本人会とすでに関係を持っていれば、そうしたことも容易だったのではないかと想像できる。

椎名は書記の仕事について「馬鹿げきつたものだつた」としか述べていないが、その内実はどうだったのだろうか。椎名は③「諏訪秀三郎」の死亡届にも署名している。この人物は一八七二（明治五）年に一六歳で渡仏し、その後一九〇〇（明治三三）年の前にパリで「諏訪旅館」を開業し（一九〇〇年二月二四日『読売新聞』朝刊六面に「在仏国巴里府　諏訪新旅館」という広告を出している）、松尾や金子、石黒らの回想記の中に「諏訪老人」という呼称で数多く登場する。いわばパリ在住の日本人の間では有名な人物であったのだが、一九三三年八月三日にベルギーの南西部「アンヴエル市エスコー河岸」（フランス国境近く）で頭部をピストルで撃たれて死亡している姿で発見された。その死については他殺との噂も立ち、パリ在住の日本人の間でも評判になったようである。死亡届に付されている沢田廉三臨時代理大使の文書（公第五六四号）には検視の結果は「自殺」と判断されるも動機は「全ク不明」で諏訪と同棲していた女性（Madame Scholle）も「本年初」に他界し身寄りがないので「葬儀一切ヲ取計ヒタリ」、「死因ニ就テ多少ノ疑ヒ有之理由ヲ以テ警察側ヨリ注意モ有之一先ツ埋葬ヲ為シ置キタル」と報告されている。椎名が死亡届に署名するのは、この諏訪老人のように、パリに身寄りがないか葬儀を行う費用がない人たちである。彼らの火葬には椎名が立ち会い、遺骨は日本に送るか、パリの共同墓地に埋葬している。椎名は佐伯祐三の狂死について他人をも自分をも顧みることのない「没社会性」の中での「悲惨な最期」であったとは記しているが、佐伯の死亡届は妻の佐伯米子が署名している。椎名が書記として見送った人達は遠い異国の地で親しい人もほとんどなく、佐伯よりもさらに孤独な中で最期を迎えている。書記の仕事はこれだけではないだろうが、署名していない届も含めて彼が一九四〇年七月までに多くの死をパリの地で見届けたことは間違いなく、そのことは戦火が迫ってくる中でもパリを離れようとせず、戦後も結局はパリに戻って自らの最期をパリで迎えたという半生の中に「記憶」され続けたのではなかっただろうか。椎名もまたパリの共同墓地に埋葬されている。

日本学生会館と薩摩治郎八

小平麻衣子

1　はじめに

パリ国際大学都市日本館（日本学生会館）は、一九二九年五月に開館した、留学生や研究者に宿舎を提供する施設である。現在の日本円にして一〇億円とも言われる建設費を、個人で提供したのが薩摩治郎八である。治郎八が日本館建設以外にも残した桁はずれな事績やエピソードは痛快であり、人々の興味をかきたててやまない。コナン・ドイルやアラビアのロレンスに会ったと言い、傭兵部隊に所属したと語り、女優をめぐってフランス貴族と決闘したと言う。これらをめぐって、多くの伝記が編まれている。

まず生前の治郎八の人となりを伝えるものとして、彼に取材した獅子文六の小説『但馬太郎治伝』（新潮社、一九六七年一一月）や、瀬戸内晴美『ゆきてかえらぬ』（文藝春秋、一九七一年六月）がある。また最近になって、治郎八の伝記の出版が相次いだ。村上紀史郎『「バロン・サツマ」と呼ばれた男――薩摩治郎八とその時代』（藤原書店、二〇〇九年二月）、小林茂『薩摩治郎八――パリ日本館こそわがいのち』（ミネルヴァ書房、二〇一〇年一〇月）、鹿島茂『蕩尽王、パリをゆく――薩摩治郎八伝』（新潮社、二〇一一年一一月）である。治郎八本人には、フランスから帰国後に、『せ・し・ぼん――わが半世の夢』（山文社、一九五五年九月）、『巴里・女・戦争』（同光社、一九五四年四月）をはじめとする著書があるが、女性遍歴が多くを占めるように、興味本位の読者の嗜好にあわせた誇張なのか、または単なる記憶違いか、齟齬も多い。上記の伝記は、膨大な資料を用いてそれぞれに事実を糺しており、とくに日本館については、元館長である小林茂の調査が詳細を極めている。本稿前半では、これらに多くを頼り、治郎八が日本館に関わった経緯を紹介しつつ、後半において、この日本館が表象する〈日本〉にどのような反応があったかを述べてみたい。

2　パリへの道

パリ国際大学都市は、かつての城壁を取り壊した跡地に構想された、パリ大学付属の外国人留学生用の宿舎である。計画は一九一九年に始まり、日本側の外交文書には、一九二一年から記録が残る。情報局嘱託の松岡新一郎の署名のある「巴里ニ於ケル日本人学生寄宿舎ノ建設」（一九二一年六月一六日）では、すでに民間有力者に資金提供を働きかけるべきことが記されている。日本政府は、他の国に日本館がないのに、フランスにだけ作る理由はない、として、出資に前向きではなかったのである。一九二三年の関東大震災による混乱もあるであろう。だが、他国は続々と計画に参加し、日本の宣伝のためにも、象徴的な施設は必要であった。そこで出資者となったのが、薩摩治郎八である。一九二五年九月九日、幣原外務大臣から松島代理公使に向けた文書で、二〇〇万フランの日本館建設と、維持費一〇〇万フランを寄付したい篤志家がいると記されており、村上紀史郎はここで出資者が薩摩家に確定したものと推測している。パリ暮しの長い治郎八が、日本に一時帰国している時期である。

治郎八は、それまでにすでに、豪奢な生活でその名を轟かせていた。治郎八は、初代薩摩治兵衛が木綿商の奉公から始めて、海外貿易で巨万の富を築いた薩摩治兵衛商店の三代目である。維新期に一早く貿易に賭けた祖父の進取の気性は、毎年ボルドーから樽で取り寄せて家で瓶詰めするメドックの芳香として、幼い治郎八を酔わせた（薩摩治郎八『ぶどう酒物語　洋酒と香水の話』村山書店、一九五八年二月）。父である二代目治兵衛となると、商業的というよりも、文化的・消費的生活への傾きが強くなり、洋書や、英国風な花壇や熱帯植物の温室に囲まれた環境は、治郎八の嗜好の後押しをした。

治郎八は、一九一四年に開成中学に入学、その後高千穂中学に転校したが、ストレスによる顔面神経痛で休学、中学はそのまま自然解消となった。しかし、文学的には早熟であったようで、堀口大学による『せ・し・ぼん』序文によれば、一五歳のとき、男性同性愛をテーマにした『女臭』という三〇〇枚の小説を書いて、水上滝太郎に見せに行ったところ、水上は舌を巻き、発表は時期尚早だと述べたため、治郎八はこれを焼き捨ててしまったとのことである。後に私家版歌集『銀絲集』（一九二三年）などの発行につながる傾向であろうが、伝説は伝説で、その後彼の文才が、必ずしも磨かれる環境にあったわけではない。

留学の準備期間を経て、一九二〇年イギリスへ発ち、ケンブリッジかオックスフォードに行くはずだったが、次第にパリの音楽や舞台に惹かれ、一九二三年、学問はそっちのけで住まいを移してしまう。この間、小林茂と鹿島茂の考証によれば一九二一年のロンドンにおいて、古代ギリシア風にはだしで踊る革新的な舞踊で、モダン・ダンスの祖として知られるイサドラ・ダンカンの舞台をみて衝撃を受け、面会した。それを機にバレエに熱中し、歌舞伎「土蜘蛛」にヒントを得たバレエ作品の創作を行い、バレエ研究家シリル・ボーモントの紹介で、この計画を、バレエ・リュスの伝説的バレリーナ、タマラ・カルサビナに会って直接話したという（『せ・し・ぼん』）。パリでは、モーリス・ラヴェルやモーリス・ドラージュとの親交があったという。

一九二五年に帰国。父への滞在延長の懇願も、そう幾度も聞き入れられなかったわけであろう。帰国後は、『婦人画報』に、フランス文化の紹介として、「新しい仏蘭西の文芸作家紹介（一）フランシス・カルコ」（一九二五年七月）、「新しい仏蘭西の文芸作家紹介（二）天才コレット」（一九二五年九月）などの記事を書いてもいるが、もっとも力を注いだのは、ピアニスト、アンリ・ジル＝マルシェックス（マルシェ）の日本への招聘である。彼の妻と恋仲であったのが理由の一つでもあると鹿島茂が述べているが、一九二五年一〇月一〇日から一一月一日まで帝国ホテル演芸場で行われた演奏会が、フランス音楽の体験の稀な聴衆に強い感動を与えたことは、中島健蔵や梶井基次郎、富永太郎の著作やエピソードが伝えている。

3　日本館の開館

既に述べたように、日本館の話が実現性を持って立ち現われてくるのは、この時期である。「この案を持って来たのは、西園寺公望公元秘書・松岡新一郎で、外務省側は、広田弘毅氏（当時欧米局長）である」（『せ・し・ぼん』）。松岡新一郎は、奄美大島出身でパリ大学に留学し、日仏銀行、住友本社に勤め、講和条約会議に際し、日本の全権大使西園寺公望に、私設秘書として随行した。その後は、外務省情報部に入り、後には嘱託となったが、カトリック信者であることもあり、フランスのみならず、バチカンとの外交に尽力した。石塚出穂「南仏の星と東方の三博士――大正初期の日本とプロヴァンス」（『仏語仏文学研究』二〇〇二年一一月）によれば、松岡は、与謝野寛・晶子夫妻や石井柏亭とも親交があり、留学中や帰国後に松岡曙村の号で、ロダンの謦咳を伝え、南仏の詩人ミストラルについての文章を発表していた人物と同一なのではないかという。とすれば、文化交流についても、ある種の強い意向を持った人物であったのであろう。

ジル＝マルシェックス招聘で日仏交流に実績をあげた治郎八に出資が依頼されたとする従来の説に対して、村上紀史郎は、それ以前の在仏期に、帰国を嫌った治郎八が、ポール・モーランなどの友人を介して、日本あるいはフランスの大使館に、自ら働きかけていたのではないかという推測を述べている。いずれにせよ出資の件を、帰国時に具体的に父に相談したのであろう。

またこの時期、治郎八は、山田英夫伯爵令嬢・千代と結婚している。恋多き男であるゆえ、本人は乗り気ではなかったが、家の意向もあった。しかしながら、治郎八は、この「無邪気」な「お嬢様」であったという妻を（『但馬太郎治伝』）、パリでもひときわ目立つ洗練された女性に育て上げた。『せ・し・ぼん』の、よく引用される下りでは「私が妻に作ってやった特製の自動車は、純銀の車体に淡紫の塗りで、運転手の制服は銀ねずみに純金の定紋、妻の衣服はリュー・ド・ラペのミランド製の淡紫に銀色のビロードのタイニールであった。これでカンヌの自動車エレガンス・コンクールに出場し、瑞典王室その他の車と競って、特別大賞を獲得した」のだという。彼女は後に肺を病み、治郎八と過ごした期間は短いが、日本館の完成という晴れやかな場にも、大輪の花を添えることになる。

一九二六年九月一六日、治郎八は妻と共に再びパリへと発った。外交文書「在仏河合代理大使公信」（第三四〇号、一九二六年一〇月二日）にも、学生会館の寄贈者として、薩摩治兵衛、治郎八親子の名前がはっきりと表れている。薩摩財団を立ち上げ、一九二七年一〇月一一日に定礎式を行った。

一九二九年五月一〇日に開館式が行われる。「白手袋ゲートルと盛装した大統領ガストン・ドメルグ氏一行の車の列が日本会館の大玄関に到着すると、君が代の吹奏が始まり、つづいてマルセイエーズが奏された」、「仏政界の巨頭ポアンカレ首相、マロー文相、ドウメール上院議員、オノラ総裁、日仏協会長スワール公使、シャレチー巴里大学総長等が一行の顔ぶれで、そのほか関係者一同ならびに各国大使と合計約一千名の来賓があった」と治郎八自身が記す。その夜、ホテル・リッツに名士三〇〇名を招いて大晩餐会を開き、席上、オノラ総裁よりレジオン・ド・ヌール勲章を授与された。「夜会に出席した夫人達の服装は、皆輝くばかりの流行品であった。妻はポールポアレの白黒の夜会服を新調し、それに装身具はダイヤ、エメラルドの一式を用いた。私には特にランバン男子服部の名カッターである瑞典生れのエリクソンが紺地の燕尾服を調製してくれたが、これが殆ど巴里流行界最初の燕尾服であった」。さらに祝宴は、親友モーリス・ラヴェル、ジル＝マルシェックス、ピエール・サルドゥ、藤田嗣治らを招いたグラン・テカールで深夜まで続いた（『せ・し・ぼん』）。

館長代理で事務総長となったのはセルジュ・エリセーエフである。エリセーエフは、ロシアの富豪の出で、ベルリン大学で学んだのち、東京帝国大学国文科を卒業、夏目漱石の門下生で木曜会に参加したこともある。帰国後、教鞭をとるも、ロシア革命により財産を没収され、フィンランドを経て、一九二一年パリに移っている。パリでは、ソルボンヌ大学で日本文学史を教え、また雑誌『日本と極東』*Japon et Extrême-Orient* を発行していた人物である。

日本館の滞在者については、村上紀史郎が調査している。初期には、前川國男、今和次郎、白井晟一、岡潔、中谷宇吉郎と中谷治宇二郎の兄弟、森本六爾などである。これらの滞在者が、それぞれ日本館の雰囲気を伝える文献を残している。

例えば獅子文六は、一九三〇年、新設されたばかりに宿泊している。パリ式に寝床の中で朝食をとりたい文六は、決められた時間に食堂に集まり、行儀正しくいただく会館の流儀に辟易し、すぐにでてしまったという。治郎八は、ロンドンで法律経済を勉強していると言いながら、ディアギレフ率いるバレエ・リュスに熱中したのは既に述べた通りであり、画家川島理一郎とも親交があった。一方の獅子文六も、川島の勧めでバレエ・リュスを見たのが、演劇に熱中するきっかけとなったのだから、この行動圏は接近していたと言える。しかし、著書『但馬太郎治伝』が、戦後の偶然から始まっているように、パリ時代に面識があったわけではない。文六の性格のゆえでもあろうが、日本館が、そもそも比較的廉価で留学生に便宜を図る目的であったため、滞在者と治郎八の生活に懸隔があったことはいうまでもない。そして、それは経済的条件の違いからくる美意識の違いだけではなく、戦争に向かいつつある時代の、日本表象の変化ともかかわっている。

4　日本館が発信する〈日本〉表象

日本館の設計はピエール・サルドゥである。サラ・ベルナールのために「ラ・トスカ」を書いたヴィクトリアン・サルドゥの息子で、エコール・デ・ボザールを一九〇一年に卒業し、一九〇六年には、市民建造物・国立宮殿・歴史的記念物の主任建築家となった。ドヌーヴァルの屋敷、ロザリオ聖母教会などを設計している。これも、治郎八と昵懇であったゆえの人選だという。日本館は、ホームページでも見られるように（http://maisondujapon.org二〇一五年三月現在）、地上七階、地下一階の建物で、日本の城郭建築風に、瓦を載せた屋根が大きな特徴である。

広間と講堂を飾る壁画は、藤田嗣治に依頼することになった。鹿島茂は、治郎八が藤田と出会ったのは一九二三年の夏か初秋と推測している。親密な付き合いがあったようだが、日本館の壁画に関しては、曲折もある。一九二八年五月五日、薩摩財団理事会がソルボンヌで開かれ、議事の「六、壁画に関する件」に、藤田嗣治から治郎八にきた一月一八日付の契約破棄の手紙が紹介された（薩摩財団第一回議事録）。五月三〇日「薩摩会館壁画に関する件」によれば、藤田が最初の契約を違えて下絵を公売したいと言ったり、契約の三〇万フランが安いと言いたてたりして、治郎八と感情的齟齬をきたしていた。

林洋子『藤田嗣治　作品をひらく――旅・手仕事・日本』（名古屋大学出版会、二〇〇八年四月）は、その間の藤田の足跡について詳細に調査している。それによれば、一九二四年ごろから藤田の収入が急増する一方、支出も増加し、常に金策に追われていたが、加えて、一九二八年にパリ市の税収係がこれまでの未納分を請求してきた。その額は八〇万フランに上り、一九二九年の帰国や日本での個展の開催は、この捻出のための販売を目的とするものであったとする。

日本館をめぐる違約はこうした事情のためであり、詳細はわからないが、結果として藤田はこれを書きあげた。それどころか、この期間に大きく力を注いだ制作であるという。今も残る〈欧人日本へ到来の図〉と〈馬の図〉であるが、林論文はさらに、一九二九年一〇月に「東京朝日展覧会場」に出品された〈構図（一）〉〈構図（二）〉が、「メゾン・アトリエ・フジタ」のあるエッソン県の所有になっていたことを発見し、これが一九二八年一一月以前に完成されていたものの、何らかの理由でキャンセルになり、代わりに〈欧人日本へ到来の図〉が製作されたこと、これに

パリ国際大学都市日本館の外観

〈馬の図〉が加えられたことを推定した。

〈構図（一）〉〈構図（二）〉は、この頃藤田が新たに取り組み始めた男性の裸体デッサンの集大成ともいえるようだが、〈欧人日本へ到来の図〉を比較すると、後者は、地に金箔を用いて人物を配置し、長崎の遠景を描いたもので、江戸期の屏風のような趣がある。それまでの藤田の作品の中では異質であり、サルドゥの建築とみあった、〈日本〉を宣伝するという外務省の意図に即したものに変更されたと推測される。ただし、このような回顧的日本趣味の演出が、日仏交流の当事者たちにどのように受け止められたのかは、複雑であろう。エコール・デ・ボザール出身のサルドゥもまた、その出自や文化的環境が、華やかな治郎八にふさわしい友人だと言えるが、それだけに、野心ある新進の芸術家にとってみれば、乗り越えるべき悪しき先蹤であったのに違いない。

後のことになるが、一九三六年、「私共にとつて耐え難き屈辱は巴里日本学生館の醜悪な国辱建築を再び繰り返す事であつた」と、この建築について述べたのは、建築家の前川國男である（「一九三七年巴里万国博日本館計画所感」『国際建築』一九三六年九月）。前川は、東大建築学科卒業後、一九二八年から一九三〇年をパリで過ごし、やはり開館したばかりの日本館に宿泊している。上記の言を述べたのは、一九三七年のパリ万国博覧会の日本館（以下、区別のため、日本パビリオンと呼ぶ）の設計に関してである。周知のように、万博の歴代日本パビリオンは、オリエンタリズムを反映して伝統的な日本を演出してきた。一九三七年のパリ万博に際しては、こうした〈日本的なるもの〉の捉え方をめぐって論争が巻き起こったが、岸田日出刀が指名した建築委員五名の中にいた当事者が前川國男であった。ル・コルビジェに師事した前川のモダニズム的な設計が、注文の意図に応じて日本の伝統的な意匠を取り入れたものに変更させられたにもかかわらず、さらに一転、同じくコルビジェに学んだ坂倉潤三のいくぶん日本風な設計に決まったのである。

前川が帰国してからの日本は、左翼運動の弾圧、ファシズム化が顕著になっていく。建築界でも日本趣味の建築に重きが置かれる人選がなされており、関東大震災記念堂（現・東京都慰霊堂、一九二五年）、軍人会館（後・九段会館、一九三一年）、東京帝室博物館（現・東京国立博物館、一九三一年）などが代表するように、瓦葺き屋根と破風を備えた寺院・城郭風設計が多く採用されていた。コンペティションにおいても、応募心得に〈日本趣味を基調とする〉といったような条件が付され、主流の審査者によって、当選案が無視され、より日本風に方向転換がなされることもあったという（近江榮『建築設計競技　コンペティションの系譜と展望』鹿島出版会、一九八六年一一月）。帰国後、すぐに帝室博物館のコンペに応募し、こうした傾向を〈にせものの日本的なるもの〉として噛みついた前川にしてみれば（松隈洋「パリ博日本館をめぐって〈下〉」『建築ジャーナル』二〇一三年八月）、見習うべきフランスの、遅れた設計家によって城郭風建築が実現された日本館は、悪夢以外ではなかったはずである。

しかも、よく知られるように、ドイツ人のブルーノ・タウトが亡命者として日本に来たのが一九三三年である。それ以後、彼によって桂離宮や伊勢神宮の美が発見され、この表現主義の建築家が、天皇的な「ほんもの」の芸術を、日光などの将軍的「いかもの」に対比してみせたことで、例えば堀口捨巳など、日本における近代主義的建築家の変節によき口実を与えたのであった。すなわち、民族主義的な建築理念の席巻に対し、真っ向から反対していた近代主義者が、非現実的な抵抗ではなく、民族主義と近代を折衷させた現実的な対案に傾き、それらをより「ほんもの」の日本と主張する戦略をとるようになったのである（磯崎新『建築における「日本的なもの」』新潮社、二〇〇三年四月)。こうした状況においては、他にも中国風な意匠を取り入れた建築物などを設計し、ジャポネズリとでもいえるピエール・サルドゥの建築は、近代ヨーロッパと〈日本〉の一体化という論理に亀裂を入れる、居心地の悪い存在であったはずである。だから、日本館への批判自体は、どちらの立場にも解釈されうるものだが、これによって前川が〈日本〉の否定者とみなされたことと、日本パビリオンの設計において実際に冷や飯を食ったことは、別のことではない。

このような日本での議論をよそに、皮肉にも日本館は、「パリ人には珍しいので、特にここは日曜の見物人が多い。勇敢な人は扉を排して大広間のムシュー・フジタの壁画を見て帰る」と多くの訪問者を集めていたのである(中谷治宇二郎『考古学への旅――パリの手記――』六興出版、一九八五年一一月)。

5　おわりに

こうした現象の広がりは、治郎八のもはやあずかり知らぬことであろうが、日本館の設計や意匠について、彼はどのような感想を抱いていたのだろうか。帰国時に自ら駿河台に立てた洋館を「バラック」と呼び(『但馬太郎治伝』)、普段は江戸の町家の若旦那風に、柳橋から向島、置き炬燵に屋形船を気取った治郎八は(『せ・し・ぼん』)、にせものの西洋はゆるせなかったはずである。だが、日本館という事業に熱情を傾けた治郎八が、〈日本〉表象のキッチュさについて、どのように感じていたのかは、知るよしもない。

実家の薩摩商店は、一九三五年、世界恐慌や日本経済の動揺のあおりで、閉店した。にもかかわらず日本館は、第二次世界大戦による閉館の危機も、治郎八の援助によって一度は乗り切った。が、遂に一九三九年、閉館する。治郎八はわずかに帰国した程度で、戦時中もフランスにとどまったが、パリ国際大学都市の提案者で、治郎八が惜しみなく敬愛を捧げたオノラの死をきっかけに一九五一年にフランスを去った。戦後のさまざまな制度の変化は、もはや治郎八のようなパトロンを必要としていなかったのである。また、時代の激動は、薩摩商店の威光を維持させることもしなかった。治郎八は、永井荷風のように、浅草のストリップ劇場などに出入りし、晩年は徳島で人知れず過ごした。小林茂によれば、日本館は、一九四六年には、戦後初めての学生を受け入れ、現在に至っている。

治郎八が稀に見る蕩児であったのか、日仏架橋に尽力した孤独な人物であったのか、伝記ごとに、その像は大きく異なる。とすれば、その生涯の事業になった日本館についても、今後さらにその文化的位置が明かになってくるはずである。

参考文献

鹿島茂『蕩尽王、パリをゆく――薩摩治郎八伝』（新潮社、二〇一一年一一月）
小林茂『薩摩治郎八――パリ日本館こそわがいのち』（ミネルヴァ書房、二〇一〇年一〇月）
村上紀史郎『「バロン・サツマ」と呼ばれた男――薩摩治郎八とその時代』（藤原書店、二〇〇九年二月）

日仏芸術社と黒田鵬心

小泉京美

1　エルマン・デルスニスと仏蘭西現代美術展覧会

一九二二年は日仏美術交流を記念する年となった。この年、四月に日仏両国政府による日本美術展覧会がパリで開催され、その翌月には仏蘭西現代美術展覧会が東京で開催された。日本美術展覧会に際して、日本政府は東京美術学校の黒田清輝・正木直彦・久米桂一郎らに準備を命じ、日本画・西洋画・彫刻・工芸品・参考品（古美術品）の出品勧誘が行われた。パリの日本美術展覧会は好評を博し、日本文化の海外発信の契機の一つとなったものの、その後開催は見送られ、第二回展は一九二九年を待つことになる。

五月に東京の農商務省商品陳列館で開催された仏蘭西現代美術展覧会（以下仏展）は、画商エルマン・デルスニスによるもので、第一回展の企画は在仏日本大使の石井菊次郎を通じて黒田清輝に伝わった。黒田清輝は三越百貨店の協力を仰ぐため、国民美術協会常務理事で三越のＰＲ誌『三越』の編集に携わっていた黒田鵬心に話を持ちかけた。これが以後一〇年に及ぶ仏展の始まりだった。第一回仏展はそれまで図版でしか触れることのできなかった西洋美術のオリジナルを多数展示する大規模なもので、後世に語り継がれる「未曽有の大展覧会」（有島生馬「フランス展」『美術手帖』一九五一年一月）となった。

黒田鵬心は東京帝国大学で美学・美術史を修め、一九一一年に読売新聞社に入社、美術関係の記事を担当した。読売新聞社を退いてからは、『日本美術史講話』上下（趣味叢書発行所、一九一四年五、九月）で知られる「趣味叢書」を刊行、趣味之友社を主宰して雑誌『趣味之友』を発行するなど、広く一般の「芸術鑑賞力」（黒田鵬心『趣味雑話』趣味叢書発行所、一九一四年三月）の向上と建築や美術に関する「趣味」の普及に力を注いでいた。一九一八年に三越に入社、『三越』の編集は関東大震災で同誌が一時休刊となるまで続けた。

一方、デルスニスの名は当時ほとんど知られていなかった。デルスニスと親交の深かった東京美術学校が、一九二八年に起草した「外国人叙勲内申」の付属文書「エルマン・デルスニス略伝」によれば、デルスニスは一八八二年にジュネーブに生まれ、芸術を志しながらも農業を学び、その後、第一次世界大戦に出征してドイツ軍の捕虜となった。終戦後、中国の興業銀行に入社、この頃初めて日本を訪れたデルニスは、「仏蘭西文化の日本に於ける影響の多大なる」様を見聞し、「正しく仏蘭西文化を日本に紹介」し「日仏親善」に尽くそうと考えたという。デルスニスは「展覧会を日本で開催するまで」（『中央美術』一九二三年五月）に次のように述べている。

欧州の人間は衰弱に衰弱を重ねてゐる。文明も行きづまつてゐます。新鮮な、未来ある芸術は東洋からでなければ生れますまい。唯是れには一つの条件が必要です。光輝ある東洋の過去の芸術を、将来再生せしめ、復活せしめるのには、現在及び過去に於ける欧州芸術の一流の者を東洋に注入する事です。注射するのです。左様すれば東洋の芸術は光輝に満ちた未来を持つて、世界を風靡する様になるでありましよう。

有島生馬は「デ氏の業績」（黒田鵬心『巴里の思出』趣味普及会、一九五六年三月）の中で、一九二二年の春にフランスの新聞『ル・タン』*Le Temps* の通信員メイボン（アルベール・メボン）がデルスニスを連れて訪ねてきたと記している。また、「デルスニスは上海で骨董商か何かして大失敗」し「日本で一旗挙げしようと来てみると、日本は好況時代だった」（「フランス展」『美術手帖』一九五一年一月）とも述べている。

一九二二年、記念すべき第一回仏展は五月一日から三一日の一ヵ月間開催された。油絵二六三点、水彩・素描六四点、彫刻・メダイユ八〇点、セーヴル陶器・ドーム玻璃器等の工芸品一〇〇点以上。会場狭隘のため途中展示替えを余儀なくされたというこの大規模な展覧会に、およそ五万二〇〇〇人の観覧客が押し寄せた。「現代フランス美術」特集を組んだ同年六月発行の『中央美術』には、駐日フランス大使ポール・クローデルが〝L'ART FRANÇAIS D'AUJOURD'HUI〟を寄せ、展覧会の開催を祝した。吉江喬松の訳から一部抜粋しよう。

「第三回仏展関係者（大正 13 年 6 月―日本美術協会の会場にて）」（黒田鵬心『巴里の思出』趣味普及会、1956 年 3 月）。前列中央が黒田清輝、左がデルスニス、右が黒田鵬心。

> 日本人は撰んだ景色の方へ控へ目にその窓を開ける。仏蘭西人は八方から蒐集した多くの宝でその内部の洞窟を富ましめる。併し今日の仏蘭西芸術のなかに、炯眼なる日本人は時刻の先人らから来る幾多の特性、即ち、正確なる線、本質的な色彩、運動感及び生の感念を認めるであらう。されば、デルスニース氏の展覧会は好機に際したるものと私には思はるゝ、この展覧会は、日本の公衆が評価するであらう光輝と豊富の報導を我々の現代芸術の上にもたらすものである。

十九世紀末のジャポニスムの影響を強く受けたクローデルの言葉は、日本の伝統的な芸術様式やその背後に想定される美意識への関心と共感に満ちている。「胸を開いて新事物を迎へるゝ、聡明な日本人が、自国の芸術と相異はしては居れど、一味通ふところのあるこの芸術の観念を賞味すべきは望み得らる丶ことである」という期待に、「日本の公衆」の批評眼が応え得たとは言い難いが、確かにこの展覧会は訪れた美術家たちの批評意識を刺激した。

有島生馬は開催直後に「仏蘭西現代美術展に就いて」（『東京朝日新聞』一九二二年五月三日）を発表し、「徒らに商人の懐を肥す為の催し」に過ぎなかったこれまでの展覧会に比べ、「公衆の趣味の教養に資する」ような「芸術的価値」のある展覧会であったと高く評価した。そして、継続のためには「見る人も、買う人も、多少研究的態度で展覧会に臨み、真に芸術的価値あるものと、否とを区別して行くことが肝要である」と述べた。石井柏亭は「仏蘭西現代美術展覧会」（『中央美術』一九二二年六月）において、会場の狭さや彩光の悪さを指摘しつつ、「観客は一日数千を数へて居る。而して其熱心家の大部分は青年である。或は幾日か足を運んで尚倦まない者さへある。仏蘭西美術を日本に知らしめることに於て、此展覧会は可なりに有効であらう」と述べた。

有島生馬が「日本には厳正なる批評がある、日本人の趣味は仲々蔑ることは出来ないぞ、さういふことが仏本国へも伝播して行くようにしたい」と述べ、石井柏亭が「此頃になつてこちらも何時までも子供ぢあないぞと云つた自覚が大分出て来た模様だ」と述べたように、仏展の開催は、フランス美術への盲目的な憧憬や、日本美術の後進性という劣等意識を払拭する機会となった。石井は「それに先方の近来の傾向が所謂東洋風と云ふのになり出した形勢を看て取つて、益々負けずに踏張れと云ふ元気になつたのは大きに結構な事と思ふ」とも述べた。ジャポニスムの再帰を受けた日本が、フランスの審美学を内面化するといった事態を越えて、新しい日仏美術の比較・交流の視点が萌芽しつつあった。

2　日仏芸術社と美術交流誌『日仏芸術』

一九二二年の第一回展開催以降、仏展は一〇年間開催を続けることになる。その間、黒田鵬心は三越を退いてデルスニスの日仏文化交流事業の日本支配人となり、一九二四年一一月にふたりは日仏芸術社を立ち上げた。日仏芸術社が開催した最初の展覧会は、翌二五年二月から六月にわたって全国を巡回した仏蘭西現代絵画展覧会だった。開催地の新聞社や美術団体の後援を受け、東京・大阪・福岡・金沢・横浜をひと月ずつ巡回、仏展はそれまで東京と大阪のみで開催してきたが、同年の第四回仏展は東京と大阪の他に名古屋でも開催された。翌年の第五回は別府・福岡・京都、第六回は札幌と、以降は地方巡回展を日仏芸術社が主催し、一九三〇年には大阪朝日新聞社の後援により、大阪・高岡・富山・札幌・仙台・京城・奉天・大連と「外地」の都市にも足を伸ばした。

日仏芸術社の創立事情についてまとめておこう。一九二四年、関東大震災の影響で神戸から作品を搬入し、五月に大阪、次いで六月に東京で開催された第三回仏展の後、建築家で国民美術協会の会頭を務めた中條精一郎が、デルスニスの事業に協力させるため、黒田鵬心の引き抜きを三越に打電した。黒田鵬心はそもそもデルスニスとふたりを結び付けた当人で、三越への紹介者でもあった黒田清輝に相談するため、六月一四日に病床を訪うものの七月一五日に黒田清輝が死去、黒田鵬心は決心して三越を辞し、八月八日にデルスニスと結ぶ約束をした。日仏芸術社設立の理由について、黒田鵬心は一貫して事業の便宜を図るためとしているが、仲田勝之助「フランス美術展の新しい逸品」(『東京朝日新聞』一九二五年二月一一日)によると、関税の負担から仏展の継続開催が危ぶまれており、日仏芸術社の設立によって事業が安定すると見る向きもあったようだ。「日仏芸術社要綱」(『日仏芸術』一九二五年七月)は以下の通りである。

目的　仏蘭西芸術品ヲ日本ニ展観シ日本芸術界ノ進歩ヲ助クルト共ニ、一般美術趣味ノ普及向上ヲ計リ、更ニ仏蘭西ニ於イテ日本芸術品ヲ展観スル事ヲ期シマス
事業　右ノ目的ヲ達スル為メ、常設陳列、展覧会其ノ他必要ナ事業ヲ行ヒマス
経営　エッチ、デルスニス黒田鵬心両名ハ本社ヲ共同経営シ共ニ其ノ責任ヲ負ヒマス
社友　本社ノ目的ヲ賛シ事業ニ対シ同情的後援ヲスル芸術家若クハ芸術愛好家ヲ社友ニ推シマス但社友ハ経営ニハ無関係トシマス、又新タニ社友ヲ加ヘル場合ハ社友全部ノ同意ヲ経タ上トシマス
事務所　本社ハ左記両所ニ事務所ヲ設ケマス
　東京　日本橋区室町三丁目十番地三共ビル（央手六、九六一）
　巴里　ペルシヤツス　六
　　エッチ、デルスニス方

当初、仏蘭西芸術社とした社名は、「日仏芸術交換の意味」（『日仏芸術』一九二五年七月）を強調するため日仏芸術社に改めた。事務所は第二回仏展以来のパトロンだった製薬会社三共の社長、塩原又策に頼み、日本橋室町の三共ビル六階に設けた。社友は和田英作・石井柏亭・中條精一郎・田辺孝次・左右田喜一郎・太田三郎・遠山五郎。社員には三越から鮫島利久・荒城季夫ら数名を引き抜き、後に佐藤次郎が加わった。日仏芸術社は仏展をはじめ大小の展覧会を企画・開催し、展覧会の図録や絵葉書の発行などを手がけたが、彼らが用意した日仏美術交流の場はそれだけではなかった。

日仏芸術社は一九二五年七月に美術雑誌『日仏芸術』を創刊。編集は主に黒田鵬心と荒城季夫が手がけた。黒田鵬心は後年「大正期の美術雑誌回顧」（『日本美術』一九四三年五月）に次のように回想している。

この雑誌は仏蘭西芸術を紹介するのに役立つたが、巴里で日本へ送るべき仏蘭西美術を集めるのにも可なり都合がよかつた。それで何事にも徹底的なデルスニス氏は巴里から写真を送るのは勿論、巴里で原色版に分解したフヰルムを送り、又仏文活字を送り、日本では珍しい高踏的な美術雑誌を作り出した。定価も一円と云へば廉くはないが、今見ても贅沢な雑誌である。三年位やつて廃刊したが、日本で使つた金だけでも相当なもので一万円以上の赤字が出た。

表紙のない僅か六頁の創刊号からはじまった『日仏芸術』は次第に頁数を増し、二年目の一九二六年一月に発行された第七号からは独立した表紙を設け、作品の原色版を口絵に加えるようになった。当時、東洋美術を紹介する雑誌は、岡倉天心が創刊した『国華』（一八八九年一〇月創刊）をはじめ、実物写真を贅沢に用いた『仏教美術』（一九二四年一一月創刊）が知られていた。西洋美術では水彩画家の大下藤次郎が創刊した『みづゑ』（一九〇五年七月創刊）や、日本美術学院の田口掬汀が創刊した『中央美術』（一九一五年一〇月創刊）があり、北原白秋の実弟、義雄による『アトリヱ』（一九二四年二月創刊）などとともに、それぞれ総合美術雑誌として成長していた。『日仏芸術』はこれらの美術雑誌とは一線を画すものでなくてはならなかった。『日仏芸術』が目指したのは、「日本人と仏蘭西人とで作られてゐる」という利点を生かして日仏美術交流に直接関わることであり、かつ、リアルタイムでその動向を内外に知らせる情報発信の拠点になることだった。『日仏芸術』は日仏会館の美術担当を務めた税所篤二に、日仏文化交流や日仏親善事業の報告を求め、「山王台から」と題して連載した。また、在外研究に出かけていた東京美術学校教授の田辺孝次がパリ在住の芸術家を訪ねた訪問記を送ってくると、ときにはこれを写真入で掲載した。フランスからも原稿を募り、時勢遅れの一方的な紹介ではなく、フランス美術の最新の動向やパリで活躍する日本人美術家の近況が感じられる誌面構成を目指した。田辺の「巴里より」（『日仏芸術』一九二六年六月）にデルスニスの新しい事務所のことが記されている。

それから間もなく、リュ・ノートルダム・ド・シャームの静かな町に、デ氏の事務所の新装が全く出来上りました。ここはルクサンブール公園の裏町で前の通りは有名なモンパルナスの大通りで、事務所を其大通りの方へ出た角が、美術家が集るので有名なカフエ・ロトンドです。此の界隈は美術家町で、アカデミーがあるので、住つてゐる人も大抵美術家が多いのです。

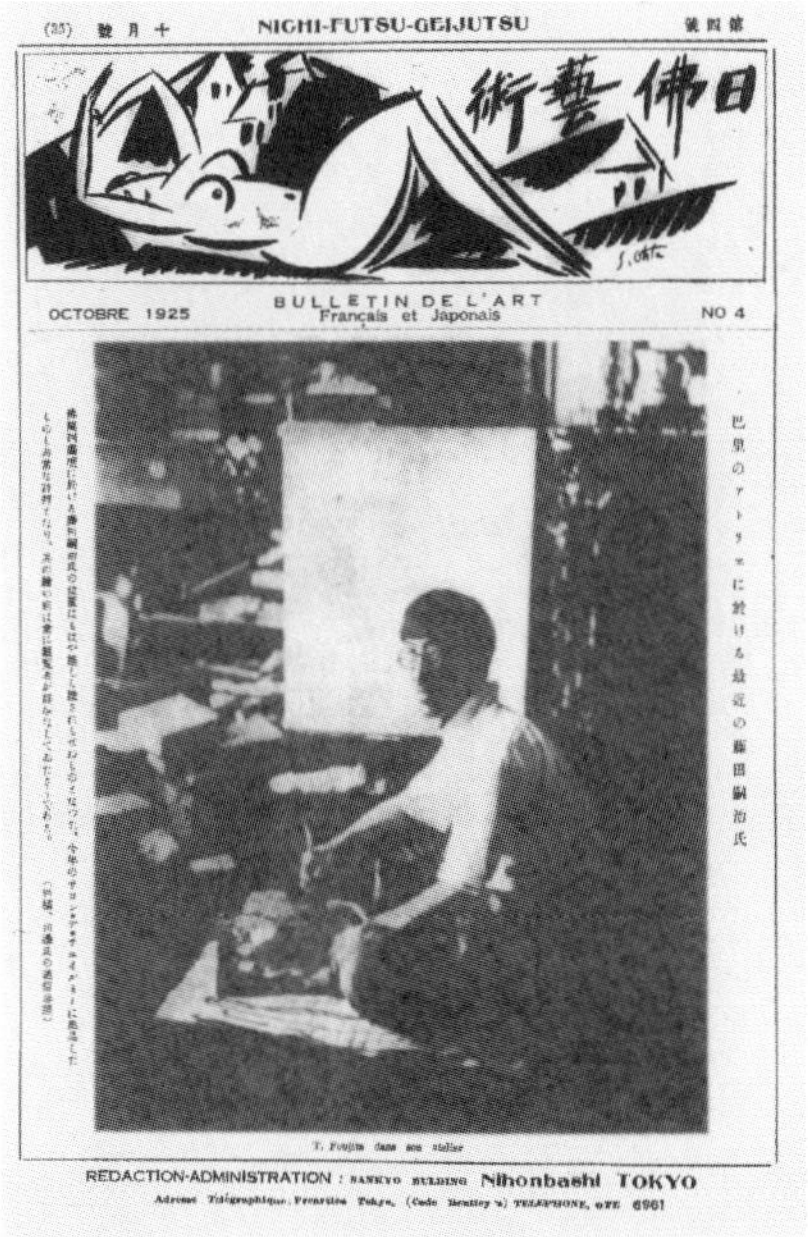

「巴里のアトリヱに於ける最近の藤田嗣治氏」（『日仏芸術』1925年10月）。

一九二六年一月発行の『日仏芸術』から日本橋三共ビルに加えて併記されるようになったこの事務所の住所は、「73 Rue Notre Dame des Champs」。この事務所には『日仏芸術』が全冊保管され、日本で開催された展覧会の写真帖があり、田辺孝次もしばしば訪れるとある。田辺はパリ在住の寄稿者たちの近況を伝え、パリの文学界や音楽界の通信も現地記者に頼んで送らせたいと記している。田辺やデルスニスはさながら「日仏智的連絡」の特派員だった。黒田鵬心は「巴里の仏蘭西人から直接来る通信と写真とは本誌独特のものとして些か誇り得る事と信ずる」（『日仏芸術』一九二五年一二月）と書き記している。

もちろん『日仏芸術』はフランスからの情報を受け取っていたばかりではない。黒田鵬心は「本誌の使命」（『日仏芸術』一九二五年一月）に、「仏蘭西のものは無論邦語に訳して掲載されるが、将来は日本美術についての記事は仏文にして載せたいと思つてゐる。その時初めて日仏の名を冠する本誌の本当の使命が果されるのである」と述べた。一九二七年五月からは「作家の言葉」〝Propos d'Artiste〟というコーナーを設け、日本の芸術家をフランス語で紹介する記事を顔写真入りで連載した。第一回は彫刻家の朝倉文夫で、以降、和田英作・川合玉堂・石井柏亭・横山大観・竹内栖鳳・橋本関雪・岡田三郎助・小室翠雲・藤島武二と日本画家を中心に連載が続けられた。

3　日本美術は仏蘭西へ、仏蘭西美術は日本へ

黒田鵬心は日仏芸術社の目的を「日本と仏蘭西と両国の芸術を相互的に紹介し両国文化の相互的向上」に資することとし、その目的は「両国の芸術品そのもの、交換によつて達せんとするのである」（「本誌の使命」『日仏芸術』一九二六年一月）と述べた。その最も大きな達成は一九二九年の巴里日本美術展覧会にあったと言ってよいだろう。一九二八年春、帝国美術院美術展覧会の出品作品を中心に、日本画および工芸品をパリに展観することを求めたのは、ポール・クローデルに代わって駐日フランス大使に着任したロベール・ド・ビイだった。日本側組織委員幹事に黒田と田辺孝次が、フランス側組織代表にデルスニスが選ばれ、黒田は出品作品の選定を終えるとパリへ向かった。

一九二九年六月一日、ジュ・ド・ポーム国立美術館で開催された巴里日本美術展覧会の入場者数は三万八二二八人を数え、一〇日間の会期延長の末、七月二五日に閉会した。日本画は八一点、工芸品は三三点が売約となった。そのうち、会場となったジュ・ド・ポームは川合玉堂《湖畔の夕》・橋本関雪《湘瀟》・結城素明《木いちご》・松岡映丘《宵卯の花車》・菅楯彦《春宵宣行》・土田麦僊《舞妓》の六点を買い上げた。

黒田鵬心の『巴里の思出』にはフランスのメディアが取り上げた展覧会評の日本語訳が収録されている。そこには

「彼等の描く裸体や景色は東京よりもモンパルナスに近いのである。今や日本画は思ひ出の中にのみある」（「日本美術展覧会」）、「秋のサロンに出てゐる我々と同じやうな油画を見て、版画で名高い北斎や広重のやうな画の伝統は日本で亡んだのであらう」（「現代日本美術」）と思われていた日本美術の印象が覆される様子が記されている。出品作品はいずれも一八八〇年代以降のものでありながら、「純粋の伝統的精神」が漲っているとされ、この展覧会によって「パリの人々は日本には西洋に影響されない伝統的な古典派のあるのを知るであらう」（「美しい日本画、珍らしい動物画」）と評された。

もちろんそこには、西洋の美意識を内面化した上で日本の伝統を歴史化するという主催者の文化戦略も反映されていよう。だが、日本の美術が影響を与えた印象派の「逆輸出」として「印象派の美術が日本千年の伝統に強く及んだことは面白い」（「ジュー・ド・ポームに於ける日本現代古典美術展覧会」）といった日仏美術の相互交渉や、「昔のものをそのまま真似する」のではなく「受け継いでゐる」のであり、それは「極東美術の国家主義とも見るべきものである」（「日本美術展覧会」）といった日本美術に対する関心の更新を促したことは成果として受け止めてよいだろう。

しかし、この巴里日本美術展覧会の開催は日仏芸術社の活動に大きな打撃を与えることになる。そもそも、展覧会の入場料と作品の売約金を財源に、展覧会の開催費用や作品の搬出入にかかる往復運賃を賄っていた日仏芸術社の経済状態は思わしいものではなかった。その上、採算を度外視してオーギュスト・ロダンの《イブ》《アダム》《接吻》《歩む人》《考へる人》やエマニュエル・フレミエの《ジャンヌ・ダルク》などの大作彫刻を持ち込み、二八年の第七回仏展ではフランス現代家具装飾の展覧設備として三五のモデル・ルームを製造・展示するなどの無理を重ね、破綻は時間の問題となっていた。そこへ巴里日本美術展覧会の開催が決まったのだが、政府の経済支援はなく、すべて日仏芸術社の負担であったため、一九三一年にはついに破産を余儀なくされた。

日仏芸術社の展覧会は、奇しくも仏展一〇周年を記念した一〇周年記念フランス美術展覧会が最後となった。黒田鵬心は「日本に於けるフランス美術」（『みづゑ』一九三一年五月）に次のように記している。

一九二二年から数へると本年は丁度十周年になる。この十年の間に大小十一回のフランス現代美術展覧会が開かれてゐる。これを通覧すると十九世紀から現代に至るフランスの主な作家のものは大抵来てゐる。（中略）従つてこれを通覧したものには、日本にゐながらにしてフランス現代美術の実物に接し、一通りの智識を得る事が出来た。

パリから到着した第二回仏展出品作の荷解きをするデルスニス（「遠来の美術品けふから荷解き―マチスやピカソの逸品」『東京朝日新聞』1923年3月15日）。

黒田鵬心は「日本に於けるフランス展開催以来十年」の記念を、「十年間に日本に残つた」数々の傑作で飾ろうとした。これらの作品を「系統的に陳列」すれば、「十九世紀から現代に至るフランス美術の縮図を見る事が出来」るという自負があったからである。一九三一年五月一日から上野の日本美術協会列品館で開催された一〇周年記念フランス美術展覧会には、日仏芸術社で保管している作品に加え、一〇年間の仏展で売約された諸家所蔵品が展示された。陳列されたのは絵画二一九点、彫刻一八点、工芸品数十点。会場の中央にはロダンの《バルザック像》と《青銅時代》、アントワーヌ・ブールデルの《ヘラクレス》、ジョセフ・ベルナールの《母子》が展示された。一〇周年記念展の開催には、これまでの仏展の歩みを振り返るだけではなく、日本に「海外美術を陳列する美術館」が一つもないという現状に対する異議も込められていた。

帝国美術院があり、外務省に情報部や対支文化事業部があっても、欧羅巴との文化交換事業にはなにもならない。フランスの文化交換協会や海外展覧会常置委員会のやうなものが、日本でも官設なり半官的にあれば、ルーヴルやリユクサンブール美術館のものを毎年或は隔年に将来する事も左程困難ではないと思ふ。

それは、実に一〇年に及ぶ活動の中で、黒田鵬心やデルスニスが日仏芸術社を通じて実現しようと試みたことでもあった。展覧会終了後には展示品は所蔵元に返され、日仏芸術社が保管していたものはフランス領事の指令で差し押さえられた。日仏芸術社の解散後、没落したデルスニスを支援するため、正木直彦や和田英作らが醵金し、賛同者の竹内栖鳳や川合玉堂らから作品を募って展覧会を開いたところ、塩原又策が出品された作品をすべて買い取り、その売上は外務省経由でデルスニスに送られた。だが、一九三五年の来日を最後にデルスニスの行方は知れず、『巴里の思出』によれば、五四年に没したという。

こうして、日仏芸術社の活動は終わったが、その足跡は今も東京をはじめ日本の至るところに残されている。第一回仏展に展示されたロダンの《青銅時代》は、展覧会の後、東京美術学校に保管され、関東大震災によって倒壊、同校の朝倉文夫らが修復に当たったたが、デルスニスがフランス政府にかけ合って一九二五年にブロンズ製の《青銅時代》が寄贈された。また、第六回展に出品されたロダンの《バルザック》の石膏複製像も三三年に東京美術学校に寄贈された。これらは今も東京芸術大学の構内に置かれている。また、上野の東京府美術館の開館にあたって日仏芸術社が寄贈したジョゼフ・ベルナールのレリーフ《舞踏》も東京都美術館のエントランスに飾られている。東京国立博物館には第三回仏展に出品されたロダンの《エヴァ》が、京都国立博物館には第六回展に陳列されたロダンの《考える人》が残されている。

西洋美術を展示する恒常的な場を求め、日仏美術交流に捧げた日仏芸術社の情熱は、日本の近代美術の歩みを象徴する場所に今もなお息づいている。

コメディ・デ・シャンゼリゼと「ル・マスク」

世古口亜綾

一九二七年六月二四日、コメディ・デ・シャンゼリゼにて新歌舞伎の「修善寺物語」が「ル・マスク」（能面）と副題をつけられて初日を迎えた。夜叉王の役に扮したフィルマン・ジェミエを筆頭に仏人の役者らが熱演し、四日間にわたる上演は連日盛況で大いに反響を呼んだ。裏方を担当したのは日本人で、特に松尾邦之助がこの企画の一部始終にかかわり奔走した。上演に至るまでの経緯とその舞台裏、そしてパリ紙を飾った批評を一望しつつ当時の日仏文化交流の様子を探ってみる。

1　上演まで

『フランス放浪記』（鱒書房、一九四七年四月）によると事の発端は、松尾邦之助が知り合いになった「マーニュ婆さん」だった。日本人相手にフランス語を教えていた彼女に、ヴェルシニイというユダヤ系フランス人が「日本の劇をパリで上演したいので好ましい作品を紹介してほしい」と頼んできた。彼女の怪しい日本語の知識では作品の選択さえできないので、松尾が代わりに選び仏訳した。毎晩夜中までかかり一箇月後にやっと仕上がった四部が、岡本綺堂の「俳諧師」「修善寺物語」「鳥辺山心中」「切支丹屋敷」である。「マーニュ婆さん」は喜んでヴェルシニイを訪ねこの四部作を彼に託してきたが、そのままその男から音沙汰なく二ヵ月が過ぎる。

当時、松尾は知遇を得たエミール・スタイニルベル＝オーベルランと『其角の俳諧』*Les haïkaï de Kikakou* の翻訳作業を始めていたが、たまたま日本の戯曲の話題となった際に、例の四部作に話が及んだ。原稿を読んだオーベルランは「僕は個人的に「俳諧師」が傑作」と評し、コメディー・フランセーズの幹部に会いその作品の上演に奔走する一方、残りの三部作は訳文に手を入れて「恋の悲劇」とでも題して出版しないかと意欲を見せる。かくしてこの三部作が収められた『恋の悲劇』*Drames d'amour* は、初版三〇〇〇部、ストック社から一九二九年に出版されることとなる。

一方その頃、詩人で外交官の柳沢健が松尾に日本の演劇作品の上演の話を持ちかける。というのもオデオン座の座長であるジェミエ氏主催の国際演劇祭にて、五六ヵ国の代表作品が上演されるにあたり、パリの日本大使館に打診があったのである。松尾が例の岡本綺堂ものの翻訳の話を柳沢にすると、彼は「特に、「修善寺物語」なぞは必ず受けるだらうと思つてゐた」(『フランス放浪記』)とすっかり意気投合する。

一九二七年二月頃から上演の話は具体化した。ところが次々と思わぬ問題が起こる。大使館に出入りしていたアルベール・メボンが、ユダヤ人のアルベール・カイムという得体のしれない男と組んで上演に介入し始め、さまざまな裏面工作をしつつ「修善寺物語」を「ル・マスク」と改題し「原作綺堂。メーボン、カイムの改作品」として上演すべく話を進めていたのである。彼らの苦しまぎれの言い訳は、「原文の翻訳がそのまゝでは、パリ人に向かないから更に肉を盛り、台詞を饒舌にしなければならない、のみか作品が地味すぎる為、二幕目に、村祭の場面を加へる」(『フランス放浪記』)というのであった。しかしこれは全て勝手な口実で、カイムはただ日本通として知られていたメボンを利用して、ひと儲けしようという魂胆だった。松尾が抗議したときには時すでに遅しで、大使館はすっかり彼らに抱きこまれていたが、結局原作を歪めたような箇所は松尾らの手で全部訂正することとなり、大使館からこの二人の改作者にその旨通達してもらった。

右・フィルマン・ジェミニ（1927年）。左・夜叉王に扮するジェミニ。

三月末、改作品の最初の朗読会がカイムの家で行われた。簡素な綺堂の台詞は誇張された形容詞でフランス化していたが大体は松尾の訳そのままで、改作といっても彼らの創意らしいものはほとんど皆無に近かった。だが問題は彼らが新たに加えた二幕目の滑稽な村祭の場面で、この部分があまりに原作と不調和だったため、大使館の官補の横山洋はカイムに松尾に訂正してもらうよう言った。この唯一の創作部分を見事に見破られカイムはさすがに面目を失った様子であったが、上演の費用を大使館に出してもらおうという肚があるので、ただ「どうぞ、よろしく」を連発していた。

松尾らは柳沢氏を中心に上演の具体的な相談を始めたが、大使館は表に立てないという建前から「修善寺物語パリ上演準備委員会」を組織し松尾は委員長にさせられ、小道具、背景、振付指導、音楽の担当者の決定と交渉など、面倒なことを一切ひきうけることとなった。

四月上旬、正式の作品朗読会がオデオン座の広間で行われ、その時松尾はジェミエと初めて逢う。当時このフランス人俳優は、独善的な保守主義の国立劇場の座主の間ではむしろ革命児としてみられ、ヒューマニズムと国際主義を打ち出してシェイクスピアやイプセンの作品を紹介していた。また、彼は演劇による世界的協調を主張し、精力的に多々の国を訪問してその運動を推進していた。主催の国際演劇祭はその一環だったのである。

ジェミエは松尾に、日本の演劇には昔から非常な興味を感じていたと語る。「神経質で、饒舌で、日本の役者の様な沈黙の価値を知らない」フランス人は、日本人に学ばねばならないものを沢山持っているというのだ。

日本劇、特に歌舞伎は、立派な型《スティル》を持ってゐると思ひます。日本の役者は喋らず、深刻な煩悶、血のにぢむ様な苦悩を、ただ眼の表情だけで、観客に伝へてゐるでせう。その、以心伝心と云ふ様なものが、悲しいかな我々にはないのです。

（『フランス放浪記』）

この朗読会を契機に上演は本決まりとなり、邦之助は直ちに上演の具体化に奔走する。主なキャストはオデオン座の役者連中である。

夜叉王　フィルマン・ジェミエ
桂　ラシェル・ベラント
楓　ジェルメーヌ・キャヴェ
頼家　リシャール・ヴィルム
修善寺の僧　クラリオン
寅彦　ロベール・ゴ
狂女　瓜生やすし

一方、スタッフは日本人が占めた。

舞台背景　藤田嗣治
小道具　柳亮
振付　大森啓助
音楽　平岡治郎

スタッフを選ぶにあたって、とりわけ舞台背景を誰に頼むかということは難問だった。当時パリには日本人画家の大家が何人もいたからである。パリの大先輩である有名な藤田ならフランス人の受けもよいだろう、と松尾は柳沢に相談するが「彼はあまりにも巴里人《パリジャン》で、地味な修善寺物語の背景には向くまい」と反対された。ところがジェミエも柳沢に、舞台背景を是非人気者の藤田に頼んでくれと要求する。その件をめぐって柳沢は『回想の巴里』（酣燈社、一九四七年一〇月）にこう吐露する。

このジェミエの申し出は無理もなかつた。何せ当時のフジタの声名と来ては日の出の勢ひも同然で、彼にこの芝居の背景を描かすとなれば、確かに客の入りがグンと違ふに相違なからうことは自分とても同様の考へだつたからである。然し自分は、あの裸婦と猫ばつかりを描いているみたいなフジタが、その式で「修善寺物語」の背景を描くやうになつたら打《ぶ》つこわしになると思つた。

しかし柳沢は結局ジェミエの要望を受け入れ、やむなく藤田に背景を頼むこととなった。しばらくして藤田のアトリエを訪れた柳沢は、彼が危惧していたのとは程遠いその出来栄えに驚く。「裸婦と猫どころか、本場所の明治座の舞台にもオサ〳〵劣らぬその道の玄人《くろうと》の手になる背景なのだ。」

同じく藤田のアトリエを訪問した松尾は「芸術的な藤田式の個性ではなく、広重の風景画の藤田化したもの」であったと記す。第一幕の夜叉王の仕事場は、「日本の浮世絵の色調と線で描かれ、壁にはのみや鉋、二つ三つの面なぞが懸り、軒場から左手に、遠山が描かれ、富嶽が白雪の頭を小さく見せてゐる。舞台の両袖には、杉の立樹を荒く描いて、日本の芝居そのまゝの小さい竹の戸が、庭口に置かれてゐる」。要するに「西洋人が必ず感心するだらうと思はれる代物で厭味の無い地味な日本趣味」であった。

稽古はオデオン座で毎日ではなかったが五月から約二ヵ月続いた。松尾は歌舞伎の台詞調、見得を切るところ、すわり方などの仕草を出演者に教えた。また瓜生は五人の美しい小娘に手拍子を打ちながら盆踊りを指導した。瓜生は澤村宗之助の弟子で芸名までもらっている歌舞伎の実演者で「生きた貴い文献」だった。その彼が村祭りの筋を大体作ったが、「修善寺物語」の精神を忘れ、狂女になる自分を中心にして妙なものを作ってしまったのには松尾は閉口する。一方、小道具の柳氏は苦労して、衣装、刀、槍、長刀、草履、草鞋をパリで集めたり作ったりして揃えていた。

2　初演

最後の稽古を終え、いよいよ初日を迎えた。観客の大部分はパリ紙の批評家、劇界の要人——サシャ・ギトリ、ルイ・ジューヴェ、ジェラール・ドゥヴィル夫人、ジャック・コポー等々——、ポール・クローデル前駐日大使、外交官等々で二千人の客席は満員だった。

第一幕は非常な成功で日本的な味を遺憾なく出せていた。というのも二ヵ月もかけて大森が日本の地味な所作の指導をしたおかげで、さすがに名優ジェミエはすっかり飲み込んでいたのである。西洋人の所作が外へと表現されるのに対して、日本人は静的で感情発露が内部へと向かうことを彼はよく研究して、その苦心がその微細な動作、態度、言葉に現れていたのである。しかし彼はこの作品以前にすでに日本人の役に深くなじんでいたようである。というのもオデオン座で、日露戦争の日本海海戦を主題としたクロード・ファレル原作の「海戦《ラ・バタイユ》」の主人公のヨリサカ侯爵という日本の海軍軍人に扮していたのである。その時のジェミエの演技を観て、柳沢は「正に堂に入つたもの」と感心し「その顔の表情、挙動、歩き方、手の動かし方、――その話し振りさへもが、見物してゐて照れるほど、日本人ソツクリだつた」と評している。ジェミエの夜叉王ときては「明治座の初演以来幾度となく見てゐるわが高島屋の夫れと較べて、むしろより以上かも知れぬ」と『回想の巴里』に述懐している。

第二幕は改作者の余計な心配で作った問題の村祭りで始まる。盆踊りは瓜生の教え甲斐があり、美しいオデオン座の踊り娘がやわらかく踊った。甘酒屋の踊りもあり、瓜生は狂女の踊りをやった。頼家と桂との恋の場面は見事失敗したようだ。仏文の会話があまりバタくさすぎて、真面目と強さのぬけた台詞で「三文小説めいて」しまったのである。

しかし第三幕は幸い成功した。ただあまり早くドラマチックになり過ぎて、第二幕で緩んだ観客はこの三幕目に少しまごまごとしたようだ。改作した三流作家の下手な仏文にかかわらず、名優ジェミエの非常な努力により観客をしっかり惹きつけ、三幕目の結びで引き締めて満足な劇の効果を上げることができた。

ジェミエは原作にある岡本綺堂の精神思想を貫く太い線によく触れ、愛着を持って見事に夜叉王を演じた。結局、原作者の岡本綺堂に忠実なところのみが成功し、小細工を加えたところには生命のない間抜けさが現れたようだ。

3　反響

初演後、パリのほとんど全紙が「修善寺物語」の解説と批評を載せていた。『フィガロ』*Figaro*『エコー・ド・パリ』*L'Écho de Paris*は、国際演劇祭でこの作品以前に紹介されたデンマーク、オランダ、イギリスの作品は、いずれもそれぞれの母国語での演技であったが、この「修善寺物語」はフランス人が日本の作品をフランス語で、しかも日本の伝統にのっとり「しぐさやものごし、演者達の舞台上の配置などによって、最も洗練された芸術の浮世絵のようなイメージの連続を目の前にくり広げる」という異色のものだったと評している。

日本の演劇を知らないパリの劇評家だけに鋭い批評は出ていなかったが、ジェミエの芸は一斉に評価していた。「ふるまい、しぐさ、表現、話し方、すべてが細心綿密に役作りされていた」（『コメディア』*Comoedica*）、「ジェミエ氏は夜叉王の役を偉大な日本人芸術家のように演じた」（『エコー・ド・パリ』）、「ジェミエ氏の驚くほど賢明な役作りの仕方を称賛しなければならない」（『ルーヴル』*L'Eouvre*）、「彼は、我々からみると台詞の朗詠法を強調しすぎている。しかしそれは日本人演者の伝統に細心を払って倣っているだけにすぎない」（『ル・タン』*Le Temps*）。

藤田の舞台背景についての評も多い。「邦人画家藤田の舞台背景における非常に入念な演出は、趣きのある雰囲気を正確に再現していた」（『イリュストラシオン』*L'Illustration*）、「作品は生き生きとして精彩のある、とても繊細でまさに絵画的な演出の恩恵を受けている」（『ルーヴル』）、「藤田氏によって制作された背景は、作品に最も忠実で本物の場所の雰囲気を保っている。綿密でゆるやかな筆致で描かれたイメージの連続をくりひろげているが、それは念入りな品の良さに満ち、装飾的な悲劇性において極めて厳密であり、それが舞台化されて独特な印象を残している」（『ル・タン』）。

第二幕に関しては、「この幕はほとんど全体が舞踊と物真似で表現される。日本の芸術と演劇において、物真似がどのような位置を占めているかを示している」（『コメディア』）、との批評がある。その様式化された美に触れている批評も少なくない。「最小限のせりふで詩的な繰り返し、パントマイム、舞踊、歌の寸劇がゆっくりと展開する。我々の慣習上少し戸惑うが、作品の追求しているもの、また巧妙でそして調和よく様式化されたシンプルさを高く評価しよう」（『イリュストラシオン』）、「（作品の）結末にシンプルな崇高さ、繊細な質を感じさせるポエジー、そして純正な様式化と巧みな質素さに富んだ芸術がある。すべての動きのスローモーションは最初いささか飽きてしまうが、最終的には全体として独特な優美さをかもしだしている」(『ル・タン』)。

4　再上演

上演は四日間続けられたが、四日に限られていたのはこの公演が国際演劇祭におけるもので、引き続き英国の作品が上演されるプログラムになっていたからである。初演で成功を収めた「修善寺物語」は、引き続きオデオン座で再上演されるということとなり衣装や背景などが同座に運ばれた。というのもジェミエが同座でその時期に上演されていた「海戦《ラ・バタイユ》」を取りやめにして、それに代わる日本人の手による純日本劇を、と言い出したのである。

ところがその後すぐにストックホルムに転任になった柳沢のもとに届いた薩摩治郎八からの手紙によると、「修善寺物語」のオデオン座再上演が突然中止になったという。上演に要した費用のことで大使館とジェミエがぶつかり、激怒したジェミエがこの作品を今後二度と上演しないと決めたのである。この件をめぐって柳沢は「当時のお役所と来ては政治なり経済なりの宣伝とか啓発とかには金を使つても、文化なぞには見向きもせぬと言つた実情で、今度の「修善寺物語」の上演にしても単に私の個人的道楽といふ以上には見てゐなかつた」と嘆く。この経験で「プラスになると思つて遣つた仕事が逆にマイナスとなることがあるといふこと、従つて役人をしてゐたら何か遣るよりは何にも遣らぬ方が、却ってお国の為めかも知れんといふこと」を思い知ったという。なぜならもし彼が「修善寺物語」の上演に乗り出さなかったら、オデオン座の「海戦《ラ・バタイユ》」は引き続き脚光を浴びて、日本文化の紹介の大事な役割を果たしていたに違いなかったからである。

5　結び

結局、この作品は「修善寺物語」の翻案ではなく、改作部分があるにせよ「修善寺物語」のフランス訳をフランス人俳優により歌舞伎の所作など日本の伝統にのっとって演出したものである。フランス人が日本人のしぐさや立ち振る舞いを身に付けるのは、なかなか一朝一夕にいかないものであるが、そのような準備をわずか二ヵ月という極めて短い期間内にしたのであるから、かなり無理があっただろうと思われる。またスタッフ陣は日本人によって揃えてはあったが、藤田にしても渡仏する以前に多少舞台背景の制作の経験があったとはいえ、このような歌舞伎の仕事は初めてで、また演出を担当した大森もそもそも画家〈のちに美術評論家〉であり、専門家が手掛けた作品とは言い難かったようだ。

しかしそのような事情にもかかわらず、大きな反響を呼び見事に成功していた様子であるのは、やはり日本の演劇にまだほとんど触れる機会がなかったこの時代のフランス人には、この作品はとても新奇に感じられただろうということと、主演のジェミエの努力と才能、そしてすでに日本人の役に扮した彼自身の経験が非常に大きかったと思われる。彼の演技が実際どの程度のものだったかは、歌舞伎などにまだほとんど親しんでいない当時の仏批評家の劇評のみでは憶測の域を出ないが、柳沢自身がジェミエの夜叉王を称賛しているところからも、おそらく違和感なく役になりきっていたのであろう。

演劇の国際化に情熱を傾けていたオデオン座の座長のジェミエが、このように日本の演劇に深い興味を抱き、「修善寺物語」に精力を注いでいたにもかかわらず、この作品のその後の上演が閉ざされてしまったのは非常に残念なことである。しかもそれが日本文化を紹介、奨励すべき立場の大使館の不始末によるというのはなんとも皮肉である。柳沢のその苦い後味が『回想の巴里』に想起される。

巴里会と武藤叟

和田博文

1　パリ帰朝者の巴里会と、機関誌『巴里』『アミ・ド・パリ』『あみ・ど・ぱり』

一九三四年三月に『巴里』という雑誌が、巴里会を発行所として創刊された。同誌に収録された「思出づるま、(一)」によると、三年余り溯る一九三〇年一二月に、第一回巴里会が開かれている。出席者は浅野研真（社会学者）・石川三四郎（社会主義運動家）・黒田鵬心（美術評論家）・矢沢弦月（日本画家）など二五人。その後も巴里会は毎月のように開かれて、相羽有（航空事業者）・木村毅（文芸評論家）・高田せい子（舞踊家）・藤島武二（洋画家）らが参加した。彼らの分野は多岐にわたるが、その多くがフランスを訪れたことがあり、パリを懐かしみ、憧憬しながら、会食を共にしている。同誌の創刊時までに巴里会は四〇回開かれ、出席延人数は一〇〇〇人を突破したという。

創刊号の発行所は、東京市麻布区飯倉町三ノ四におかれている。これは編輯兼発行人の南一郎の住所と同一である。しかし翌月に出た第二号の奥付を見ると、発行所の住所は京橋区銀座六丁目四番地に変更されている。小さいサロンから出発した巴里会は、銀座に事務所を構えることで、大きく飛躍していった。「おもかげ（一）伴野文三郎氏」（創刊号）は銀座のこの住所で、伴野商店の尾張町ビルヂングが新築中と伝えている。地下一階・地上六階のビルの、六階すべてを伴野商店の事務所にあて、他は貸室にする予定だった。その一室が、巴里会に無償で貸し出されたのである。パリの伴野商店はダイヤ・貴金属・絹織物などを取り扱い、日本人はたびたび足を運んでいる。パリを訪れた人々との親密な関係が、無償提供につながったのだろう。

巴里会の三月例会は、七回目の渡仏をする伴野文三郎の送別会を兼ねて、「巴里の縄のれん」を自称するレストラン・デンツーで行われる。「三月例会」(『巴里』一九三四年四月)によれば、夕食後は尾張町ビルデングの巴里会新事務所に移り、フランスのフィルムの試写会を予定していた。ところが引越作業中でそこを使うことができず、伴野の昔話を聞くことになる。第一次世界大戦中に伴野は、戦時需要が大きい防水布を製造する一方で、大阪毎日新聞社の記者として従軍していた。一九一八年にフランス政府からレジオン・ドヌール勲章を授与され、フランス陸軍から受け取った報酬金で伴野商店を起こしている。ドイツの長距離砲がパリに届いた話や、初めて飛行機に乗った話で、会は盛り上がった。相羽有も出席していて、「空に於ける巴里会」の企画まで飛び出したという。

機関誌を月刊で出すためには、資金が必要である。予算はどこから捻出していたのだろうか。巴里会会計委員「巴里会の会費に就て」(『巴里』一九三四年八月)は、それまで少数の人々の維持会費で運営してきたが、それでは発行は難しいと述べている。対応策として打ち出したのは、終身会費一〇円の徴収。『あみ・ど・ぱり』一九三六年四月号に掲載された「巴里の想ひ出を語る座談会」で、編輯兼発行人の武藤叟(南一郎)は、会費は年三円で、終身会費は一時金一〇円と語っている。会員は東京市内で三〇〇〇人、地方にも一〇〇〇人いたというから、機関誌を継続できたのだろう。

機関誌は一九三四年三月に創刊され、一九四三年一二月(第九巻第一二号)まで続いたことが判明している。ただしその全体像が明らかになったわけではない。また機関誌名も一貫していたわけではない。「巴里」「PARIS」「アミ・ド・パリ」「あみ・ど・ぱり」の表記が併用され、同じ号で表紙と奥付の表記が異なっていることもある(本稿では奥付の表記を記載した)。編集・発行を担当した武藤叟は、長らく謎に包まれた人物だったが、西村将洋氏が『ライブラリー・日本人のフランス体験　第五巻　パリへの憧憬と回想—『あみ・ど・ぱり』Ⅲ』（柏書房、二〇〇九年七月）の編集の際に、血縁関係にある木村雅子氏・池本紀氏にインタヴューを行い、武藤の略歴を明らかにした。それによると、巴里会創立直前の一九二八年～二九年に、武藤は二回目の渡仏を行っている。「『仏国寺』巴里に建つ日本の寺」（『読売新聞』一九二九年五月一二日）は、武藤が仏国寺建設計画の、日本側の推進者の一人であったことを伝えている。

マロニエの木蔭、リラの花かげ、
ともに語りし　人はいづこ。
夢は消ゆれど　過ぎし日偲び
集《つど》ふ吾らは　いつも楽し。
　ボンソワ、マダム、ボンソワ、ムッシウ、エ・ビアン・サバ。
　あゝ、憶《おも》ひ出の巴里、懐しの巴里

川路柳虹「巴里の憶ひ出（巴里会の歌）」（『あみ・ど・ぱり』一九三六年五月）の歌詞の一番である。八月号には松山智恵子が作曲した音譜が載っているから、巴里会で合唱したのかもしれない。「いま」「ここ」には存在しないパリの思い出を、遠い日本で懐かしむという、巴里会会員に共通する心性を表象した歌詞である。巴里会では会員の共同意識を高めるために、歌だけではなく、バッジや浴衣も作製した。『アミ・ド・パリ』一九三五年八月号の「雑記」には、日名子実三が作った巴里会バッジが売り切れて、追加注文分も残り二〇個になったと記されている。藤田嗣治が下絵を担当した巴里会ゆかたも好評で、追加注文した五〇反も残り半分という。

『アミ・ド・パリ』1935年4月号の表紙。石黒敬七の絵で、藤田嗣治が猫を連れて銀座の松坂屋の前を散歩している。

巴里会の例会は、新帰朝者との交流の場として機能している。たとえば一九三二年二月例会は高橋邦太郎（フランス文学者）の歓迎会で、フランス映画「パリのジプシー」「貝殻坊主」「ひとで」をどのように公開するかが話題になった。同年三月例会は沖野岩三郎（牧師）が主賓として招かれ、ロシア映画「新女性線」の試写会のプランを相談している。同時に例会は、在日フランス人と意見を交換する貴重な場でもあった。一九三四年の五月例会では、ド・ラ・モランディエール日仏会館学長と、新居を完成させたばかりのオダン（アンリ・ユルリック・オダンか）と、西鶴研究者のジョルジュ・ボンマルシャンを招待している。一九三五年八月例会でビリヤードのトーナメントを行ったように、娯楽を通して会員同士の親睦を深める場合もあった。

　数十人規模ではなく、一〇〇人規模が集まるのは大会である。『アミ・ド・パリ』一九三四年一二月号に「十二月大会雑記」が載っている。一二月はノエル（クリスマス）の気分が溢れる月。会場には室内装飾品や福引の景品が、山のように運び込まれる。一八時前から客の来訪が始まった。やがて「P・C・L・の江口春雄氏がスター達をつれて」入ってくると、大きな歓声が起きる。P・C・Lはちょうど一年前に設立されたトーキーの映画製作所で、「ほろよひ人生」（一九三三年）で人気が出た堤真佐子をはじめ、神田千鶴子や三條正子らのスターを擁していた。スターが目の前で歌って踊るから、盛り上がらないわけはない。興奮の渦のなかで、日本人もフランス人も繰返しステップを踏んだ。

巴里会は会員だけの閉鎖的な機関だったのではない。一九三七年一月に巴里会は、事務所内にサロンを開設する。みゆき通りの角に位置するサロンの窓からは、銀座の都市景観を眺められた。「巴里会サロンの開設御案内」（『あみ・ど・ぱり』一九三七年二月）によると、このサロンは、会員相互の親睦を深めるだけでなく、会員以外の人々と交流することも目的にしている。原稿を執筆することもできるし、会員以外の知人と待ち合わせて歓談することもできた。書架には図書や雑誌が並べられ、碁・将棋・チェス・マージャンも用意されている。開室は月曜日～金曜日の九時から二二時まで。一日の利用者は約三〇人いたという。

2　巴里会の行事と事業――革命記念日・蚤の市・美化会

パリの生活を遠い日本で回顧するときに、華やかに彩られた記憶の一つは、カトルズ・ジュイエ（七月一四日）だろう。フランス革命は一七八九年～九九年に起きている。君主専制政治の象徴と目されたバスティーユ牢獄を、パリの人々が襲撃したのが一七八九年七月一四日だった。約一世紀後の一八八〇年に、この日はフランスの祝日に制定される。今日でもパレードが行われ、花火が打ち上げられて、街はお祭り気分一色になる。

川路柳虹はパリで迎えた革命記念日の思い出を、「巴里祭の宵」（『アミ・ド・パリ』一九三五年七月）でこう歌った。「ブウルバアルに流れる人波の間にわれも／交れば異国人《とつくにびと》の旅の憂ひも消されゆく。／突如額に感づる唇の感触！驚き見れば／これも見知らぬ巴里女の戯れぞ。手にも／つ赤き風船《バロン》をうちつけて微笑みつゝ去り／ゆけり。年に一度の祭の夜。逢ひてわか／れて知らぬまに拾ふ楽しき恋もあらば！／おゝカトルズ・ヂユイヱ！」。「ブウルバアル」（大通り）でフランス人も外国人も、祭りの空気に溶け込んでいく様子がよく分かる。最終行の「カトルズ・ヂユイヱ」は、タイトルでは「巴里祭」になっている。これは日本でしか通用しない名称である。一九三三年に制作さ

1934年7月14日に鎌倉山ロッジで行われた、巴里会主催巴里祭の当日の準備光景
（『巴里』1934年8月）。

れたルネ・クレール監督の映画「Quatorze Juillet」が、日本では「巴里祭」という題名で公開された。その名称が一般化していったのである。

パリで味わった革命記念日の楽しさを、日本でも再現してみたい――そんな思いを形にしたのが、巴里会の巴里祭だった。「七月例会　巴里祭」（『巴里』一九三四年八月）に掲載された写真を見ておこう。七月一四日に鎌倉ロッジで、高さ九尺（約二・七メートル）、長さ一〇間（約一八・二メートル）のキャンバスに、会員が絵を描いている。画像が鮮明ではないが、右端で筆と容器を持ち、正面を向いているのは、墨汁で黒く塗るのが担当の石黒敬七だろう。ホテルの屋根を描いているのは藤田嗣治である。他にも佐分眞らが分担して、セーヌ河やエッフェル塔、凱旋門やマドレーヌ寺院、モンマルトルの石段やカフェを描いていく。当日の幹事は、大仏次郎・柳沢健と藤田である。夕方になると、岩田専太郎・門倉国輝・小山敬三・東郷青児・林倭衛・堀口大学ら、男性六八人と、女性六七人が集まり、ジンタ（吹奏楽団）の演奏に合わせてダンスが延々と続いた。

蚤の市もパリの楽しい思い出である。「蚤の市」（『巴里』一九三四年八月）は、九月下旬に銀座の松坂屋で、巴里会主催の蚤の市を開くという予告。クリニャンクールのような規模にはならないが、蚤の市は、モンパルナスやモンマルトルと同じくらい懐かしい思い出だと、予告は述べている。初めての蚤の市は大成功だった。「第一回蚤の市報告」（『アミ・ド・

パリ』一九三四年一一月）によると、巴里会では最初、「欠損続き」の同誌の印刷費の足しにしようと企画を立てたが、松坂屋にすべてを委託したという。五日間の期間中に、入場者は二万人を突破した。その影響で、松坂屋の食堂では「藤田嗣治画伯御指導蚤の市料理」が売り切れる。特に藤田が自ら指導したポムフリット（フレンチフライポテト）が好評だった。

その後、巴里会では「『蚤の市』組合」を作り、組合の事務所を尾張町ビルの巴里会内に設置する。「『蚤の市』組合規約」（『アミ・ド・パリ』一九三五年五月）は組合を、「内外骨董及ビ現生活ニ於テ不必要トナリタルアラユル物品ヲ中間搾取ナシニ最モ簡便且ツ合理的ニ処分スル機関」と位置付けている。組合員は年間一〇円の組合費を納めることで、蚤の市に無料参加する権利を獲得する。組合は毎週日曜日に、雨天でなければ、芝増上寺の境内で蚤の市を開催する。そのときは藤田嗣治が考案した「メキシコ傘」を借りることができた。

巴里会はただパリの追憶に浸り、パリと類似の行事を催していただけではない。パリの都市空間で、日本人は何に感嘆し、満喫していたのだろうか。「東京は何を巴里に学ぶべきや?」（『アミ・ド・パリ』一九三五年二月）というアンケートは、その問いに対する複数の答えを提示している。カフェやレヴュー、美術館や画廊という回答もある。親しみやすい警官や、客の「メルシー」という気持ちをあげた人もいる。そのなかに混じって、都市景観に関わる回答がいくつか見られる。建築物の高さの統一や、電線の地下埋め込み、紙屑のない舗道や、下水道の完備などが指摘された。

川路柳虹は「東洋の巴里たれ！東京！」（『あみ・ど・ぱり』一九三六年一〇月）で、一九四〇年に予定されていた東京オリンピック大会を念頭に、東京の都市美問題を「理想に近づける」必要があると述べている。関東大震災後の復興計画で、東京市の道路は「殆んど理想的に」完成して、近代的な都市としての最初の条件を整えた。しかし下水道も電線もまだ十分に整備されていない。川路にとって東京の手本となるのはパリの都市景観だった。「七八階平均の家並美しく、古い石造の雅趣が『世界の都』の面貌」を形成しているように見える。それに比べると東京は、建築様式も高さも統一性がない。それが東京の都市美を妨げる最大の要因だと川路は考えていた。

巴里会が取り組んだ事業の一つは都市美問題である。組織の規模を考えれば、東京市全体を対象にすることは不可能だろう。巴里会の事務所がある、銀座六丁目の通りに限定して、一九三六年七月に巴里会は、みゆき通り美化会を立ち上げた。「みゆき通り美化会のこと」（『あみ・ど・ぱり』一九三六年九月）によれば、創立時の委員長は依田耕一（内外編物）、会計監督は沢田東作（松坂屋）、委員は伴野文三郎（伴野貿易）・秦豊吉（東宝）・久岡松楠（風月）・宮田武義（山水楼）・永田正雄（田屋）で、巴里会を代表して藤田嗣治・川路柳虹・西條八十が顧問に就任している。

みゆき通り美化会は街燈の検討からスタートするが、なかなか進展しなかった。「みゆき通り美化会ニュース」（『あみ・ど・ぱり』一九三六年一〇月）は、三ヵ月かけて街燈案を作り、顧問の藤田嗣治に見せたが、また修正されたと伝えている。美観上の見解と、工作上の見解が、なかなか一致点を見出せない。そこで照明界の権威と言われる関重広の帰国を待つことになった。街燈案決定の報告は、関が「みゆき通りの街燈の出来るまで」（『あみ・ど・ぱり』一九三七年四月）で行っている。それによると応募案は数十あったが、パリの街燈などを参考に、新しい案を作ることにした。また沢田東作がみゆき通りの特色を出したいと思い、明治天皇の最後の行幸の通りなので、鳳凰を加えようと提案して、それを新案のデザインに取り込んでいる。

デザインの決定後は、市役所や警視庁の許可を取ってから、工事に取り掛かることになる。みゆき通り美化会「残暑御伺ひ申上候」（『あみ・ど・ぱり』一九三七年八月）に、その後の状況が紹介されている。山下橋～日比谷電車通りの両側には一六基が建ち、「最も近代的な」街燈として人目を惹いているという。また南一郎「銀座マン語」（『あみ・ど・ぱり』一九三八年五月）に、「みゆき通りの街燈が灯るようになつてすでに三月、『おかげ様で』と云はれるとマンザラ悪い気もしない」という一節がある。一九三八年の初頭にみゆき通りの街燈は完成したのだろう。みゆき通り美化会を創立してから一年半。限定されたエリアの街燈だけでも、これだけの時間が経過した。都市美の獲得は、短時間でできるものではない。

3　一九二〇年代〜三〇年代の日仏文化交流

巴里会が取り組んだもう一つの事業は、東京市民からパリ市民への人形使節である。当初は一九三五年六月に帰仏するジョルジュ・ボンマルシャンに託す予定だったが間に合わない。人形は東京市の寄付という形を取り、実際には三越が雛人形一式を、白木屋が五月人形一式を、松坂屋が風俗人形を寄贈する。それ以外にも高島屋が現金を、全東京女学校が衣裳を、近清が履物を寄付した。『アミ・ド・パリ』は一九三五年九月号で「訪仏人形使節特輯」を組んでいる。「訪仏人形使節に寄する言葉ことづける言葉」に、岡本かの子の「日のもとのさつき弥生のせうそこをとはにしありて巴里に知らせよ」という一首が掲載されている。「せうそこ」（消息）といっても、人形は何も語らない。「もの言はぬかたしろなれどものいふにまされるなごみ類には浮けつつ」と、岡本は歌った。

九月一八日には日比谷公会堂で、「フランスえ人形を送る会」が開かれる。司会は石黒敬七。当日の様子は『アミ・ド・パリ』一九三五年一〇月号が、写真入りで詳しく報じている。西條八十は「訪仏人形使節へ贈る言葉」という詩を書き、「あなたこそ日本人の、この美しい特質を、最もよく、象徴するものでなくて、なんでありませう。／どうぞ、気後れせず、恥しがらず、四千万のフランス国民の前に、／ほんたうの日本人の姿を見せ、立派に使命を果して来て下さい」と朗読した。その後は「芸術祭」に移り、「巴里曾遊名人素演会」が開幕する。「第一景巴里会事務所」「第二景モンマルトル夜」に巴里会のメンバーが出演し、小城基・藤田嗣治・松山芳野里がアパッシュダンスを披露した。

『あみ・ど・ぱり』1936年5月号の表紙。「訪仏人形使節大歓迎会記念写真」が使われている。同誌に掲載された佐藤文子（駐仏大使佐藤尚武夫人）の「訪仏人形使節消息」を読むと、3月24日にパリの日仏協会が開いた披露会の際の写真と思われる。

人形使節は小さなトラブルを起こしている。この話が出てきたときに、巴里会の武藤叟と東京市の草間秘書課長の間を取り持ったのは、外交官の柳沢健だった。柳沢の「ピラ大使と人形使節とについて」（『あみ・ど・ぱり』一九三六年一〇月）によると、話を聞いたピラ駐日大使が柳沢に面会を求め、東京市がパリ市に寄贈するという形を、再考するように希望したという。当時の東京市はパリ市に対して、「市債の為替の厄介な問題」を抱えていた。そのために「東京市は借金を払ふ代りに人形を送つて来た」という誤解が生じることを、ピラ大使は心配したのである。その結果、東京市からの寄贈という形を中止し、巴里会からパリの日本大使館を通して寄贈する形に落ち着いた。

巴里会の行事や事業以外にも、機関誌『巴里』『アミ・ド・パリ』『あみ・ど・ぱり』には、一九三〇年代後半の日仏文化交流の情報が掲載されている。パリの満鉄ヨーロッパ事務所が発行していた『フランス・ジャポン』の情報はその一つである。『アミ・ド・パリ』一九三五年一月号の「雑記」には、松尾邦之助がアルフレッド・スムラーと『フランス・ジャポン』を創刊したので、巴里会が購読申込みを受け付けると記されている。松尾と面識がなかった武藤叟が、松尾や坂本直道（満鉄パリ事務所長）とパリで初めて会見した話は、『あみ・ど・ぱり』一九三八年五月号に出てくる。そのときの関係だろう、『フランス・ジャポン』第二七号（一九三八年三月）には、武藤叟の「LA SOCIÉTÉ DES AMIS DE PARIS A TOKIO」が掲載されている。

松尾邦之助を核とする日仏文化交流は、一九二〇年代から盛んになっていた。『アミ・ド・パリ』一九三五年一一月号に「日仏文化連絡協会に就て」という記事が載っている。それによれば一九二七年にパリで、エミール・スタイニルベル＝オーベルラン、ルネ・モーブラン、川路柳虹、松尾邦之助の四人が、日仏文化連絡協会（略称R・I・F・N）を設立した。これは日本文芸をフランス語に翻訳出版する組織である。「今迄に出版した主なる著作に下の如きがある。「其角の俳諧」「枕の草子」「日本仏教宗派」「愛の三悲劇」（岡本綺堂・著）「出家とその弟子」（倉田百三・著／ロマンローラン序）「仏教概論」（友松円諦）「日本文学史」「日本現代詩人選」」と、記事には書かれている。記事掲載時のパリ事務所は19.Rue Lakanalに、東京事務所は巴里会と同じ住所におかれていた。

川路柳虹は一九二八年一〇月〜一一月に、「日本文芸の欧州進出―日仏文芸協会とクニ・マツオを紹介す」を『読売新聞』に六回連載している。名称は異なるが、「日仏文芸協会」のフランス語表記はRapprochement Interectuelle Franco-Nipponで、略称はR・I・F・Nなので、日仏文化連絡協会と同一の組織である。三回目（一一月一日）の記事には、「海外の名誉会員」として、以下の名前が記されている。文学者は、ポール・クローデル、ポール・モーラン、アンリ・ド・レニエ、ノアイユ夫人、クロード・ファレル、シャルル・ヴィルドラック。研究者は、ミシェル・ルヴォン、シルヴァン・レヴィ。そして藤田嗣治とキク・ヤマタである。

日仏文化連絡協会は一九三〇年代後半に継続的な活動を行っていく。松尾邦之助は「あら・あら・かしく―パリ・ロンドン便り」（『あみ・ど・ぱり』一九三六年二月）に、クリスマス前にはパリに戻るが、「その頃には僕と川路君が苦心した日本文学史がマルフエール書店から」出版されているだろうと書いている。また「オーベルランとの『芭蕉』も国際文化振興会の佐藤氏の斡旋でやがてパリの店頭に出ませう」と記した。前者については同誌の翌月号の「雑記」に、巴里会内の日仏文化連絡協会の事務所が、Histoire de Littérature Japonaiseに対する一〇〇〇円の補助金を、国際文化振興会（後の国際交流基金）から受けたという記載が見られる。

一九三七年七月に盧溝橋で開始された日中戦争は、パリの反日的空気を高め、日仏文化交流に暗い影を投げかけた。日仏同志会の幹事を務める森新一は、「パリに結成された『日本の友』の会」（『あみ・ど・ぱり』一九三八年九月）のなかで、「遠く極東に大殖民地を擁してゐるフランスが、根拠なく日本を誹謗したり、刺戟したりすることの、愚と危険とを知り、東亜の事情に暗い自国人に、警告を与へてゐる少数の有識者もある」と述べた。「有識者」とは、六月に「日本の友」という社団を結成したルドヴィック・バルテレミーのことである。別の言い方をするなら、バルテレミーが憂慮して「日本の友」の会を立ち上げなければならないほど、中国を侵略する日本への視線は厳しかった。

川路柳虹「仏訳された日本現代詩の反響」（『あみ・ど・ぱり』一九四〇年一月）は、松尾邦之助とエミール・スタイニルベル・オーベルランが共訳した『日本現代詩人選集』（メルキュール・ド・フランス社）に対する、フランス・メディアの反響をまとめたエッセイである。この本は島崎藤村・土井晩翠以後の、日本の詩人の作品と略伝を紹介し、川路も序文を執筆した。だが一九三九年九月にヨーロッパで始まった第二次世界大戦により、日仏文化交流自体が風前の灯になろうとしている。このエッセイも「愈々欧羅巴の戦雲は暗澹としてきた」と始められている。松尾は六月一七日にパリ大学都市日本館で、日本現代詩の講演を行った。しかし現在は『読売新聞』特派員として、フランス軍に従軍しているという。川路のエッセイが発表されて五ヵ月後の一九四〇年六月に、ドイツ軍はパリに入城した。

現存が確認できる『あみ・ど・ぱり』の最後の号は、一九四三年一二月に出ている。前年六月のミッドウェー海戦で、「大東亜戦争」の戦局は大きく転換していた。「巴里会々告」によると、巴里会の一五五回目となる一二月大会は、待月荘で開かれる予定である。ただし警戒警報発令の場合は中止と決まっていた。参加する場合は、米一合を持参しなければならない。また飲み物が欲しい人は、自分で用意する必要がある。巴里会がパリの香りを維持する基盤は、東京でもパリでもすでに失われていた。

Ⅳ　資料編

ギメ東洋美術館とフランス東洋友の会——設立当初の会誌から

長谷川＝Sockeel　正子

はじめに確認しなければならないことがある。

ギメ東洋美術館（以下、ギメ美術館と略）友の会とは《Société des amis du musée Guimet》のことであり、ここで論ずるのは《Association française des amis de l'Orient》つまり「フランス東洋友の会」のことである。二つの団体は、現存するまったく別の団体であるということをまず確認したい。

一般には「フランス東洋友の会」はギメ美術館内部で結成されたかのごとく扱われているが、事実はそれほど単純なものではない。そのことを設立当初の会誌を検討することにより明らかにしたい。ギメ美術館図書館はこの団体が発行した会誌を創刊号から所蔵している。それらから検証できるものを整理してギメ美術館との関係を明らかにし日本関連の記事から当時の日仏関係をとりまく時代様相を考察したい。

「フランス東洋友の会」（以下、AFAOと略）会誌第一号は一九二一年六月に発行された。端々が崩れかけているものの、四号分を合綴した茶色の厚紙で保護されている。大きさは一九・〇×二二・〇センチ。第一号は七五頁あり、会員名簿と一九二一年六月一一日の年次総会報告、特集としてインドの詩人タゴールの講演会を掲載している。

会員名簿のうち、主だった名誉会員は、在日フランス大使ポール・クローデル、松井慶四郎在仏日本大使（一九二〇年九月には後任の石井菊次郎）、元フランス共和国大統領レイモン・ポアンカレなど政界からの大物、事務局会員として会長のエミール・セナール、副会長としてコレージュ・ド・フランスの東洋学の泰斗シルヴァン・レヴィそし

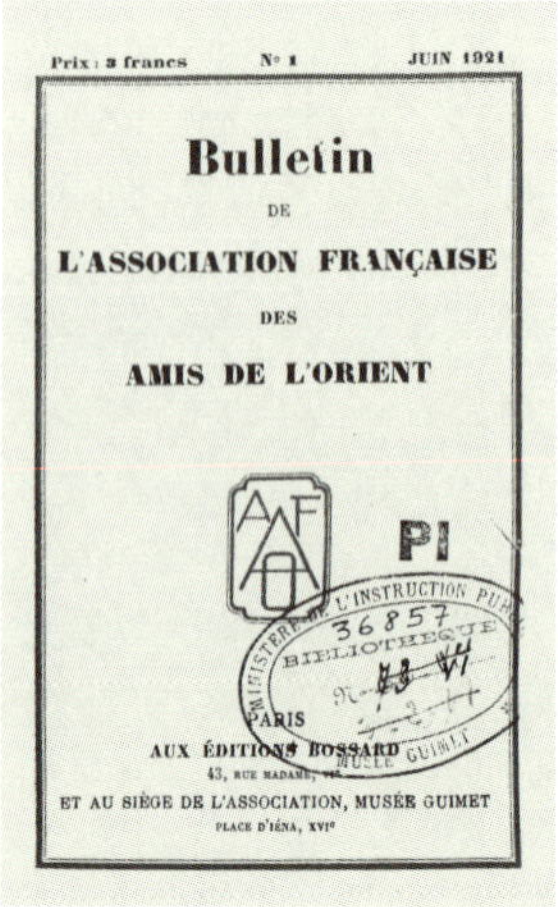

Prix : 3 francs　N° 1　JUIN 1921

Bulletin

DE

L'ASSOCIATION FRANÇAISE

DES

AMIS DE L'ORIENT

PARIS

AUX ÉDITIONS BOSSARD

43, RUE MADAME, …

ET AU SIÈGE DE L'ASSOCIATION, MUSÉE GUIMET

PLACE D'IÉNA, XVIe

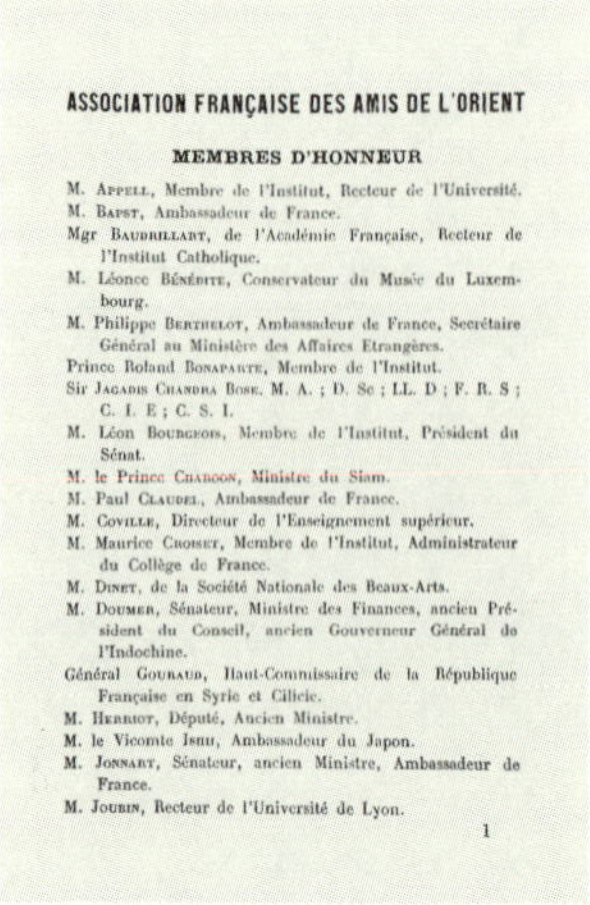

ASSOCIATION FRANÇAISE DES AMIS DE L'ORIENT

MEMBRES D'HONNEUR

M. Appell, Membre de l'Institut, Recteur de l'Université.
M. Bapst, Ambassadeur de France.
Mgr Baudrillart, de l'Académie Française, Recteur de l'Institut Catholique.
M. Léonce Bénédite, Conservateur du Musée du Luxembourg.
M. Philippe Berthelot, Ambassadeur de France, Secrétaire Général au Ministère des Affaires Etrangères.
Prince Roland Bonaparte, Membre de l'Institut.
Sir Jagadis Chandra Bose, M. A. ; D. Sc ; LL. D ; F. R. S ; C. I. E ; C. S. I.
M. Léon Bourgeois, Membre de l'Institut, Président du Sénat.
M. le Prince Charoon, Ministre du Siam.
M. Paul Claudel, Ambassadeur de France.
M. Coville, Directeur de l'Enseignement supérieur.
M. Maurice Croiset, Membre de l'Institut, Administrateur du Collège de France.
M. Dinet, de la Société Nationale des Beaux-Arts.
M. Doumer, Sénateur, Ministre des Finances, ancien Président du Conseil, ancien Gouverneur Général de l'Indochine.
Général Gouraud, Haut-Commissaire de la République Française en Syrie et Cilicie.
M. Herriot, Député, Ancien Ministre.
M. le Vicomte Ishii, Ambassadeur du Japon.
M. Jonnart, Sénateur, ancien Ministre, Ambassadeur de France.
M. Joubin, Recteur de l'Université de Lyon.

1

右・「フランス東洋友の会」第１号表紙　左・会員名簿

てポール・ペリオなど学界の大物が名を連ねている。理事会員として、ルーブル友の会会長のケクラン、元フランス極東学院学長のクロード・メートル、ジャーナリストのアルベール・メボン、ギメ美術館学芸員モレの名が注目される。

総会報告では、この協会の設立経緯が説明されている。それによると、一九一三～一九一四年冬ごろ、東洋学者会議の機会にベネディット氏がフランス―ヒンドゥー協会を立ち上げる構想を提唱した。一九一五年秋より立ち上げられたが、これといった活動はなかった。和平会議（一九一九年）調印後、今度は対象をもっと拡大した形で、極東を含むアジア全体の国々の思想、文学、諸芸術をフランスにおいて知らしめること、アジアとフランスとの相互の文化交流を目的とする協会設立にむけて活動が開始された。会長にはエミール・セナール（一八四七～一九二八、一八八二年にフランス学士院碑文・文藝アカデミー会員、一九〇八年からアジア協会会長。シャンパーニュ地方のブルジョワ出身で、インド文献のフランス語翻訳などで知られる。）が就任する。ゲティ嬢なる人物が、協会設立の趣旨をギメ美術館学芸員のアレクサンドル・モレ（一八六八～一九三八、エジプト学者。一九〇五～一九二三年までギメ美術館学芸員、のちにコレージュ・ド・フランス教授）に伝えその賛同をうる。これ以降小さな会合がひらかれ、協会の土台づくりがなされる。

翌一九二〇年九月、ヴィクトール・ゴルベフ（一八七八～一九四五、カンボジア学者、フランス極東学院教授）が外務省に働きかけ活動基金を得ることに成功する。一〇月、モレがギメ美術館事務室を事務局として使用することを了承。

こうして、事務局を美術館と同時間帯で開室することができ、割引料金が適用された電話の設置も認められる。ギメ美術館准学芸員のジョゼフ・アッカン（一八八六〜一九四一、一九〇七年からギメ美術館勤務、一九二三〜一九四一年までギメ美術館館長）が書記の任を引き受ける。

また、協会の活動の骨子として五つの委員会（1．在仏東洋学生委員会、2．東洋文明・語学・出版部委員会、3．在東洋フランス思想普及委員会、4．展覧会・学術講演委員会、5．［人事交流］委員会）が設けられることになった。

会誌出版についていえば、創刊号からは毎年六月と一二月に定期的に発行されているが、第六号の一九二三年一二月から第七号の一九二九年一〇月まで、約六年の空白期間があることに驚かされる。この空白は何を意味するものであろうか？　第七号には、会長セナールの追悼記事が掲載されている。彼の死亡と会誌発行の遅れとに、何らかのつながりがあるのかもしれない。一九三八年の二四・二五号合併号まで発行された後、戦争などの影響で一時休止されている。戦後一九五三年に協会の活動が再開され、一九七八年「L'Asie gazette」と名を変えて三三号分が発行されている。そして、再び一九九二年「会誌」として刊行が続行され現在に至っている。

さてAFAOの結成された一九二〇年前後、ギメ博物館（仏語の Musée の翻訳として美術館か博物館かの違いに注目）がどのような状況になっていたのかをみてみよう。

設立者のエミール・ギメは一九一八年一〇月に亡くなるのだが、生前の一九〇七年五月二八日の評議会ではギメ博物館の将来の指針を明らかにしている。考古学専門家や美術愛好家などが博物館の学術的運営に携わることのできるような専門委員会の設置を強く希望している。彼の目指した博物館とは、所蔵品がただの素材としてだけ存在するような館ではなく、いわば学術工場のようなものとしての館である。美術的側面が縮小され、宗教学術文献数が増加するという場合もありうるだろう。博物館の運営を考慮するならば、宗教学術調査、考古学発掘、発掘物購入などに貢献するような博物館運営賛助委員会のような委員会設置が必須であろう、としている。何よりも出版物刊行や講演会開催を絶対に中止してはならないと強調している。

だが、ギメの当初のこの強い意向は彼の死後少しづつ改変され、館の姿が変貌していく。ギメの死後、跡を引き継ぐのが息子のジャン・ギメである。だが不幸にして彼も自動車事故で一九二〇年一月に亡くなってしまう。一九一九年一一月二二日に評議会会長に任命された矢先の出来事であった。ジャンの幼子のジャックは五歳であり会長を任ずるのは不可能である。ジャン・ギメ夫人が評議会会員となり、評議会会長にはアカデミー会員でギメ博物館設立当初からの近親であるエミール・セナール、つまりＡＦＡＯの会長が就任する。

ほぼ同時期に博物館内部のコレクションの改革、移動なども行われている（一九一九年）。これによれば、芸術的価値の高い宗教作品と純粋に学術的興味でのみ蒐集された宗教作品とを分けることも主眼としている。これでギメの理想とする学術工場としての博物館像が一歩遠のくことになる。評議会会長はセナールであるが、実質的に博物館の舵をとるのはアレクサンドル・モレとジョゼフ・アッカンであった。

これまでのことから、ギメ美術館とＡＦＡＯとの関係が二つの独立した運営体ではあるのだが、セナールという人物がちょうど蝶番のような役目を果たしていることがわかる。ＡＦＡＯは初めはインド研究者たちから構想され、ギメ博物館はその場所を提供したにすぎないのだが、ギメ博物館との協同・共存関係はますます緊密なものになっていく。またＡＦＡＯの活動中、第一の委員会は、中国、ペルシア、タイ、インド、ヴェトナム学生など、文字どうり東洋人学生の受け入れ、援助活動などを行っている。また、レセプション、親睦会等の企画・実行などを担う第五委員会が設けられたことに注目したい。おそらく、我が邦人・松尾邦之助が、その手記に書き留めているように、一九二五年春、「マーニャお婆さん」に連れられていったのはそのようなレセプションであり、その機会にエミール＝スタイニルベル・オーベルランと知遇を得たのに違いない。当然ながら会場はギメ博物館内に設定されたことだろう。AFAO主催の行事ではあるが、外部からみればギメ博物館が主催したかのごとくうつる。こうしてAFAOは、つまりはギメ博物館であるという人々の認識につながっていったのではないだろうか。

次に、ごく初期のAFAO会誌の、特に日本関係の記事を列挙してみよう。

第二号（一九二一年一二月）

一九二一年一二月八日、ギメ博物館内で真言宗・栂尾僧正（栂尾祥雲〈一八八一～一九五三〉、大正・昭和時代の仏教学者、一九二一〈大正一〇〉年ヨーロッパ、インドに留学。）が執行した宗教儀式にAFAOのメンバーが招待されている。会長セナールは病気で出席できないため、副会長ペリオが出席し、エリセーエフが通訳を務めている。

第三号（一九二二年六月）

ノエル・ペリの追悼記事。一九二二年四月八日の釈迦誕生日の儀式の報告。三月一一日の講演、京都師範学校Oritake 教授（日本語表記不明）による日本現代文学作家の紹介。ルネ・モーブランによるフランス現代文学人の日本文学運動、とくにハイカイ運動についての紹介。フェリシアン・シャレイの能についての紹介。リボリ通り一〇七番地に本拠をおく日仏協会について。一九二二年四月～六月にグランパレで開催された「日本芸術展」の報告。

第四号（一九二二年一二月）

アルベール・メボンによる現代日本文学作家（夏目漱石、森鷗外、永井荷風、岩野泡鳴など）の紹介。

第五号（一九二三年六月）

エリセフの紹介で、ＡＦＡＯと慶應大学教授、後藤末雄との交流が実現したこと。ルネ・モーブランの記事「フランスのハイカイ」が後藤翻訳により第二次『明星』に掲載されたこと。三月一八日に地理学協会で行われたノエル・ペリ追悼記念会の報告。

第六号（一九二三年一二月）

関東大震災（一九二三年九月一日）被害者救済募金の協力の呼びかけ。コレージュ・ド・フランス教授シルヴァン・レヴィによる東京大学図書館のフランス図書再構築のための基金募集の提案。

ＡＦＡＯの設立をめぐっていえば、ギメ博物館の存在が重要な鍵をもつものであった。さらに、設立動機には第一次世界大戦の影響が色濃く影を落としていることを見逃してはならない。

フランスは第一次世界大戦（一九一四〜一九一八）で戦勝国となったものの、人的物質的被害は甚大であった。フランス国土がおもな戦場になったためである。どの国よりも戦後の復興が困難を極めたことと、人々の戦争へのトラウマが激しく、二度と悲惨な戦争を引き起こすまいという決意が、世界の国々、とりわけ遠いアジアへの理解・認識を深めたいという欲求につながっていったのではあるまいか？

ＡＦＡＯの結成がはじめは戦中にインド学者たちによって構想されたにもかかわらず、戦争中であるがゆえにすぐには活動できなかったこと、本格的な活動は一九一九年まで待たねばならなかったこと、対象の範囲を極東にまで拡げたことは単純に純粋な学術的要請からというよりは、地政学的な原理が無意識にしろ働いていたに違いない。

大戦の害をまともに被ったのは、ギメ博物館も同様であった。設立者のギメの死後、博物館運営の体制を元にもどすにはあまりにも物資の欠乏や後継者の不在が災いしていたといえる。因みに一九一八年直後の文書は極端に少ない。のちに館の立場も一九二七年一〇月の政令で、国立美術館総局下におかれることになり、ルーブル美術館極東部門とギメ美術館とが密接につながることになった。さらに同年、トロカデロにあるインドシナ博物館にあったクメール・コレクションがギメ美術館に移送されることになった。当初の宗教博物館から極東・アジア芸術コレクションを収蔵するギメ美術館へと変貌していく。

さて、AFAOの活動の一端として、東洋人学生の受け入れ援助があげられているが、ここには、日本人学生の記述はない。日本人は欧米近代諸国に遅れて仲間入りしてきた「黄色い肌をしたヨーロッパ人」であり、日本人留学生はアジアの他諸国学生とは一律には同じ援助の対象としてみなされなかったのだろうか？

さらに日本関連記事にざっと目を通すと、ほぼ「仏教関係」と「文学関係」に限られているかのようである。フランス文学人たちによる現代日本文学とりわけ俳諧の紹介に頁の多くが費やされている。俳諧が何故フランス人の心をかくも深く捉えたのか？　といえば、これも第一次大戦とは無縁ではないとの見解がある。多くのフランスエリート軍人たちにとって、戦場で自らの感情の吐露を書き留めるには、軍服のポケットに入る小さなノートとわずかの行数で成立する詩の形式が必須であったからである。大戦中から一九二〇年代にかけてフランスハイカイ運動は開花する。

その他注目されることは、AFAOの名誉会員として名が挙げられている在日フランス大使ポール・クローデルの存在である。日仏外交関係史の中で最も幸運な出来事は、文学的素養の豊かな、この知識人大使が極東日本の大使に任命されたことであろう。日本に着任する前は、合衆国、中国、ヨーロッパ各地の領事を歴任した外交関係を冷徹に分析できる有能な外交官であった。その一方で、姉のカミーユからジャポニスムという文化的洗礼を早くから受けていた文学者でもあった。

一九二一年から一九二七年に離日するまでの彼の外交書簡から窺えるのは、日本文化や日本を愛するがゆえに抗い難く目につく好悪両面の日本への批評眼である。上司への私信中では、海軍軍備制限を日本に強いたワシントン会議後の日本を取り巻く国際情勢を具体的に分析し、何とかフランスの国益を引き出しうる日仏関係のヴィジョンを披露している。「太平洋に関する四カ国条約」（一九二一年一一月～一九二二年二月）で実質的に日英同盟が廃棄された結果、ある種の英米ブロックが構築され日本の孤立化がすすみつつあること、中国での日本の利権が英米から牽制されていること、こうした中でフランスが極東地域での日本の代弁者になれたらと描いている。

以上、第一次大戦後のギメ美術館とＡＦＡＯの動きをみてきたわけだが、フランスにおける親日家たちの日本への思いは、一九二三年の関東大震災という悲劇を頂点にして、同情から次第に沈黙へと変化せざるを得なくなる。一九三〇年以降、ＡＦＡＯ会誌からは中国関連の記事が目立つようになる。

参考文献

Association française des amis de l'Orient, *Bulletin de l'Association française des Amis de l'Orient*, 1921.6- , Paris, Aux Editons Bossard

René Grousset, *Annales du Musée Guimet, Bibliothèque de vulgarisation, Tome 48 :Le Musée Guimet (1918-1927)*, 1928, Paris, Paul Geuthner

ポール・クローデル著、奈良道子訳『孤独な帝国　日本の一九二〇年代：ポール・クローデル外交書簡　一九二一―一九二七』一九九九年七月、東京、草思社

Bruno Levy-Rueff, *Emile Guimet (1836-1918) : Fondateur et donateur du musée d'histoire des religions : le Musée Guimet*, Thèse, Paris X. Nanterre, Année 1998

東京日仏会館と関西日仏学館

山中悠希

東京日仏会館は、二〇一四年をもって設立九〇周年を迎えた。本稿で与えられた課題は「東京日仏会館と関西日仏学館」であるが、まずは東京日仏会館（以下、適宜「日仏会館」と呼ぶ）について、その設立の歴史を見ていきたい。

1　東京日仏会館と設立の歴史

日仏会館設立の歴史については、中條忍「日仏会館の設立（1924年）」（『日仏文化』第八三号、日仏会館、二〇一四年一月）、ならびに、ベルナール・フランク、彌永昌吉「日仏会館の歴史、目的および活動」（『日仏文化』第三一号、日仏会館、一九七四年七月）において、その経緯が詳しく述べられている。第一次大戦後の一九一九年、フランス政府から大学使節団としてリヨン大学区長ポール・ジュバンとリヨン大学文学部教授モーリス・クーランとが派遣されたことが日仏会館設立の契機となる。二人の使節がまず働きかけたのは、一九〇九年に仏学会と旧日仏協会とが合体し設立された日仏協会であったが、その過程で出会ったのが会館設立の立役者の一人、渋沢栄一であった。渋沢は外国を相手とした文化事業に意欲的な実業家であり、一八六七年のパリ万博の際に幕府の派遣団に随行して渡仏した経験ももつ親仏家であった。渋沢によりフランス使節団と、政治家、学者などの日本側の重要人物とが会談する場が設けられ、使節団よりフランス会館（Maison de France）の設立ということが提示された。渋沢の熱心な活動はその後も続き、一九二一年には七名の実行委員が選ばれた。渋沢の活動と会館に関する一連の資料は、渋沢青淵記念財団竜門社編『渋沢栄一伝記資料』第三六巻（渋沢栄一伝記資料刊行会、一九六一年）に収録されている。

会館設立の計画は、一九二一年一一月に詩人としても著名なポール・クローデルが新フランス大使として着任したことで大きく前進していく。当時の政府から下されていた指令はフランスの国際的影響力を高めるためのフランス語の普及ということであったが、クローデル自身は日仏両国が共に学びあい交流しあう場を理想とし、「共同出生」という考えに基づいて会館の設立をめざしていった（前掲中條論文）。一九二二年には「日仏会館日論見私案」という企画書が発表されるが、東大教授・杉山直治郎の署名をもつこの企画書において、初めて「日仏会館」（Maison franco-japonaise）なる双方向的な名称が使用されたという。翌一九二三年にはさらに活発な協議が重ねられ、資金集めが進められていくが、そのような状況下で九月一日、関東大震災がおこる。杉山直治郎はこれに関して「日仏文化関係――起源、現状及び展望――」（『日仏文化』第五号、日仏会館、一九三三年一二月）において「然るに偶々九月一日の関東大震火災に遭遇し、財界不況の為め、所期の基金を得る能はざるに至つた。於是、止むを得ず、暫く規模の縮少に満足して創立を遂行することに決した。」と述べているが、実行委員らの活動は衰えることなく、年末には創立委員会が設置され、一九二四年一月には「日仏会館設立趣意書」と「財団法人日仏会館寄附行為」とが協議会にて承認されている。「趣意書」によると「本会館の事業」は、

先づ両国学者の交通協力に関して必要なる有形の設備を整へ、彼国学者学生の為に居住を提供し、研究の資料を蒐集し、図書室を設け、有益の報告出版物を刊行し、講義を開き、談話討議の会合を催し、フランス語の普及と共に、日本文化の紹介を策し、その他両国の文化学術の交通を増進する為に諸般の便を図るにあり、……（以下

略）（「財団法人日仏会館設立趣意書」、前出『渋沢栄一伝記資料』第三六巻）

と定められている。

一九二四年三月、文部省から法人の認可が下り、財団法人日仏会館が創立、同年一二月一四日に日仏会館は開館式を迎えたのであった。役員には、理事長に渋沢栄一、副理事長に古市公威と富井政章、常務理事に木島孝蔵ら、理事に杉山直治郎らといった面々が名を連ねている。総裁は日仏協会総裁でもある閑院宮載仁親王、名誉理事長はフランス大使クローデルであった。会館の建物には、実業家・村井吉兵衛の屋敷が提供されることとなった（なお、この建物は、一九二六年の村井の急逝と村井銀行の破産により売却され、会館は一九二九年に駿河台へと移転することになる）。

フランスから派遣される館長（フランス学長）には、クローデルの要請により東洋学者シルヴァン・レヴィが赴任することとなった。初代館長レヴィの時代には、『法宝義林』の編集作業、ならびに『日仏会館学報』の創刊といった重要な事業が行われている。各大学からの講演依頼にも積極的に応じており、フランスの学問と文化の普及に尽力する様子がうかがえる。フランスからは他にも研究員として、考古学者、医学者、地理学者、仏教学者、法学者らが派遣され、日仏間の学術交流が促された。また、一九二七年五月には広範囲の人々を対象に、各種の文章、論考などを日仏二ヵ国語で掲載する雑誌『日仏文化』が創刊されている。

レヴィは一九二八年五月に帰仏するが、その後の代においても館長および研究員らによる活動は継続され、日仏交流は推進されていった。一九二〇年代後半以降、各分野において学会が設立されるようになるのも、日仏間の学術交流が促進された成果のひとつといえるだろう。日仏会館関係で最初に設立されたのは日仏生物学会で、一九二九年に提案され、一九三二年に設立された。一九三三年には日仏理工科会が発足、一九三四年には日仏医科会、一九三六年には日仏社会学会が発足している。

芸術文化の分野でも多くの人物が招かれた。たとえば、一九二九年一〇月には藤田嗣治、一九三一年九月には美術史家エリー・フォールが派遣使節として迎えられている。一九三二年五月にはジョルジュ・ボノーが研究員として着任している。ボノーは前年より関西日仏学館の館長を務めていた。一九三〇年一一月には第三代館長として考古学者ジョセフ・アッカンが来日したが、彼はギメ博物館の管理職であり、エコール・ドゥ・ルーヴルの教授でもあった。なお、仏教美術学者アルフレッド・フーシェも、一九二六年一月に最初の使節として日仏会館に派遣されており、レヴィ着任までの間の臨時館長をも務めている。

一九三一年一〇月には、日本の法学者たちの求めによりアンリ・カピタンが来日している。フランス法の研究はその後の会館の活動においても重要な位置を占めていくこととなる。また、同じ一九三一年には、日本の学生を対象とした仏国政府給費留学生試験制度の設立が決定し、同年六月、日仏会館にて初めての試験が実施されている。その後も定期的に試験は行われ、次の大戦が間近となる一九三九年まで続けられたとのことである。

2　関西日仏学館と設立の歴史

関西日仏学館設立の歴史に関しては、ミシェル・ワッセルマン「関西日仏学館の設立（1927年）」（『日仏文化』第八三号、日仏会館、二〇一四年一月）に詳しい。また、ルイ・マルシャン『関西日仏学館新館――日仏文化交渉文献――』（宮本正清訳、日仏文化協会、一九三七年）は、一九三六年に移転開館した新館に関する主要文献を載せるものであるが、ここにも学館設立に至る経緯が記されている。さらに、前述の杉山直治郎「日仏文化関係――起源、現状及び展望――」（『日仏文化』第五号、日仏会館、一九三三年一二月）にも学館に関する言及がある。

関西日仏学館は、一九二七年一一月に京都九条山に開館した。学館設立の計画を進めた中心人物はフランス大使

京都九条山の関西日仏学館（1927年）

ポール・クローデル、東京日仏会館研究員フランシス・リュエラン、および関西の実業家・稲畑勝太郎である。一九二六年、クローデルは日本滞在の予定が延長されている状況にあり、それによってできた比較的自由な時間を使って各地に足を伸ばし、関西の地にフランス語と思想を普及するための施設を作る構想を進めていった。この滞在期間の延長がクローデル自身の意に反したものであったことは前掲のワッセルマン論文が詳しく述べているが、この延長があればこそ、関西日仏学館設立は成ったともいえる。資金集めの中心的役割を果たした稲畑勝太郎は、かつてリヨンに派遣留学生として赴き工業技術を学んだ経歴をもつ人物である。地理学を専門としたフランシス・リュエランは、一九二六年二月に最初の研究員の一人として東京日仏会館に着任し、関西方面の調査にともなって現地の親仏家と連絡を取りあい、施設建設の計画をまとめていった。当初は夏期のみ開講する大学を設立するという計画であったが、日本側の希望もあり、また、好景気に沸く関西の各都市から多額の資金が集まったこともあり、通年制の施設を作ることとなった。しかしながら、一九二六年九月に東京日仏会館初代館長に着任したシルヴァン・レヴィは、関西にも施設を作ることに激しく反対したという。当初からフランス政府と協議を重ねながら進められた日仏会館とは違って、独自で進められた性格の強い関西での設立計画であったため、フランス政府側からも懸念が示されたが、クローデルによる交渉の末、一九二六年末には日仏文化協会が設立され、翌一九二七年一一月には関西日仏学館が開館した。初代館長（学館主事）にはフランシス・リュエランが就いた。一九三一年一月には第二代館長としてジョルジュ・ボノーが着任、一九三二年四月には第三代館長としてルイ・マルシャンが着任している。

　爾来関西日仏学館はフランス語の教育機関として大きな役割を果たし、給費留学生試験の受験志望者にも東京のアテネ・フランセ（一九一三年設立）と並んで貢献していたとされる（前掲杉山論文）。しかしながら立地が学生の通学に不便であったため建物を移転する案が出され、文部省との折衝の末、吉田の京都高等工芸学校跡地に新校舎が建設され、一九三六年五月に新館が開館した。なお、九条山の土地には芸術家が滞在し創作活動を行う施設として、一九九二年にヴィラ九条山が建設された。

3　おわりに

　以上、東京日仏会館と関西日仏学館に関して、その設立の経緯と初期の活動について述べてきた。

　本稿の冒頭でも言及したが、日仏会館は二〇一四年で設立九〇周年を迎えた。これにともなって、二〇一三年から二〇一四年にかけてさまざまな式典、シンポジウムなどの記念行事が催されている。日仏会館の発行する雑誌『日仏文化』でも「日仏会館創立90周年記念号」と題した特集号が組まれており、二〇一四年一月発行の第八三号は日仏会館の歴史に関した特集号となっている。本稿の執筆にあたっても、この『日仏文化』の特集号を特に参考にさせていただいたことを最後に記しておきたい。

十九世紀末の日本研究——レオン・ド・ロニ文庫

南　明日香

「レオン・ド・ロニ文庫」について述べる前に、まずレオン・ド・ロニ（Léon de Rosny 一八三七〜一九一四）自身について触れておく必要があろう。ロニはフランスで初めて公に日本語を教えた人物として知られている。日仏修好通商条約が締結されて五年後の一八六三（文久三）年のことで、場所は帝国図書館附属帝国東洋語専門学校（一七九五年創立、現国立東洋言語文化研究院 INALCO）である。五年後に同校の教授に任命された。日本語を独学で習得し普及に努めた先駆者の一人である。本稿ではその活動を支えた資料、すなわちのちの「レオン・ド・ロニ文庫」がどのようなものであったのか、その由来などを含めて以下説明していくことにする。

レオン・ド・ロニは一八三七年に、フランス北東部のロースに生を受けた。ユゴーやバルザックが人気を博した時代である。文人気質の家系で、父のリュシアン・ド・ロニはアメリカの民俗学の民間の研究家にして、蔵書家でもあった。息子のレオンは幼い頃からラテン語やギリシャ語に親しみ、植物に大変興味を持った。六歳の時に一家でパリに移り住み、製本術や活版印刷の見習いをする傍ら物理学や化学を学んだ。そして十五歳で、前述の帝国東洋語専門学校で中国語やアラブ語などのコースに通う。中でもスタニスラス・ジュリアンという中国学の権威のもとで中国語を学んだことが、日本語に惹かれるきっかけとなった。この鎖国した領土の言葉を学ぶために、ロニはシーボルト、ヨハン・ヨーゼフ・ホフマン（文庫には二人による「日本叢書」第二巻で槇島昭武の『和漢音釈書字考節用集』に基づく辞書（一八四一年）がある）、アウグスト・プフィッツマイヤーなどのドイツ、オランダ語系の書物によった

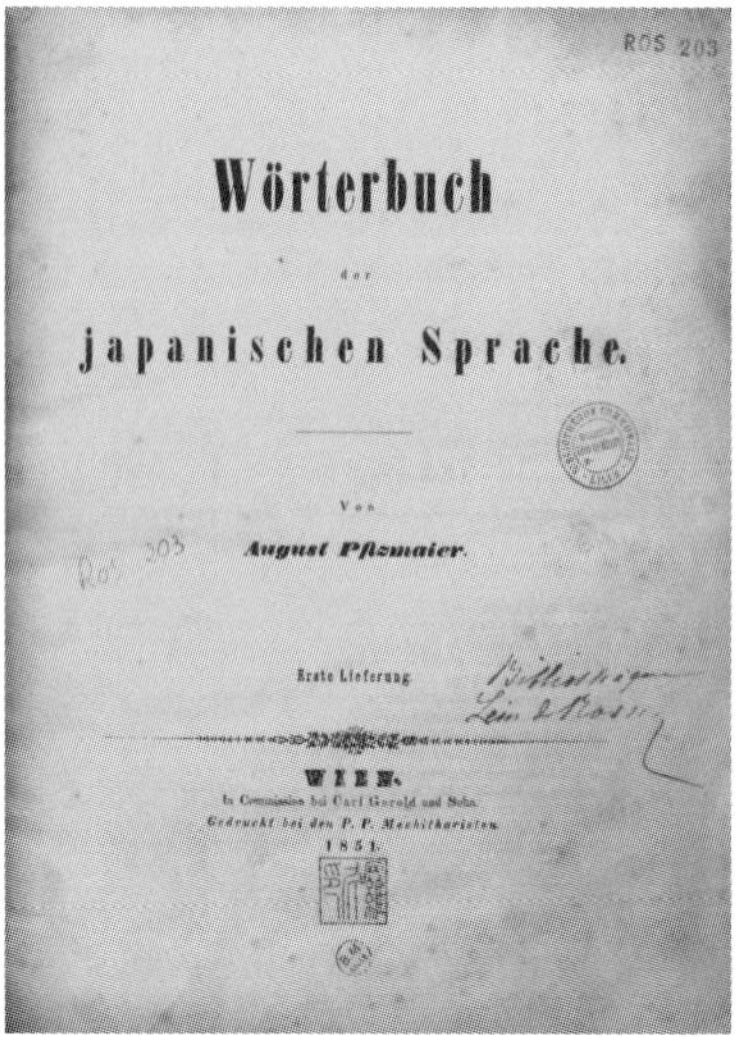

【図1】　アウグスト・プフィッツマイヤー『日本語辞書』、ウィーン、1851 年。中表紙にロニ蔵書印、リール市立図書館の印がある（リール市立図書館レオン・ド・ロニ文庫所蔵）。

（図１）。二十歳になる一八五七年に日本語学習の入門書を上梓し、翌年に教育省からの要請でイギリスの図書館が所蔵している和書の調査をした。このような日本の古語の知識、書誌・印刷・製本に関する知識と広範な知識欲とが、ロニの集書の背景となっていたことをまず確認しておく。

一八六二年に『ル・タン』紙 *Le Temps* の常勤編集員をしていたロニは、文久の遣欧使節のパリ訪問に合わせて案内役を買って出た。メンバーの中には福沢諭吉や松木弘安がおり、英語をコミュニケーションの基本言語として、彼らと交情を厚くした。栗本鋤雲が一八六七年から翌年にかけて、幕府の特使としてパリに滞在した折にも会っている。同年のパリ万国博覧会で委員を務め、この万博での日本館の人気が日本語を公式に教える気運となったと言われている。パリで日本語新聞『よのうはさ』を出したのもこの頃である。その後、依頼を受けてストックホルム王立図書館所蔵のノルデンショルト邦書文庫の目録（一八八三年）を監修するなど、フランスでの日本語の第一人者としての地位を確立した。

とはいえロニの活動は日本語の範囲に留まらなかった。定年の一九〇七年まで教鞭をとってはいるものの、西洋化を目指す明治の日本には目もくれず、日本人の同僚からは知識の浅薄さにおいて批判も受けた。その一方で多くの研究団体を設立し、一八七三年には第一回国際東洋学者会議を主催。日本語学習書を含む東洋の諸言語や、先住民族の研究が進んだ時代を反映してアメリカ大陸の民俗学、考古学、仏教、植物などに関する二百数十点（但し表題を変えて内容は同じものも含む）の著作を世に出した。

現地に赴く以外、情報収集の手段が文献にほぼ限られていた時代にあって、こうした多彩な活動を可能にしたのが彼の蔵書であった。生前に売却ないし譲渡があり悉皆調査は困難だが、現在リール市立図書館などで把握している所蔵先は以下になる。一部がクロフォード伯爵の手に渡り、それらは一九〇一年に売却されて今日マンチェスター大学のジョン・ライランズ図書館に収められている。高等実習学校宗教部門にも寄贈がある。一九〇三年にはロニ自身によって、タルタル語（北部と中央アジアの遊牧国家の言語）と満洲語関係をソルボンヌ大学の図書館に、その三年後に中国と日本関係の文献をリール（リル）市に寄付した。リールは出生地のロースにほど近い、フランドル地方の中心都市である。不幸にして一九一六年に起きた市庁舎での火災によりロニの旧蔵書も被害を受け、再整理や修復が必要になったままリール大学の図書館に保管され、新たに建設された市の図書館に移されるまで約半世紀等閑に付された。一九八四年にシュザンヌ・エスマン氏がロニの蔵書の重要性に気づき、それがリールの図書館に死蔵されていることがわかって調査に着手。「十九世紀中葉のフランスにおける和書の蔵書」他の論文で、ロニの蔵書や福澤諭吉らとの交友関係、絵入り本の性格をめぐって詳述。その価値が再認識された。そしてこれら約四〇〇点の和書について、ヨーロッパにおける和本の権威でケンブリッジ大学教官のピーター・コルニスキ氏が目録を作成し、当時リール第三大学教官のジョゼフ・デュボア、パトリック・ル・ネトゥール両氏が解説を執筆して、二言語での文献目録が一九九三年末に完成。さらに二〇〇四年に、東洋学関係の欧文文献の目録も整った。なおロニの寄贈後に図書館側で加えた若干の文献もある。現在市の図書館では Fonds Léon de Rosny「レオン・ド・ロニ文庫」として保存し再評価に尽力している。

欧文文献は英語とフランス語が多数を占め、父親から受け継いだポルトガル語やイタリア語のものもある。ロニ自身の著作も含まれている。定期刊行物としてはロニが設立したり所属したりしていた団体、すなわち日本研究協会、民族誌学会、東洋学者大会、フランス・アメリカ学会、地理学会、オリエンタル・アテネ会、イタリア・アジア協会、万国科学者会、王立アジア協会中国支部のジャーナル、イギリスの日本協会の報告書等に加えて、イギリスの『人類学と考古学誌』、イタリアの『ロリエンテ』などがある。従来のオリエント（中近東）学から植民地政策の拡大に伴い民俗学・人類学、地理学が発展した時代を反映している。さらに中国語やチベット語などの辞書や文法書が多数あり、古い物では宣教師会やマカオの東インド会社から出版された英語による中国語の辞書や文法書（ジョン・マーシャム著『中国語文法の基礎』*Elements of Chinese grammar* 一八一四年など）、ナポレオンの命によってルイ＝ジョゼフ・ド・ギーニュが、十八世紀初頭にバジル・ド・グレモナが残した『中国語ラテン語辞書』の草稿に基づいて編纂した『中国語・フランス語・ラテン語辞書』*Dictionnaire Chinois, Francais et Latin*（一八一三年）、さらにプロイセン王フリードリヒ・ヴィルヘルム三世の命によって同書に加筆したユリウス・クラプロートによる版 *Supplément au dictionnaire chinois-latin*（一八一九年）があり、当然のことながらロニの中国語の師であったスタニスラス・ジュリアンによる著作と彼による中国語の歴史書などの翻訳は、抜き刷りを初め揃えている。

日本関係では古典的なところではイエズス会司祭のジョアン・ロドリゲスによる『日本語小文典』のフランス語訳（原本一六二〇年、ロニ文庫の仏語訳は一八二五年）、交流のあった東京帝国大学のチェンバレンの『日本口語文典』（一八八八年）、日本語学習に用いたシーボルト（一冊のみ）、ホフマンの『日本文法』（一八六八年、著者からロニへの献本）、プフィッツマイヤーのウィーン科学アカデミーの哲学歴史会議報告書に掲載した緒論の抜き刷りで、日本の植物や民衆詩についての論などがある。日本の主に古美術・骨董の紹介をした美術商のサミュエル・ビング編集発行の『ル・ジャポン・アルティスティック』*Le Japon artistique*（一八八八〜八九年）全三六冊もある。その一方でケンプファー（ケンペル）の『日本誌』（一八二六年ロンドン、その後仏蘭独訳刊行）や、ベルリン大学東洋語研究所で最初に日本語を教えたルドルフ・ランゲの『口語体日本語教本』（一八九〇年）などの日本語教科書はない。珍しいものでは『日本王代一覧』のフランス語訳がある。同書は慶応年間に林鵞峯により編集された歴史書で、出島のオ

【図2】山田案山子著、柳斎重春画『大伴金道忠孝図絵　前編巻之二』、大坂等、1850年代推定。マホフによる書き入れがある（リール市立図書館レオン・ド・ロニ文庫所蔵）。

ランダ商館長イサーク・ティチングによって訂正の上仏語訳され、東洋学者のユリウス・クラプロートの解説付きで一八三四年にパリで刊行された。

この他日本、中国、チベット、モンゴルについての概説書、アメリカの民俗学や、多くはないが八〇年代後半以降打ち込んでいた仏教・道教・儒教に関する文献がある。現在リールの図書館にある限りでは、十九世紀以降の出版物が大半で、当時すでに骨董的価値のあったフェルナン・メンデス・ピントの『遍歴記』やルイス・フロイスの『日本史』など、十六世紀の稀覯本などは見られない。これが元々存在しなかったのか、生前に人手に渡ったのかは不明である。

中国語の文献は、一九八〇年代に約五一〇点について仏文と中文の目録が作成された（一九八六年頃刊行）。ほぼ明・清時代の出版物で、大多数がスタニスラス・ジュリアンから譲り受けたもので、加えて中国学の権威であったアベル＝レミュザの蔵書も含まれている。古地図、経典や『康熙字典』などの辞書から聖書の中国語訳まで多彩で、書き込みのあるものも少なくない。

和書については、ロニは来日していないので日本で購入する機会はなかった。が、一八五四年にアジア協会の司書助手職に就いており、書籍の入手方法については明るかった。極東関係については万国博覧会での出品物を初めパリ

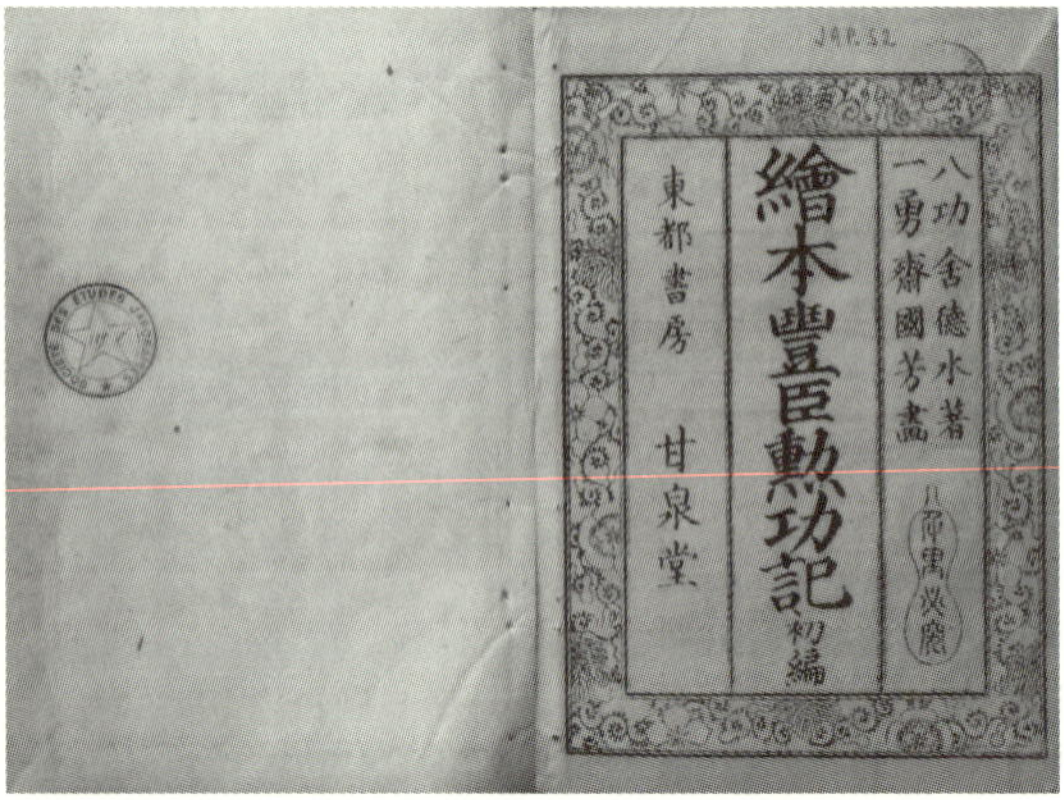

【図3】八功舎徳水著、歌川国芳画『絵本豊臣勲功記　初編』、大坂等、1857年。左頁に日本学会蔵書印（リール市立図書館レオン・ド・ロニ文庫所蔵）。

のメゾヌーヴなどの書店、古書店を通じて購入できた。またアムステルダムやロンドンの書店が扱っており、イヴァン・マホフの少なからぬロシア語の書き入れがある絵入り本は、ロシア経由で入手したと考えられている（図2）。父のリュシアン・ド・ロニの旧蔵書もある。ロニの日本語の学生でもあった医師ポール・J・ムーリエの一八八四年の死去に伴い売却された書籍の一部を購入したという証言もあり（参考文献 Delrue-Vandenbulckem 論文による）、各種コレクションの売り立てで得た場合もあったであろう。日本在住の知人のチェンバレンや、使節団の人員から送ってもらってもいた。自らが一八七三年に創設した日本研究協会では、文献の購入をすすめていて、この学会の印のあるものや（図3）、同じくロニが一八七九年に創設した万国科学者会の印のある文献がある。ただしロニがこれらの団体の所蔵書をどれだけ手元に置いていたのかはわかっていない。

日本の古典籍は、活版印刷と製本の技術があるロニにとって興味深い資料であったろうし、自身の著書に漢字仮名交じりの草書体や日本風の挿絵を入れるにあたって役立ったはずである。現在のロニ文庫には、多彩の挿絵や料紙を用いた豪華な和本は見られない。意図してモノクロの版のみ所持していたとも考えられるが、自著を見る限り美本へのこだわりがなかったとは言えない（図4）。十九世紀末はジャポニスムが大変流行した時期であり、屏風や蒔絵を施した漆器同様、絵入り和綴じ本のコレクションも盛んだった。ロニも例外ではなかったはずである。この他『和漢三才図絵』（一七一五年）、絵馬を集めた『厳島絵馬鑑』（一八四八年）や水野忠暁の『草木錦葉集』（一八二九年）、

【図4】レオン・ド・ロニ著『詩歌撰葉』*Anthologie japonaise*、パリ、1871年。原本は多色刷り（リール市立図書館レオン・ド・ロニ文庫所蔵）。

中山理賢の『仏門立志編』（一八八九年）など、民俗学や植物学、仏教に関心の高かったロニらしい選択もある。もっとも後年になるのはスマイルズの翻訳『西国立志編』（一八七一年）に倣ったタイトルであり、ロニの無視しようとした開化期の上昇思考を反映していて皮肉でもある。最後に列挙にとどめるが『源氏物語』や『平家物語』など有名な物語の江戸時代の翻刻の他、皇国史観の影響か、上代についての文献も多く『日本書紀』、『古事記』（一六四四年）や本居宣長の『古事記伝』、平田篤胤の『古史伝』、『万葉集』等が見られる。

日本に関する最後の書物の『もみじの葉』*Feuilles de Momidzi*（一九〇一年）の前文で、ロニは自分がヨーロッパで日本研究をはじめた一人として長年、日本が中国といかに異なっているかを一般人に説き続けたと記している。確かにその仕事はあくまでも日本趣味（ジャポニスム）や植民地主義の民族研究の時期、本格的な日本研究へと向かう以前の段階でのパイオニアのそれであった。しかし蔵書の方は今日なお、多くの情報をもたらしてくれる。近年西欧に渡った古典籍の研究が進められ、フランスでは国立図書館東洋写本部のヴェロニク・ベランジェ氏が名所図絵などのコレクションについて詳細な調査結果を発表している。ロニについても一部は参考文献に挙げたが、今後より一層掘り下げられるべき時代の証言の一つである。

「レオン・ド・ロニ文庫」参考文献

日本語による文献はCiNiiで検索できるので紙幅の都合で割愛させていただく（http://ci.nii.ac.jp/search）。ロニの伝記に関する基本文献である松原秀一「レオン・ド・ロニ略伝」は慶應義塾大学のhttp://koara.lib.keio.ac.jpよりダウンロードが出来る。またクリストフ・マルケ「フランスの和古書コレクション—各所での調査と発見」（『日仏図書館情報研究』二〇一五年二月）は、「ロニ文庫」の価値を西欧の視野で捉えるために重要。

リール市立図書館による「レオン・ド・ロニ文庫」の目録

Catalogue provisoire du fonds chinois de la bibliothèque de Léon de Rosny, conservé à la bibliothèque municipale de Lille, 1986. 仏語版と中国語版。前者の方が説明が細かい。

La bibliothèque japonaise de Léon de Rosny, 1994. Peter Francis Kornicki 著、Joseph Dubois, Patrick Le Nestour　協力で日仏二言語。後者の方が説明が細かい。

Fonds Léon de Rosny : catalogue des ouvrages en langues occidentales, 2008.　副題に「東洋とアメリカの研究、人類学、日本語と中国語関係等及び定期刊行物（タイトルによるアルファベット順）」とある。

展覧会図録

Léon de Rosny, 1837-1987 : exposition "Un erudit loosois et le Japon", Association Nord-Japon, Université populaire loossoise, 1987. 専門家による論文を含む。

Comment Léon de Rosny, homme du Nord découvrit l'Empire du Soleil Levant 1837-1914 (1986). Association Nord-Japon, Bibliothèque municipale de Lille。リュック・シャイユ 氏Luc Chailleuによる詳細な年譜や書誌の他、本稿で挙げたエスマン氏の論が再録されて

いる。Suzanne Esmein, « Une bibliothèque japonaise en France au milieu du XIXe siècle », *Nouvelles de l'Estampe* n°86, 1986.

これらに収録の書誌も重要。

右以外で以下の仏文の二本は「レオン・ド・ロニ文庫」及びロニと日本研究にかかわる基本文献。

Laure Delrue-Vandenbulckem, « Le fonds Léon de Rosny : un trésor inestimable à la Bibliothèque municipale de Lille » ; B. Fabre-Muller, P. Leboulleux, Ph. Rothstein (dir.), *Léon de Rosny 1837-1914 : De l'Orient à l'Amérique*, Lille, Presses universitaires du Septentrion, 2014. ロニ研究者等による論文集。「レオン・ド・ロニ文庫」を所蔵しているリール市立図書館学芸員のロール・デルリュ＝ヴァンデンビュルケム氏が同文庫について執筆。

Joseph Dubois, « Léon de Rosny et les études japonaises en France », http://archive.today/0OyyL　和書目録にも執筆したジョゼフ・デュボア氏が、一九八七年のレオン・ド・ロニ生誕一五〇年記念の際の論文。

謝辞　本稿のための調査にご協力いただいたリール市立図書館に、心より感謝の意を表します。

本稿の図の文献は、全てリール市立図書館所蔵レオン・ド＝ロニ文庫より

関連年表

和田桂子

本年表は、日仏交流に関する主な事項と関連書籍を記載したものである。最初の日本研究者といわれるレオン・ド・ロニがパリの東洋語学校に入学した一八五二年から、第二次世界大戦終結の一九四五年までを対象とした。作成にあたっては、本書収録の各論文を中心に、和田桂子編『ライブラリー・日本人のフランス体験　第九巻　ジャポニスムと日仏文化交流誌』（柏書房、二〇一〇年二月）、和田桂子・松崎碩子・和田博文編『満鉄と日仏文化交流誌』（ゆまに書房、二〇一二年九月）、和田桂子編『コレクション・都市モダニズム詩誌　第二二巻　俳句・ハイクと詩Ⅰ』（ゆまに書房、二〇一二年一〇月）等を参照した。取り上げた雑誌のうち、*Revue Franco-Nipponne* は和名『ルヴュ・フランコ・ニッポンヌ』または『日仏評論』、*France-Japon* は和名『フランス・ジャポン』、*Japon et Extrême-Orient* は和名『日本と極東』、*Bulletin de la Maison Franco-Japonaise* は和名『日仏会館学報』、*Bulletin de la Société franco-japonaise de Paris* は和名『パリ日仏協会会報』、*Bulletin de L'Association Française des Amis de L'Orient* は和名『フランス東洋友の会会誌』としても知られる。

一八五二（嘉永5）年
この年、レオン・ド・ロニがパリの東洋語学校で中国語を学ぶ傍ら、日本語を学習する。

一八五四（安政元）年
この年、レオン・ド・ロニがアジア協会の司書助手職につく。

一八五五（安政2）年
この年、第一回パリ万国博覧会が開催される。

一八五六（安政3）年
◆刊行月不記載　Léon de Rosny, *Introduction à l'étude de la langue japonaise* (Maisonneuve).

一八五八（安政5）年
この年、レオン・ド・ロニが教育省からの要請でイギリスの図書館が所蔵している和書の調査をする。

一八五九（安政6）年
◆刊行月不記載　Léon Pagès, *Bibliographie japonaise* (B. Duprat).

一八六〇（万延元）年

◆刊行月不記載　Léon de Rosny, *L'Orient* (Challamel aîné).

一八六一（文久元）年

◆刊行月不記載　Léon de Rosny, *La Civilisation japonaise, mémoire lu à la Société de géographie le 5 avril 1861* (impr. de L. Martinet).

一八六二（文久2）年

この年、幕府の遣欧使節団がパリを訪問。レオン・ド・ロニが福沢諭吉、松木弘安、箕作秋坪らと親交を結ぶ。ロンドン万国博覧会開催。

◆刊行月不記載　Léon Pagès, *Histoire des vingt-six martyrs japonais* (B. Duprat). Léon Pagès, *Dictionnaire japonais-français* (Firmin Didot).

一八六三（文久3）年

この年、パリの東洋語学校に日本語の無償講座が開かれる。レオン・ド・ロニが初めて公に日本語を教える。

◆刊行月不記載　Léon de Rosny, *École spéciale des langues orientales: cours de japonais: discours d'ouverture, prononcé le 8 Décembre* (impr. de Beau). Léon de Rosny, *Discours prononcé à l'ouverture du cours de japonais à l'École impériale et spéciale des langues orientales* (Maisonneuve). Abbé Mounicon, *Mythologie japonaise* (B. Duprat).

一八六四（文久3）年

◆刊行月不記載　Léon de Rosny, *Méthode de japonais à l'usage des personnes qui suivent le cours professé à l'Ecole impériale spéciale des langues orientales* (Chauvin). Léon de Rosny, *Études asiatiques de géographie et d'histoire* (Challamel aîné).

一八六六（慶応2）年

◆刊行月不記載　L'Abbé Mermet de Cachon, *Dictionnaire français-anglais-japonais* (Didot).

一八六七（慶応3）年

この年、第二回パリ万国博覧会が開催され、幕府の派遣団に随行して渋沢栄一が渡仏。レオン・ド・ロニが幕府の特使としてパリに滞在した栗本鋤雲に会う。

◆刊行月不記載　Léon de Rosny, *Des affinités du japonais avec certaines langues du continent asiatique* (Impr. de

Moquet). Léon de Rosny, *Guide de la conversation japonaise* (Maisonneuve).

一八六八（明治元）年

三月、レオン・ド・ロニがパリで邦字新聞『よのうはさ』を創刊（24日）するが、一号で廃刊。この年、ロニがパリの東洋語学校の正式日本語講座の教授となる。

◆刊行月不記載　Léon de Rosny, *Variétés orientales historiques, géographiques, scientifiques, biographiques et littéraires* (Maisonneuve). Léon Pagès, *Dictionnaire japonais-français* (Firmin-Didot).

一八六九（明治2）年

この年、レオン・ド・ロニがコレージュ・ド・フランスで黄色人種の歴史について講演。

◆刊行月不記載　Léon de Rosny, *Variétés orientales: historiques, géographiques, scientifiques, biographiques et littéraires* (Maisonneuve). Léon Pagès, *Histoire de la religion chrétienne au Japon depuis 1598 jusqu'à 1651* (C. Douniol).

一八七〇（明治3）年

四月、レオン・ド・ロニが邦字新聞『よのうはさ』を再度発刊。この年、パリに日本公使館が設置される。

一八七一（明治4）年

◆刊行月不記載　Léon de Rosny, *Anthologie japonaise, poésies anciennes et modernes* (Maisonneuve). Léon de Rosny, *Cours de japonais: discours d'ouverture* (impr. de Mme Ve. Bouchard-Huzard).

一八七二（明治5）年

この年、法学校教師ジョルジュ・イレール・ブスケ来日。レオン・ド・ロニが日本に短期滞在する。諏訪秀三郎が一六歳で渡仏。テオドール・デュレがアンリ・チェルヌスキと共に世界一周の旅の途中、日本に立ち寄って多くの江戸時代の絵入り版本を購入。

一八七三（明治6）年

この年、パリ大学教授ギュスターヴ・ボアソナード・ド・フォンタラビーが政府法律顧問として来日し、司法省法学校、東京法学校、明治法律学校、東京帝国大学等でフランス法の授業をし、二二年滞在する。レオン・ド・ロニが第一回東方学会（国際東洋学者会議）をパリで主宰。

◆刊行月不記載　Léon Pagès, *La Persécution des chrétiens au Japon et l'ambassade japonaise en Europe* (impr. de Chamerot).

一八七四（明治7）年

この年、中江兆民が仏学塾を開く。

一八七五（明治8）年

この年、ギュスターヴ・ボアソナード・ド・フォンタラビーが憲法案を起草。

一八七六（明治9）年

この年、エミール・ギメが来日。

◆刊行月不記載　Léon de Rosny, *L'Apologue à la Chine et dans l'Inde* (Maisonneuve).

一八七八（明治11）年

この年、第三回パリ万国博覧会開催。ジョゼフ・ドートルメールが東洋語学校を卒業。

◆刊行月不記載　Léon de Rosny, *Congrès international des sciences ethnographiques* (Secrétariat général du congrès). Léon de Rosny, *Les Distiques populaires du Nippon* (Maisonneuve). Léon de Rosny, *Zitu-go kiyau, Dô-zi kyau: l'Enseignement de la jeunesse* (impr. de la Revue orientale et américaine).

一八七九（明治12）年

この年、宣教師エミール・ラゲが長崎に来て九州各地で布教。レオン・ド・ロニが万国科学者会を創設。

一八八〇（明治13）年

この年、東京に仏文会創設。

一八八二（明治15）年

この年、風刺画家ジョルジュ・ビゴー来日。ギュスターヴ・ボアソナード・ド・フォンタラビー起草の刑法が施行。中江兆民がジャン・ジャック・ルソーの『民約論』翻訳。

一八八三（明治16）年

◆刊行月不記載　Léon de Rosny, *La civilisation japonaise* (E. Leroux).

一八八四（明治17）年

一二月、ジョルジュ・ビゴーが横浜で諷刺雑誌『トバエ』

*TÔBAÉ*を創刊するが、一号で廃刊。

◆刊行月不記載　Léon de Rosny, *Kami yo-no maki: Histoire des dynasties divines* (E. Leroux).

一八八五（明治18）年

この年、村上英俊が日本人初のレジオンドヌール勲章シュヴァリエを受章。ピエール・ロティ来日。

一八八六（明治19）年

この年、エミール・ベルタンが技術顧問として日本の海軍省に雇用される。レオン・ド・ロニが国立高等研究院宗教学部の準教授に任命される。

一八八七（明治20）年

二月、ジョルジュ・ビゴーが横浜で諷刺雑誌『トバエ』*TÔBAÉ*を再度発刊。

一八八八（明治21）年

◆刊行月不記載　Léon de Rosny, *Le Mythe de Quetzalcoatl* (E. Leroux).

一八八九（明治22）年

一月、ノエル・ペリがキリスト教外国宣教会の司祭として日本に着任する。この年、第四回パリ万国博覧会開催。

◆刊行月不記載　Cyprien Balet, *Grammaire japonaise de la langue parlée* (Sansaisha). Léon de Rosny, *Versions faciles et graduées de langue japonaise vulgaire, accompagnées d'un vocabulaire japonais-français, 2e edition* (Maisonneuve). Ryauon Fujishima, *Le Bouddhisme japonais: doctrines et histoire des douze grandes sectes bouddhiques du Japon* (Maisonneuve et Ch. Leclerc).

一八九〇（明治23）年

この年、エミール・ベルタン帰国。シプリアン・バレが宣教師として来日し、一九〇〇年まで滞在。

一八九一（明治24）年

◆刊行月不記載　Léon de Rosny, *Chan-Hai-King: antique géographie chinoise* (Maisonneuve). Léon de Rosny, *La morale du Bouddhisme* (G. Carré). Edmond de Goncourt, *Outamaro* (Charpentier).

一八九二（明治25）年
◆刊行月不記載　Léon de Rosny, *Le taoïsme* (E. Leroux).

一八九三（明治26）年
三月、望月小太郎がロンドンで『日英実業雑誌』*The Japanese Journal of Engineering, Metal Trades & Chemistry* 創刊。この年、レオン・ド・ロニがコレージュ・ド・フランスの中国文化講座教授エルヴェ・ド＝サン＝ドニの後継者のポストに立候補するもエドゥアール・シャヴァンヌに敗れる。

一八九四（明治27）年
この年、エミール・ベルタンが勲一等瑞宝章受章。
◆刊行月不記載　Léon de Rosny, *Le Bouddhisme éclectique* (E. Leroux).

一八九五（明治28）年
この年、黒田清輝の絵がパリ官展サロンに入選。ギュスターヴ・ボアソナード・ド・フォンタラビーが勲一等瑞宝章受章。

一八九六（明治29）年
この年、ミシェル・ルヴォンがパリ大学で博士号を取得。
◆刊行月不記載　Edmond de Goncourt, *Hokousaï* (Charpentier et Fasquelle).

一八九七（明治30）年
この年、有栖川宮がルーヴル美術館を訪問し、フランス側から一九〇〇年の万国博覧会に日本古美術の出品を求められる。

一八九八（明治31）年
四月、玉井喜作がドイツ語雑誌『東亜』*Ost=Asien* 創刊。

一八九九（明治32）年
この年、ミシェル・ルヴォンが帰仏、パリ大学で日本語講師となる。クロード・メートルがアルベール・カーン奨学金で世界旅行の途中に初来日。
◆刊行月不記載　Maurice Courant, *Grammaire de la langue japonaise parleé* (E. Leroux). Félix Evrard, *Essai pratique de conversation franco-japonaise* (Sansaisha). Cyprien Balet, *Grammaire japonaise: langue parlée* (Sansaisha).

一九〇〇（明治33）年
四月、第五回パリ万国博覧会開幕（14日）。エミール・ベルタンを会長、フェリックス・レガメーを事務局長としてパリ日仏協会が発足。川上音二郎・貞奴の一座がパリで「芸者と武士」を上演する。一一月、パリ万国博覧会閉幕（3日）。この年、テオドール・デュレの版本コレクションがフランス国立図書館に寄贈される。

一九〇一（明治34）年

この年、クロード・メートルがフランス極東学院の研究員になる。

◆刊行月不記載 Léon de Rosny, *Feuilles de "momidzi"* (E. Leroux).

一九〇二（明治35）年

四月、パリ日仏協会より *Bulletin de la Société franco-japonaise de Paris* 創刊。年末、*Bulletin de la Société franco-japonaise de Paris* 第一号―二。この年、クロード・メートルがフランス国立極東学院の研究員として来日、約二年滞在する。

一九〇三（明治36）年

四月、*Bulletin de la Société franco-japonaise de Paris* 第二号。年末、*Bulletin de la Société franco-japonaise de Paris* 第二号―二。この年、レオン・ド・ロニが国立高等研究院宗教学部教授となる。ポール＝ルイ・クーシューがアルベール・カーン奨学金で世界旅行の途中、日本に立ち寄る。クロード・メートルが日本でノエル・ペリと初めて出会う。

一九〇四（明治37）年

七月、ポール＝ルイ・クーシューがフランスに帰国。この年、能楽文学研究会が発足し、唯一の外国人メンバーとしてノエル・ペリが参加。パリで社会党の指導者ジャン・ジョレスが日刊紙 *L'Humanité* を創刊。ポール＝ルイ・クーシューをリーダーとする最初のハイジン・グループがパリにできる。

◆刊行月不記載 J. M. Lemaréchal, *Dictionnaire japonais-français* (Sansaisha).

一九〇五（明治38）年

六月、*Bulletin de la Société franco-japonaise de Paris* 第四号。この年、五来欣造がパリ大学で政治哲学と法学を学ぶ傍ら、東洋語学校の会話担当非常勤講師を務める。

◆**七月、**Paul-Louis Couchoud, Albert Poncin, *Au fil de l'eau* (imprimé en privé). 刊行月不記載 Emile Raguet, *Abrégé de grammaire japonaise: au point de vue de la traduction du français* (Sansaisha). Emile Raguet et Ono Tôta, *Dictionnaire français-japonais* (Sansaisha). Emile Raguet, *Petit dictionnaire français-japonais pour la conversation* (Sansaisha). Louis Bridel, *Trois études sociales et juridiques*

(Sansaisha).

一九〇六（明治39）年

一月、在仏日本公使館が大使館に昇格する。**一一月**、戸川秋骨、ロンドンよりパリに到着。**一二月**、*Bulletin de la Société franco-japonaise de Paris* 第五号。有島生馬がパリに到着。この年、マルセイユの博覧会で上演中の花子（太田ひさ）にオーギュスト・ロダンが感銘を受け、パリの自宅で花子をモデルにした彫刻の創作が開始される。斎藤豊作・斎藤与里・藤島武二がパリに到着。

◆**五月**、岩村透『芸苑雑稿』（画報社）。刊行月不記載 E. Papinot, *Dictionnaire d'histoire et de géographie du Japon* (Sansaisha). Te-San, *Notes sur l'art japonais II: La sculpture et la ciselure* (Mercure de France).

一九〇七（明治40）年

三月、*Bulletin de la Société franco-japonaise de Paris* 第六号。トマス・クック社の日本事務所が、横浜に開かれる。**四月**、東京朝日新聞社のロンドン特派員、杉村楚人冠がパリに着き、約一週間滞在。**六月**、*Bulletin de la Société franco-japonaise de Paris* 第七号。**七月**、鹿子木孟郎が、白滝幾之助、菅原一斉、津田青楓、安井曾太郎に見送られ、パリから避暑地イポールに出発。永井荷風がアメリカからフランスに渡り、パリに一泊した後、横浜正金銀行リヨン支店勤務のためにリヨンに向かう。**九月**、*Bulletin de la Société franco-japonaise de Paris* 第八号。**一一月**、高村光太郎が約一週間、ロンドンからパリを訪れる。**一二月**、*Bulletin de la Société franco-japonaise de Paris* 第九号。畑正吉がパリに到着。小塚正一郎、パリに入り約一週間滞在。この年、レオン・ド・ロニが東洋語学校を退く。

◆**九月**、吉田博『写生旅行』（博文館）。刊行月不記載 M. Revon, *Le Shinntoïsme: Les Dieux de Shinnto* (E. Leroux).

一九〇八（明治41）年

一月、上田敏がパリに到着。**三月**、*Bulletin de la Société franco-japonaise de Paris* 第一〇号。児島虎次郎がパリに到着、黒田清輝の紹介状を持ってラファエル・コランを訪ねる。永井荷風がリヨンからパリに移り、上田敏らと親交。**五月**、朝日新聞社主催の世界一周観光旅行の一行がパリに到着。**六月**、*Bulletin de la Société franco-japonaise de Paris* 第一一号。高村光太郎がロンドンからパリに到着し、グランド・ショーミエール研究所に籍をおく。**九月**、*Bulletin de la Société franco-japonaise de Paris* 第一二号。**一〇月**、上田敏がパリから神戸に到着。**一二月**、*Bulletin de la Société franco-japonaise de Paris* 第一三号。この年、姉崎正治がパリに立ち寄る。花子をモデルにしたロダン作「死の顔」が完成。斎藤与里、荻原守衛が帰国。梅原龍三郎がパリ到着。レオン・ド・ロニが国立高等研究院宗教学部を退く。クロード・メートルがフランス極東学院の院長に任命される。

◆**一月**、杉村楚人冠『大英游記』（有楽社）。**三月**、戸川秋骨『欧米記遊二万三千哩』（服部書店）。**五月**、巌谷小波『巴里の別天地　大日本大使館装飾記』（三越呉服店）。**九月**、東京朝日新聞社蔵版・石川周行『世界一周画報』（東京朝日新聞会社）。刊行月不記載　Nagao Ariga, *La guerre russo-japonaise au point de vue continental et le droit international d'après les documents officiels du grand état-major japonais* (Pedone). Michel Revon, *Le rituel du feu dans l'ancien Shinnto* (E. H. Brill). Le Comte de Saint-Maurice, *La civilisation économique du Japon: son expansion en extrême-orient* (G. Broustan). Louis Bridel, *Géographe juridique de l'Occident* (Sansaisha). G. Bourgois, *Langue japonaise: caractères idéographiques: dictionnaire et méthode d'étude* (Sansaisha).

一九〇九（明治42）年

二月、パリ装飾美術館で浮世絵が展示される。アンドレ・ジッドらにより *La Nouvelle Revue Française*（『新フランス評論』NRF）創刊。**三月**、*Bulletin de la Société franco-japonaise de Paris* 第一四号。**五月**、滝沢敬一が横浜正金銀行リヨン支店勤務のためマルセイユに到着。**六月**、*Bulletin de la Société franco-japonaise de Paris* 第一五号。高村光太郎が帰国。**九月**、*Bulletin de la Société franco-japonaise de Paris* 第一六号。**一二月**、*Bulletin de la Société franco-japonaise de Paris* 第一七号。この年、*Bulletin de la Société franco-japonaise de Paris* 特別号。有島生馬がパリのアトリエに入居。南薫造がイギリスからパリに到着。和田三造が欧州留学。陸軍士官ガストン・ルノンドーが来日、一九一三年まで滞在。仏学会と旧日仏協会とが合体し日仏協会が設立される。

◆**三月**、永井荷風『ふらんす物語』（博文館）。**六月**、姉崎正治『花つみ日記』（博文館）。**一一月**、C・L・森雅子『袖珍仏語実用会話』（三才社）。刊行月不記載　Charles Vignier, *Estampes japonaises primitives exposées au Musée des Arts Décoratifs en février 1909* (Longuet). Edomond Papinot, *Historical and geographical dictionary of Japan* (Sansaisha).

一九一〇（明治43）年

一月、三宅克己、三回目のパリに向けて横浜を発つ。有島生馬が帰国のためパリを出発。藤島武二、帰国。**三月**、*Bulletin de la Société franco-japonaise de Paris* 第一八号。**六―九月**、*Bulletin* *de la Société franco-japonaise de Paris* 第一九―二〇号。**八月**、小牧近江がパリに到着。**九月**、井上嘯風、パリに到着し、五日ほど滞在。**一〇月**、小牧近江がアンリ四世校に入学。この年、南薫造、山下新太郎、湯浅一郎、有島生馬が帰国。パリ装飾美術館で浮世絵の展示。内藤丈吉がパリに留学。

◆**九月**、小塚正一郎『欧米巡遊日記』（私家版）。刊行月不記載 Takeshi Ishikawa, *Étude sur la littérature impressioniste au Japon* (Pedone). Charles Vignier, M. Inada, *Harunobu, Koriusai, Shunsho: Estampes japonaises: catalogue de l'exposition au Musée des Arts Décoratifs en 1910* (Longuet). Charles Leroux, *La Musique classique japonaise* (Evette et Schaeffer). Michel Revon,*Anthologie de la littérature japonaise des origins au XXe siècle*『日本近代文学選集』(Plon)［*Toça nikki* 紀貫之『土佐日記』*Makura no sôshi de Sei Shônagon* 清少納言『枕草子』*Hôjôki* 鴨長明『方丈記』*Tsurezure gusa* 吉田兼好『徒然草』*Cent essais par le vieux Foukouzawa, l'homme de la nature* 福沢諭吉『福翁自伝』*Hototoghiçou* 徳富蘆花『不如帰』*Onna daigakou ou La grande école des femmes* 貝原益軒『女大学』*Shundai zatsuwa* 室鳩巣『駿台雑話』］.

一九一一（明治44）年

三月、*Bulletin de la Société franco-japonaise de Paris* 第二一号。**五月**、大阪朝日新聞社の鳥居素川（赫雄）がパリに立ち寄る。**三月**、三宅克己、帰国。**六月**、*Bulletin de la Société franco-japonaise de Paris* 第二二号。伴野文三郎、第一回目の帰国をするが、一カ月ほどでパリに戻る。**九月―一二月**、*Bulletin de la Société franco-japonaise de Paris* 第二三―二四号。**一二月**、与謝野寛、満谷国四郎、柚木久太、徳永柳洲、長谷川昇がパリに入り、九里四郎に会う。川島理一郎が渡仏。この年、石井柏亭がパリに到着。和田垣謙三が渡欧。小林万吾が渡欧し、パリで与謝野寛らと交流。パリ装飾美術館で浮世絵の展示。ジョゼフ・ドートルメールが東洋語学校教授に就任。

◆**八月**、前田正名述『彼我対照欧州視察』（欧亜協会）。**九月**、黒板勝美『西遊二年欧米文明記』（文会堂書店）。**一一月**、三宅克己『欧州絵行脚』（画報社）。刊行月不記載 Charles Vignier, M. Inada, *Kiyonaga, Buncho, Sharaku, Catalogue de l'exposition d'estampes japonaises au Musée des Arts Décoratifs* (Longuet). Olivier le Paladin, *Plutôt la mort* 徳富蘆花『不如帰』(Plon).

一九一二（大正元）年

一月、与謝野寛、九里四郎、徳永柳洲、川島理一郎がパリで交遊。**三月**、*Bulletin de la Société franco-japonaise de Paris* 第二五号。ポール＝ルイ・クーシューが日本再訪。**五月**、与謝野晶子がパリに到着、石井柏亭がパリに戻り約一カ月滞在。**六―九月**、*Bulletin de la Société franco-japonaise de Paris* 第二六―二七号。**八月**、山本鼎がパリに到着。**九月**、与謝野晶子がパリを発つ。**一〇月**、児島虎次郎がマルセイユから帰国の途につく。石井柏亭が帰国。**一二月**、*Bulletin de la Société franco-japonaise de Paris* 第二八号。与謝野寛、パリを発つ。この年、児島虎次郎、和田垣謙三が帰国。パリ装飾美術館で浮世絵の展示。石井菊次郎がフランス特命全権大使となり、一九一五年まで務める。

◆**七月**、橋本邦助『巴里絵日記』（博文館）。**一〇月**、岩村透『芸苑雑稿二集』（画報社）。**一二月**、鳥居赫雄『頬杖つきて』（政教社）。刊行月不記載　Henri Cordier, *Bibliotheca Japonica* (Leroux).

一九一三（大正2）年

一月、東京にフランス語の私塾（後のアテネ・フランセ）創設。ポール＝ルイ・クーシューがフランスに帰国。**四月**、*Bulletin de la Société franco-japonaise de Paris* 第二九号。石川三四郎、マルセイユに着く。**五月**、島崎藤村がパリに到着。**八月**、藤田嗣治が渡仏。小山内薫がロンドンからパリを訪れ、島崎藤村の宿に立ち寄る。小山内は沢木梢、郡虎彦、山本鼎、桑重儀一、金山平三、藤田嗣治、ユージン・モレル、シルヴァン・レヴィらとも交遊。**七月**、*Bulletin de la Société franco-japonaise de Paris* 第三〇号。**八月**、田中一貞がパリに到着し、約四カ月滞在。**一〇月―一九一四年一月**、*Bulletin de la Société franco-japonaise de Paris* 第三一―三二号。この年、梅原龍三郎が帰国。パリ装飾美術館で浮世絵の展示。

◆**二月**、有島生馬『蝙蝠の如く』（洛陽堂）。**四月**、永井荷風『珊瑚集』（籾山書店）。**五月**、石井柏亭『欧州美術遍路　上巻』（東雲堂）。**七月**、和田垣謙三『兎糞録』（至誠堂書店）。**一二月**、石井柏亭『欧州美術遍路　下巻』（東雲堂）。刊行月不記載　Charles Vignier, M. Inada, *Utamaro: Estampes japonaises exposées au Musée des Arts Décoratifs en 1912* (Longuet). Corvisart, *Mitraille humaine: récit du siège de Port Arthur* 桜井忠温『肉弾』(Challamel).

一九一四（大正3）年

二月、河上肇と竹田省がブリュッセルからパリに到着。**三月**、石原純は島崎藤村らと交遊し、月末にパリを発つ。**四月**、*Bulletin de la Société franco-japonaise de Paris* 第三三号。河上肇がパリからベルリンに出発。正宗得三郎がパリに向けて日本を出発。**五月**、三浦環が神戸を出帆。岩村透が四度目のパリに到着。竹田省が帰国のためパリを発つ。四月から六月にかけて生田葵山、野口米次郎、河田嗣郎がパリに着き、島崎藤村と交遊。**六月**、正宗得三郎が森田恒友とマルセイユに到着、パリで山本鼎に迎えらる。岩村透、イギリスに向けてパリを出発。高村真夫がパリに到着。**七月**、第一次世界大戦勃発（28日）。*Bulletin de la Société franco-japonaise de Paris* 第三四―三五号。**八月**、島崎藤村が正宗白鳥らとリモージュに戦火を避ける。伴野文三郎が毎日新聞名誉通信員としてパリに残る。**九月**、岩村透が帰国。**一〇月**、小牧近江がパリ法科大学に入学。**一一月**、島崎藤村がリモージュからパリに戻る。この年、足立源一郎がパリに到着。藤田嗣治が赤十字社の志願看護夫を務める。安井曾太郎が帰国。

◆**五月**、与謝野寛・晶子『巴里より』（金尾文淵堂）、小杉未醒『画筆の跡』（日本美術学院）。**七月**、和田垣謙三『吐雲録』（至誠堂書店）。**一〇月**、高村光太郎『道程』（抒情詩社）。**一二月**、柳沢健『果樹園』（東雲堂）。刊行月不記載 Louis Aubert, *Les Maîtres de l'estampe japonaise* (Armand Colin). Charles Vignier, J. Lebel, M. Inada, *Yeishi, Choki, Hokusai: Estampes japonaises exposées au Musée des Arts Décoratifs en janvier, 1913* (Longuet). Paul-Louis Couchoud, *Sages et Poètes d'Asie* (Calmann-Lévy).

一九一五（大正４）年

一〇月、森田恒友がマルセイユより帰国の途につく。**一一月**、ロンドンで中川治平が『日英新誌』*Monthly Anglo-Japanese Journal* 創刊。

◆**一月**、島崎藤村『平和の巴里』（左久良書房）。**七月**、田中一貞『世界道中かばんの塵』（岸田書店）。**一二月**、島崎藤村『戦争と巴里』（新潮社）、和田垣謙三『西遊スケッチ』（至誠堂書店）、河上肇『祖国を顧みて』（実業之日本社）、岩村透『美術と社会』（趣味叢書発行所）。

一九一六（大正５）年

一月、沢木梢がパリを発つ。**一月―九月**、*Bulletin de la Société franco-japonaise de Paris* 第三六―三七号。**二月**、小泉信三がパリを発つ。高村真夫が帰国。**三月**、島崎藤村が水上滝太郎の泊るセレクト・ホテルに移る。**四月**、正宗得三郎がパリからロンドン経由で帰国。**五月**、ジュリアン・ヴォカンスが俳句「戦争百景」（«Cents visions de guerre»）を *Le Grand Revue* 誌に載せる。**一一月**、吉江喬松がパリに着き、パリ大学の講義を聴講。この年、岡田穀がアメリカへ向かい、のちにパリに着く。ジャック・コポーがゴードン・クレイグに能面を見せてもらう。椎名其二がパリに渡る。

◆**六月**、有島生馬『南欧の日』（新潮社）。刊行月不記載

Joseph Dautremer, *Le premier livre de japonais* (Garnier).

一九一七（大正6）年

一月—九月、*Bulletin de la Société franco-japonaise de Paris* 第三八—三九号。三月、藤田嗣治がフェルナンド・バレーと結婚。四月、吉江喬松がパリを出てリヨン、グルノーブルへ行き、夏期大学を聴講。六月、藤田嗣治がシェロン画廊で個展を開く。一二月、川口軌外がパリに向けて日本を出発。

◆四月、正宗得三郎『画家と巴里』（日本美術学院）、島崎藤村『幼きものに』（実業之日本社）。六月、高村真夫『欧州美術巡礼記』（博文館）。刊行月不記載　Paul Claudel, *Connaissance de l'Est* (Mercure de France).

一九一八（大正7）年

一月—九月、*Bulletin de la Société franco-japonaise de Paris* 第四〇—四一号。六月、小牧近江がパリ法科大学を卒業。八月、蜷川新がパリ到着。一〇月、小牧近江がヴェルサイユ講和会議日本全権団事務嘱託となる。ギメ博物館設立者のエミール・ギメが死去。一一月、第一次世界大戦終結（11日）。吉江喬松がグルノーブルからパリに戻る。藤田嗣治がドゥヴァンベス画廊で個展を開く。一二月、落合太郎がパリに到着。この年、長谷川潔がアメリカ経由でパリに到着。布利秋が『中央新聞』の特派員としてフランスの戦場で視察取材。

◆七月、島崎藤村『海へ』（実業之日本社）。

一九一九（大正8）年

一月、パリ講和会議。一月—九月、*Bulletin de la Société franco-japonaise de Paris* 第四二—四三号。三月、姉崎正治がコレージュ・ド・フランスに招聘され、特別講座を担当。五月、ポール＝ルイ・クーシュー宅にジャン・ポーラン、ポール・エリュアール、ジュリアン・ヴォカンスが集まり、第二回ハイジン・グループの集いとなる（11日）。六月、ルネ・モーブランがナントの文芸誌 *La Gerbe* にハイカイを載せる。七月、児島虎次郎がパリに到着。九月、徳富蘆花・愛子がイタリアからパリへ入る。一一月、エミール・ギメの死後、ギメ博物館評議会会長に息子のジャン・ギメが就任（22日）。藤田嗣治、サロン・ドートンヌに入選。一二月、小牧近江が帰国。この年、岡本綺堂がパリ滞在。中川紀元もパリを訪れる。椎名其二がベルサイユ会議の取材でパリ来訪中の黒岩涙香の通訳を務める。

◆一月、島崎藤村『新生』第一巻（春陽堂）。一二月、島崎藤村『新生』第二巻（春陽堂）。刊行月不記載　Kikou Yamata, *Ballades et Promenades* (Korinsha). A. Gérard, *Ma mission au Japon* (Plon). Joseph Dautremer, *Dictionnaire japonais-*

français des caractères chinois (Garnier frères).

一九二〇（大正9）年

一月、岸田國士がパリ到着。ギメ博物館評議会会長に就任したばかりのジャン・ギメが自動車事故で死去。フランス東洋友の会の会長エミール・セナールが評議会会長を務める。**一月—九月**、*Bulletin de la Société franco-japonaise de Paris* 第四四—四五号。**三月**、太宰施門がパリ到着。藤原義江がパリに向けて日本を発つ。福良虎雄がパリに滞在。**四月**、東久邇宮稔彦が離日し、フランス到着後フォンテンブローの砲兵学校に入る。**六月**、パリ大学に日本学の講座開設が決定。**七月**、柳沢健がパリに向けて日本を出発。**九月**、*La Nouvelle Revue Française* がハイカイ特集号を組み、ポール＝ルイ・クーシュー、ジャン・ポーラン、ポール・エリュアール、ジャン＝リシャール・ブロック、ジュリアン・ヴォカンスら一二人のハイカイ八二篇を掲載（1日）。これに感銘を受けたR・M・リルケがフランス語の俳句を一篇つくる（4日）。小山敬三がパリに到着。吉江喬松が帰国。**一〇月**、パリ大学に日本文明講座が開設され、ミシェル・ルヴォンが教授に任命される（1日）。石川三四郎が帰国。ルネ・モーブランがナントの文芸誌 *La Gerbe* にフランスのハイカイについての評論を載せる。**一〇月—一二月**、*Bulletin de la Société franco-japonaise de Paris* 第四六号。**一一月**、武林無想庵・文子夫妻がパリ到着。金子光晴がパリに滞在。**一二月**、武林イヴォンヌがパリで誕生。R・M・リルケがドイツ語の俳句を一篇つくる。この年、三宅克己がパリを訪れる。正木不如丘がパリのパストゥール研究所に学ぶ。児島虎次郎が、大原コレクションのためにモネとマティスを訪ねる。アメリカのモダニズム詩人エズラ・パウンドがパリに移り住む。薩摩治郎八がイギリスへ発つ。クロード・メートルがフランス極東学院の院長を辞職する。石井菊次郎がフランス特命全権大使に再任され、国際連盟の日本代表も務める。この年はのちにバンジャマン・クレミューによって「ハイカイの年」と呼ばれる。

◆**六月**、有島生馬『死ぬほど』（春陽堂）。刊行月不記載　Yoshie Takamatsu, *L'ermite, légende dramatique en triosactes* 坪内逍遥『役の行者』(Société littéraire de France). Noël Peri, *Cinq Nô* (Bossard).

一九二一（大正10）年

一月、児島虎次郎がマルセイユから帰国の途につく。**一月—三月**、*Bulletin de la Société franco-japonaise de Paris* 第四七号。**二月**、三浦環がオペラ・コミック座で「蝶々夫人」に主演。**四月**、山田珠樹が渡仏。**四月—六月**、*Bulletin de la Société franco-japonaise de Paris* 第四八号。**五月**、辰野隆が渡仏のために日本を出発。里見勝蔵がパリ着。野坂参三・竜夫妻がパリに到着。**六月、**アナトール・フランスがノーベル賞受賞（10日）。エミール・セナールを会長とするフランス東洋友の会が *Bulletin de L'Association Française des Amis de L'Orient* を創刊。東郷青児がパリに到着。武林無想庵・文子・イヴォンヌがパリを出てヨーロッパ旅行。**七月―九月、***Bulletin de la Société franco-japonaise de Paris* 第四九号。**九月、**小出楢重、小松清、坂本繁二郎、硲伊之助、林倭衛がマルセイユに到着。坂本繁二郎がパリに到着。児島喜久雄がパリに到着。**一〇月、**坂本繁二郎がアカデミー・コラロッシに入る。稲畑勝太郎が商務で欧米出張のため日本を発つ。正宗得三郎が二度目の留学のためパリに着く。木下杢太郎が植物性の寄生病学を学ぶためロンドンよりパリに到着。小松清はグエン・アイ・コォク（後のヴェトナム大統領ホー・チ・ミン）と知り合う。硲伊之助がアカデミー・グランド・ショーミエールに通う。**一〇月―一二月、***Bulletin de la Société franco-japonaise de Paris* 第五〇号。**一一月、**ポール・クローデルが新フランス大使として来日、六年間滞在。東郷青児の妻の明代が、長男志馬を出産。**一二月、***Bulletin de L'Association Française des Amis de L'Orient* 第二号。辰野隆がリヨン大学留学を経てパリに到着。この年、高畠達四郎がパリに到着。藤田嗣治はサロン・ドートンヌの審査員に選ばれる。九鬼周造が文部省嘱託としてヨーロッパに渡り、ハイデルベルク大学やパリ大学で哲学の研究を続ける。柳沢健が太田三郎、小松耕輔、小野清一郎らと交遊し、ノエル・ヌエットにフランス語を学ぶ。東北大学教授勝本正晃がフランスに着き、ミシェル・ルヴォンから日本の古典について質問される。セルジュ・エリセーエフがパリへ。

◆**三月、**福良虎雄『洋行赤毛布』（日本評論社出版部）。徳富蘆花・愛子『日本から日本へ・西の巻』（金尾文淵堂）。**九月、**吉江喬松『仏蘭西印象記』（精華書院）。**一一月、**重徳泗水『現代のフランス』（大阪屋号書店）。**一二月、**三宅克己『欧州写真の旅』（アルス）。刊行月不記載　Noël Peri, *Cinq Nô: Drames lyriques japonais* (Bossard). Nico-D. Horigoutchi, *Tankas, petits poèmes japonais* (Fauconnier). Arthur Waley, *The Nô Plays of Japan* (George Allen & Unwin).

一九二二（大正11）年

一月、武林無想庵・文子・イヴォンヌが帰国。久米桂一郎が渡仏。**一月―三月、***Bulletin de la Société franco-japonaise de Paris* 第五一号。**二月、**近藤浩一路がマルセイユに到着して、和田英作が出迎える。**三月、**ルネ・モーブランがパリのギメ博物館における「東洋友の会」主催の講演会で俳句について講演（11日）。岩田豊雄（獅子文六）がパリに到着。森茉莉がドイツ留学する兄の森於菟とともにパリにいる夫の山田珠樹のもとに向かう。**四月**、小出楢重が帰国。パリの国民美術協会サロンで日本現代美術展、開催。**四月―六月**、*Bulletin de la Société franco-japonaise de Paris* 第五二号。**五月**、落合太郎が帰国に向けてパリを出発。三木清がドイツ留学のため日本を出発。東京で画商エルマン・デルスニスにより仏蘭西現代美術展覧会が開催される。**六月**、*Bulletin de L'Association Française des Amis de L'Orient* 第三号。児島虎次郎がパリに着く。稲畑勝太郎が帰国。**七月**、東久邇宮稔彦がパリの陸軍大学を卒業し、パリの政治法律学校で学ぶ。**七月―九月**、*Bulletin de la Société franco-japonaise de Paris* 第五三号。**一〇月―一二月**、*Bulletin de la Société franco-japonaise de Paris* 第五四号。**一一月**、内藤濯がパリに到着。松尾邦之助がパリに到着、パリ大学で社会学を学び始める。松尾は、佐藤朝山や井沢弘とも交遊。**一二月**、*Bulletin de L'Association Française des Amis de L'Orient* 第四号。太宰施門が帰国のためマルセイユを出発。この年、伴野文三郎が帰国。中山巍がパリに到着。藤原義江がパリのマリニー座に出演。正木不如丘がパリより帰国。椎名其二が一時帰国。

◆**二月**、重徳泗水『仏蘭西文化の最新知識』(アルス)。**三月**、石川三四郎『放浪八年記』(三徳社)。**四月**、柳沢健『柳沢健詩集』(新潮社)。**五月**、吉江喬松『仏蘭西文芸印象記』(新潮社)。**六月**、島崎藤村『仏蘭西便り』(新潮社)。**九月**、島崎藤村『仏蘭西紀行』(春陽堂)、島崎藤村『エトランゼエ』(春陽堂)。刊行月不記載 René Grousset, *Histoire de l'Asie vol. 3* (Crès). M. Mitsukuri, *La vie sociale au Japon* (Société Franco-Japonaise). Takamatsu Yoshie, *Ourashima* 坪内逍遥『浦島』(Roger). Edmond de Goncourt, *Hokousai* (Flammarion).

一九二三(大正12)年

一月、前田寛治がパリに到着。石井柏亭が二度目のパリ到着。**一月―九月**、*Bulletin de la Société franco-japonaise de Paris* 第五五―五六―五七号。**二月**、大杉栄がマルセイユに到着。ルネ・モーブランが *La Grande Revue* 誌に「現代文学における日本的動向」を載せる。**三月**、児島虎次郎がマルセイユから帰国の途につく。宮坂勝が渡仏し、アカデミー・モデルヌでオトン・フリエスに師事。辰野隆が帰国。ルネ・モーブランが *La Grande Revue* 誌に「現代文学における日本的動向」続編を載せる。**四月**、小宮豊隆がマルセイユに到着し一週間パリに滞在。**五月**、岡田三郎が帰国に向けてマルセイユを出発。大杉栄がサン・ドニのメーデーで飛び入り演説し、ラ・サンテ監獄に送られる。林倭衛も警察で事情を聞かれる。**六月**、*Bulletin de L'Association Française des Amis de L'Orient* 第五号。林倭衛はモデルのイヴォンヌと同棲を始める。大杉栄が追放処分となりマルセイユから帰国。**七月**、海老原喜之助がパリに着く。海老原は中川紀元の紹介状を手に藤田嗣治を訪れて弟子入り。岸田國士がパリを発って帰国。**八月**、山田珠樹が妻の茉莉とともに帰国。**九月**、関東大震災（1日）がおこり、義援金を目的とした催しがパリで行われる。**一〇月**、小宮豊隆がアムステルダムからパリに到着。**一〇月—一一月**、ルネ・モーブランがランスの文芸誌 *Le Pampre* に「フランスのハイカイ—書誌とアンソロジー」を載せる。**一〇月—一二月**、*Bulletin de la Société franco-japonaise de Paris* 第五八号。**一二月**、ルイ・オーベル、ポール＝ルイ・クーシュー、セルジュ・エリセーエフ、クロード・メートル、レイモン・マルティニを編集者として、*Japon et Extrême-Orient* パリで創刊（1日）。*Bulletin de L'Association Française des Amis de L'Orient* 第六号。巴里日本人会創立。この年、中村研一がパリに到着。森口多里がパリに到着。小山敬三がマリー・ルイズ・ド・モントルイエと結婚。戸田海笛がパリに赴く。藤田嗣治はサロン・デ・チュイルリーの会員となる。藤田嗣治とフェルナンド・バレーは離婚、藤田はリューシー・バドード（ユキ）と、フェルナンドは画家の小柳正と一緒になる。早川雪洲・青木ツル夫妻が、映画「ラ・バタイユ」製作のためパリに到着。キク・ヤマタが母マルグリットとパリに着き、ジャンヌ・ミュールフェルド夫人のサロンに頻繁に出入りし、アンナ・ド・ノアイユ、アンリ・ド・レニエ、アンドレ・ジッド、ジャン・コクトー、ポール・ヴァレリー等と知り合う。内藤丈吉がフランス国籍を取得。クロード・メートルがギメ美術館準学芸員となって研究を再開。薩摩治郎八がイギリスからフランスへ。
◆**三月**、柳沢健『歓喜と微笑の旅』（中央美術社）。**五月**、野口米次郎『我が手を見よ』（アルス）。**六月**、柳沢健『南欧遊記』（新潮社）。**一〇月**、大杉栄『日本脱出記』（アルス）。刊行月不記載　Victor Frédéric Weber, *Ko-ji-ho-ten: dictionnaire à l'usage des amateurs et collectionneurs d'objets d'art japonais et chinois* (Chez l'auteur), Serge Elisséèv, *La peinture contemporaine au Japon* (Boccard), C. Marchand, *Le lavis en Extrême-Orient par Ernst Grosse* (Crès), N. Ogata, *Botchan ou Jeune homme irréfléchi* 夏目漱石『坊っちゃん』(Maruzen), Torahiko Kôri, *Yoshitomo: tragédie en trois actes de l'ancien Japon* 郡虎彦『義朝記』(Librarie Stock Delamain).

一九二四（大正13）年

一月、巴里日本人会がデバルカデール通り七番地に移る（29日）。*Japon et Extrême-Orient* 第二号刊行。高野三三男が横浜からパリに向けて出発、パリではアカデミー・ランソンに通う。佐伯祐三が妻米子、長女弥智子とともにパリに到着、里見勝蔵を訪ねる。堀口大学、パリに立ち寄り、一カ月の間に、長谷川潔、藤田嗣治、ポール・フォール、マリー・ローランサンに再会、ポール・モーラン、アンドレ・サルモンにも会う。杉浦非水が帰国。**一月―九月**、*Bulletin de la Société franco-japonaise de Paris* 第五九―六〇―六一号。**二月**、*Japon et Extrême-Orient* 第三号刊行。武林無想庵・文子・イヴォンヌがパリ到着。小宮豊隆がイタリアに向けてパリを出発、秋に帰国。**三月**、*Japon et Extrême-Orient* 第四号刊行。内藤濯が帰国。渋沢栄一、ポール・クローデルらにより東京に財団法人日仏会館（Maison franco-japonaise）が設立される。**四月**、*Japon et Extrême-Orient* 第五号刊行。正宗得三郎、福島けい子ら、モネを訪ねる。**五月**、パリ・オリンピック開幕（4日）。シュザンヌ・ビング演出による能『邯鄲』の全体リハーサルが行われる（13日）。清水登之が、三宅克己夫妻と共にパリに到着。福沢一郎、柳沢健、西條八十がパリ着。柳沢は八十と共にポール・フォールとも交遊。八十はノエル・ヌエットにフランス語を習う。福沢は佐伯祐三、中山巍、森口多里らと交遊。正宗得三郎が帰国。**五月―六月**、*Japon et Extrême-Orient* 第六号刊行。**七月**、坂本繁二郎がパリを出発して九月に帰国。斎藤茂吉が妻照子とパリで合流、パリ滞在中に小宮豊隆、木下杢太郎と会う。小牧近江ジャン・ジョレス暗殺一〇周年記念デモに参加。ルネ・モーブランが *Le Pampre* 誌に書いた「現代文学における日本的動向」を後藤末雄が翻訳し、『明星』に載せる。**七月―八月**、*Japon et Extrême-Orient* 第七―八号刊行。**八月**、木下杢太郎、マルセイユを発つ。内藤湖南がパリに到着。三木清がドイツからパリに到着。ルネ・モーブランが *Le Pampre* 誌に書いた「現代文学における日本的動向」を後藤末雄が翻訳し、『明星』に続編を載せる。**九月**、*Japon et Extrême-Orient* 第九号刊行。小牧近江が帰国。石津作次郎、パリに着く。**一〇月**、*Japon et Extrême-Orient* 第一〇号刊行。福沢一郎、サロン・ドートンヌに入選。斎藤茂吉、パリ滞在中に安倍能成、板垣鷹穂、三木清、久保猪之吉、児島喜久雄、結城素明、宮坂勝らと会う。アナトール・フランスが死去し、三木清が安倍能成と共に葬式に参列。**一一月**、武林文子が日本料理店湖月を開店、重徳泗水、内藤湖南、早川雪洲、東久邇宮稔彦が常連客となる。斎藤茂吉がパリを発つ。黒田鵬心がエルマン・デルスニスと日仏芸術社を立ち上げる。**一一―一二月**、*Japon et Extrême-Orient* 第一一―一二号刊行。**一二月**、日仏会館が開館式を迎える（14日）。理事長は渋沢栄一、総裁は閑院宮載仁親王、名誉総裁はポール・クローデル。実業家村井吉兵衛の屋敷が会館として使用された。内藤湖南がパリを発つ。薩摩治郎八、パリを発つ。この年、*Bulletin de la Société franco-japonaise de Paris* 第六二号。足立源一郎がパリに着く。キク・ヤマタがエドゥメ・ド・ラ・ロシュフーコー夫人のサロンに出入りし、ポール・クローデルやポール・モーラン等と知り合い、ロマン・ロランを訪問する。深尾須磨子が初めてのパリ訪問。九鬼周造がチューリヒからパリに移る。日本劇「ラ・バタイユ」のオデオン座初演。田辺孝次がパリに滞在。佐藤朝山が帰国。陸軍士官ガストン・ルノンドーが二度目の来日、一九二八年まで滞在。エミール・ベルタン死去。

◆**三月**、岡田三郎『巴里』(新潮社)。**四月**、岡本綺堂『十番随筆』(新作社)。**九月**、島崎藤村『仏蘭西だより　上』(新潮社)。**一〇月**、岡本一平『紙上世界漫画漫遊』(実業之日本社)。**一二月**、武林無想庵『世界を家として』(一人社)。刊行月不記載　Kikou Yamata, *Sur des lèvres japonaises* (Le Divan). G. Ripert, Sozo Komachiya, *Code de Commerce de l'Empire du Japon* (Chauny). Albert Maybon, *Le Japon d'aujourd'hui* (Flammarion). Masaomi Yoshitomi, *Anthologie de la littérature japonaise contemporaine* (Drevet)〔*La tristesse d'un enfant* 国木田独歩『少年の悲哀』、*La chasteté* 国木田独歩『貞操』、*Le rire dans les larmes* 国木田独歩『泣き笑い』、*Les lèvres sèches* 徳田秋声『乾いた唇』、*Le luxe* 正宗白鳥『贅沢』、*Une scène d'une station thermal* 菊池寛『温泉場小景』、*Le vrai coeur* 細田源吉『本心』〕. Masaomi Yoshitomi, *Femmes japonaises et leur littérature* (Henri Chariot). Serge Elisséev, *Neuf nouvelles japonaises* (Van Oest)〔*Le cornac* 長谷川如是閑『象やの粂さん』、*Le renard* 永井荷風『狐』、*Les trois jours* 岡田八千代『三日』、*Le tatouage* 谷崎潤一郎『刺青』、*Le double suicide de Shimabara* 菊池寛『島原心中』、*Le bruit des vagues de la rivière* 里見弴『川波の音』、*Les poupées* 芥川龍之介『雛』、*Le crime du jongleur* 志賀直哉『范の犯罪』、*L'été qui commence* 久保田万太郎『初夏』〕. H. de Winiwarter, *Kiyonaga et Choki, illustrateurs de livres* (Geuthner). René Maublanc, *Cent Haïkaï* (Mouton Blanc).

一九二五(大正14)年

一月、斎藤茂吉がパリより帰国。柳沢健とふじの次女燿子が、パリで誕生。里見勝蔵がパリを発って帰国の途につく。**二月**、岡鹿之助がパリに到着。武林文子が日本料理店湖月を閉店。石黒敬七、パリに到着。日仏芸術社が仏蘭西現代絵画展覧会を開催、六月まで日本全国を巡回。**三月**、岡鹿之助が岡田三郎助の紹介状を持参して藤田嗣治を訪問。三月ごろから松尾邦之助が日本人会の書記として働き始める。**四月**、パリで現代産業装飾芸術国際博覧会開催。松尾邦之助が藤田嗣治を知る。福沢一郎が中山巍、高畠達四郎と一緒のアトリエに住み始める。五月ごろ、松尾邦之助はギメ美術館の「東洋友の会」

(la Société des Amis de l'Orient) でエミール・スタイニルベル＝オーベルランと知り合う。**六月**、渡辺浩三がパリに到着、佐伯祐三が出迎え、木下勝治郎らと交遊。**七月**、岩田豊雄がマリー・ショウミイと共に日本に帰国、翌月に長女巴絵が誕生。芹沢光治良夫妻がパリに到着、三木清や佐伯祐三と親交。前田寛治がパリを発つ。日仏芸術社が美術雑誌『日仏芸術』を創刊。**八月**、布利秋のアドバイスにより石黒敬七がパリで『巴里週報』創刊（1日）。『巴里週報』第二号（11日）。『巴里週報』第三号（17日）。『巴里週報』第四号（24日）。『巴里週報』第五号（31日）。中西顕政が『巴里週報』に多額の寄付。**九月**、『巴里週報』第六号（7日）。『巴里週報』第七号（14日）。『巴里週報』号外（19・20日）。『巴里週報』号外（23日）。『巴里週報』附録（27日）。『巴里週報』第八号（28日）。**一〇月**、『巴里週報』第九号（5日）。『巴里週報』第一〇号（17日）。『巴里週報』第一一号（25日）。『巴里週報』第一二号（31日）。第一回在巴里日本人美術家展が日本人会館で開かれる。九鬼周造がパリ大学に在籍する。三木清が帰国。サロン・ドートンヌに佐伯祐三、佐伯米子、石黒敬七が入選。蕗谷虹児が妻とともにパリに到着。クロード・メートル死去。**一一月**、『巴里週報』第一三号（7日）。『巴里週報』第一四号（日不明）。『巴里週報』第一五号（21日）。『巴里週報』第一六号（28日）。**一二月**、『巴里週報』第一七号（5日）。『巴里週報』第一八号（日不明）。『巴里週報』第一九号（26日）。トシ・コモリがフェミナ座で公演し、武林文子・イヴォンヌも共演。この年、*Bulletin de la Société franco-japonaise de Paris* 第六三―六四―六五―六六号。東郷青児がギャルリー・ラファイエットのパリ本店図案部に勤務する。西條八十は柳沢健、森口多里、石黒敬七らと交遊。武林文子が出版者ウージェーヌ・ファスケルを通してチタイナ、マルセル・ヴィユー、モーリス・メーテルリンクと会う。雨田禎之、パリ到着。薩摩治郎八が帰国。ロダンのブロンズ製「青銅時代」が東京美術学校に寄贈される。藤田嗣治がレジオンドヌール勲章受章。

◆**二月**、柳沢健『ジャン・ジョレス』（改造社）。**五月**、正宗得三郎『画家の旅』（アルス）。**一二月**、石津作次郎『欧羅巴の旅』（内外出版）。刊行月不記載 Kikou Yamata, *Masako* (Stock). A. Maybon, *Le Théâtre japonais* (Laurens). S. Asada, Charles Jacob, *Puisque je t'aime* 谷崎潤一郎『愛すればこそ』(Emile-Paul Frères). Franz Toussaint, *Les pins chantent* (Kieffer).

一九二六（大正15・昭和元）年

一月、『巴里週報』第二〇号（2日）。『巴里週報』第二一号（9日）。『巴里週報』第二二号（16日）。『巴里週報』第二三号（23日）。『巴里週報』第二四号（30日）。武林文子がモンテカ

ルロで情夫にピストルで頬を撃たれる。中山巍のアトリエに川口軌外、福沢一郎、高畠達四郎、木下勝治郎、林龍作、西村叡らが集って佐伯祐三の送別会が行われた。佐伯祐三、妻子とともにパリを発つ。仏教美術学者アルフレッド・フーシェが最初の使節として日仏会館に派遣され、シルヴァン・レヴィ着任までの臨時館長を務める。中西顕政が*Revue Franco-Nipponne* 創刊のために多額の寄付。**二月**、『巴里週報』第二五号（6日）。『巴里週報』第二六号（13日）。中西顕政を社長、松尾邦之助を編集長として、*Revue Franco-Nipponne* 創刊（15日）。『巴里週報』第二七号（20日）。『巴里週報』第二八号（27日）。八木熊次郎がパリに到着。三宅克己が帰国。フランシス・リュエランが最初の研究員の一人として日仏会館に着任。**三月**、『巴里週報』第二九号（6日）。『巴里週報』第三〇号（13日）。『巴里週報』第三一号（20日）。『巴里週報』第三二号（27日）。関沢秀隆、パリに到着。**四月**、『巴里週報』第三三号（3日）。『巴里週報』第三四号（10日）。『巴里週報』第三六号（24日）。蕗谷虹児、サロン・ナショナルに入選。**五月**、*Revue Franco-Nipponne* 第二号（1日）。『巴里週報』第三七号（1日）。『巴里週報』第三八号（8日）。『巴里週報』第三九号（15日）。『巴里週報』第四〇号（日不明）。辻潤が息子の一を連れてパリに到着、武林無想庵と行動を共にする。林倭衛は帰国のためパリを出発。深尾須磨子がコレットの私邸を訪れる。**六月**、『巴里週報』第四一号（日不明）。『巴里週報』第四二号（12日）。『巴里週報』第四三号（19日）。『巴里週報』第四四号（26日）。**七月**、『巴里週報』第四五号（3日）。『巴里週報』第四六号（10日）。『巴里週報』第四七号（17日）。『巴里週報』第四八号（24日）。**八月**、『巴里週報』第四九号（7日）。『巴里週報』第五〇号（14日）。*Revue Franco-Nipponne* 第三号（15日）。『巴里週報』第五一号（21日）。『巴里週報』第五二号（28日）。横綱栃木山がパリを訪れ、日本人倶楽部で歓迎会が開かれる。**九月**、『巴里週報』第五三号（日不明）。『巴里週報』第五四号（11日）。薩摩治郎八が妻と共にパリ再訪（16日）。『巴里週報』第五五号（18日）。『巴里週報』第五六号（25日）。清水登之が帰国の途につく。蕗谷虹児、サロン・ドートンヌに入選。シルヴァン・レヴィが日仏会館初代館長に着任。**一〇月**、『巴里週報』第五七号（2日）。『巴里週報』第五八号（11日）。『巴里週報』第五九号（18日）。『巴里週報』第六〇号（25日）。**一一月**、『巴里週報』第六一号（1日）。『巴里週報』第六二号（8日）。『巴里週報』第六三号（15日）。『巴里週報』第六四号（22日）。『巴里週報』第六五号（29日）。*Revue Franco-Nipponne* 第四号。第二回在巴里日本人美術家展が日本人会館で開かれる。**一二月**、『巴里週報』第六六号（6日）。『巴里週報』第六七号（13日）。柳沢健とふじの三女玲子がパリで誕生。この年、*Bulletin de la Société* *franco-japonaise de Paris* 第六七号。阿部金剛、パリ到着。西條八十が帰国。中村研一が一度帰国するが再び渡仏する。日仏会館の建物が村井吉兵衛の急逝と村井銀行の破産により売却される。

◆**四月**、岸田國士『我等の劇場』（新潮社）。西條八十『巴里小曲集』（交蘭社）。**六月**、岸田國士『言葉言葉言葉』（改造社）。**七月**、滝沢七郎『旅券を手にして』（明文社）。**一二月**、西條八十『彼女』（交蘭社）。刊行月不記載 Fukujiro Wakatsuki, *Le Japon traditionnel*『伝統の日本』(Au sans pareil). E. Steinilber-Oberlin, Hidetaké Iwamura, *Chansons des Geishas*『芸者の唄』(Crés). Katsuro Hara, *Histoire du Japon des origins à nos jours* (Payot). M. Yoshitomi, Albert Maybon, *Cette femme-là* 有島武郎『或る女』(Flammarion). 河野通一『新編仏蘭西文法』（三才社）。河野通一『簡明仏蘭西文法』（芝田書店）。下村辰子『仏蘭西語練習書』（三才社）。

一九二七（昭和2）年

一月、『巴里週報』第六八号（1日）。『巴里週報』第六九号（10日）。『巴里週報』第七〇号（17日）。『巴里週報』第七一号（日不明）。椎名其二がパリを再訪し、第二次大戦中も帰国せず、一九五七年九月までパリに滞在。芹沢光治良夫妻に長女万里子が誕生。熊岡美彦がパリに到着。海老原喜之助、アリス・エロジー・ベッケと結婚。**二月**、『巴里週報』第七二号（2日）。『巴里週報』第七三号（日不明）。『巴里週報』第七四号（14日）。『巴里週報』第七五号（21日）。『巴里週報』第七六号（日不明）。**三月**、*Revue Franco-Nipponne* 第五号。『巴里週報』第七七号（日不明）。『巴里週報』第七八号（14日）。『巴里週報』第七九号（日不明）。『巴里週報』第八〇号（28日）。八木熊次郎、帰国。宮坂勝、帰国。池内友次郎がパリに着き、ポール・フォーシュの門弟となる。芹沢光治良の肺結核が判明、スイスやフランスの療養地での闘病生活が続く。**四月**、『巴里週報』第八一号（4日）。『巴里週報』第八二号（11日）。『巴里週報』第八三号（18日）。『巴里週報』第八四号（25日）。柳沢健がフランスの日本大使館三等書記官から、スウェーデンの日本公使館三等書記官に異動。日本人作家の絵画展覧会がアルティスト・エ・アルティザンで開かれる。池内友次郎が平岡次郎、林龍作、一柳信二、天田光平、荻野綾子、宅孝二ら日本人音楽家と交遊。**五月**、日仏会館編『日仏文化』創刊（15日）。『巴里週報』第八五号（日不明）。『巴里週報』第八六号（日不明）。『巴里週報』第八七号（16日）。『巴里週報』第八八号（23日）。『巴里週報』第八九号（30日）。松尾邦之助がオート・エチュード・ソシアルの卒業免状を受ける。マドレーヌ座の「未来派無言劇」にトシ・コモリ出演。**六月**、『巴里週報』第九〇号（6日）。『巴里週報』第九一号（13日）。『巴里週報』第九二号（日不明）。『巴里週報』第九三号（27日）。画家の井田亀彦がシャンパーニュで自殺。岡本綺堂の『修禅寺物語』を「ル・マスク」と改題し、フィルマン・ジェミエが、コメディ・デ・シャンゼリゼ座で上演する。松尾邦之助、藤田嗣治、柳亮、大森啓助、平岡治郎、柳沢健らが協力した。オデオン座でも再上演される予定だったが、中止となる。**七月**、『巴里週報』第九四号（4日）。『巴里週報』第九五号（11日）。海老原喜之助、サロン・ド・レスカリエ展に出品。日仏会館が *Bulletin de la Maison franco-japonaise* を東京で創刊、その「仏文編（1）」<Série Française I>にシルヴァン・レヴィの「日本仏教研究資料」<Matériaux japonais pour l'étude du bouddhisme>が載る。**八月**、『巴里週報』第九七号（1日）。『巴里週報』第九八号（8日）。『巴里週報』第一〇一号（29日）。*Revue Franco-Nipponne* 第六号。佐伯祐三、妻子とともに二度目のパリ到着。**九月**、『巴里週報』第一〇二号（5日）。『巴里週報』第一〇三号（12日）。『巴里週報』第一〇四号（19日）。『巴里週報』第一〇五号（26日）。**一〇月**、『巴里週報』第一〇六号（3日）。『巴里週報』第一〇七号（10日）。薩摩治郎八が立ち上げた薩摩財団により日本学生会館の定礎式（11日）。『巴里週報』第一〇八号（17日）。パリのクレス出版社で中央文献史料協会主催の「日本の会」が開かれ、『其角の俳諧』出版記念会が催される。翻訳者の松尾邦之助、エミール・スタイニルベル＝オーベルランのほか、川路柳虹、岡見富雄、小森敏、長谷川潔、ルネ・モーブラン、セルジュ・エリセーエフらが出席。松尾・川路を中心にフランスに日本文芸を紹介するための「日仏文芸協会」（のちの「日仏文化連絡協会」）の構想がまとまる（22日）。『巴里週報』第一〇九号（24日）。『巴里週報』第一一〇号（31日）。荻須高徳が山口長男、大橋了介、横手貞美と共にパリに到着。**一一月**、『巴里週報』第一一一号（8日）。『巴里週報』第一一二号（21日）。第三回在巴里日本人美術家展が日本人会館で開かれる。向井潤吉、パリ着。福沢一郎がサロン・ドートンヌに入選。佐伯祐三も入選。ポール・クローデル、フランシス・リュエラン、稲畑勝太郎らによって関西日仏学館（L'Institut Franco-Japonais du Kansai）が京都九条山に開館。初代館長はリュエラン。**一二月**、『巴里週報』第一一四号（5日）。『巴里週報』第一一五号（12日）。この年、中西顕政がシベリア経由でパリに戻り、松尾邦之助のためにアミラル・ムーシェ通りの空き家を借り、印刷機を入れる。この印刷所に吉田保、大海忠助らが泊まり込み、武林無想庵もしばしば足を運ぶ。小山敬三個展がヴァレンヌ画廊で開催される。*Bulletin de la Société franco-japonaise de Paris* 第六八号。石田英一がパリ留学。阿部金剛、帰国。

◆一一月、西條八十『丘に想ふ』（交蘭社）。刊行月不記載

Serge Elisséev, *Le Jardin des pivoines suivi de cinq récits d'écrivains contemporains* (Au Sans Pareil) [*Le jardin des pivoines* 永井荷風『牡丹の客』、*La fille du café* 長谷川如是閑『あるカフェの娘』、*L'élève diplômée* 森田草平『名取弟子』、*Les feux* 志賀直哉『焚火』、*Le secret* 谷崎潤一郎『秘密』、*Une journée malheureuse* 新井紀一『悪日』]、Kuni Matsuo, E. Steinilber-Oberlin, *Les haïkaï de Kikakou*『其角の俳諧』(Crès). Kikou Yamata, *Le Shoji* (Stock). Kikou Yamata, *Les Huit renommées* (A. Delpeuch). Kikou Yamata, *Vers l'Occident* (La Cité des Livres). N. Yoshitomi, *Etudes sur l'histoire économique de l'ancien Japon des origines à la fin du VIIe siècle* (Pedone). Charles Vildrac, *D'un voyage au Japon* (Hazan). Georges Montandon, *Au pays des Aïnou* (Masson). Ken Sato, *Contes d'amour des samouraïs* 井原西鶴『男色大鑑・武道伝来記・武家義理物語』(Stendhal). R. Martinie, *La Porte* 夏目漱石『門』(Rieder). Juntarô Maruyama, *Mumyô et Aizen, l'éternelle idole* 谷崎潤一郎『永遠の偶像』(Hakusuisha). Juntarô Maruyama, *L'amour est une maladie* 菊池寛『恋愛病患者』(Hakusuisha). Juntarô Maruyama, *La providence du moment* 菊池寛『時の氏神』(Hakusuisha). Juntarô Maruyama, *Le nez et autres contes par Akutagawa Ryûnosuke* (Hakusuisha) [*Le nez* 芥川龍之介『鼻』、*Le Vieux Susanoo* 芥川龍之介『老いたる素戔嗚尊』、*O'gin* 芥川龍之介『おぎん』、*Les trois trésors* 芥川龍之介『三つの宝』]. W. L. Schwartz, *The Imaginative Interpretation of the Far East in Modern French Literature 1800-1925* (Honoré Champion). Paul Claudel, *Cent phrases pour éventails* (Gallimard). Inazo Nitobe, trans. Charles Jacob, *Le Bushido : l'âme du Japon* (Payot).

一九二八（昭和3）年

一月、『巴里週報』第一一六号（2日）。『巴里週報』第一一七号（9日）『巴里週報』第一一八号（16日）『巴里週報』第一一九号（23日）。『巴里週報』第一二〇号（30日）。林倭衛がパリに旅立つ。辻潤が読売新聞社の第一回パリ文芸特置員として、長男の一と共にパリに向けて出発、パリではイリヤ・エレンブルグらと会う。**二月**、『巴里週報』第一二一号（6日）。『巴里週報』第一二二号（13日）。『巴里週報』第一二三号（20日）。『巴里週報』第一二四号（27日）。有島生馬が原智恵子を連れてパリ再訪。**三月**、『巴里週報』第一二五号（6日）。『巴里週報』第一二六号（16日）。『巴里週報』第一二七号（28日）。硲伊之助がロゾラン・アデリア・エルビラと結婚。竹中郁がパリに向けて出発。畑林玉一が肺結核のため死去。柳亮がパ

リの自宅から『巴里芸術通信』を発刊。**四月**、『巴里週報』第一三〇号（15日）。『日仏文化』第二輯（25日）。**五月**、『巴里週報』第一三二号（5日）。薩摩財団理事会がソルボンヌで開かれ、藤田嗣治から薩摩治郎八にあてたパリ国際都市日本館壁画の契約破棄の手紙が紹介される（5日）。小磯良平が神戸を出港し、パリで竹中郁に合流、グランド・ショーミエールに通う。東郷青児が帰国。**五―六月**、*Revue Franco-Nipponne* 第七号。**六月**、河盛好蔵がパリに到着。日本美術大展覧会がルネ・ジヴィー画廊で開かれる。九鬼周造がパリ再訪。小山敬三がパリから帰国。日仏会館のシルヴァン・レヴィがフランスに帰るため離日。**七月**、『巴里週報』第一三二《ママ》号（16日）。『巴里週報』日仏英国際競泳優勝祝賀号（日不明）。蕗谷虹児とりん夫妻に二男青瓊がパリで誕生。片岡直方がガス事業視察のためパリ入りし、パリで開催された英仏デヴィス・カップを観戦。松尾邦之助が父危篤の電報を受け取る。**八月**、松尾邦之助が帰国のためパリを発つ（28日）。大阪毎日新聞社・東京日日新聞社主催の世界一周旅行一行がパリに到着。佐伯祐三、肺結核とともに神経衰弱も進み死亡、長女弥智子も結核のため死去。出島啓太郎がパリ生活を始める。**九月**、『巴里週報』第一三七号（1日）。『巴里週報』第一三八号（10日）。『巴里週報』第一三九号（18日）。竹内勝太郎がパリに到着。佐伯米子が祐三と弥智子の遺骨と共にマルセイユから日本に旅立ち、荻須高徳らが見送る。武林文子がオランピア座で公演。**九―一〇月**、*Revue Franco-Nipponne* 第八号。**一〇月**、『巴里週報』第一四一号（15日）。『巴里週報』第一四二号（22日）。吉屋信子が門馬千代子と共にパリに到着。池内友次郎がコンセルヴァトワールに入学。白井鐵造がパリに向けて発つ。**一一月**、『巴里週報』第一四三号（9日）。第四回在巴里日本人美術家展が日本人会館で開かれる。伊原宇三郎と志げの長男通夫がパリで誕生。芹沢光治良夫妻が帰国。福沢一郎がサロン・ドートンヌに入選。**一二月**、小山敬三個展がコンタンポラン画廊で開かれる。この年、*Bulletin de la Société franco-japonaise de Paris* 第六九号。Édition de la Revue Franco-Nipponne No.1（オーシウ文庫・第一巻）としてエミール・スタイニルベル＝オーベルランの *Défense de l'Asie et du Bouddhisme: Réponse à M. Massis, auteur de «Défense de l'Occident»*（「亜細亜を無視せる　マッシス氏への駁論」）が刊行される。高畠達四郎、中村研一・中山巍、深尾須磨子が帰国。益田義信がパリに着き、四年間をすごす。福沢一郎がパリで個展を開催。九鬼周造がパリのアンリ・ベルグソン宅を訪れる。竹中郁がマン・レイを訪問。建築家の前川國男がパリへ行き、一九三〇年まですごす。姉崎正治がレジオンドヌール勲章受章。

◆**二月**、滝本二郎、マダム・ド・ブレスト『欧米漫遊留学案内　欧州の部』（欧米旅行案内社）。竹中郁『枝の祝日』（海港詩人倶楽部）。**六月**、西條八十『紫の罌粟』（交蘭社）。**九月**、鳥居素川『松籟』（鳥居とも子）。**一一月**、三宅克己『世界めぐり』（誠文堂）。**一二月**、深尾須磨子『紫の恋』（世界社）。近藤浩一路『異国膝栗毛』（現代ユウモア全集刊行会）。刊行月不記載　Kikou Yamata, *Le Roman de Genji* 紫式部『源氏物語』(Plon). Kuni Matsuo, E. Steinilber-Oberlin, *Les notes de l'oreiller* 清少納言『枕草子』(Stock). Jules Sion, *Asie des moussons vol. I*(Colin). Serge Elisséev, *Japon, histoire et historiens depuis cinquante ans* (Alcan). Yorodzu Oda, *Principes de droit administratif du Japon* (Sirey). Nobuhiro Matsumoto, *Essai sur la mythologie japonaise* (Geuthner). Nobuhiro Matsumoto, *Recherches sur quelques thèmes de la mythologie japonaise* (Geuthner). Nobuhiro Matsumoto, *Le Japonais et les langues austroasiatiques—étude de vocabulaire comparé* (Geuthner).

一九二九（昭和４）年

一月、『巴里週報』第一四六号（13日）。久米正雄夫妻がパリに到着。九鬼周造が帰国。辻潤が帰国。**二月**、竹内勝太郎が帰国に向けてパリを出発。有島生馬が帰国に向けてマルセイユを出発。**三月**、*Revue Franco-Nipponne* 臨時増刊号（第九号）。**四月**、『巴里週報』第一四九号（25日）。仏蘭西日本美術家協会展がルネサンス画廊で開かれる。林倭衛が帰国。岩崎清七がパリを訪れる。久米正雄夫妻がロンドンに向けてパリを出発。**五月**、パリ国際大学都市日本館開館式（10日）。蕗谷虹児の個展がルネ・ジヴィー画廊で開かれる。松尾邦之助が読売新聞パリ文芸特置員として新妻を連れてパリに戻る。黒田鵬心がパリに到着。武林無想庵が帰国のためパリ出発。キク・ヤマタが帰国のためパリを発つ。矢沢弦月が文部省在外研修員としてパリ着。**六月**、パリのレストラン・ヴォルテールにて日仏文化連絡協会第一回茶話会が開かれ、松尾邦之助理事による開会の辞、ルネ・モーブランによる協会設立の趣旨説明がなされる（8日）。『巴里旬報』がパリで創刊される。日本美術展がジュ・ド・ポーム美術館で開かれる。日本人画家グループ展がアール・モデルヌ画廊で開かれる。第二回巴里日本美術協会展がオッドベール画廊で開かれる。『日仏文化』第三輯（10日）。**七月**、蕗谷虹児、帰国。**八月**、武林無想庵がパリ到着。**九月**、熊岡美彦が帰国。吉屋信子と門馬千代子がアメリカ経由で帰国する。黒田鵬心がパリからベルリンへ出発。鈴木秀三郎もベルリンに向かう。藤田嗣治はユキと共に帰国。**一〇月**、『巴里週報』第一五三号（28日）。*Bulletin de L'Association Française des Amis de L'Orient* 第七号。正宗白鳥が帰国。武林無想庵がゾラの会で挨拶する。仏蘭西日本美術家協会パリ二回展が開かれる。藤田嗣治が日仏会館に招かれる。**一一月**、久米正雄夫妻がアメリカを経て帰国。海老原喜之助がパリで吉井淳二、山口長男と会う。この年、*Bulletin de la Société franco-japonaise de Paris* 第七〇号。雨田禎之が帰国。伴野文三郎も一時帰国。井汲清治がパリ着。坂倉準三が渡仏し、パリ大学で建築を学ぶ。伊吹武彦も渡仏、パリ大学で学ぶ。硲伊之助、川路柳虹が帰国する。坂本直道が満鉄鉄道部パリ派遣員として渡仏。川口軌外が帰国。京都帝大助教授であった数学者の岡潔が文部省留学生としてパリ大学のポワンカレ研究所で研究のため来仏。セルジュ・エリセーエフが日本館館長代理の事務局長に就任。日仏会館が駿河台へ移転。

◆**一月**、岡本一平『増補世界一周の絵手紙』(龍文舎)。**二月**、稲畑勝太郎『欧亜に使して』(日本評論社)、仲摩照久編『世界地理風俗大系　第一二巻』(新光社)。**五月**、松尾邦之助『巴里』(新時代社)、片岡直方『欧米漫談』(伊藤淳一郎)、滝本二郎『千五百円三ヶ月間欧米見物案内』(欧米旅行案内社)。**七月**、市川円常『欧米管見』(谷汲山華厳寺)、滝本二郎『夜の倫敦巴里紐育』(欧米旅行案内社)。ウージェーヌ・シュー、武林無想庵訳『巴里の秘密』(改造社)。**八月**、西條八十『美しき喪失』(神谷書店)、石川三四郎『一自由人の放浪記』(平凡社)。**一〇月**、『藤田嗣治画集』(東京朝日新聞社)、柳沢健『巴里を語る』(中央公論社)。**一二月**、藤田嗣治『巴里の横顔』(実業之日本社)。刊行月不記載 Paul Claudel, *L'Oiseau noir dans le soleil levant* (Gallimard). Kuni Matsuo, E. Steinilber-Oberlin, *Drames d'amour* 岡本綺堂『修善寺物語・切支丹屋敷・鳥辺山心中』(Stock). Kikou Yamata, *Shizouka* (M. P. Trémois). Kikou Yamata, *Saisons suisses* (L'Atelier rouge). Asataro Miyamori, *Chefs-d'oeuvre de Tchikamatsou: le grand dramaturge japonais* (Leroux). René Druart, *L'Epingleur de Haikai* (Pampre). Franz Toussaint, *La Princesse de la lune* (Tallandier). Sylvain Lévi, J. Takakusu, *HÔBÔGIRIN: Dictionnaire Encyclopédique du Bouddhisme d'après les Sources Chinoises et Japonaises*『法宝義林』(Maison Franco-Japonaise).

一九三〇(昭和5)年

一月、*Revue Franco-Nipponne* 第一二号。金子光晴がパリに到着し、森三千代と合流する。向井潤吉、帰国のためパリを発つ。岡本一平・かの子・太郎がマルセイユに到着、太郎はそのままパリに留まり、一平とかの子はロンドンへ。第三回巴里日本美術協会展がザック画廊で開かれる。巴里日本人会総会で定款を採択。藤田嗣治はアメリカ経由でパリに戻る。**二月**、海老原喜之助とアリスの長男盛樹がパリで誕生。荻須高徳がコルベール画廊で初の個展を開催。竹中郁と小磯良平が帰国。**三月**、武林無想庵が帰国。**四月**、池内友次郎が帰国。白井鐵造がパリを発つ。**五月**、矢沢弦月、アメリカを経由してパリから帰国する。**八月**、野田一郎がパリに到着。河盛好蔵が帰国に向けてパリを出発。**九月**、池内友次郎がパリ到着。一〇月ごろ、堀口大学がマルセイユに上陸しパリに向かう。**一一月**、岡本一平とかの子がロンドンからパリに戻る。武林無想庵が山本夏彦を連れてパリ到着。原智恵子がコンセルヴァトワールのピアノ科に入学。日仏会館第三代館長として考古学者ジョセフ・アッカンが来日。**一二月**、東京で第一回巴里会が開かれる。井口基成がパリに着き、高木東六や鈴木聡の出迎えを受ける。荻須高徳が横手貞美をスイスに近い療養所に椎名其二とともに送る。キク・ヤマタがパリに戻る。この年、*Bulletin de la Société franco-japonaise de Paris* 第七一号と第七二号。*Revue Franco-Nipponne* 第一一号（月不明）。小松清がはじめてイリヤ・エレンブルグと会う。岩田豊雄が妻とともにパリに赴く。パリ歯科医専を卒業した山崎清が帰国。高野三三男がジョルジュ・ベルネーム画廊で第一回個展を開き、この年帰国。深尾須磨子、二度目のパリ訪問。日本館館長代理の事務局長に就任したセルジュ・エリセーエフが、激務で研究ができないため辞職、高等研究院講師となり、フランスに帰化する。獅子文六がパリ国際大学都市日本館に宿泊。日仏芸術社が破産。

◆**三月**、熊岡美彦『熊岡美彦滞欧画集』（美術新論社）。**六月**、吉屋信子『異国点景』（民友社）、『現代作家滞欧作品選集』（アトリエ社）、馬郡健次郎『ジャヅの欧羅巴』（万里閣書房）。**七月**、酒井潔『巴里上海歓楽郷案内』（竹酔書房）。**九月**、鈴木秀三郎『エロ・グロ・巴里』（平凡社）。**一〇月**、吉江喬松『吉江喬松詩集』（梓書房）、川路柳虹『マチス以後仏蘭西絵画の新世紀』（アトリエ社）。**一一月**、竹内勝太郎『現代仏蘭西の四つの顔』（アトリエ社）、小牧近江『異国の戦争』（日本評論社）、辻潤『絶望の書』（万里閣書房）、八木熊次郎『彩筆を揮て欧亜を縦横に』（文化書房）。刊行月不記載　S. Goto, M. Prunier, *Episodes du Heike monogatari* (Ernest Leroux). E. Steinilber-Oberlin, Kuni Matsuo, *Les sects bouddhiques japonaises, histoire, doctrine philosophique, texts, les sanctuaries*『日本仏教諸宗派論』(Crès). Kikou Yamata, *Japon, dernière heure* (Stock). Kikou Yamata, *La Trame au Milan d'or* (Stock). R. de Cèrenville, *Etsu, fille de Samurai* 杉本鉞子『武士の娘』(Victor Attinger). S. Asada, Charles Jacob, *Les larmes froides* 正宗白鳥『冷涙』(Rieder). Marguerite Yourcenar, *Dialogue dans le marécage* (Gallimard). Tristan Derème, *La Rime de Virgile et des Japonais* (Paillart).

一九三一（昭和6）年

一月、中野秀人とフェリーサ・マリヤ・マグダレーナ・ジャックが結婚。ジョルジュ・ボノーが関西日仏学館第二代館長に着任。**二月**、松尾邦之助がアンドレ・ジッドにはじめて会う（15日）。松尾邦之助がアンドレ・ジッドにインタビュー（20日）。小松清がアンドレ・マルローにはじめて会う。近藤浩一路がパリに出発。**三月**、第四回巴里日本美術協会展がザック画廊で開かれる。戸田海笛がパリで死去。横手貞美が結核のため死去。**四月**、市川三喜が妻の晴子とともにパリに到着。森元六爾パリ着。岩田豊雄がパリから日本に向かう。福沢一郎がパリを発つ。荻須高徳がカティア・グラノフ画廊で個展を開く。**五月**、第一回国際文芸家協会大会に出席するため、平林初之輔が児島八重子とパリを訪れる。高橋邦太郎も同じ目的でパリに来て、松尾邦之助と共に出席（27日）、パリ植民地博覧会にも出席（30日）。**六月**、近藤浩一路が帰国。市川三喜がコレージュ・ド・フランス創立四〇〇年祭に出席。平林初之輔がオトゥイユで死去。日本の学生を対象とした仏国政府給費留学生試験が日仏会館で初めて実施される。**七月**、岡本一平とかの子がパリを去ってベルリンへ向かう。**八月**、日仏会館編『日仏文化』新第一輯（1日）。小松清がNRF日本特派員の肩書で、マルセイユから日本に向けて出発する。武林文子が帰国。**九月**、柳条湖事件（18日）から満洲事変勃発。任期終了後帰国予定だった満鉄の坂本直道がパリに留まる。海老原喜之助とアリスの二男義がパリで誕生。美術史家エリー・フォールが派遣使節として日仏会館に迎えられる。**一〇月**、高野三三男とりうの長女耀子がパリで誕生。金子光晴と森三千代がマルセイユから帰国。藤原義江がオペラ・コミック座で「ラ・ボエーム」に出演。日本の法学者たちの求めによりアンリ・カピタンが来日。**一一月**、松尾邦之助がパリでアン・リネル、ジョルジュ・デュアメル、アンドレ・ジッドに会ってインタビューする。林芙美子がパリに到着。藤田嗣治はユキと別れ、マドレーヌとともに南米に旅行。この年、*Bulletin de la Société franco-japonaise de Paris* 第七三号。坂倉準三がル・コルビュジエ建築事務所で設計監理の研究に従事。伊吹武彦、福沢一郎が帰国。グラン・パレで万国歯科学大会が開かれ、山崎清が出席。井汲清治がパリ発。松野一夫、パリを中心にヨーロッパ各地を一年間かけてまわる。ジョゼフ・ドートルメールが東洋語学校を退職。ジョルジュ・ボノーが関西日仏学館の館長に就任。後藤末雄がルネ・モーブランに会い、彼の紹介状によってジュリアン・ヴォカンス、ポール＝ルイ・クーシューに会う。

◆**二月**、浅野研真『ヨーロッパ新風景』（正和堂書房）。**六月**、辰野隆『さ・え・ら』（白水社）。刊行月不記載　Kikou Yamata, *La Vie du Général Nogi* (Gallimard). Félicien

Challaye, *Contes et légendes du Japon*『日本のコントと昔話』(Fernand Nathan). Kisao Ikemoto, *La Restauration de l'ère de Meidji et sa répercussion sur les milieu agricoles japonais* (Presses Universitaires). Albert Maybon, *Les temples du Japon* (Boccard). Tsunao Miyajima, *Contribution à l'études du théâtre japonais de poupées, 3e ed.*『日本の人形芝居』(Inst. Franco-Japonais du Kansai).

一九三二（昭和7）年

一月、森本六爾、パリを発ち、ロンドンより帰国。**二月**、読売新聞社の正力松太郎社長から電報でパリの松尾邦之助に正社員になることを要請（1日）、松尾は文芸特置員からパリ駐在特派員になる。**三月**、満洲国建国（1日）。**四月**、林芙美子がフランシス・カルコ、アンリ・プーライユを訪問。岩田豊雄の妻のマリーが死去。ルイ・マルシャンが関西日仏学館第三代館長として着任。**五月**、『巴里週報』第二四五号（22日）。『巴里週報』第二四五号《ママ》（29日）。林芙美子が帰国に向けてパリを出発。第五回巴里日本美術協会展がザック画廊で開かれる。ジョルジュ・ボノーが日仏会館に研究員として着任。初夏、近藤浩一路の第二回個展がNRFの画廊で開かれる。荻須高徳はドルーアン画廊で個展。**六月**、『巴里週報』第二五〇号（26日）。鶴見祐輔、パリ着。キク・ヤマタがコンラッド・メイリと結婚。パリのコンセルヴァトワールのピアノ科卒業コンクールで原智恵子が一等賞を獲得。池内友次郎が第二回目の和声の卒業コンクールにて二等賞を獲得。**七月**、『日仏文化』新第二輯（5日）。**八月**、『巴里週報』第二五六号（日不明）。**一〇月**、竹久夢二、パリ着。**一一月**、井口基成がパリを発つ。鶴見祐輔もパリを発つ。**一二月**、『巴里週報』第二六九号（4日）。『巴里週報』第二七〇号（11日）。『巴里週報』第二七一号（18日）。『巴里週報』第二七二号（25日）。池内友次郎が帰国。この年、*Bulletin de la Société franco-japonaise de Paris* 第七四号。原智恵子、深尾須磨子が帰国。蘆原英了がパリに滞在。アンドレ・オノラの力添えで、フランス政府給費留学生制度ができる。ジョルジュ・ボノーが日仏会館研究員として来日、一九三九年まで滞在。セルジュ・エリセーエフが高等研究院の教授となり、仏教図像の講義を始める。東洋語学校のジョゼフ・ドートルメールが退職した後のポストにシャルル・アグノエルが就く。日仏生物学会設立。布利秋が永井柳太郎の推薦で外務省の文化事業部の嘱託になる。

◆**四月**、野田一郎『随見随録欧米巡遊』（金港堂書店）。**六月**、岡本一平『漫画漫遊世界一周』（文武書院）、馬郡沙河子『欧羅巴女一人旅』（朝日書房）。**九月**、芳澤謙吉『日本国民の参考になる諸点』（使命会講演部）。**一一月**、竹中郁『象牙海岸』（第一書房）。刊行月不記載 Kuni Matsuo, E.

Steinilber-Oberlin, *Le prêtre et ses disciples* 倉田百三『出家とその弟子』(Rieder). A. Andréadès, *Les finances de l'Empire japonais et leur évolution, 1868-1931* (Alcan).

一九三三（昭和８）年

一月、『巴里週報』第二七三号（1日）。『巴里週報』第二七四号（8日）。『巴里週報』第二七六号（22日）。『巴里週報』第二七七号（29日）。**二月**、『巴里週報』第二七八号（5日）。『巴里週報』第二七九号（12日）。『巴里週報』第二八〇号（19日）。『巴里週報』第二八一号（26日）。国際連盟臨時総会で日本に対する勧告案が採決され、松岡洋右代表が退席。**三月**、『巴里週報』第二八二号（5日）。日本が正式に国際連盟脱退を表明。**六月**、武林無想庵がオテル・デュー国立病院で緑内障の手術。**七月**、『日仏文化』新第四輯（5日）。マルセイユで武林無想庵・文子・イヴォンヌ再会。**八月**、諏訪秀三郎がベルギーで死去。武林文子がパリ到着。**一一月**、武林無想庵がパリ出発。藤田嗣治がマドレーヌを伴って帰国。**一二月**、宝蔵寺久雄がパリに到着。この年、佐藤尚武が駐仏特命全権大使となる。原智恵子が日本でデビュー・リサイタルを開き、再びパリへ向かう。草間（安川）加壽子がコンセルヴァトワールの予備科に入学。セルジュ・エリセーエフがハーヴァード大学の招聘を受けて渡米し、アメリカの日本研究の基礎を築く。ブルーノ・タウトが亡命者として来日。日仏理工科会が発足。ロダンの「バルザック」の石膏複製像が東京美術学校に寄贈される。

◆**二月**、名賀京助『さ・せ・巴里！』（一元社）。**三月**、三宅克己『写真機さげて欧米へ』（アルス）。**四月**、辰野隆『エ・ビヤン』（白水社）。**五月**、岩崎清七『欧米遊蹤』（アトリエ社）、林芙美子『三等旅行記』（改造社）、木村毅『西園寺公望』（書物展望社）。**七月**、芹沢光治良『明日を逐うて』（改造社）、市川三喜・晴子『欧米の隅々』（研究社）。**八月**、柳沢健『日本発見』（日本評論社）。刊行月不記載　S. Ohno, F. A. Orel, *Le quartier sans soleil* 徳永直『太陽のない街』(Rieder). Georges Bonneau, *L'expression poétique dans le folklore japonais* (Geuthner). Georges Bonneau, *Rythmes japonais* (Geuthner). Georges Bonneau, *Le monument poétique de Heian: Le Kokinshu I*『古今和歌集』(Geuthner). Aleksander Iacovleff, Serge Elisséeff, *Le Théâtre japonais* (Meynial).

一九三四（昭和９）年

一月、『日仏文化』新第五輯（10日）。武林無想庵が帰国。海老原喜之助、盛樹・義の二児を連れて帰国。**二月**、宝蔵寺久雄、パリを出発。**三月**、東京で巴里会の機関紙『巴里』創刊（7日）。林武がフランスに向かう。池内友次郎がパリに向けて日本を発つ。**四月**、『巴里』第一巻第二号（10日）。**五月**、『巴里』第一巻第三号（7日）。**六月**、『巴里』第一巻第四号（7日）。満鉄鉄道部パリ派遣員の坂本直道が、満鉄巴里事務所所長となる。パリで日仏医学会（Comité Médical Franco-Japonais）第一回総会が駐仏大使佐藤尚武会長のもとで開催される。**七月**、『巴里』第一巻第五号（7日）。『日仏文化』新第六輯（7日）。東京で日仏同志会（Comité Franco-Japonais）総会が開かれ、会の支部を東京とパリに置くことになる。**八月**、『巴里』第一巻第六号（7日）。日仏会館滞在研究員のジョルジュ・ボノーが、フランス人初の日本文学博士となる。**九月**、『アミ・ド・パリ』（『巴里』誌名変更）第一巻第七号(27日)。日仏医学会が正式に発足。吉川則比古が俳句雑誌『鶴』を創刊。**一〇月**、日仏同志会により松尾邦之助を編集長として *France-Japon* 創刊（15日）。鶴見三三が日本に向けて発つ。丸山熊雄、フランス政府招聘給費留学生としてパリに到着。**一一月**、『アミ・ド・パリ』第一巻第八号（10日）。*France-Japon* 第二号（15日）。**一二月**、『アミ・ド・パリ』第一巻第九号（7日）。*France-Japon* 第三号（15日）。俳句雑誌『鶴』終刊。この年、巴里邦人画展がジェルボ画廊で開かれる。この年から一九三八年まで、姉崎正治は国際連盟学術協力委員会日本代表として、毎年ジュネーヴやパリに赴く。またこの年、国際知的協力協会（l'Institut International de Coopération Intellectuelle à la S. D. N.）派遣員の佐藤醇造が海外文化振興会(Association pour la Culture d'Outre-Mer)創立の任を得る。三井合名会社の寄付によりパリ大学に日本学研究所（L'Institut d'Études Japonaises）ができる。国際文化振興会が発足。

◆**二月**、小宮豊隆『巴里滞在記』（岩波書店）、小宮豊隆『黄金虫』（小山書店）。**三月**、後藤末雄『仏蘭西精神史の一側面』（第一書房）。**四月**、北原俊子『子供の見た欧羅巴』（新趣味社）、太宰施門『Le Paris』（政経書院）。**五月**、辰野隆『ドンク』（中央公論社）。**九月**、松尾邦之助『巴里素描』（岡倉書房）、白人会編『伯林集・白人集』（白人会）。**一二月**、中村恒夫『巴里画壇の全貌』（崇文堂出版部）、柳沢健『三鞭酒の泡』（日本評論社）。刊行月不記載　Daigaku Horiguchi, Georges Bonneau, *Kokoro : Le pauvre coeur des hommes* 夏目漱石『こころ』(Institut international de coopération intellectuelle). Léon Quennehen, *Sonnets Japonais* (Imprimerie G. Lagache). Antoine Zischka, *Le Japon dans le monde* (Payot). Général G. Becker, *Le Japon va-t-il faire la guerre ?* (Figuière). André Beaujard, *Les notes de chevet de Séi Shonagon, dame d'honneur au palais de Kyoto* 清少納言『枕草子』(Maisonneuve). André Beaujard, *Séi Shonagon,* *son temps et son oeuvre* (Maisonneuve). Georges Bonneau, *Le momument poétique de Heian : Le Kokinshu II*『古今和歌集』(Geuthner). Noël Peri, *Essai sur les gammes japonaises* (Geuthner). Kikou Yamata, *Vies de Geishas* (Gallimard).

一九三五（昭和10）年

一月、『アミ・ド・パリ』第二巻第一号（7日）。*France-Japon* 第四号（15日）。佐藤尚武大使を会長として、パリ大学日本研究会の第一回総会が開催される。**二月**、『アミ・ド・パリ』第二巻第二号（7日）。*France-Japon* 第五号（15日）。**三月**、『アミ・ド・パリ』第二巻第三号（7日）。*France-Japon* 第六号（15日）。日本の国連脱退が正式発効。骨董商の川村勇太郎が、肺結核のためパリで死去。**四月**、『アミ・ド・パリ』第二巻第四号（7日）。*France-Japon* 第七号（15日）。林武が帰国。**五月**、『アミ・ド・パリ』第二巻第五号（7日）。*France-Japon* 第八号（15日）。**六月**、『アミ・ド・パリ』第二巻第六号（7日）。*France-Japon* 第九号（15日）フランスで社会党と共産党が人民戦線を結成。パリ文化擁護国際大会開催。**七月**、『アミ・ド・パリ』第二巻第七号（7日）。*France-Japon* 第一〇号（15日）。**八月**、『アミ・ド・パリ』第二巻第八号（7日）。**九月**、『アミ・ド・パリ』第二巻第九号（7日）。*France-Japon* 第一一号（15日）。『日仏文化』新第七輯（16日）。**一〇月**、『アミ・ド・パリ』第二巻第一〇号（9日）。*France-Japon* 第一二―一三号(15日)。武林文子が宮田耕三と結婚するため無想庵と離縁。東京の巴里会が企画した「人形使節」が、パリに向けて横浜港を発つ。岩佐東一郎による俳句雑誌『風流陣』創刊。**一一月**、『アミ・ド・パリ』第二巻第一一号（8日）。**一一月―一二月**、*France-Japon* 第一四号（日不明）。この年、草間加壽子がコンセルヴァトワール本科に進む。エルマン・デルスニスが再来日。

◆**一月**、宝蔵寺久雄『欧州旅行記』（千城堂）。**二月**、石黒敬七『蚤の市』（岡倉書房）。**四月**、内藤濯『思はざる収穫』（白水社）。**七月**、辰野隆『りやん』（白水社）。**八月**、堀口大学『季節と詩心』（第一書房）。**九月**、竹内勝太郎『西欧芸術風物記』（芸艸堂）。**一一月**、小松清編『文化の擁護』（第一書房）。刊行月不記載　Entai Tomomatsu, *Le bouddhisme* (Félix Alcan). Kuni Matsuo, *Histoire de la littérature japonaise des temps archaïques à 1935* (Société française d'éditions littéraires et techniques). Georges Bonneau, *Anthologie de la poésie japonaise* (Geuthner). Georges Bonneau, *Le Haiku* (Geuthner). Georges Bonneau, *Lyrisme du temps présent* (Geuthner).

一九三六（昭和11）年

一月、『あみ・ど・ぱり』（『アミ・ド・パリ』誌名変更）第三巻第一号（1日）。**一—二月**、*France-Japon* 第一五号（日不明）。**二月**、『あみ・ど・ぱり』第三巻第二号（1日）。高浜虚子と娘章子がパリに向けて横浜を出帆。二・二六事件。**三月**、『あみ・ど・ぱり』第三巻第三号（1日）。横光利一がベルリン・オリンピック視察のため『東京日日新聞』『大阪毎日新聞』の特派員となり、パリに立ち寄る。高浜虚子と娘章子がパリ到着。**三—四月**、*France-Japon* 第一六号（日不明）。**四月**、『あみ・ど・ぱり』第三巻第四号（15日）。ムードンで高浜虚子、池内友次郎、高浜章子、佐藤醇造夫妻、柴虚風、宅孝二が吟行会を催す。巴里日本人会で高浜虚子による俳句講演会が行われる。**五月**、『あみ・ど・ぱり』第三巻第五号（15日）。高浜虚子がジュリアン・ヴォカンス宅を訪問。高浜虚子の歓迎茶会が牡丹屋で開催される。キク・ヤマタが司会をし、ポール＝ルイ・クーシューやロベール・ド・スーザ、ジュール・シュペルヴィエルらが出席した。この日虚子はパリを発つ。武者小路実篤がパリに滞在、アンリ・マティス、ジョルジュ・ルオー、アンドレ・ドラン、パブロ・ピカソを訪問。関西日仏学館が吉田の京都高等工芸学校跡地に移転し、新館として開館。フランスの下院選挙で人民戦線が過半数を獲得し、第一次人民戦線内閣が成立。**六月**、『あみ・ど・ぱり』第三巻第六号（15日）。横光利一が岡本太郎に伴われてモンマルトルのトリスタン・ツァラの家を訪問。**七月**、横光利一、パリを去ってベルリンへ向かう。**八月**、『あみ・ど・ぱり』第三巻第八号（1日）。池内友次郎が帰国。**九月**、『あみ・ど・ぱり』第三巻第九号（1日）。**一〇月**、『あみ・ど・ぱり』第三巻第一〇号（14日）。一九三七年パリ万博協会常務理事の団伊能と、嘱託の坂倉準三がパリに到着。**一一月**、『あみ・ど・ぱり』第三巻第一一号（14日）。高浜虚子が『ホトトギス』に「外国の俳句 Haikou à l'Etranger」を新設。**一二月**、*France-Japon* 第一七号（日不明）。武林イヴォンヌが自殺未遂。武者小路実篤が帰国。この年、矢野健太郎がフランス政府招聘留学生としてパリのアンリ・ポアンカレ研究所で微分幾何学を研究、岡本太郎とも会う。日仏社会学会が発足。

◆**一月**、小出楢重『大切な雰囲気』（昭森社）。**三月**、岡本かの子『世界に摘む花』（実業之日本社）、柳沢健（文）・藤田嗣治（絵）『紀行世界図絵』（岡倉書房）。**五月**、川島理一郎『旅人の眼』（龍星閣）。**六月**、石黒敬七『巴里雀』（雄風館書房）、辰野隆『あ・ら・かると』（白水社）。**七月**、有島生馬『東方への港』（岡倉書房）、柳亮『巴里すうぶにいる』（昭森社）。**八月**、高浜虚子『渡仏日記』（改造社）。**九月**、里見勝蔵『異端者の奇蹟』（竜星閣）。Gustave le Bon, *Choix d'essais* 上級用 (Sansaisha). **一一月**、岸田國士『時・処・人』（人文書院）。

一二月、藤田嗣治『腕一本』（東邦美術協会）、田辺孝次『巴里から葛飾へ』（東邦美術協会）。刊行月不記載　Tsung-ching Chen, *Les relations commerciales entre la Chine et le Japon depuis l'avènement de la République Chinoise à nos jours* (Bossuet). N. Matsudaira, *Les fêtes saisonnières au Japon* (Maisonneuve). R. Tajima, *Étude sur le Mahavairoçana Sutra-Dainichikyo* (Maisonneuve). Gilberte Hla-Dorge, *Une poétesse japonaise au XVIIIe siècle : Kagano Tchiyo-jo* (Maisonneuve). Kuni Matsuo, E. Steinilber-Oberlin, *Haïkaï de Basho et de ses disciples* (Institut International de Coopération Intellectuelle).

一九三七（昭和12）年

一月、『あみ・ど・ぱり』第四巻第一号（1日）。佐藤尚武駐仏大使が帰国のためマルセイユを発つ。**一月—二月、***France-Japon* 第一八号（日不明）。**二月、**『あみ・ど・ぱり』第四巻第二号（1日）。武林イヴォンヌが二度目の自殺未遂。**三月、**満鉄の巴里事務所が欧州事務所に改称。**三月—四月、***France-Japon* 第一九号（日不明）。**四月、**『あみ・ど・ぱり』第四巻第四号（1日）。杉村陽太郎が駐仏大使となる。パリで知的労働者援助の会（La Société des Amis des Travailleurs Intellectuels）がハイカイの会を開催。**五月、**『あみ・ど・ぱり』第五巻第五号（1日）。武林無想庵がパリに向けて神戸を出発。パリで芸術と技術博覧会（パリ万博）が開催される。大阪毎日新聞社・東京日日新聞社主催の欧州一周旅行の一員として、吉田辰秋がパリを訪れる。**五月—六月、***France-Japon* 第二〇号（日不明）。**六月、**『あみ・ど・ぱり』第五巻第六号（1日）。トロカデロ公園に日本館が完成。パリ万博協会専門委員の和田三造が、パリに向けて出発する。**七月、**『あみ・ど・ぱり』第五巻第七号（1日）。サル・オッシュで「芸術日本の夕」が開催され、早川雪洲、諏訪根自子、田沢千代子、原智恵子、牧嗣人らが出演。日中戦争勃発。田口正男によりベルリンで『日独月報』（『独逸月報』改め）第一巻刊行。**七—八月、***France-Japon* 第二一号（日不明）。**八月、**『あみ・ど・ぱり』第五巻第八号（1日）。**九月、**アンリ・カピタン死去。小松清が『報知新聞』欧州特派員として、妻の妙子とともにマルセイユに到着。**九—一〇月、***France-Japon* 第二二号（日不明）。**一〇月、**高橋広江がパリに到着。小松清がはじめてアンドレ・ジッドに会う。武林無想庵がイヴォンヌを連れて帰国。**一一月、***France-Japon* 第二三号（15日）。パリ万博褒賞授与式がテアトル・ド・トロカデロで行われ、日本部出品物は、日本館など二四件が大賞を受賞。**一二月、***France-Japon* 第二四号（15日）。この年、*Bulletin de la Maison Franco-Japonaise* 第九巻第一—四号がパリと東京で発刊。桑原武夫がパリに到着。有島生馬がパリ大学で講演。田辺孝次がパリを訪れる。リュクサンブール美術館閉館。早川雪洲が映画「吉原」製作のためパリを訪れ、田中路子と同棲。草間加壽子がコンセルヴァトワールを首席で卒業、パリ国際婦人ピアノコンクールで一位を取る。ミシェル・ルヴォンがパリ大学を退職。

◆**三月**、獅子文六『舶来雑貨店』(白水社)、武林無想庵『欧州の日常生活』(京都経済会)。**四月**、横光利一『欧州紀行』(創元社)。**五月**、滝沢敬一『フランス通信』(岩波書店)。**六月**、獅子文六『達磨町七番地』(白水社)、辰野隆『南の窓』(創元社)。**七月**、安藤徳器『陶庵公影譜』(審美書院)。**一二月**、林芙美子『滞欧記』(改造社)。刊行月不記載

Georges Montandon, *La civilisation Ainou et les cultures arctiques* (Payot). André Beaujard, *Le théâtre comique des japonais* (Maisonneuve). Julien Vocance, *Le Livre des Haï-Kaï* (Société française d'éditions littéraires et techniques). *Tristan Derème, La Tortue Indigo* (Grasset).

一九三八(昭和13)年

一月、*France-Japon* 第二五号(15日)。諏訪根自子が原智恵子に勧められてベルギーからパリに移る。**二月**、*France-Japon* 第二六号(15日)。**三月**、*France-Japon* 第二七号(15日)。高橋広江がピエール・ミルを訪問。**四月**、*France-Japon* 第二八号(15日)。高浜虚子による雑誌『ホトトギス』が五〇〇号を迎え、これを機に別雑誌『俳諧』が創刊される。これを記念してパリで*France-Japon* 主宰のソワレが開催され、ジュリアン・ヴォカンス夫妻、キク・ヤマタ、アルベール・メボンらが集う。**五月**、*France-Japon* 第二九号(15日)。『あみ・ど・ぱり』第六巻第六号(20日)。パリのジュリアン・ヴォカンス宅で再びソワレ。アルベール・ポンサン、マドレーヌ・ルカ、松尾邦之助、佐藤醇造、長谷川潔、藤原義江らが集い、『俳諧』発行を祝って寄せ書きをする。**六月**、*France-Japon* 第三〇号(15日)。日仏同志会の活動によりルドヴィック・バルテレミーを中心とする日仏親善団体「日本の友」(Les Amis du Japon)がパリで結成される。**七月**、*France-Japon* 第三一号(15日)。**八月**、*France-Japon* 第三二号(15日)。**九月**、『あみ・ど・ぱり』第六巻第九号(10日)。*France-Japon* 第三三号(15日)。**一〇月**、『あみ・ど・ぱり』第六巻第一〇号(3日)。*France-Japon* 第三四号(15日)。**一一月**、*France-Japon* 第三五号(15日)。**一二月**、*France-Japon* 第三六号(15日)。第一回巴里日本美術家展がベルネーム・ジューヌ画廊で開かれる(17日〜30日)。この年、中村光夫がパリに到着。キク・ヤマタがサロン・ドートンヌで生け花を展示。矢野健太郎がパリより帰国。

◆**一月**、滝本二郎『欧米漫遊留学案内　欧州篇』(欧米旅行

案内社)。**七月**、滝沢敬一『続フランス通信』(岩波書店)。**一一月**、岡本かの子『巴里祭』(青木書店)。刊行月不記載　Félicien Challaye, *La Chine, le Japon et les puissances* (Rieder). Jean Escarra, *L'honorable paix japonaise, 5th ed.*(Grasset). Georges Bonneau, *Le problème de la poésie japonaise : Technique et traduction* (Geuthner). Karl Petit, *La poésie japonaise* (Seghers). Julien Vocance, *Le Héron Huppé* (Malfere). E. Steinilber-Oberlin, Kuni Matsuo, trans. by Marc Logé, *The Buddhist Sects of Japan: Their History, Philosophical Doctrines and Sanctuaries* (Allen and Unwin).

一九三九(昭和14)年

一月、*France-Japon* 第三七号(15日)。小松清と妙子の長男晃がパリで誕生。桑原武夫がパリを出発。丸山熊雄、帰国。**二月**、『あみ・ど・ぱり』第七巻第二号(1日)。*France-Japon* 第三八号(15日)。**三月**、*France-Japon* 第三九号(15日)。駐仏大使杉村陽太郎、死去。**四月**、*France-Japon* 第四〇号(15日)。アンドレ・ジッド原作の東宝映画「田園交響楽」の公開試写会が、エドワード七世劇場で行われ、ジッド、小松清、松尾邦之助らが出席する(18日)。高橋美吉がリール県の精神病院で死去。藤田嗣治が君代と共に三度目のパリへ出発。**五月**、*France-Japon* 第四一号(日不明)。国際文化振興会の協賛で、パリの国際ダンスアーカイヴにて日本舞踏博覧会開催。諏訪根自子がショパン音楽堂でデビュー(19日)。春山行夫が『新領土』に「フランス文学に於ける日本詩歌の影響」を書く。**六月**、『あみ・ど・ぱり』第七巻第六号(5日)。*France-Japon* 第四二号(日不明)。ドイツ軍がパリを空襲。第二回巴里日本美術家展がシャルパンティエ画廊で開かれる(27日~7月13日)。**七—八月**、*France-Japon* 第四三—四四号(日不明)。**八月**、キク・ヤマタが国際文化振興会の招待で夫コンラッド・メイリとともに日本に向けて発つ。春山行夫が『句帖』に「フランス俳諧派の俳句論」を書く。**九月**、第二次世界大戦が勃発(1日)。岡鹿之助、坂倉準三が帰国する。小松清の妻の妙子が晃を連れて帰国の途につく。中村光夫もパリを出発。『蠟人形』にエミール・スタイニルベル=オーベルランの「日本現代詩人—印象と考察—」が掲載される。**一二月**、草間加壽子が帰国。小松清が坂本直道に依頼されて*France-Japon* の編集責任者となる。この年、*France-Japon* 第四五号(年月日不記載)。深尾須磨子、三度目のヨーロッパ訪問。ジュオン・デ・ロングレが日仏会館館長となり、一九四六年まで務める。パリ国際大学都市日本館が閉館。松尾邦之助がシャモニーでピエール・マンデス=フランスと会う。

◆**一月**、吉田辰秋『外遊漫筆』(明治図書)、『一九三七年巴

里万国博覧会協会事務報告』（巴里万国博覧会協会）。**三月**、佐藤尚武『フランスの印象』（関西日仏会館）、木下杢太郎『其国其俗記』（岩波書店）。**八月**、東京詩人クラブ編『戦争詩集』（昭森社）。**九月**、高橋広江『パリの生活』（第一書房）。刊行月不記載　Kuni Matuo, E. Steinilber-Oberlin, *Anthologie des poètes japonais contemporains* (Mercure de France). ギュスターヴ・セスラン『日仏辞典』（三才社）。

一九四〇（昭和15）年

一月、『あみ・ど・ぱり』第八巻第一号（14日）。*France-Japon* 第四六号（日不明）。アルベール・メボン死去。湯浅年子がフランスに向けて日本を出発、以後パリの原子核化学研究所で研究生活。春山行夫の翻訳で「フランス俳諧　ルネ・モオブランより春山行夫へ」が『新領土』に掲載される。**二月**、*France-Japon* 第四七号（日不明）。出島啓太郎がパリで結核のため死去。**三月**、*France-Japon* 第四八号（日不明）。山本実彦がパリを訪れ（29日～4月9日、4月29日～5月7日）、アンドレ・マルローやロマン・ロランと会見する。**四月**、*France-Japon* 第四九号（日不明）。坂本直道がパリから帰国の途につく。**五月**、藤田嗣治と高野三三男が空襲下のパリを脱出し、帰国の途につく。**六月**、安藤源次郎がパリで死去。三井・三菱・満鉄・大蔵組・正金など日本関係商社は、一〇日までにパリを引き揚げる。小松清や画家や音楽家一〇名は、日本大使館が用意したトラックでパリを脱出する（12日）。岡本太郎、荻須高徳が日本人最後の引き揚げ船、白山丸でマルセイユを発って帰国（13日）。ドイツ軍がパリを占領（14日）。松尾邦之助はパリ占領後ボルドーまで行くが、独仏休戦協定調印（22日）後に再びパリに戻る。岡田穀も妻子を伴って帰国。**七月**、松尾邦之助がドイツ占領下のパリでヴィシー政権で首相を務めたピエール・ラヴァルと会談。**九月**、『あみ・ど・ぱり』第八巻第四号（14日）。**一一月**、パリの満鉄欧州事務所がベルリンに移転。この年、シャルル・アグノエルが国立高等研究院の正教授に就く。布利秋が松岡洋右の私設顧問になる。湯浅年子がコレージュ・ド・フランスの原子核物理研究所に来て、フレデリック・ジョリオ＝キュリーのもとで中性子の研究をする。

◆**一月**、獅子文六『牡丹亭雑記』（白水社）。**二月**、島崎藤村『巡礼』（岩波書店）。**四月**、滝沢敬一『第三フランス通信』（岩波書店）。**六月**、横光利一『旅愁第一篇』（改造社）、武者小路実篤『湖畔の画商』（甲鳥書林）。**七月**、横光利一『旅愁第二篇』（改造社）。**一〇月**、山本実彦『新欧羅巴の誕生』（改造社）。**一二月**、小松清『沈黙の戦士』（改造社）、山崎清『歯科医史』（金原商店）。ルネ・モーブラン、深尾須磨子訳『砂漠の息子』（冨山房）。刊行月不記載　Francis Ruellan, *Le Kwansai* (Arraut). Georges Bonneau, *Histoire de la littérature japonaise contemporaine* (Payot).

一九四一（昭和16）年

五月、読売新聞社からの訓電で、松尾邦之助はパリ支局を閉鎖して日本に向かうが、ベルリン滞在中にソ連とポーランドの国境が閉鎖され、帰国できなくなる。**七月**、坂本直道が満鉄を辞職。**一二月**、太平洋戦争勃発。

◆**一月**、小松清『フランスより還る』（育生社）。**三月**、牧嗣人『エッフェル塔の下にて』（愛亜書房）。**六月**、桑原武夫『フランス印象記』（弘文堂書房）。**七月**、正宗白鳥『旅行の印象』（竹村書房）。**八月**、井上勇『フランス・その後』（鱒書房）。**九月**、森三千代『をんな旅』（富士出版社）、辰野隆『ふらんす人』（青木書店）。**一〇月**、林芙美子『日記第一巻』（東峰書房）。**一一月**、河盛好蔵『仏蘭西文学随想』（青木書店）、滝沢敬一『第四フランス通信』（岩波書店）。刊行月不記載　Kikou Yamata, *Le Christ de bronze* 長与善郎『青銅の基督』(Kokusai Bunka Shinkokai). Jeannine Auboyer, *Les influences et les réminiscences étrangères au Kondo du Horyuji* (Musée Guimet).

一九四二（昭和17）年

二月、加藤外松フランス大使が死去。**七月**、『日仏文化』新第八輯（10日）。**一一月**、ドイツ軍がフランス全土を占領。**一二月**、諏訪根自子が生活の拠点をパリに置きながら、当時ベルリンにいた田中路子のもとに身を寄せては、ドイツでも演奏を重ねる。

◆**二月**、藤田嗣治『地を泳ぐ』（書物展望社）。**六月**、岩田豊雄『劇場と書斎』（モダン日本社）。**七月**、中村光夫『戦争まで』（実業之日本社）。**一一月**、九鬼周造『巴里心景』（甲鳥書林）。刊行月不記載　Kikou Yamata, *Au pays de la reine* (Impr. D'Extrême-Orient).

一九四三（昭和18）年

二月、諏訪根自子がナチス・ドイツ宣伝相ヨーゼフ・パウル・ゲッベルスによってストラディヴァリウスを贈呈され、フランスとドイツを行き来するようになる。**一一月**、キク・ヤマタとコンラッド・メイリが特高に検挙される。**一二月**、『あみ・ど・ぱり』第九巻第二号（5日）。コンラッド・メイリが釈放される。この年、湯浅年子がコレージュ・ド・フランスの博士論文の審査に合格。松尾邦之助が読売新聞ベルリン支局からマドリード赴任を命じられ、途中ドイツ占領下のパリに立ち寄った際、ポール＝ルイ・クーシュー宅に招かれ、語り合う。
◆一月、河盛好蔵『ふらんす手帖』（生活社）、山崎清『歯と民族文化』（天佑書房）。二月、岩田豊雄『フランスの芝居』（生活社）、横光利一『旅愁第三篇』（改造社）。三月、芹沢光治良『巴里に死す』（中央公論社）。四月、芹沢光治良『文芸手帖』（同文社）。八月、小堀杏奴『橡の蔭』（那珂書店）。九月、矢本正二『巴里通信』（築地書店）。一〇月、芹沢光治良『孤絶』（創元社）。一一月、獅子文六『牡丹亭新記』（白水社）。

一九四四（昭和19）年

一月、キク・ヤマタが釈放される。俳句雑誌『風流陣』終刊。三月、『日仏文化』新第九輯（15日）。六月、連合軍がノルマンディに上陸し、日本大使館員たちはドイツに避難する。八月、湯浅年子がベルリンに向けてパリを出発（15日）。連合軍がパリを解放する（25日）。この年、高田博厚も大使館の要請でベルリンに移転。
◆刊行月不記載　Noël Peri, *Le No* (Maison Franco-Japonaise).

一九四五（昭和20）年

九月、第二次世界大戦終結（2日）。この年、長谷川潔がパリのドランシー収容所に収監される。

あとがき

松崎碩子

出会いは思いがけない幸運をもたらすことがある。松尾邦之助とエミール・スタイニルベル＝オーベルランの出会いは日仏文化交流の大きな糸口の一つとなった。私と『ルヴュ・フランコ・ニッポンヌ』との出会いは、二〇一〇年三月に、国文学研究資料館とコレージュ・ド・フランス日本学高等研究所間の学術交流協定に基づく共同研究の一環としてパリ・ディドロ大学で行われたワークショップであった。当時、この雑誌の後身ともいえる『フランス・ジャポン』の復刻版と当誌をめぐる論文集が既に出版準備中で、私も途中から論文集の編集に参加し、多くのことを学ばさせて頂いた。

この『フランス・ジャポン』に引き続き、『ルヴュ・フランコ・ニッポンヌ』の復刻版は先に刊行されたが、これに続き、当誌を取り巻く諸事項についての研究論文集をここに上梓することは、大きな喜びである。前記共同研究には、「日本文学における言説編成機能に関する日仏共同研究」という本書には一見無関係に見えるタイトルがついているが、本書執筆者にはこの共同研究のメンバーが数多くいることから、本書はこの日仏共同研究の延長線上にあるとも考えられる。

『ルヴュ・フランコ・ニッポンヌ』は『フランス・ジャポン』に比べ、「新米」のジャーナリスト松尾邦之助が中心になって編集した、非常にささやかな雑誌である。それだけに現存する号も少なく、全号揃えるのに難航し、全一二号中、第一〇号はとうとう確認することができなかったが、ほかの号は日仏の図書館のご協力のもとに取り揃えることができた。

ここに、復刻底本をご提供下さった大学間共同利用言語・文化図書館（パリ）、法政大学図書館、東京大学大学院法学政治学研究科付属近代日本法政史料センター明治新聞雑誌文庫、フランス国立図書館、フランス国立高等研究院チベット関係資料センターに深くお礼申し上げる。

本書刊行は多くの方々のご協力なしには不可能であった。未開拓のテーマについて挑んで下さった執筆者の方々、ゆまに書房編集部・高井健氏をはじめ、ご協力下さった方々に深く感謝の意を表したい。

和田桂子

「狂乱の時代」と呼ばれる一九二〇年代のパリには多くの日本人が住んでおり、それぞれの人生ドラマを演じていた。楽しげで奔放に見えるパリ生活の裏には、言葉の問題や金の問題が存在し、さらには日本人アイデンティティの問題も深く根を張っていた。『REVUE FRANCO-NIPPONNE』は、その時代の空気感をよく表している。「ニッポンヌ」という奇妙な響きの中に、今とは違った日本人の意識も透けて見えるようだ。

今回この雑誌を復刻できたこと、さらに論集を編集できたことを幸運に思う。多くの方々の努力と知見を集めて、当時のパリの一局面がよみがえった。まだ謎は多く残っており、歯がゆい思いもあるが、現時点で調査し得たことすべてを提示したつもりである。ゆまに書房にも大変お世話になった。

二〇一四年九月「Colloque International――川端康成二一世紀再読」に出席する傍ら、パリの裏通りを観察した。最初パリの宿舎に着いたのが午前四時前。まだ部屋もあいておらず、周囲の店も静まり返っている。しかたなく荷物だけ預けて早朝のパリを散策した。観光客のいない暗いパンテオン前には、清掃車やタクシーがまばらに止まっている。モンマルトルに着いたところで朝日を拝んだ。すきっ腹をかかえて、あるいは酔っぱらって、こんなふうに朝を迎えた日本人画家も当時たくさんいたことだろう。

別の日には、松尾邦之助や中西顕政が歩いたと思われる道をたどって行った。アミラル・ムーシェ通りを端から端まで歩き、その裏手にあるアヴェニュー・レイユに出た。松尾や辻潤がよく訪れたトーマというレストランがまだあるかと思ったが、それはさすがに消えていた。それからモンスーリ公園を突っ切って藤田嗣治が住んでいたあたりに着いた。次に日本人会のあったデバルカデール通り、中西の住んでいたファラデイ通りを散策した。こんなところになんの用があってうろついているのか、と怪訝そうに見る人々を横目に、うきうきと歩き回った。本書がその楽しい気持ちをも反映してくれていたら幸いである。

和田博文

地下鉄一〇番線のカルディナル・ルモワヌ駅で降りて地上に上がり、消防署の先の路地に入って、青い門を暗証番号で開くと、敷地の奥にコレージュ・ド・フランス日本学高等研究所の建物がある。二〇一二年度に一年間、大学の海外研究でパリに滞在したとき、そのなかの松崎＝プティマンジャン・碩子氏の研究室をよく訪ねた。研究室で待ち合わせ、外でランチをご一緒してから、再び研究室に戻る。それから夕方まで、二人で語り続けていた。気がつくと外はもう真っ暗になっていて、スタッフの姿がすべて消えていたこともある。夏と冬には和田桂子氏がパリを訪れて、三人で語り合った。

松崎氏のデスクの後ろには、大きな円窓が設置されている。そこからは、レヴィ・ストロースの研究所が入った建物が見える。それを視野に入れながら、飽くことなく、何を語り合っていたのだろう。貴重なコレクションを見せていただいたこともあるし、ギメ東洋美術館の展覧会について話していたこともある。本書の企画の検討も、会話のなかに含まれていた。記憶は少しずつ薄れてきているが、そのときに流れていた時間は、昨年の九月にコレージュ・ド・フランスで行った座談会でも、同じように流れていたと思う。まだ開かれていない〈知〉の世界の感触は、建物や書物のような確固たる輪郭を持たない。言葉は不確かな何かを捉えようと走り、明確にできないもどかしさを抱えたまま、その感触を追い続けていく。

本書には、二〇世紀前半の日仏文化交流についての継続的な調査研究が、ようやくたどりついた地平もあれば、まだ感触だけで言語化できない世界も含まれている。その意味では、物体としての確かな輪郭を持つように見える一冊の書物も、過程と可能性だけを提示しているのかもしれない。お忙しいなか、本書に執筆していただいた方々に、改めてお礼申し上げたい。『満鉄と日仏文化交流誌『フランス・ジャポン』』に続いて、編集担当は、ゆまに書房の高井健氏。ありがとう。

トゥヴネル，アンドレ（Touvenel, André） 50
ツァラ，トリスタン（Tzara, Tristan） 111

【V】
ヴァイヤン，ロジェ（Vailland, Roger） 93
ヴァレリー，ポール（Valéry, Paul） 24, 83, 114, 120, 170
ヴェルレーヌ，ポール（Verlaine, Paul） 71, 83, 84, 97, 175
ヴィニョン，マリ＝ルイーズ（Vignon, Marie-Louise） 20, 117
ヴィルドラック，シャルル（Vildrac, Charles） 295
ヴィシエール，アーノルド（Vissière, Arnold） 130
ブラマンク，モーリス・ド（Vlaminck, Maurice de） 209
ヴォカンス，ジュリアン（Vocance, Julian） 28, 29, 31, 32, 91, 107, 121, 176

【W】
ウェイリー，アーサー（Waley, Arthur） 71, 149, 165, 168
ワッセルマン，ミシェル（Wasserman, Michel ） 310
ウェブスター，ノア（Webster, Noah） 126
ウィル，エディット（Wilds, Edith） 203
ヴィルヘルム，フリードリヒ（Wilhelm III., Friedrich） 316

【X】
クザルデル，ピエール（Xardel, Pierre） 58, 117

【Y】
イェイツ，ウィリアム・バトラー（Yeats,William Butler） 164
ユルスナール，マルグリット（Yourcenar, Marguerite） 137, 172

【Z】
ゾラ，エミール（Zola, Émile） 209, 243

Georges)　71
ロダン，オーギュスト（Rodin, Auguste） 254, 271
ロドリゲス，ジョアン（Rodrigues, João） 127, 129, 316
ロラン，ロマン（Rolland, Romain）243
ロマン，ジュール（Romains, Jules）31, 93, 101, 105
ロマンヌ，アンドレ（Romane, André）117
ロニ，レオン・ド（Rosny, Léon de）4, 5, 130, 313, 315, 319
ロニ，リュシアン・ド
（Rosny, Lucien de）313, 318
ロスタン，ジュヌヴィエーヴ
（Rostan, Geneviève）117
ルソー，ジャン＝ジャック（Rousseau, Jean-Jacques）209
リュエラン，フランシス（Ruellan, Francis） 142, 311
リネル，アン（Ryner, Han）60, 243

【S】
サンディ，イザベル（Sandy, Isabelle）20, 117
ピエール・サルドゥ（Sardou, Pierre）255, 256, 260
サトウ，アーネスト（Satow, Ernest Mason） 128
ソブリ，エリザベット
（Sauvry, Elisabeth）201
セナール，エミール
（Senart, Émile）299, 300, 302
シェイクスピア，ウィリアム
（Shakespeare, William）277
シッカート，オズワルド（Sickert, Oswald） 168
シーボルト，フランツ・フォン（Siebold, Philipp Franz Balthasar von）127, 130, 313, 316
スマイルズ，サミュエル（Smiles, Samuel） 319
スムラー，アルフレッド
（Smoular, Alfred）23, 29, 37, 43, 64, 294
スーポー，フィリップ
（Soupault, Philippe）110
スタイニルベル，アンナ＝フレデリック
（Steihilber, Anna-Frédéric）68
スタイニルベル＝オーベルラン，エミール
（Steinilber-Oberlin, Émile）11, 17, 19, 20, 22, 27, 31, 33, 36, 43, 48, 55, 63, 65, 68, 69, 88, 119, 149, 164, 170, 174, 178, 186, 196, 275, 295, 303
スアール，オデット（Sueur, Odette）206
シュペルヴィエル，ジュール（Supervielle, Jules）111

【T】
タゴール，ラビンドラナート
（Tagore, Rabindranath）196, 299
タウト，ブルーノ
（Taut, Bruno Julius Florian）259
ティチング，イサーク
（Titsingh, Isaac）317
トルストイ，レフ（Tolstoy, Lev）209
トゥーレ，ポール＝ジャン
（Toulet, Paul-Jean）113
トゥーサン，フランツ（Toussaint, Franz） 169

(Oberlin, Jérôme-Jacques) 69
オリガス，ジャン＝ジャック
(Origas, Jean-Jacques) 130
オルトラン，ジョゼフ
(Ortolan, Joseph) 135

【P】

パジェス，レオン (Pagès, Léon) 127, 132
パピノ，エドモン (Papinot. Edmond) 135
パブロワ，アンナ
(Pavlova, Anna Pavlovna) 226
パイエ，アンドレ (Payer, André) 117
ペリオ，ポール (Pelliot, Paul) 147, 300
ペリ，ノエル (Peri, Noël) 11, 50, 135, 137, 141, 144, 165, 168, 172, 303
ペラン，セシル (Périn, Cécile) 117
ペロション，エルネスト (Perochon, Ernest) 243
ペティエ，アルフレッド
(Pettier, Alfred-Eugène-Marie) 135
プフィッツマイヤー，アウグスト (Pfizmaier, August) 127, 313
ピカビア，フランシス (Picabia, Francis) 110
ピカソ，パブロ (Picasso, Pablo) 31, 64
ピラ，フェルナン (Pila, Fernand) 294
ピント，フェルナン・メンデス (Pinto, Fernão Mendes) 317
プラウト，ヘルマン (Plaut, Hermann) 145
プレシ，フレデリック (Plessis, Frédéric) 111
ポー，エドガー・アラン (Poe, Edgar Allan) 114
ポアンカレ，レイモン (Poincaré, Raymond) 299
ポーロ，マルコ (Polo, Marco) 190
パウンド，エズラ (Pound, Ezra) 164
プージエ，マリ (Pouzire, Marie) 118
プロド，マルク・ド (Prode, Marc de) 50
プッチーニ，ジャコモ (Puccini, Giacomo) 200

【Q】

ケネアン，レオン (Quénéhen, Léon) 119

【R】

ラゲ，エミール (Raguet, Émile) 135
ラペッティ，ロドルフ (Rapetti, Rodolphe) 114
ラヴェル，モーリス (Ravel, Maurice) 253, 255
ルクリュ，エリゼ (Reclus , Élisée) 243
レニエ，アンリ・ド (Régnier, Henri de) 50, 69, 119, 295
レナック，サロモン (Reinach,Salomon) 70
ルナン，エルネスト (Renan, Ernest) 197
ルナール，ジュール (Renard, Jules) 97
ルノワール，ピエール＝オーギュスト
(Renoir, Pierre-Auguste) 209, 227
ルノンドー，ガストン (Renondeau, Gaston) 144, 167
ルヴォン，ミシェル (Revon, Michel) 9, 25, 48, 55, 136, 154, 295
リケッツ，チャールズ (Ricketts, Charles) 168
ランボー，アルチュール (Rimbaud, Arthur) 106, 176
ローデンバック，ジョルジュ (Rodenbach,

ロジェ, マルク（Logé, Marc）77
ロチ, ピエール（Loti, Pierre）200
ルカ, ベルナール（Lukas, Bernard）144

【M】

マエス, ユベール（Maës, Hubert）9, 129
メーテルリンク（Maeterlinck, Maurice）205, 209
マーグル, モーリス（Magre, Maurice）198
メートル, クロード（Maitre, Claude Eugène） 3, 8, 23, 138, 139, 140, 141, 142, 146, 300
マホフ, イヴァン（Makhova, Ivan）318
マラルメ, ステファヌ（Mallarmé, Stéphane）71, 97, 114, 175
マルシャン, ルイ（Marchand, Louis）310
マリタン, ジャック（Maritain, Jacques）196
マルケ, アルベール（Marquet, Albert）209
マルティネ, レイモン（Martinet, Raymond）24
マーシャム, ジョン（Masham, John）316
マスペロ, アンリ（Maspero, Henri）147
マッシス, アンリ（Massis, Henri） 70, 72, 88, 196
モーブラン, ルネ（Maublanc, René） 19, 25, 28, 31, 35, 43, 50, 56, 58, 71, 91, 108, 116, 119, 121, 177, 295, 303
モーパッサン, ギイ・ド（Maupassant, Guy de）70, 209
モーロワ, アンドレ（Maurois, André）209
モーラス, シャルル（Maurras, Charles）72
モース, マルセル（Mauss, Marcel）147
メボン, アルベール（Maybon, Albert） 50, 70, 95, 202, 235, 263, 276, 300, 303
メイリ, コンラッド（Meili, Conrad）209
メイエ, アントワーヌ（Meillet, Antoine）147
マンデス, カチュール（Mendès, Catulle）111
マンデス＝フランス, ピエール（Mendès-France, Pierre）41
ミショー, アンリ（Michaux, Henri）112
ミストラル（Mistral, Frédéric）254
モレ, アレクサンドル（Moles, Alexandre）300, 302
モーラン, ポール（Morand, Paul）254, 295
モランディエール, レオン・ジュリオットド・ラ（Morandière, Léon Julliot de la）288
モレアス, ジャン（Moréas, Jean）113
モロー, アベル（Moreau, Abel）117
ムーシェ, アメデ（Mouchez, Amédée）53
ムーリエ, ポール・J（Mourier, Paul. J）318
ミュラー, フリードリヒ・マックス（Müller, Friedrich Max）193
ミュラ, アメリ（Murat, Amélie）118
ミュッセ, アルフレッド・ド（Musset, Alfred de）110

【N】

ノラック, ピエール・ド（Nolhac, Pierre de）111

【O】

オーベルラン, ジャン＝フレデリック（Oberlin, Jean-Frédéric）68
オーベルラン, ジェローム＝ジャック

(Hugo, Victor) 110, 209, 313

【I】
イプセン，ヘンリク (Ibsen, Henrik) 205, 277

【J】
ジャコブ，マックス (Jacob, Max) 97
ジャコブ，シャルル (Jacob, Charles) 70
ジャルー，エドモン (Jaloux, Edmond) 49
ジョレス，ジャン (Jaurès, Jean) 36, 95, 243
ジョリオ＝キュリー，フレデリック (Joliot-Curie, Jean Frédéric) 42
ジュバン，ポール (Joubin, Paul) 307
ジュオン・デ・ロングレ，フレデリック (Jouon des Longrais, Federic) 144
ジューヴェ，ルイ (Jouvet, Louis) 280
ジョイス，ジェイムズ (Joyce, James) 33
ジュリアン，スタニスラス (Julien, Stanislas) 2, 129, 191, 313, 316, 317

【K】
ケンペル，エンゲルベルト (Kaempfer, Engelbert) 316
カーン，アルベール (Kahn, Albert) 3, 141
カルサビナ，タマラ (Karsavina, Tamara) 253
クラプロート，ユリウス (Klaproth, Julius Heinrich) 129, 317
コルニスキ，ピーター (Kornicki, Peter) 315
ケーレス，アレキサンダー・チョーマ・ド (Kőrös, Alexander Csoma de) 190
クレットマン，ルイ (Kreitmann, Louis) 6

【L】
ラ・ブリュイエール (La Bruyère, Jean de) 158
ラクロア，ジャン＝ポール (Lacroix, Jean-Paul) 243
ラマルチーヌ，アルフォンス・ド (Lamartine, Alphonse de) 110
ランゲ，ルドルフ (Lange, Rudolf) 137, 146, 316
ランジェー，セシル (Langier, Cecil) 48
ラプラード，ピエール (Laprade, Pierre) 209
ラ・ロシュフーコー (La Rochefoucauld, François de) 158
ランドレス，クレール・ド (Laundress, Clerc de) 127, 129
ロレンス (Lawrence, Thomas Edward) 251
ル・コルビジェ (Le Corbusier) 259
ルフェーブル，ブリジット (Lefèvre, Brigitte) 2, 25
ルグロ，ジョルジュ・ヴィクトール (Legros, Georges Victor) 243
ルモワーヌ，クレマン (Lemoine, Clément Joseph) 140
ル＝ネトゥール，パトリック (Le-Nestour, Patrik) 315
ルロワ＝グーラン，アンドレ (Leroi-Gourhan, André) 144
ルスール，ジャック (Lesourd, Jacques) 88
レヴィ，シルヴァン (Lévi, Sylvain) 142, 144, 147, 194, 295, 299, 304, 309, 311
リール，ルコント・ド (Lisle, Leconte de) 111

【G】

ガーベレンツ，ゲオルク（Gabelentz, Georg von der）146
ガンディー，マハトマ（Gandhi, Mohandas）73, 196
ガンディオン＝ジャン＝ダルム，カミーユ（Gandilhon-Jean-Drume,Camille）111, 118
ガルニエ，カトリーヌ（Garnier, Catherine）135
ゴーティエ，テオフィル（Gautier, Théophile）111
ジェミエ，フィルマン（Gémier, Firmin）233, 275
グレモナ，バシル・ド（Gemona, Basile de）316
ジッド，アンドレ（Gide, André）17, 36, 60, 74, 205, 209
ジルベール＝ルコント，ロジェ（Gilbert‐Lecomte, Roger）93
ジル＝マルシェックス，アンリ（Gil-Marchex, Henri）253
ゴイス，ベント・デ（Góis, Bento de）190
ゴルベフ，ヴィクトール（Golubev, Victor）300
ゴードン＝クレイグ，エドワード（Gordon-Craig, Edward）164
グラネ，マルセル（Granet, Marcel）147
グラパール，アラン（Grapard, Allan）193
グラーヴ，ジャン（Graves, Jean）243
グレグ，フェルナン（Gregh, Fernand）114, 119, 121
グルッセ，ルネ（Grousset, René）65
ギーニュ，ルイ＝ジョゼフ・ド（Guignes, Louis-Joseph de）316
ギヨ・ド・セクス，レオン（Guillot de saix, Léon）117
ギメ，エミール（Guimet, Émile Étienne）7, 301
ギメ，ジャン（Guimet, Jean）302
ギトリ，サシャ（Guitry, Sacha）280

【H】

アッカン，ジョゼフ（Hackin, Joseph）301, 302, 310
アグノエル，シャルル（Haguenauer, Charles）24, 126, 134, 142, 147
アレル，ポール（Harel, Paul）118
ハーン，ラフカディオ（Hearn, Lafcadio）77
ハイネ，ハインリヒ（Heine, Heinrich）111
ヘイツ，ジョルジュ（Heitz, George）50, 112
エルヴェ・ド・サン＝ドニ（d'Hervey De Saint-Denys, Léon）4
イポリット・ド・カスティヨン・ド・サン＝ヴィクトール（Hippolyte de Castillon de Saint-Victor, Marie Adolphe）7
ヒトラー，アドルフ（Hitler, Adolf）79
ラ＝ドルジュ，ジルベルト（Hla-Dorge, Gilberto）139, 207
ホジソン，ブライアン（Hodgson, Brian）191
ホフマン，ヨハン・ヨーゼフ（Hoffmann, Johann Joseph）127, 313, 316
オノラ，アンドレ（Honnorat, André）143, 255
ユック，エヴァリスト（Huc, Evarist）190
ユゴー，ヴィクトル

デジデリ，イポリット（Desideri, Ippolito） 190
デスノス，ロベール（Desnos, Robert Pierre） 110, 111
デヴェリア，ガブリエル（Devéria, Gabriel） 130
ドゥヴィル，ジェラール（Deville, Gérard） 280
ディアギレフ，セルゲイ（Diaghilev, Sergei） 256
ディケンズ，チャールズ（Dickens, Charles） 137
ドルニエ，シャルル（Dornier, Charles） 121
ドイル，コナン（Doyle, Arthur Conan） 251
ドロワ，ロジェ＝ポル（Droit, Roger- Pol） 197
ドリュアール，アンリ（Druart, Henri） 96
ドリュアール，ルネ（Druart, René） 50
デュボア，ジョゼフ（Dubois, Joseph） 315
デュアメル，ジョルジュ（Duhamel, Georges） 60
デュラン，シャルル（Dullin, Charles） 165
ダンカン，イサドラ（Duncan, Isadora） 253
デュレ，テオドール（Duret, Théodor） 6
デュリー，レオン（Dury, Léon） 6

【E】
エリセーエフ，セルジュ（Elisseeff, Serge） 24, 50, 56, 70, 126, 142, 143, 145, 255
エリュアール，ポール（Éluard, Paul） 111
エスマン，シュザンヌ（Esmein, Suzanne） 315

【F】
ファーブル，ジャン＝アンリ（Fabre, Jean-Henri Casimir） 243
ファブリ，カミーユ（Fabry, Camille） 118
ファリグール，ルイ（Farigoule, Louis）
→ ロマン，ジュール（Romains, Jules）
ファレル，クロード（Farrère, Claude） 200, 228, 281, 295
フォール，エリー（Faure, Élie） 310
フェノロサ，アーネスト（Fenollosa, Ernest） 164
フヴレ，モーリス（Fevret, Maurice） 65, 67
フローベール，ギュスターブ（Flaubert, Gustave） 228
フローレンツ，カール（Florenz, Karl ） 137
フロリー，アルベール（Flory, Albert） 121
フォレル，アウグスト（Forel, August Henri） 243
フォレスト，エレン（Forest, Ellen） 231
フォール，ポール（Fort, Paul） 226
フーシェ，アルフレッド（Foucher, Alfred） 310
フロン・ド・ヴォー，アンドレ（Foulon de Vaulx, André） 114
フーリエ，シャルル（Fourier, Charles） 99
フランス，アナトール（France, Anatole） 110, 209
フランク，ニノ（Frank, Nino） 88
フランク，ベルナール（Frank, Bernard） 7, 65, 67, 77, 307
フレミエ，エマニュエル（Frémiet, Emanuelle） 271
フロイス，ルイス（Fróis, Luís） 317

セスラン，ギュスターヴ（Cesselin, Gustave） 135
セザンヌ，ポール（Cézanne, Paul） 209, 227
カイム，アルベール（Chaim, Albert） 276
シャレイ，フェリシアン（Challaye, Félicien） 303
チェンバレン，バジル・ホール（Chamberlain, Basil Hall） 4, 5, 27, 127, 134, 137, 146, 175, 316, 318
シャルドンヌ，ジャック（Chardonne, Jacques） 83
シャヴァンヌ，エドゥアール（Chavannes, Édouard） 4
シェヌヴィエール，ジョルジュ（Chenevière, George） 102
クレール，ルネ（Clair, René） 290
クローデル，ポール（Claudel, Paul） 24, 120, 137, 142, 165, 172, 196, 231, 264, 270, 280, 295, 299, 305, 306, 308, 311
クローデル，カミーユ（Claudel, Camille） 305
コクトー，ジャン（Cocteau, Jean） 112
コルベール，ジャン＝バティスト（Colbert, Jean-Baptiste） 128
コレット，シドニー＝ガブリエル（Colette, Sidonie-Gabrielle） 209
コロンブス，クリストファー（Columbus, Christopher） 5
コポー，ジャック（Copeau, Jacques） 164, 169, 280
コルニュリエ，ブノワ・ド（Cornulier, Benoît de） 115
クーシュー，ポール＝ルイ（Couchoud, Paul-Louis） 3, 11, 27, 41, 55, 91, 116, 121, 138, 175
クーラン，モーリス（Courrant, Maurice） 134, 307
キュイズニエ，アンドレ（Cuisenier, André） 93, 102, 106
クルチウス，ドンケル（Curtius, Jan Hendrik Donker） 127, 132
スリアック，ジャン（Cyriak, Jean） 200

【D】

ドーデ，アルフォンス（Daudet, Alphonse） 235
ドーマル，ルネ（Daumal, René） 106
ドートルメール，ジョゼフ（Dautremer, Joseph） 132, 147
ダヴィッド＝ネール，アレクサンドラ（David-Néel, Alexandra） 198
ドビュッシー，クロード（Debussy, Claude） 178, 227
デコーダン，ミシェル（Décaudin, Michel） 111
ドラージュ，モーリス（Delage, Maurice） 253
ドラポルト，マチルド（Delaporte, Mathilde） 118
デルスニス，エルマン（Delsnitz, Herman） 262, 263
ドミエヴィル，ポール（Demiéville, Paul） 2, 142, 144, 196
ドラン，アンドレ（Derain, André） 209
ドレルム，トリスタン（Derême, Tristan） 113
デドゥヴィーズ・デュ・デゼール，ジョルジュ（Desdevises du dezert, George） 119

【A】

アベル＝レミュザ（Abel-Rémusat, Jean-Pierre）129, 191, 317
アロルジュ，アンリ（Alorge, Henri）20, 117
アンドラデ，アントニオ・デ（Andrade, António de）190
アラゴン，ルイ（Aragon, Louis）110
アルプ，ハンス（Arp, Hans）31, 64
アルトー，アントナン（Artaud, Antonin）112, 165
アストン，W・G（Aston, William George）5, 127, 128, 156

【B】

バレ，シプリアン（Balet, Cyprien）134
バルザック（Balzac, Honoré de）243, 273, 313
バレス，モーリス（Barrès, Maurice）110
バチェラー，ジョン（Batchelor, John）4
ボーコモン，ジャン（Baucomont, Jean）117
ボードレール（Baudelaire, Charles-Pierre）114, 118, 179
バザン，アントワーヌ（Bazin, Antoine-Pierre-Louis）129
ボージャール，アンドレ（Beaujard, André）138, 148, 153
ボーモント，シリル（Beaumount, Cyril W.）253
ブノア，ピエール（Benoit, Pierre）36, 231
ベランジェ，ヴェロニク（Béranger, Véronique）319
ベルグソン（Bergson, Henri-Louis）209
ベルナール，ジョセフ（Bernard, Joseph）272
ベルナール，サラ（Bernhardt, Sarah）226, 256
ビイ，ロベール・ド（Billy, Robert de）270
ビング，サミュエル（Bing, Samuel）316
ビング，シュザンヌ（Bing, Suzanne）165
ボアソナード，ギュスターヴ（Boissonade, Gustave Émile）10, 135
ボンマルシャン，ジョルジュ（Bonmarchand, Georges）288, 293
ボノー，ジョルジュ（Bonneau, Georges）145, 310, 311
ブショー，ピエール・ド（Bouchaud, Pierre de）117
ブールデル，アントワーヌ（Bourdelle, Antoine）272
ボワイエ，モーリス＝ピエール（Boyé, Maurice-Pierre）118
ブレヒト，ベルトルト（Brecht, Bertolt）169
ブルトン，アンドレ（Breton, André）100, 110
ブルトン，ジャン（Breton, Jean）50
ビュデ，ギヨーム（Budé, Guillaume）128
ビュルヌフ，ウジェーヌ（Burnouf, Eugène）190, 193

【C】

カピタン，アンリ（Capitant, Henri）310
カレル，アレクシス（Carrel, Alexis）209
カチュール＝マンデス，ジェーン（Catulle-Mendès, Jane）111, 117
チェルヌスキ，アンリ（Cernuschi, Henri）7

人名索引

長谷川＝Sockeel 正子（はせがわ・ソケール・まさこ）

1954年、名古屋市生まれ。南山大学文学部仏語学仏文学科首席卒業。フランス国立社会科学高等研究院日本学研究所図書室勤務を経て、現ギメ東洋美術館図書館司書。Les Acteurs de Kabuki dans les livres xylographiques, *KABUKI : Costumes du theatre japonais,* Editions Artlys, Paris, 2012.「ギメ美術館と「日本文化」」（『満鉄と日仏文化交流誌『フランス・ジャポン』』ゆまに書房、2012年）。

山中悠希（やまなか・ゆうき）

1981年、兵庫県生まれ。早稲田大学大学院文学研究科日本文学専攻博士後期課程修了。東洋大学講師。平安文学専攻。「『枕草子』「殿などのおはしまさで後」の段における定子の意向―「いはでおもふ」ことの否定―」（『中古文学』91、2013年5月）、「堺本枕草子の本文系統の分類について」（陣野英則・緑川真知子編『平安文学の古注釈と受容　第三集』武蔵野書院、2011年）、「〈雪月夜〉と〈車〉の景の再構成――堺本「十二月十日よひの月いと明かきに」の段と一連の随想群をめぐって」（小森潔・津島知明編『枕草子創造と新生』翰林書房、2011年）。

南 明日香（みなみ・あすか）

1961年生。早稲田大学大学院文学研究科博士後期課程単位取得、フランス国立東洋文化言語研究院（INALCO）博士号取得。相模女子大学教授。『永井荷風のニューヨーク・パリ・東京 造景の言葉』（翰林書房、2007年）、『20世紀の日本美術』（翻訳、ミカエル・リュケン著、三好企画、2007年）、『荷風と明治の都市景観』（三省堂、2009年）、『ル・コルビュジエは生きている』（王国社、2011年）、「フランス語に翻訳された「日本文化」」（『満鉄と日仏文化交流誌『フランス・ジャポン』』ゆまに書房、2012年）、『パリという首都風景の誕生』（共編著、上智大学出版・ぎょうせい、2014年）。『国境を越えた日本美術史 ジャポニスムからジャポノロジーへの交流誌 1880-1920』（藤原書店、2015年）。論文 « Un précurseur de l'histoire de l'art japonais en France : Georges de Tressan (1877-1914) »（*Arts Asiatiques t.65-2010,* 2011）など。

2 月)、「「語り手」という動物―小説の言語行為をめぐる試論」(『「エコ・フィロソフィ」研究』2014 年 3 月)、「金星堂編集部員飯田豊二の活動―出版機構とアナキズム―」(『東洋通信』2014 年 12 月)。

石田仁志(いしだ・ひとし)

1959 年、東京都生まれ。東京都立大学大学院中退。東洋大学文学部教授。日本の戦間期モダニズム文学(横光利一ほか)。『未来主義と立体主義』(コレクション・モダン都市文化　第 27 巻　編著、ゆまに書房、2007 年)、『文学者のフランス体験Ⅱ　1930 ~ 1945』(ライブラリー日本人のフランス体験　第 19 巻、編著、柏書房、2011 年)、「小松清とフランス人民戦線派」(『満鉄と日仏文化交流誌『フランス・ジャポン』』ゆまに書房、2012 年)。「横光利一「上海」のインターテクスチュアリティ―表象の論理―」(『東洋大学文学部紀要　文学論叢』第 86 号、2012 年)。

小平麻衣子(おだいら・まいこ)

東京生まれ。慶應義塾大学大学院文学研究科博士課程単位取得退学。博士(文学)。日本大学教授。日本近代文学専攻。『女が女を演じる―文学・欲望・消費―』(新曜社、2008 年)、小平麻衣子・内藤千珠子『21 世紀日本文学ガイドブック 7 田村俊子』(ひつじ書房、2014 年)。「教養の再編と『新女苑』―川端康成の投稿指導にふれて―」(『日本近代文学』2014 年 5 月)、「誰が演劇の敵なのか―警視庁保安部保安課興行係・寺沢高信を軸として―」(『検閲の帝国―文化の統制と再生産』新曜社、2014 年 8 月)、「倉橋由美子「聖少女」論―不可能な治療としてのテクスト―」(『語文』2015 年 3 月)。

小泉京美(こいずみ・きょうみ)

1981 年、千葉県生まれ。東洋大学大学院文学研究科国文学専攻博士後期課程単位取得退学。日本学術振興会特別研究員(PD)・東洋大学非常勤講師。『短詩運動』(コレクション・都市モダニズム詩誌　第 1 巻、編著、2009 年、ゆまに書房)、『詩と美術Ⅰ』(コレクション・都市モダニズム詩誌　第 18 巻、 編著、ゆまに書房、2012 年)。「大連とパリ」(『満鉄と日仏文化交流誌『フランス・ジャポン』』ゆまに書房、2012 年)、「滝口武士『亜』から『蝸牛』への行程―変容する「外地」の風景―」(『日本近代文学』、2010 年)、「『亜』の風景―安西冬衛と滝口武士の短詩―」(『日本文学』、2010 年)、「「満洲」の白系ロシア人表象―「桃色」のエミグラントから「満洲の文学」まで―」(『昭和文学研究』、2012 年)など。

世古口亜綾(せこぐち・あや)

福岡県生まれ。京都大学法学部学士、フランス国立社会科学高等研究院(EHESS)博士。リール第三大学 CECILLE アソシエーツメンバー。演劇専攻。Le nô d'apparition : un exemple d'imprégnation de la modernité à l'ère Taishô, *Japon Pluriel 10 - L'Ère Taishô (1912-1926) : genèse du Japon contemporain ?*, Philippe Picquier, Arles, 2015, p.111-119. Le degré de maturité (ran.i) ; l'esthétique d'improvisation chez Zeami, *Collection L'univers esthétique «Notion Esthétique»*, Dir. V.Alexandre Journeau, L'Harmattan, Paris, 2013, p.175-186.

L'Esthétique japonaise dite mitate dans le nihon-buyô, *Collection L'univers esthétique «Métaphores et cultures »*, Dir. V.Alexandre Journeau, L'Harmattan, Paris, 2012, p.245-263.

ダニエル・ストリューブ（Daniel Struve）

1959 年生まれ。パリ・ディドロ大学博士課程終了。パリ・ディドロ大学准教授。日本近世文学 *Littérature japonaise*（Jean-Jacques Tschudin と共著、PUF « Que sais-je ?»、2008 年）、「源氏物語帚木巻を通して見る物語観」（『物語の言語 時代を超えて』青簡舎、2013 年）、「断片としての「文」―西鶴と書簡体物語―」（『集と断片　類聚と編纂の日本文化』（勉誠社、2014 年）、「『源氏』を訳す―翻訳が照らし出す『源氏物語』」（『日仏翻訳交流の過去と未来』（大修館、2014 年）。

ジャン＝ノエル・ロベール（Jean-Noel Robert）

1949 年パリ生まれ。パリ第七大学大学院人文文学部国家博士号取得。コレージュ・ド・フランス教授、フランス国立高等研究院教授、コレージュ・ド・フランス日本学高等研究所所長、フランス学士院会員。*Les doctrines de l'École japonaise Tendai au début du IXe siècle : Gishin et le « Hokke-shû gi shû »*, Paris : Maisonneuve et Larose, 1990. *Le Sûtra du Lotus, suivi du Livre des sens innombrables et du Livre de la contemplation de Sage-Universel*, Paris : Fayard, 1997（『法華経』仏語訳）. *La Centurie du Lotus : Poèmes de Jien (1155-1225) sur le Sûtra du Lotus*, Paris : Collège de France, 2008.

田口亜紀（たぐち・あき）

東京都生まれ。パリ第 4 大学文学博士、東京大学大学院人文社会系研究科博士課程満期退学。共立女子大学文芸学部文芸学科フランス語フランス文学コース准教授。*Nerval. Recherche de l'autre et conquête de soi ― Contribution au suivi d'une genèse dans le Voyage en Orient*, Bern, Peter Lang, coll. «Publications universitaires européennes», 2010.　Nicolas Bouvier, ou le besoin littéraire, in *Nicolas Bouvier, Espace et Écriture*, textes réunis et présentés par Hervé Guyader, Genève, Éditions Zoé, 2010. 「『フランス・ジャポン』の日本人執筆者」（『満鉄と日仏文化交流誌『フランス・ジャポン』』ゆまに書房、2012 年）。

米村みゆき（よねむら・みゆき）

愛知県名古屋市出身。名古屋大学大学院文学研究科博士課程を経て博士学位取得（文学）、専修大学文学部日本文学文化学科准教授。日本近現代文学、アニメーション文化論。『音楽のなかのパリ』（ライブラリー・日本人のフランス体験　第 14 巻　編著、柏書房、2011 年）。『村上春樹　表象の圏域』（編著、森話社、2014 年 6 月）、『〈介護小説〉の風景　増補版』（編著、森話社、2015 年 5 月刊行予定）。「「絵空事」として考えることの幸福― 一九八〇年代アニメーションにみえる地球への郷愁とアニメ・ファンダム―」（『昭和文学研究』第 68 号、2014 年 3 月）、「（翻訳）ジャパニメーションの表情とその内面（2）―キム・ジュニアン著『イメージの帝国：日本列島上のアニメーション』より―」（『アニメーション研究』第 15 巻 2 号、2014 年 3 月）。

山本亮介（やまもと・りょうすけ）

1974 年、神奈川県生まれ。早稲田大学大学院文学研究科日本文学専攻博士後期課程単位取得退学、博士（文学）。東洋大学文学部准教授。日本近現代文学。『旅行・鉄道・ホテル』（コレクション・モダン都市文化 61 巻、編著、ゆまに書房、2010 年）、『横光利一と小説の論理』（笠間書院、2008 年）。「小説世界の音楽をめぐる一考察―村上春樹作品を題材に―」（『文学論藻』2014 年

渋谷 豊（しぶや・ゆたか）

1968年、千葉県生まれ。パリ第4大学文学博士。信州大学人文学部准教授。*La Réception de Rimbaud au Japon 1907-1956*, Atelier national de reproduction des thèses.「『日佛評論』について――アミラル・ムーシェ街二十二番地――」（松尾邦之助『巴里物語【2010復刻版】』所収、社会評論社、2010年）、『のけ者』（翻訳、エマニュエル・ボーヴ著、白水社、2010年）、『鶏のプラム煮』（翻訳、マルジャン・サトラピ著、小学館集英社プロダクション、2012年）など。

上田眞木子（うえだ・まきこ）

東京生まれ。パリ第4大学仏文科博士課程。フランス国立東洋言語文化大学准教授。日本近現代詩。フランス国立東洋言語文化大学日本研究センター近現代詩プロジェクト代表。『ポエジー』（第100号〈日本特集号〉、編訳著、ブラン刊、2000年）、「「何処にもない木」とポエジー：吉増剛造」（『日中現代文学における越境の想像力』フィリップピキエ刊、2012年〈仏文〉）、「現代俳句の抒情的主体」（『現代』第36号、ボルドー第3大学刊、2013年〈仏文〉）、「魂の同時性　石牟礼道子さんを訪ねて」（『現代詩手帖』思潮社刊、2014年）。共訳書、吉増剛造『オシリス、石ノ神』（シルセ刊、1995年〈仏文〉）、吉増剛造『石狩シーツ』（アンペカーブル刊、2014年）。

フリドマン日出子（フリドマン・ひでこ）

京都大学教育学研究科博士課程中退。パリ第7大学極東学博士。『Le Japon』（天理日仏協会発行）の「日本の歴史上の人物」コラム担当、国立高等研究院第五部客員助手を経て、国際交流基金パリ事務所勤務の後、2013年迄パリ日本文化会館知的交流主任。「諸外国における外国人受入れ施策及び外国人に対する言語教育施策に関する調査研究」（フランス担当、文化庁、2003年）、「諸外国の文化行政担当組織と文化予算」（フランス担当、文化庁、2010年）、「諸外国のアーツカウンシルに関する調査研究」（フランス担当、文化庁、2012年）。

寺田澄江（てらだ・すみえ）

1948年、東京生まれ。パリ第7大学博士号取得。イナルコ日本学部教授、日本古典文学。『源氏物語の透明さと不透明さ―場面・和歌・語り・時間の分析を通して―』（共編著、青簡舎、2009年）、『物語の言語―時代を超えて』（共編著、青簡舎、2011年）、*Figures poétiques japonaises — La genèse de la poésie en chaîne —*(和歌の修辞— 連歌生成への道), Collège de France, 2004. 「源氏物語の和文―シャルル・アグノエルの眼を通して―」（『アナホリッシュ國文学』、2013年9月）、「断片としての集―和漢朗詠集をめぐって―」（『集と断片』、勉誠出版、2014年）、Traduire le temps - Trois Romans du Genji français (時間を翻訳する　三つのフランス語『源氏物語』), *TESTO A FRONTE* n° 51, 2014.

ブリジット・ルフェーブル（Brigitte Lefèvre）

1957年フランス生まれ。リール第三大学准教授。日本近代現代文学、日記、演劇。主な近著に La Flûte de Nogami Yaeko, in *Arts, Langue et cohérence*, Paris, L'Harmattan 2010. Le pacte diaristique de Nogami Yaeko, in *Journaux d'écrivains : enjeux génétiques et éditoriaux*, Bern ; Berlin ; Bruxelles (etc.) : Peter Lang, 2012 .「野上弥生子日記の生成」（『集と断片　類聚と編纂の日本文化』勉生出版、2014)。

［執筆者紹介］

松崎碩子（まつざき・せきこ）

東京都生まれ。パリ・ソルボンヌ大学博士課程前期修了。コレージュ・ド・フランス日本学高等研究所前所長。『フランス士官が見た近代日本のあけぼの』（共編、IRD 企画、2005 年）、«Un Français découvre le Japon de Meiji : La collection Louis Kreitmann» (*Comptes rendus des séances de l'année 2008 avril-juin*, l'Académie des inscriptions & belles-lettres, 2008). *Études japonaises, textes et contextes* (Collège de France, 2011).『満鉄と日仏文化交流誌『フランス・ジャポン』』（編著、ゆまに書房、2012 年）、復刻版『Revue Franco-Nipponne』（監修、ゆまに書房、2014 年）。

和田桂子（わだ・けいこ）

1954 年、兵庫県生まれ。神戸大学大学院文化学研究科博士課程単位取得退学。清泉女子大学教授。比較文学。『二〇世紀のイリュージョン―「ユリシーズ」を求めて』（白地社、1992 年）、『言語都市・上海』（共著、藤原書店、1999 年）、『言語都市・パリ』（共著、藤原書店、2002 年）、『言語都市・ベルリン』（共著、藤原書店、2006 年）、『言語都市・ロンドン』（共著、藤原書店、2009 年）、復刻版『France-Japon』（監修、ゆまに書房、2011 年）、『満鉄と日仏文化交流誌『フランス・ジャポン』』（編著、ゆまに書房、2012 年）、『共同研究　上海の日本人社会とメディア』（共著、岩波書店、2014 年）、復刻版『Revue Franco-Nipponne』（監修、ゆまに書房、2014 年）など。

和田博文（わだ・ひろふみ）

1954 年、横浜市生まれ。神戸大学大学院文化学研究科博士課程中退。東洋大学教授。文化学・日本近代文学。『飛行の夢 1783-1945』（藤原書店、2005 年）、『言語都市・ベルリン 1861-1945』（共著、藤原書店、2006 年）、『言語都市・ロンドン 1861-1945』（共著、藤原書店、2009 年）、『資生堂という文化装置 1872-1945』（岩波書店、2011 年）、『シベリア鉄道紀行史―アジアとヨーロッパを結ぶ旅』（筑摩選書、2013 年、第 39 回交通図書賞歴史部門受賞）など。監修に『コレクション・日本シュールレアリスム』全 15 巻（本の友社、1991 年～ 2001 年）、『ライブラリー・日本人のフランス体験』全 21 巻（柏書房、2009 年～ 2011 年）、『コレクション・モダン都市文化』全 100 巻（ゆまに書房、2004 年～ 2014 年）。『コレクション・都市モダニズム詩誌』全 30 巻（ゆまに書房、2009 年～ 2014 年）など。

朝比奈美知子（あさひな・みちこ）

東京大学大学院人文科学研究科博士課程満期退学。東洋大学文学部教授。フランス文学・日仏比較文学。『ネルヴァル全集』全 6 巻（共訳、筑摩書房、1997 ～ 2003 年）、『はじめて学ぶフランス文学史』（共編著、ミネルヴァ書房、2002 年）、『フランス文化 55 のキーワード』（共編著、ミネルヴァ書房、2011 年）、『フランスから見た幕末維新』（東信堂、編訳、2004 年）。ジュール・ヴェルヌ『海底二万里』上・下（翻訳、岩波文庫、2007 年）、*«Clartés d'Orient» Nerval ailleurs*,（共著）, Laurence Teper, 2004. *Gérard de Nerval et l'esthétique de la modernité*,（共著）, Hermann, 2010.『森三千代――フランスへの視線、アジアへの視線』（ライブラリー日本人のフランス体験　第 20 巻、編著、柏書房、2011 年）、「『フランス・ジャポン』の外国人執筆者たち」（『満鉄と日仏文化交流誌『フランス・ジャポン』』ゆまに書房、2012 年）。

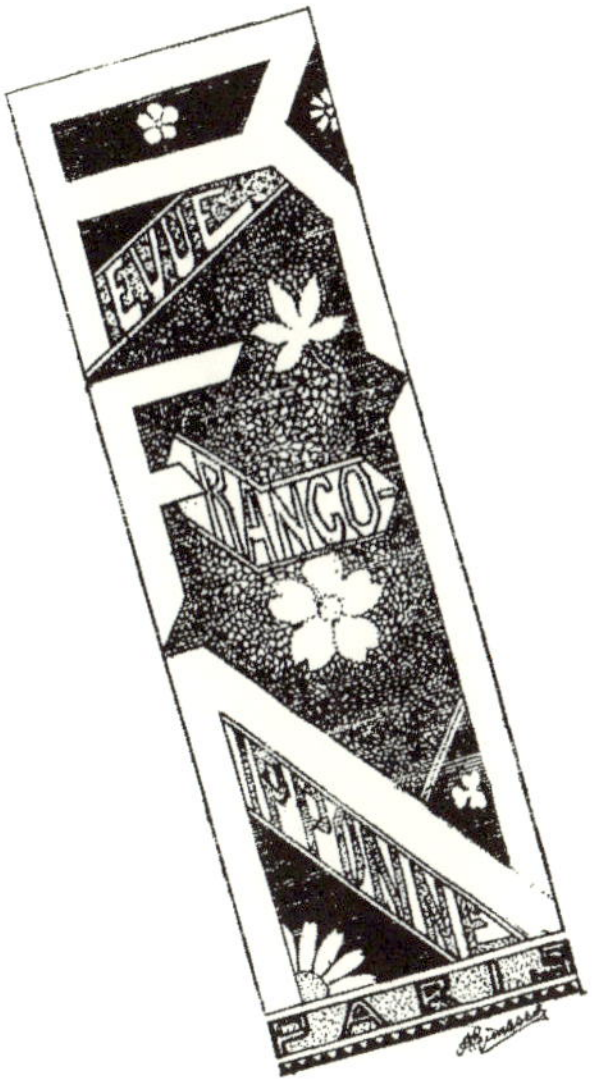

REVUE FRANCO-NIPPONNE 別巻

両大戦間の日仏文化交流

2015年3月16日　印刷
2015年3月25日　第1版第1刷発行

[編集]　松崎碩子《まつざきせきこ》／和田桂子《わだけいこ》／和田博文《わだひろふみ》

[発行者]　荒井秀夫
[発行所]　株式会社ゆまに書房
〒101-0047　千代田区内神田2-7-6
tel. 03-5296-0491 / fax. 03-5296-0493
http://www.yumani.co.jp

[印刷]　富士リプロ株式会社　／［製本］　東和製本株式会社

定価：本体8,500円＋税
ISBN978-4-8433-4611-2 C3321